新编财政学概论

王雪云　文小才　主编

中国财经出版传媒集团
中国财政经济出版社
·北京·

图书在版编目（CIP）数据

新编财政学概论 / 王雪云，文小才主编. -- 北京：中国财政经济出版社，2025.6. -- ISBN 978 - 7 - 5223 - 4047 - 0

Ⅰ. F810

中国国家版本馆 CIP 数据核字第 202543QX89 号

责任编辑：李肇晗　　责任校对：胡永立

封面设计：陈宇琰　　责任印制：史大鹏

新编财政学概论

XINBIAN CAIZHENGXUE GAILUN

中国财政经济出版社 出版

URL：http://www.cfeph.cn

E - mail：cfeph@cfeph.cn

社址：北京市海淀区阜成路甲 28 号　邮政编码：100142

营销中心电话：010 - 88191522

天猫网店：中国财政经济出版社旗舰店

网址：https://zgczjjcbs.tmall.com

涿州汇美亿浓印刷有限公司印刷　各地新华书店经销

成品尺寸：185mm × 260mm　16 开　20.5 印张　429 000 字

2025 年 6 月第 1 版　2025 年 6 月河北第 1 次印刷

定价：59.00 元

ISBN 978 - 7 - 5223 - 4047 - 0

（图书出现印装问题，本社负责调换，电话：010 - 88190548）

本社图书质量投诉电话：010 - 88190744

打击盗版举报热线：010 - 88191661　QQ：2242791300

序 言

财政是国家治理的基础和重要支柱，财政学的教学与研究必须与时俱进，既要传承经典理论，又要回应时代需求。随着中国特色社会主义进入新时代，财政领域的实践创新与理论发展日新月异，对财政学教材的编写提出了更高要求。为此，我们编撰了这本《新编财政学概论》，旨在为财政学教学提供一部体系完整、内容新颖、思政融合的教材，助力培养德才兼备的财政人才。

本书在继承传统财政学教材经典体例的基础上，结合财政理论与实践的最新发展，进行了多方面的创新：

第一，深化课程思政融合。财政是国家意志的体现，财政学的教学必须坚持正确的政治方向。本书在阐述财政基本理论、政策与实践时，注重融入社会主义核心价值观和习近平新时代中国特色社会主义思想，引导学生理解财政在服务国家战略、促进社会公平、推动高质量发展中的重要作用，增强学生的家国情怀和责任担当。

第二，突出预算绩效管理。2018 年《中共中央　国务院关于全面实施预算绩效管理的意见》标志着我国财政管理进入以绩效为导向的新阶段。本书系统阐述了预算绩效管理的理论框架与实践路径，新增财政支出绩效评价、财政收入绩效评价、公债绩效评价以及财政政策绩效与评价等内容，帮助学生掌握绩效管理的工具与方法，理解“花钱必问效、无效必问责”的现代财政理念。

第三，聚焦数字财政与智慧税务。数字经济时代，财政数字化转型已成为必然趋势。本书专设章节探讨数字财政的内涵、发展及建设实践，并结合智慧税务的发展，分析大数据、人工智能等技术在税收征管、财政监督中的应用，为学生展现财政现代化的前沿图景。

本书的编写凝聚了多位长期从事财政学教学与研究工作的学者智慧，力求做到理论扎实、案例鲜活、表述清晰。本书由王雪云、文小才任主编，盛锐、郭欣欣任副主编。具体分工为：郭欣欣负责编写第一、六章，文小才负责编写第二章，王晓燊负责编写第三、四、五章，王雪云、盛锐负责编写第七章，杨淑燕负责编写第八、九章，王钰萍负责编写第十章，陈丹丹负责编写第十一章，杨琳负责编写第十二章。全书由王雪云、文小才最后统筹、定稿。

本书主要提供给高校本、专科层次的财经类、管理类专业开设《财政学》课程使用，也适合各类院校以及职业技术教育、上岗培训、自学进修的需要，还可作为培训财税干部的教材使用。我们期待这本教材能够成为高校财政学课程的优质教学资源，也为财政实务工作者提供参考。

在本书付梓之际，感谢编写团队的精诚合作，感谢学界同人的宝贵建议，特别感谢出版社编辑的辛勤付出。财政学的发展永无止境，书中难免存在不足之处，恳请广大读者批评指正，以便未来修订完善。

目 录

第一章　导　　论

学习目标

1. 了解经济学的基本原理。
2. 熟悉生活中的财政现象。
3. 掌握财政的产生与数字财政的发展历程。

案例导入

一说到“经济学”这个词，总是给人一种很高大上的感觉，经济学一直被人看作是一门专业性比较强的学科。其实经济学可以很高深，也可以很通俗，在我们的日常生活中就有很多事情的背后都有着经济学的影子。例如，商场、网店打折是最常见的促销手段之一，各种打折促销方式，其实就是给顾客带来消费占便宜的消费心理刺激，同时积极地抢占市场份额。

打折促销一般会打出“一件八折、两件七折、三件六折”“第二件半价”“买二赠一”等标语。这让消费者看到之后觉得自己在可以低于市场同等价格的情况下购买到同样质量的商品，而且买得越多越划算。顾客本身对于商品的市场定位有一个自我认知，当觉得商品的销售价格低于市场价值并在自己的接受范围之内时，便会达到价格和心理上双重满足，这会激起顾客强烈的购买欲。这个时候顾客以低于市场普遍认知的价格购入商品，觉得自己占了便宜。

从表面上看是商品生产商和销售商让利给顾客，但实际上在促销的同时，商品制造商运用打折的优势吸收了更多市场闲散资金，优先抢占了市场份额，增加了自己品牌的效益和宣传度。并且在这样的情况下，商品制造商还可趁机减少库存，降低挤压和风险，加速资金回笼，进行再投资和再生产，促进自身的运转。促销活动虽为企业营利手段，但客观上促进国家消费、带动社会就业，也符合经济学与财政学中“公共福利最大化”目标。

从以上案例可以看出，经济学无处不在，其中蕴含的原理我们会在本章内容中详细介绍。

第一节　经济学基本原理

经济学一词源于古希腊语“oikonomia”，原意为“家庭管理”。这一词源看似特殊，实则深刻揭示了家庭与社会经济系统的同构性。无论是微观家庭单元还是宏观社会体系，都面临着资源约束下的决策优化问题。在家庭层面，需通过系统性规划实现成员能力与任务的最优配置：确定劳动分工（如烹饪、清洁、休闲活动安排等）、决定收益分配（如电视节目支配权、家庭消费选择权等）。其本质是考虑到每个成员的能力、努力和愿望，以在各个成员中配置稀缺资源。经济学研究社会如何管理自己的稀缺资源。在大多数社会中，资源并不是由一个中央计划者来配置，而是通过千百万家庭和企业的共同行动来配置的。因此，经济学家研究人们如何作出决策：他们工作多少，购买什么，储蓄多少，以及如何把储蓄用于投资。经济学家还研究人们如何相互交易。例如，经济学家探讨一种物品众多的买者与卖者如何共同决定该物品的销售价格和销售量。最后，经济学家分析影响整个经济的力量和趋势。包括平均收入的增长，人口中找不到工作的人的比例，以及价格上升的速度。

虽然经济学的研究是多方面的，但可以用几个中心思想把这个领域统一起来。美国经济学家 N. 格里高利·曼昆将经济学的研究内容简要地概括为经济学十大原理，本节我们将学习这些原理，并在此基础上深入地学习财政学的各项知识。

一、原理 1：人们面临权衡取舍

决策行为的核心原理可凝练为经典经济学命题：“天下没有免费的午餐”。任何价值获取必然伴随相应成本的产生，个体在决策过程中始终面临不同目标间的权衡取舍。

当配置一个人的最宝贵的资源即时间时，可以把所有的时间都用于学习经济学，也可以把所有的时间都用于学习心理学，当然也可以把时间分配在这两个学科上。当这个人把某一个小时用于学习一门课时，他就必须放弃本来可以学习另一门课的一小时。而且对于用于学习一门课的每一个小时，他都要放弃本来可以用于睡眠、骑车、看电视或打工赚点零花钱的时间。每个学习时段的投入，不仅意味着放弃另一学科的学习机会，更涉及睡眠、运动、娱乐及兼职创收等替代性选择的牺牲。这种时间配置的交替关系，本质上是边际成本与边际收益的理性考量过程。

在家庭收入分配层面，消费与储蓄的抉择同样体现交替规律。当家庭将支出投向食品、服饰或旅游消费时，必然压缩教育储蓄或养老准备的资金空间。这种微观决策的集合，最终形成社会层面的资源配置格局。

当人们组成社会时，他们面临各种不同的交替关系。典型的交替关系是“大炮与黄油”之间的交替。当国家将更多财政资源投入国防建设以维护国家安全（大炮）时，用于改善民生、提高人民生活水平的公共支出（黄油）必然受到制约。

社会面临的另一种交替关系是效率与平等之间的交替。效率是指社会能从其稀缺资源中得到最多的东西。平等是指这些资源的成果公平地分配给社会成员。即效率是指经济蛋糕的大小，而平等是指如何分割这块蛋糕，在设计政府政策的时候，这两个目标往往是不一致的。

从更平等地分配经济福利出发，福利制度或失业保障应帮助那些最需要帮助的社会成员，另一些政策如个人所得税则要求收入高的人缴纳更多的税。虽然这些政策对实现更大平等有好处，但它以降低效率为代价。当政府把富人的收入再分配给穷人时，就减少了对辛勤工作的奖励；结果可能导致人们工作积极性降低，生产的物品与劳务也少了。可能的结果是，当政府想要把经济蛋糕切成更均等的小块时，这块蛋糕也就变小了。

需要强调的是，识别权衡取舍关系不等同于价值判断。作为学生不应单纯因经济学投入增加而放弃心理学研习，社会也不能因环保成本或扶贫代价而放弃可持续发展目标。理性决策的关键在于：通过机会成本核算（原理2）、边际量分析（原理3）和激励响应机制（原理4），在多重约束条件下寻求最优解。

专栏1－1

正如中国特色社会主义财政理论所强调的，我国始终以“共同富裕”为根本目标，既要通过高质量发展做大“蛋糕”，又要通过制度优化分好“蛋糕”，体现效率与公平的动态平衡。中国财政实践表明，构建初次分配、再分配、三次分配协调配套的制度体系，能够缓解这一矛盾。例如，浙江共同富裕示范区探索的“扩中提低”改革，既保障了市场效率，又通过公共服务均等化缩小了城乡差距。中国财政政策始终强调“在高质量发展中促进共同富裕”，通过科技创新、产业升级提升效率，同时以社会保障“安全网”兜底民生，实现“人民幸福梦”与“伟大复兴梦”的有机统一。

请结合资料思考：高福利国家曾因债务危机陷入困境，而中国强调“尽力而为、量力而行”，脱离发展实际的高福利要不得。如何理解“共同富裕和平均主义”？

二、原理2：某种东西的成本是为了得到它而放弃的东西

由于人们面临着交替关系，因此作出决策需要比较可供选择的行动方案的成本与收益。但是，在许多情况下某种行动的成本并不那么明显。当作出任何一项决策，例如选择是否上大学时，应该认识到伴随着每一种可能的选择而来的成本。例如一名农业大学的毕业生小李面临职业选择：选项A是接受深圳某企业的岗位，月薪1.2万元，从事农

产品贸易工作；选项 B 是响应国家乡村振兴政策，返乡创办生态农业合作社，初期月收入约 5 000 元，但可获得政府补贴和低息贷款支持。选择 A 则放弃返乡创业可能带来的长期收益，包括政策扶持下的产业潜力、家乡生态环境改善的社会价值，以及个人在乡村振兴中的成就；选择 B 则放弃一线城市的高薪、职业发展机会及更完善的社保福利。这种方式就是通过衡量某种物品的机会成本来作出决策，从定义来看，一种东西的机会成本是为了得到这种东西所放弃的东西。

专栏 1－2

什么是机会成本？

考虑是否上大学的决策，上大学的主要收益是丰富了知识，并且在一生中都拥有了更好的工作机会。但成本是什么呢？

为了回答这个问题，你可能会把你用于学费、书籍、住宿和伙食的钱加总起来。但这一总和并不真正代表你上大学所放弃的东西。这种计算方法存在两个问题，它计算在内的某些成本并不是上大学的真正成本，即使你离开了学校，你也需要有睡觉的地方并且需要吃饭。只有在大学的住宿和伙食比其他地方贵时，贵的这一部分才是上大学的成本。它忽略了上大学最大的成本——你的时间。

当你把一年的时间用于听课、读书和写论文时，你就不能把这段时间用于工作。对大多数学生而言，为了上大学而不得不放弃的收入是他们接受教育的最大单项成本。

小结：一种东西的机会成本是为了得到这种东西所必须放弃的东西。当作出任何一项决策时，决策者都应该认识到每一种可能的行动所带来的机会成本。例如当你想要吃水果时，你的钱却只够买一斤苹果或一个西瓜。买苹果的机会成本便是买不了西瓜。

请结合资料思考：大学四年若仅追求考试成绩而忽视社会实践，其机会成本可能包括哪些？如何通过时间管理实现“知识积累”与“能力培养”的双重目标？

三、原理 3：理性人考虑边际量

理性人指系统而有目的地尽最大努力去实现其目标的人。经济学家通常假设人是理性的。当可用的机会给定时，理性人系统而有目的地尽最大努力去实现其目标。“边际量”是指某个经济变量在一定的影响因素下发生的变动量。经济学家用边际变动这个术语来描述对现有行动计划的微小增量调整，边际变动是围绕你所做的事的边缘的调整。个人和企业通过考虑边际量，将会作出更好的决策。而且，只有一种行动的边际利益大于边际成本，一个理性决策者才会采取这项行动。例如，当个体面临教育年限的抉择时，过于极端的教育程度比较（如博士学位获得者与小学肄业者之间的对比）往往难以提供有效指导。正确的决策框架应建立在边际分析的基础上。具体而言，假设某受教育者已完成一定阶段的教育，面临是否延长1—2年学习期限的抉择，其决策依据应包括两个核心要素：其一，延长教育年限带来的边际收益，主要包含由学历提升产生的预期收入增长、职业选择空间的扩展等；其二，由此产生的边际成本，涵盖显性费用支出及继续教育期间的潜在收入损失。通过系统性比较边际收益与边际成本的量化关系，个体可对是否延长受教育年限作出更为理性的决策。

以航空公司定价决策为例，当需要确定等候退票乘客的合理票价时，边际量分析具有重要指导意义。假设某航班总成本为10万元，配备200个座位，则单个座位的平均成本为500元。若仅依据平均成本定价，可能得出票价不应低于500元的结论。该航空公司可通过边际分析优化决策。当航班临近起飞仍存在10个空置座位时，若有乘客愿支付300元购票，此时需重点考量边际成本而非平均成本。由于飞机固定成本已发生，新增乘客的边际成本仅包含餐食等可变支出（约20元）。根据边际收益（300元）大于边际成本（20元）的原则，接受该乘客购票请求将为企业带来280元的边际利润。

生活中我们经常会与边际量打交道，如边际效用，是指消费者从消费额外一单位商品或服务中获得的额外满足（或效用）。效用是指商品或服务满足消费者某种需求的能力，而边际效用则关注这种满足能力的增量。它是一个相对值，衡量的是消费者对额外消费的反应，而不是对总消费的反应。边际效用通常是递减的，例如当你饿极了吃第一个包子时，满足感爆棚（边际效用为10），但吃到第三个包子时满足感即边际效用可能降到6，第六个包子时满足感为0，再吃第七个反而会难受（边际效用为负）。再如“第二杯半价”正是利用这个规律——第一杯奶茶带来的快乐值最高，第二杯的边际效用降低，所以商家用折扣吸引消费者继续消费。

专栏1-3

理性人基于边际量的决策

理性人的理性分析：当你学习经济学时，你会遇到一些为了实现利润最大化的企业，它们需要决定雇用多少工人以及制造并出售多少产品。你也会遇到一些个人，他们要决定把多少时间用于工作，并用赚到的钱购买什么物品和服务，以获得最大可能的满足。

理性人的理性认知：理性人知道，生活中的许多决策很少是非黑即白的，而往往是介于其间的灰色地带。吃午饭的时候，你面临的决策往往不是“完全不吃还是大吃一顿”，而更可能是“是否再多吃一口饭”。当考试临近时，你的决策不是在放弃考试和一天学习24个小时之间的选择，而是是否多花1小时来复习功课而不是看电视。

边际量：对现有行动计划的微小增量调整。经济学家用边际量这个术语来描述对现有行动计划的微小增量调整。“边际”指“边缘”，因此边际变动是围绕所做的事的边缘来进行的调整。

边际收益与边际成本：理性人通常通过比较边际收益与边际成本来作决策。

假设你正在考虑用手机给一个朋友打电话。你确定与朋友通话10分钟给你带来的收益估计为7元左右。你手机的服务费是每月40元的固定费用，加上每分钟0.5元的通话费用。你通常每月打电话100分钟，因此你每月的付费为90元（每分钟0.5元乘每月100分钟，加40元的固定费用），你可能会有如下推理："由于我每月为打100分钟电话支付90元，平均每分钟我的电话费是0.9元。因此，10分钟的电话费是9元。由于成本9元小于收益7元，所以我将不打这个电话。"

但是，这个结论是错误的。虽然10分钟电话的平均成本是9元，但边际成本（如果你多打这一次电话，你付费的增加量）只是5元。只有比较边际收益与边际成本，你才能作出正确的决策。由于边际收益7元大于边际成本5元，你应该打这个电话。

这其实是人们先天就懂的道理：有不限时通话套餐（意味着边际上每分钟通话都是免费的）的手机使用者会更长时间且更频繁地打电话。

请结合资料思考：根据理性人假设，企业追求利润最大化时仅需考虑边际成本与边际收益。但现实中许多企业会主动承担环保、员工福利等社会成本，这是否违背了"理性人"原则？

四、原理4：人们会对激励作出反应

由于人们通过比较成本与收益作出决策，所以当成本或收益变动时，人们的行为也会改变。这就是说，人们会对激励作出反应。例如，当苹果的价格上升时，人们就决定多吃梨少吃苹果，因为购买苹果的成本高了。同时苹果园主决定雇用更多工人并多摘苹果，因为出售苹果的收益也高了。

对设计公共政策的人来说，激励在决定行为中的中心作用是重要的。公共政策往往改变了私人行动的成本或收益：当决策者未能考虑到行为如何由于政策的原因而变化时，他们的政策就会产生他们意想不到的效果。

专栏1-4

激励的重要性

汽油税对交通方式选择的影响：许多政策改变了人们面临的成本或收益，从而也改变了人们的行为。汽油税鼓励人们开小型的节油型汽车。欧洲开小型车的人比美国多，原因之一就是欧洲的汽油税比美国高。更高的汽油税还鼓励人们拼车或乘坐公共交通工具，并鼓励人们在离自己工作近的地方居住。如果汽油税高，就会有较多的人驾驶混合动力车；如果汽油税足够高，人们就会开始驾驶电动汽车。当决策者未能考虑到他们的政策如何影响激励时，他们所制定的政策通常会带来意想不到的结果。

有关汽车安全的公共政策：今天所有的汽车都有安全带，但60年前并不是这样。1965年，拉尔夫·纳德的著作《任何速度都不安全》引起了公众对汽车安全性能的关注。国会的反应是通过立法要求将安全带作为新汽车的标准配置。安全带的法律如何影响汽车安全呢？直接的影响是显而易见的。

当一个人系上安全带后，他发生车祸时存活的概率提高了。但是，这项法律的影响并不是仅此而已，因为它还通过改变激励而影响了人们的行为。在这里，相关的行为是司机开车时的速度和谨慎程度。缓慢而谨慎地开车是有代价的，因为这要耗费司机的时间和精力。当决定开车的安全程度时，理性人会下意识地比较安全开车的边际收益和边际成本。当提高安全程度的收益高时，他们就会更缓慢、更谨慎地开车。例如，人们在道路有冰时会比在道路干净时更缓慢而谨慎地开车。考虑安全带的法律如何改变一个司机的成本—收益计算。安全带降低了司机的车祸代价，因为它们降低了伤亡的概率。换言之，安全带减少了缓慢而谨慎地开车的收益。人们对安全带的反应和对道路状况改善的反应一样——更快速、更不谨慎地开车。这样，安全带法律最终导致的结果是车祸的次数增加了。

乍一看，这种关于激励与安全带的讨论似乎是毫无根据的猜测。但是经济学家萨姆·佩兹曼在1975年发表的一篇文章中说明了，实际上汽车安全法有许多这类意想不到的影响。根据佩兹曼的证据，这些法律减少了每次车祸的死亡人数而增加了车祸的次数。净结果是驾驶员死亡人数变动很小，而行人死亡人数增加了。佩兹曼对汽车安全的分析仅仅举出了人们对激励作出反应的一般原理的一个例子。经济学家研究的许多激励要比汽车安全法的激励更为直接。例如，没有一个人对向苹果征税会引起人们少买苹果感到惊讶。然而，正如安全带的例子所说明，政策有时也会有事先并不明显的影响。

小结：在分析任何一种政策时，我们不仅应该考虑它的直接影响，而且还应该考虑它通过激励产生的不太明显的间接影响。如果政策改变了激励，那就会使人们改变自己的行为。

请结合资料思考：汽油税通过提高燃油成本引导公众选择节能交通工具（如小型车、新能源车），但高油价可能加重低收入群体的出行负担。如何设计政策激励能够既实现环保目标，又能够兼顾公平，进而为我国共同富裕的进程做出贡献？

五、原理5：贸易能使每个人状况更好

在国际经济格局中，中美两国作为全球主要经济体，在汽车、电子设备等产业领域存在市场竞争关系。例如，比亚迪与特斯拉在新能源汽车市场、华为与苹果在智能手机市场均存在产品竞争。但若将国家间的经贸关系简单类比为体育竞赛的零和博弈，则可能陷入认知误区。国际贸易的本质并非“一方获益必然导致另一方受损”，而是通过专

业化分工实现互利共赢。

理解这一经济规律，可从微观主体行为切入分析。当家庭成员参与劳动力市场时，彼此间存在就业竞争；消费者在商品选购过程中也存在价格博弈。这种竞争关系并不意味着隔绝外部联系更有利于家庭发展。若家庭采取自给自足模式，将被迫从事粮食种植、衣物纺织、房屋建造等全产业链活动，显然会降低资源配置效率。通过社会分工和商品交换，家庭成员可专注于比较优势领域，从而提升整体福利水平。

国家层面的贸易合作遵循相同逻辑。国际贸易促使各国依据要素禀赋差异进行专业化生产：劳动力充裕国家发展劳动密集型产业，技术先进国家专注高新技术领域，资源丰富国家侧重原材料开发。这种国际分工不仅提高全球生产效率，还通过产品交换丰富各国消费选择。数据显示，1948—2007 年世界出口年均增速达 9.7%，显著高于同期全球经济增速，印证了贸易对经济增长的引擎作用。

在国际税收协调方面，我国积极参与全球治理体系改革。通过 G20 等多边机制推动建立公平的国际税收秩序，主动对接全球最低企业税改革，既维护国家税收权益，又彰显大国责任担当。与此同时，在扩大开放过程中需统筹发展与安全，通过健全贸易安全审查机制、完善反制“长臂管辖”的法律工具等措施，构建开放型经济新体制下的风险防控体系。

这种辩证关系揭示出现代国际经济合作的基本特征：竞争伙伴关系并存。中美既在具体产业领域存在竞争，又在维护全球供应链稳定、应对气候变化等领域具有共同利益。实践表明，改革开放以来我国出口量飞速上涨，通过深度参与国际分工实现了经济跨越式发展。这要求我们在坚持总体国家安全观的前提下，继续深化对外开放，推动构建更高水平开放型经济新体制。

六、原理 6：市场通常是组织经济活动的一种好方法

在经济学理论体系中，亚当·斯密于 1776 年发表的《国民财富的性质和原因的研究》（简称《国富论》）提出了具有里程碑意义的观点：市场交易活动中的个体行为受到“看不见的手”的引导，通过价格机制实现社会资源的最优配置。这一理论体系构成了现代市场经济的基础框架。

具体来看，市场是这样运行的：首先，市场经济的核心在于价格机制，它就像一只“看不见的手”，能够自动调节供求关系。当市场上某种商品供大于求时，价格自然会下降；反之，如果供小于求，价格则会上涨。这样一来，市场就能自动调节资源配置，实现资源最大化利用。

其次，市场鼓励竞争，能够激发企业的创新活力。在激烈的市场竞争中，企业必须不断创新、提高效率、降低成本，提供更多样化、更优质、更实惠的产品和服务，最终受益的将是广大消费者。这样一来，整个社会的生产力水平就会得到提高，经济发展也

会更加健康。

再次，市场能够降低交易成本。在市场经济中，企业和家庭自主决定生产和消费，价格机制能够提供及时、准确的信息，帮助买卖双方降低交易成本。

当然，市场不是万能的，它也有一些缺陷和不足，市场及价值规律的缺陷主要包括自发性、盲目性和滞后性，这些会导致市场的失灵情况，比如资源浪费、收入两极分化、经济波动等。政府调节可以通过宏观调控和微观规制来弥补这些缺陷，比如通过财政政策、货币政策稳定经济，通过法律和行政手段规范市场秩序，促进公平竞争，保护劳动者权益等。只有合理地运用市场机制，并且不断完善政府市场规则和监管体系，才能够发挥出市场经济的最大优势，使整体社会受益。

在一个市场经济（market economy）中，中央计划者的决策被千百万企业和家庭的决策所取代。这些企业和家庭在市场上相互交易，价格和个人利益引导着他们的决策。

七、原理 7：政府可以改善市场结果

虽然市场通常是组织经济活动的一种好方法，但这个规律也有一些重要的例外。政府干预经济的原因有两类：促进效率和促进平等。这就是说，大多数政策的目标相当于把经济蛋糕做大或者使经济蛋糕分割更加公平。在新时代中国特色社会主义经济体制下，政府通过财政政策与市场机制协同发力，既要做大经济“蛋糕”，更要公平分配“蛋糕”，体现了以人民为中心的发展思想。

“看不见的手”通常会使市场有效地配置资源。但是，由于各种原因，有时“看不见的手”不起作用。经济学家用“市场失灵”这个词来指市场本身不能有效配置资源的情况。市场失灵指的是由于市场机制不能充分地发挥作用而导致的资源配置缺乏效率或资源配置失当的情况。

市场失灵的一个可能原因是外部性。外部性是一个人的行动对旁观者福利的影响，我们在之后的章节还会进行详细的学习。污染是一个典型的例子。如果一家化工厂不用承担它排放烟尘的全部成本，它就会大量排放。在这种情况下，政府可以通过环境保护来增加经济福利。例如我国通过环境保护税、生态补偿机制等财政工具，将“绿水青山就是金山银山”理念融入政策实践，推动绿色发展。

市场失灵的另一个可能原因是垄断。垄断是指一个人（或一小群人）不适当地影响市场价格的能力。例如，假设镇里的每个人都需要水，但只有一口井。这口井的所有者对水的销售就有垄断权。这口井的所有者不受残酷竞争的限制，而正常情况下“看不见的手”也就是市场正是以这种竞争来实现供求关系的平衡。在这种情况下，政府对垄断者进行限制有可能提高经济效率。反垄断法、国企改革等政策体现了社会主义市场经济对公平竞争的重视。例如，我国通过税收优惠支持中小企业发展，优化市场结构，避免资本无序扩张，彰显社会主义市场经济的制度优势。

“看不见的手”也不能确保公平地分配经济成果。市场经济根据人们生产其他人愿意买的东西的能力来给予报酬。世界上最优秀的篮球运动员赚的钱比世界上最优秀的棋手多，因为人们愿意为看篮球比赛比看象棋比赛付更多的钱。“看不见的手”并没有保证每个人都有充足的食品、体面的衣服和充分的医疗保健。许多公共政策（例如所得税和福利制度）的目标就是要实现更平等的经济福利分配。如我国通过个人所得税改革、社会保障体系完善等政策，致力于缩小贫富差距。

市场失灵的原因很多，还可能体现为公共产品，即能为绝大多数人共同消费或享用的产品或服务，如国防、公安司法等方面所具有的财物和劳务，以及义务教育、公共福利事业等。公共产品的特点是一些人对这一产品的消费不会影响另一些人对它的消费（非竞争性）；某些人对这一产品的利用，不会排斥另一些人对它的利用（非排他性）。公共产品的特性使得任何人都可以使用，而不需要支付费用，这导致生产者无法收回成本，从而不愿意生产这些产品。由于人们可以在不付费的情况下享受公共产品的利益，导致市场上对公共产品的需求大于供给，造成市场失灵。这时，政府发挥着至关重要的作用。如我国政府通过财政投入和政策引导，保障国防安全、建设公共设施、普及义务教育等，来弥补市场的不足。

信息不充分、不对称也会让市场失灵。买卖双方掌握的信息不一样，就容易出问题。比如买二手车，卖家清楚车况好坏，买家却很难判断，最后愿意出高价买好车的人少，好车反而卖不出去（逆向选择）。再比如买了车险后，有人觉得撞车有保险公司赔，开车就不那么小心了（道德风险），这些都会让市场没法正常运转。在此情况下，政府需要加以干预，例如我国政府通过制定严格的市场监管政策、完善信息披露制度，及时打击欺诈行为，维护市场秩序。

政府有时可以通过科学的制度设计和有效的政策干预改善市场结果，但公共政策并非天然形成或完全中立，而是由人基于特定利益格局和政治博弈制定、通过民主集中制等政治程序确立的。学习经济学的核心目标之一，正是通过分析市场规律与政府行为的互动关系，帮助判断政策何时能够平衡效率与公平、实现帕累托改进。中国共产党第十八届三中全会明确提出“使市场在资源配置中起决定性作用和更好发挥政府作用”，这一论断深刻揭示了社会主义市场经济体制的本质：一方面要求政府减少对微观经济活动的直接干预，充分发挥市场机制在提升资源配置效率、激发创新活力中的核心作用；另一方面强调政府需在维护公平竞争环境、完善公共服务体系、强化宏观经济治理等领域精准发力，构建“有效市场”与“有为政府”协同共生的治理格局。

八、原理 8：一国的生活水平取决于它生产物品与劳务的能力

世界各国在经济发展水平方面的差异十分显著。以 1993 年为例，该年度美国人均国民收入达到 25 000 美元，墨西哥同期人均收入为 7 000 美元，而尼日利亚人均收入仅

1 500 美元。这种收入水平的显著差异直观反映在各项国民生活质量的衡量指标上。数据显示，高收入国家公民在耐用消费品拥有量、膳食营养结构、医疗保障水平以及国民预期寿命等核心指标层面均显著优于低收入国家。

从时间维度考察，经济发展呈现动态增长特征。美国自 19 世纪以来的统计数据表明，经物价指数调整后的人均收入年均增速约 2%，按此增速国民收入大致每 35 年实现倍增。部分后发国家的经济增长表现更为突出，日本在 20 世纪后半叶的某些时期实现 20 年内收入倍增，韩国则创下 10 年收入翻番的发展纪录。

用什么来解释各国和不同时期中生活水平的巨大差别呢？几乎所有生活水平的变动都可以归因于各国生产率的差别——即一个工人一小时所生产的物品与劳务量的差别。在那些每单位时间工人能生产大量物品与劳务的国家，大多数人享有高生活水平；而工人生产率低的国家，大多数人过着贫困的生活。同样，一国的生产率增长率决定了平均收入增长率。

生产率和生活水平之间的基本关系是简单的，但它的意义是深远的。如果生产率是生活水平的首要决定因素，那么，其他解释的重要性就应该是次要的。例如，曾有学者把 20 世纪美国工人生活水平的提高归功于工会或最低工资法，但实际情况是美国生产率得到了提升。另一个例子是，一些经济学家认为美国近年来收入增长放慢是由于其他国家日益激烈的竞争。但真正的敌人不是国外的竞争，而是本国生产率增长的放慢。

生产率与生活水平之间的关系对公共政策也有深远的含义。在考量政策对生活水平的影响时，应思考政策将如何影响国家生产物品与劳务的能力。为了提高生活水平，决策者需要让工人受到良好的教育，拥有生产物品与劳务需要的工具，以及得到技术培训的机会。

例如，过去 10 年间许多学者关注美国的预算赤字，即政府的支出超过了政府收入。而预算赤字将对生产率带来不利影响。当政府需要为预算赤字筹资时，它就要在金融市场上借钱，就像学生要借钱为上大学筹资，或者企业要借钱为新工厂筹资。因此当政府借钱为赤字筹资时，就减少了市场上其他私人借款者所能得到的资金量。这样，预算赤字就减少了人力资本（学生的教育）和物质资本（企业的工厂）的投资。由于现在的低投资意味着未来的低生产率，因此一般认为预算赤字抑制了生活水平的增长。

九、原理 9：当政府发行了过多货币时，物价上升

20 世纪 20 年代德国经历的恶性通胀可作为分析货币政策的典型案例。1921 年 1 月单份报纸价格为 0.3 马克，至 1922 年 11 月已飙升至 7 000 万马克，物价指数呈指数级增长态势。该案例深刻揭示了货币供给量与实体经济需求失衡将引致恶性通胀的基本规律，作为现代货币政策的重要警示——金融调控工具必须锚定实际经济活动需求。

20 世纪 70 年代间，美国物价总水平翻了一番还多，时任美国总统杰拉德·福特称通货膨胀是“公众的头号敌人”。与此相比，20 世纪 90 年代美国通货膨胀为每年 3% 左右：按这个比率，物价 20 多年才翻一番。由于高通货膨胀给社会带来了各种代价，所以世界各国都把保持低通货膨胀作为经济政策的一个目标。与之形成鲜明对比的是，中国近年将 CPI 年均涨幅稳定在 2%—3% 区间，通过供给侧结构性改革与需求侧管理相结合，实现了稳增长与防通胀的平衡。例如新冠疫情期间，中国通过定向降准而非“大水漫灌”，既保障了企业流动性需求，又未引发输入性通胀压力。

什么引起了通货膨胀？在大多数严重或持续的通货膨胀情况下，总是与货币量的增长有关。当一个政府创造了大量本国货币时，货币的价值就下降了。在 20 世纪 20 年代初的德国，当物价平均每月上升 3 倍时，货币量每月也增加了 3 倍。美国经济史也得出了类似的结论，70 年代的高通货膨胀与货币量的迅速增长是相关的，而 90 年代的低通货膨胀与货币量的缓慢增长也是相关的。

专栏 1－5

通货膨胀现象

一、什么是通货膨胀？

通货膨胀是指物价总水平在一段时间内持续、普遍上涨的现象。例如：去年一碗牛肉面 15 元，今年涨到 18 元，且其他商品价格也同步上涨。

二、通货膨胀的三大类型

1. 需求拉动型

现象：钱多货少，如蔬菜歉收供不应求导致涨价

公式：总需求 > 总供给→物价↑

2. 成本推动型

案例：国际油价上涨→运输成本增加→商品涨价

3. 结构性通胀

原因：部分行业（如科技行业）工资上涨带动整体物价

三、如何衡量通货膨胀？

1. 消费者物价指数（CPI）：指通过计算城市居民日常消费的生活用品和劳务的价格水平变动而得到的指数，它是普通消费者所购买的物品与服务的总费用的衡量指标。消费者物价指数涵盖全国城乡居民生活消费的衣着、居住、生活用品及服务、交通和通信、教育文化和娱乐、食品烟酒、医疗保健、其他用品和服务等 8 大类、262 个基本分类的商品与服务价格。消费者物价指数的主要作用有：反映通货膨胀状况、反映货币购买力变动、反映对职工实际工资的影响。

2. 生产者物价指数（PPI）：反映企业原材料成本变化，能够预示未来 CPI 走势。

四、通货膨胀的影响

表 1　通货膨胀带来的影响

群体	影响表现	案例
打工人	工资增速追不上物价，实际购买力下降	月薪 5 000 元，去年能买 1 000 斤米，今年只能买 800 斤
储户	存款利息跑不赢通胀，财富缩水	1 万元存款年利率 2%，但物价上涨 5%，实际亏损 3%
企业	原材料成本上升挤压利润，经营风险增加	奶茶店因糖价上涨被迫提价，销量下滑

五、应对通货膨胀的三大策略

1. 个人层面

（1）投资抗通胀资产：黄金、房地产（需注意流动性风险）。

（2）提升职业技能：通过涨薪抵消物价上涨压力。

2. 政府调控

（1）货币政策：央行加息。

（2）财政政策：减少基建投资，避免过度刺激需求。

3. 企业应对

（1）优化供应链：与供应商签订长期价格协议。

（2）技术创新：用自动化降低人力成本。

小贴士：3% 以内的温和通胀有利于经济增长，但超过 5% 就需要警惕。理解通胀规律，才能更好地规划生活和投资。

请结合资料思考：对比中美应对通胀措施，我国采取“保供稳价 + 定向降准”组合拳，而美国依赖激进加息。这反映出中国特色社会主义市场经济体制哪些优势？

十、原理 10：社会面临通货膨胀与失业之间的短期交替关系

若通货膨胀的形成机制较为明确，为何政策制定者在抑制通胀过程中仍面临挑战？一个重要原因在于抑制通胀通常伴随失业率的暂时性上升，这种通货膨胀与失业率之间的反向变动关系被称为菲利普斯曲线。该理论由新西兰经济学家威廉·菲利普斯于 1958 年通过分析英国百年经济数据首次提出，其核心表现为：高通胀时期往往对应低失业率，而低通胀阶段则伴随高失业率。

尽管学界对菲利普斯的观点适用性仍存在争议，但多数经济学家已形成共识，即短期内确实存在通胀与失业的替代效应。这种现象源于经济体系中的价格黏性特征。例如当政府实施货币紧缩政策时，理论上长期效应应表现为物价水平整体下降，但实际经济运行中，企业产品定价调整、劳资协议修订等环节存在显著时滞，通常需要数年时间才能完成全面价格调整。

在价格尚未完全调整的短期阶段，政策效应呈现特殊性。货币供应量减少直接导致社会总支出下降，此时刚性价格与收缩的消费需求共同作用，引发企业销售规模缩减和用工需求降低，从而形成失业率暂时性上升的现象。这种替代关系虽具有暂时性特征，但其影响周期可能持续数年，对经济波动产生重要影响。

菲利普斯的观点为宏观调控提供了理论依据。政策制定者可通过财政支出调节、税收政策调整和货币供应量控制等手段，在一定时期内影响通胀与失业的组合形态。然而，由于这些政策工具对经济运行具有显著干预作用，关于其使用边界和调控力度的学术争论始终存在，这也构成了宏观政策制定的核心议题。

在表 1 - 1 中概括了经济学十大原理，即使是最复杂的经济分析也是用这里所介绍的十大原理构建的。

表 1 - 1　　经济学的十大原理

人们如何作出决策	1. 人们面临交替关系
	2. 某些东西的成本是为了得到它所放弃的东西
	3. 理性人考虑边际量
	4 人们会对激励作出反应
人们如何相互交易	5. 贸易能使每个人状况更好
	6. 市场通常是组织经济活动的一种好方法
	7. 政府有时可以改善市场结果
整个经济如何运行	8. 一国的生活水平取决于它生产物品与劳务的能力
	9. 当政府发行过多货币时，物价上升
	10. 社会面临通货膨胀与失业之间的短期交替关系

第二节　财政的产生与发展

财政是经济的重要组成部分，财政学作为经济学的一个分支，主要研究政府如何筹集、使用和管理资金，以满足社会公共需要。

一、生活中的财政现象

社会经济生活中，从居民的衣食住行到国家的政治活动和经济建设，时时处处存在财政现象和财政问题。早晨醒来，开灯照明，用的电是政府兴建的供电厂提供的；刷牙洗脸，用的水是由政府投资的自来水公司供应的；烧菜做饭，用的煤气是由政府创办的煤气供应公司提供的；上班下班，走的道路是市政部门投资修筑的，乘的公共汽车是市政部门提供的；晚餐之后，既可以待在家里看看政府创办的电视台的节目，也可以到政府兴建的公园散散心。可见，我们每天的起居住行都与政府有着相当密切的关系。伴随时光的流逝，我们渐渐成长，开始接受应有的教育，而我们就读的幼儿园、小学、中学、大学等，多半是由政府开办的，受教育期间如果经济方面出现困难，我们可以申请政府提供的助学贷款。工作之后，受伤生病可以享受政府提供的医疗保障服务；失业可以按规定领取失业保险金。年老退休之后，可以获得社会养老保险金。有一天终于寿终正寝，也要到政府建设的火葬场送终安息。由此可见，我们每个人从摇篮到坟墓，都同政府和财政息息相关。因此，财政问题是我们不得不关注的问题。

二、财政的产生

财政是一个古老的历史范畴，是随着社会生产力的发展和国家的产生而产生的。原始社会初期，人类所处的生存环境很恶劣，为抵御外界的侵袭，人们只能聚集在一起生活，运用最原始的生产工具共同劳动，生产出数量极少的劳动产品并归全体成员共同所有。随着社会生产力水平的提高，畜牧业与手工业开始从农业中分离出来，单纯地从事商品交换的商人也出现了。于是，整个社会生产的产品除了满足人们最低生活需要之外，还出现了剩余，私有制也因此而产生。此后，因人们所占有的私有财产多寡不均，贫富分化逐渐加剧，社会分裂成为奴隶和奴隶主两大根本对立的阶级。奴隶主阶级为了巩固自己的统治地位，保护自己的既得利益，镇压奴隶的反抗，建立起了军队、警察法庭及监狱等统治机构，这就标志着奴隶制国家的诞生。而国家作为一种管理机构，虽然它本身并不从事物质资料的生产，不直接创造财富，但是为了维持其自身的发展壮大并履行其职能，却需要消耗一定的物质资料。于是，国家就依它所拥有的政治权力，采用赋税等形式，强制、无偿地占有一部分社会产品来满足其需要。这样，在整个社会产品的分配中，就独立出来一种由国家凭借政治权力来参与的社会产品的分配，而这就是财政分配。

从财政产生的过程可以看出，财政的产生需要满足两个条件：一个是社会经济条件；另一个是政治条件。社会经济条件是财政产生的物质基础。如果一个社会的生产力水平极其低下，没有剩余产品，也就不存在财政产生的可能性。只有当生产力发展到一定水平，社会出现剩余产品时，才能具备财政产生的物质基础。政治条件是财政产生的权力保证。只有当社会发展到一定阶段，贫富两大对立阶级的矛盾变得不可调和时，才会出现维护统治阶级利益的权力机关——国家。国家的产生及统治机构的设置就为国家无偿占有一部分社会产品提供了权力保证，同时，国家的出现也就意味着财政的产生。可见，财政不仅是一个历史范畴，同时也是一个经济范畴，更是一个政治范畴。

三、财政的发展

财政是人类社会发展到一定历史阶段的产物。当人类脱离蒙昧时代发展到氏族社会的全盛时期，由于生产力还不够发达，人们只能在一个氏族或部落里共同劳动，共同占有劳动成果，大体平均地分配产品。除了个人生活消费的需要外，在共同生活中不可避免地产生某些公共需要。但在这种生产不发达的原始公社共产制经济条件下，为满足公共需要而占用的劳动力或产品，从分配性质上说，仍然是在这个共同体的成员中共同劳动，共同占有劳动成果，在大体平均地分配产品中的公共扣除，并没有改变共同劳动、共同占有和消费共同劳动成果的性质。也就是说，并没有产生使财政分配从氏族公社单一的社会产品分配体系中分化并独立出来的必要条件。

到了氏族社会的后期，随着社会生产力的发展，人们劳动所获得的产品，除了满足最低限度的生活需要外，还或多或少地有了一定剩余，出现了私有财产，导致了私有制的产生。伴随着私有制逐步成为整个社会的经济基础，社会日益分裂为根本利益互相对立的阶级，并产生了维护统治阶级既得利益的暴力统治工具——国家。而国家一旦产生，就必须从社会产品分配中占有一部分国民收入来维持国家机构的存在并保证实现其职能，于是产生了财政这种特殊的经济行为和经济现象，从而，以运用国家权力进行分配为特征的各种财政活动，如贡纳、捐税、俸禄等相继出现。恩格斯指出，国家作为“一种表面上凌驾于社会之上的力量”，本身并不从事物质资料的生产，无法通过自身的生产为自己提供这部分物质资料。“为了维持这种公共权力，就需要公民缴纳费用——捐税。”由此可见，财政就是国家为了维护并依靠它所拥有的公共权力，强制地占有一部分社会产品，从而从整个社会产品的分配中独立出来的一种以国家为主体的分配活动。

财政随国家的出现而产生，并随着国家的发展而发展，也将会随着国家的消亡而消失。它依次经历了奴隶社会、封建社会、资本主义社会、社会主义社会，并相应地形成了为各社会形态的国家政权提供服务的奴隶制财政、封建制财政、资本主义财政和社会主义财政。

在不同历史时期，财政作为国家的分配，伴随着商品货币经济的发展和社会的进步。其分配的形态经历了实物形态向货币形态的转化；收入形式由贡赋、租税、官产收入为主过渡到了以税收、公债甚至货币发行为主；支出重点也从祭祀、战争、王室、官俸等为主转向以政权建设、经济发展、文教科技、社会保障为主。此外，新的财政范畴也不断出现，如封建社会末期出现了公债，资本主义时期出现了国家预算、赤字财政、社会保障等；财政活动的范围和领域也不断地得以拓展，由简单的政府收支发展成为政府调控经济的重要手段，广泛地服务于政府实现其职能的各个方面。

四、财政的概念

财政既是一个历史范畴，是伴随着国家的产生而产生的，又是一个经济范畴，是以国家或政府为主体的分配活动，是国家（政府）在社会再生产过程中，通过多种收入形式，集中一部分国民生产总值或国民收入，用于满足实现其职能需要的收支活动。应当指出的是，由于政府的财政收支活动体现了政府与其他经济主体之间的利益关系，而这种利益关系在不同社会制度下具有不同的性质，所以，不同社会制度下的财政具有不同的性质。换言之，财政作为一种以国家（政府）为主体的分配活动，不同性质国家中的财政性质也不同，或者说，国家的性质决定着财政的性质，即财政的本质属性，完整的财政概念应当是一般属性和特殊属性的统一。

据此，准确地把握财政的概念，就应当从财政的一般属性和特殊属性两个层面来理解。一般属性的财政是国家为实现其职能，凭借政治权力参与一部分社会产品或国民收入分配所进行的一系列经济活动及形成的特殊分配关系，它涵盖了一切在历史上存在过的国家及其财政最基本的和共同的属性，换言之，财政一般属性指的是财政最基本和最稳定的部分。诸如国家与税收的关系、财政的公共性财政支出与收入的关系、财政收支平衡等，对于不同历史时期的各个国家的财政都是带有“共性”的问题，它可以高度抽象化，并不需要考察具体国家的特殊性及国家性质。特殊属性的财政是与具体政治经济制度密切相关的财政模式，比如与君主政体和农业经济社会（奴隶制与封建制社会）相适应的君主财政模式，与资本主义代议制民主政治和市场经济相适应的公共财政模式，以及曾经与计划经济和高度集权的传统社会主义相适应的全能型计划财政模式等。财政的这种特殊属性，是由特定国家在某一特定历史时期的社会形态、政治制度、经济体制和法律文化等诸多因素决定的。在这一层面上，国家财政又被具体化为解释某个国家在某个时期的财政现象和特点。

专栏 1－6

作为大学生，大家都看到过这样一些现象：国家对大学生设立了多种奖学金，包括优秀生奖学金、困难家庭学生奖学金、特殊专业奖学金等等；家庭困难的大学生可以获得助学贷款，资金来源于风险补偿基金，由财政和高校各出资二分之一；全日制国家计划内培养的研究生每月可以得到几百元的生活补贴等。这都是国家财政用之于民的体现。

请结合资料思考：财政资金取之于民用之于民，财政现象在我们身边随处可见，请举例说明你身边的一些财政现象。

第三节 数字财政及其发展

新时代以来，我国经济社会发展成就斐然，数字经济作为一种新型的经济形态，正随着新一代信息技术的快速发展，逐渐成为新时代引领中国经济增长的新动力。在此背景下，数字财政应运而生。数字财政是数字政府的重要组成部分，它以数字理念、数字方法、数字技术深度赋能财政管理改革，为财政高质量发展提供全面、快捷、高效的数字化支撑。

一、数字财政的概念

数字财政是指利用现代信息技术，特别是大数据、云计算、人工智能等手段，对财政业务进行数字化管理和优化，以提升财政治理的现代化水平。数字财政不仅仅是财政运行的数字化，更是推动数字经济和数字社会治理的重要基础。

数字是人类文明的重要载体。从“结绳记事”到“文以载道”，从“电子计算”到“数据建模”，数字承载并见证了人类认识世界、改造世界的巨大进步。数字化革命，也被称为第三次工业革命或第三次科技革命，是指电子计算机的发明与通信设备等的快速普及。数字化革命使传统工业更加机械化、自动化，从而降低了工作成本。如果财政管理就像是一本厚厚的账本，那么数字财政就是把这本账本与现代科技结合，使之更加数字化和智能化。它不仅记录了每一笔收支，还能通过大数据分析、云计算、人工智能等先进技术，预测未来的财政状况，优化收支结构，提高财政资金的使用效率。这就像是给财政管理装上了“最强大脑”，让它能够做出更加精准、高效的决策。

二、数字财政的特征

与传统财政相比，数字财政具有以下特征：一是财政信息的联通性。在数字经济时代，财政部门自身内部信息以及与其他主体之间互联互通所产生的外部信息更多的是以数据形式展现。数字财政更加强调对数据化的财政信息进行整合分析，联通不同部门、层级、区域之间的数据信息，从而促进潜在数据的价值实现，构建良好的公共数据资源体系。二是财政管理的智能化。在综合运用人工智能、大数据、区块链等信息技术的基础上，数字财政能对财政的收入、支出和管理等环节进行精细化的监控，有助于更加全面系统地反映财政治理的问题，智能化地制定合理有效的应对措施，增强财政政策的精准性和公平性，提高财政治理与数字经济、数字社会和数字治理之间的契合度。三是财政业务的集成化。与传统财政相比，数字财政更侧重运用信息系统加强业务之间的衔接，能够实现组织机构功能的整合，有效地提高各级财政部门的统筹、组织、协调与监管能力，形成完整的集成化业务流程，提高财政资源的配置效率和使用效益。四是财政治理的效率性。数字财政最大的优势在于能够充分运用数字信息技术拓展财政制度的作用边界，提升数字技术在公共服务供给中的价值。例如，通过线上数字服务平台公开共享政府数据信息，能为公民提供不受时间空间限制的信息获取渠道，同时有助于公众表达其对公共产品和服务的诉求，加强对财政工作的监督制约，督促政府改进公共服务。

三、我国数字财政的发展阶段

我国数字财政建设自 1994 年分税制改革以来的发展历程大致分为两个阶段：

（一）数字财政 1.0 阶段（1994—2018 年）

主要表现为财政信息化系统建设。以“金税工程”和“金财工程”为代表的财政信息化，将财政业务与信息技术相互融合，从收入管理及支出管理两个侧面入手，建立并完善了财政信息化系统。金税工程是国家信息化重点工程之一，是将一般纳税人认定、发票领购、纳税申报、税款缴纳全过程实现网络运行，加强增值税征收管理的信息化系统工程。“金财工程”即政府财政信息管理系统，主要包括财政业务信息系统及信息网络系统两部分。两个系统经过近 20 年的完善，初步形成财政数据标准体系架构，为数字财政的蓬勃发展奠定坚实基础。

（二）数字财政 2.0 阶段（2018 年至今）

主要表现为数据生产与应用开发、财政数字化转型是一个长期的过程，财政数字化时期的主要标志为 2018 年 12 月财政部审议通过的《财政部网络安全和信息化建设管理方法》，要求推动财政网信工作从“以流程为主线”向“以数据为核心”转变，全面统筹推进财政部网络安全和信息化建设的规范管理，财政数字化转型随之提速。当前中国数字财政建设包括生产系统和应用系统两大系统建设。前者主要通过建立预算管理一体化系统，实现预算管理的全流程覆盖，为财政部门积累了大量的数据；后者以财政大数据应用为代表，2019 年财政部印发《关于推进财政大数据应用的实施意见》的通知，首次从顶层设计层面对财政大数据应用提出要求，并明确提出“建成以大数据价值为基础，以大数据智能应用为支撑的“数字智慧型财政”。总的来说，一个完整的财政数字化系统应涵盖财政部门与微观个体、其他政府部门等之间的互联互通，最终形成共商、共建、共享的底层生态系统。

四、我国数字财政的实践探索

（一）预算管理的智能化

在预算管理方面，数字财政发挥了巨大作用。以前，预算编制、执行、调整等各个环节都需要大量的人力物力投入，而且容易出现人为错误。现在，通过数字财政系统，这些工作都可以实现自动化、智能化。比如，预算管理一体化系统就是其中的典型代表。它以统一预算管理规则为核心，将预算管理全流程嵌入信息系统，提高了制度执行力和工作标准化、自动化水平。据财政部发布的《预算管理一体化规范》和《预算管理一体化系统技术标准》，各级预算管理已经初步建立了统一的业务规范和系统建设标准。

在实际应用中，预算管理一体化系统能够实现对预算管理全流程的动态反映和有效控制。无论是预算编制、预算执行还是决算和报告，都能在系统上清晰呈现。这样一来，不仅提高了预算管理的透明度和效率，还有效防止了人为操作带来的风险。

（二）税收征管的精准化

在税收征管方面，数字财政同样大显身手。以前，税收征管主要依靠人工审核和稽查，不仅效率低下，而且容易出现漏网之鱼。现在，通过大数据分析和人工智能技术，税务部门可以实时掌握纳税人的资产、收入、消费等信息，设计出更加公平有效的税收制度。同时，还可以将税收信息系统与其他如银行、户籍、工商等信息系统建立数据共享机制，有效甄别偷漏税行为。比如，某企业试图通过虚假报账来逃避税收，但在大数据的“火眼金睛”下，这些行为很快就被识破了。税务部门不仅追回了税款，还依法对企业进行了处罚。这样的例子不胜枚举，充分展示了数字财政在税收征管方面的精准和高效。

（三）公共服务供给的数据化

数字财政还促进了公共服务供给的优化。以前，政府提供公共服务往往依赖于经验和直觉，难以准确把握公众的真实需求。现在，通过数字财政系统收集和分析公众意见和需求数据，政府可以更加精准地提供公共服务。比如，在教育领域，政府可以根据学生的入学需求和学校的教学资源分布情况，合理调配教育经费和资源；在医疗领域，则可以根据患者的就医需求和医院的诊疗能力情况，优化医疗资源配置。这种基于数据的决策方式不仅提高了公共服务的效率和质量，还增强了公众的满意度和获得感。例如，以前在医院看病需要排很长的队，现在通过网上预约就能快速看上病，使公众生活得到了极大的便利。

五、数字财政建设未来展望

（一）我国不同地区的实践

广东省作为数字财政建设的先行者，通过“统规、统建、统管”模式实现全省财政业务一体化。2021 年 5 月完成系统全省上线后，解决了以往各地“书不同文、车不同轨”的碎片化问题，覆盖四级财政部门和 4.4 万个预算单位。

浙江省以“浙里报账”平台实现行政事业单位全流程数字化财务管理，覆盖 1.7 万家单位、近 130 万人，贯通预算管理一体化、政府采购、资产云等系统，实现从申请到归档的线上闭环，效率提升 75%。浙江省率先推行电子会计凭证归档标准，与税务系统联动验真，防范虚假报销风险。通过省级统一购买服务，节约重复建设资金超 20 亿元，成为全国财政电子凭证会计数据标准试点。

北京市通过推广区块链财政电子票据，覆盖医疗、教育等 7 个领域，累计开票 1.72 亿张，实现“一网通办”。

各地区实践表明，数字财政建设需以数据共享为基础、技术创新为驱动、制度规范为保障。广东的全省一体化、浙江的平台化服务等经验，为全国提供了差异化发展路径。未来需进一步推动跨区域协同，探索数据要素市场化配置，深化数字技术对预算绩效、风险预警等领域的赋能。

（二）数字财政建设展望

数字财政作为现代财政的新篇章正以前所未有的速度改变着财政管理方式。它通过大数据、云计算、人工智能等先进技术的深度融合实现了财政管理的智能化、精准化和高效化；不仅提高了财政资金的使用效率和服务水平，还促进了公共服务供给的优化和社会经济的可持续发展。

当然也必须清醒地认识到，数字财政的发展并非是一帆风顺的，而是面临着多重挑战。一是随着数字财政的深入推进，数据安全与隐私保护问题日益凸显。财政数据涉及国家秘密、商业秘密和个人隐私等敏感信息，一旦泄露将造成严重后果。因此，如何加强数据安全防护、保障数据隐私权益成为数字财政必须面对的重要课题。为了应对这一挑战，政府和企业需要不断加强数据安全管理能力建设和技术研发投入。同时还需要建立健全相关法律法规体系和完善监管机制，为数字财政的发展提供坚实的法律保障。二是数字财政的发展离不开技术创新和人才培养的支持。随着大数据、云计算、人工智能等技术的不断发展进步和应用场景的不断拓展深化，财政管理部门需要不断引进新技术、新应用来提升财政管理效能和服务水平。同时还需要加强财政人才队伍建设，培养一支既懂财政业务又精通信息技术的复合型人才队伍来支撑数字财政的长远发展。三是需要加强跨部门协同与资源整合工作。财政管理涉及众多领域和部门之间需要密切协作才能实现信息共享、资源互补和优势互补。然而由于部门利益、信息孤岛等原因，导致跨部门协同难度较大，影响了数字财政的发展进程。为了破解这一难题，我们可以借鉴一些成功案例的做法。比如浙江省通过推进“最多跑一次”改革，实现了跨部门事项的“一网通办”，大大提高了政府服务效率和公众满意度，也可以借鉴这种做法，在财政领域加强跨部门协同和资源整合工作，推动数字财政的深入发展。

坚持创新驱动、加强人才培养、深化跨部门协同并完善相关法律法规体系，能够不断克服数字财政发展中遇到的困难，推动数字财政不断迈向新的高峰。正如著名经济学家约瑟夫·熊彼特所说：“创新是经济发展的根本动力。”数字财政正是创新在财政领域的生动体现。相信在不久的将来，数字财政一定会成为推动经济社会高质量发展的强大引擎，为构建更加美好的社会贡献出智慧和力量。

【课后习题】

一、名词解释

机会成本　边际收益　边际成本　财政学　数字财政

二、简答题

1. 财政学的研究对象是什么？
2. 在新时代学习公共财政学有什么特殊意义？
3. 思考我国进入新时代“财政是国家治理的基础和重要支柱”的功能定位。

三、论述题

1. 请论述为什么当政府发行过多货币时，社会物价会上升？
2. 请论述数字财政的内涵及其对财政体系建设的重要作用。

第二章　财政职能

学习目标

1. 熟悉完全竞争市场的条件。
2. 掌握市场失灵定义及其现象。
3. 明确政府失效的表现和政府有效调控的条件。
4. 了解政府干预市场失灵的一些具体措施。

案例导入

1. 不完全竞争下的“垄断大戏”

回溯到三十年前，互联网刚刚兴起，搜索引擎市场几乎被谷歌一家独占。虽然谷歌提供了优质的服务，但其高市场份额也带来了高昂的价格。这就是不完全竞争下的市场失灵：消费者失去了选择权，不得不为垄断者的产品支付高昂的价格。

2. 公共品难题引发“抢椅子游戏”

在城市发展过程中，公共品如公园、道路等对于居民至关重要。然而，由于这些公共品的非排他性和非竞争性，居民可能会过度使用，导致资源浪费。例如，大家都争相抢占公园的椅子，但却不愿为公园的维护做出贡献。这就是公共品问题带来的市场失灵。

3. 信息不对称的“猫鼠游戏”

在二手车市场上，卖家掌握车辆的全部信息，而买家只能通过外观和试驾来了解车辆状况。这导致了市场的信息不对称，买家可能以高价购入低质二手车。这就是信息不对称导致的市场失灵。

4. 外部性的“蝴蝶效应”

环境污染问题是一个典型的外部性例子。工厂排放的污染物对环境造成影响，但这种影响并未计入生产成本。这导致市场机制无法有效调节资源分配，产生了市场失灵。

市场失灵的“闹剧”五花八门，它们提醒我们：单纯依赖市场机制并不能解决所有经济问题。作为有智慧的观察者，我们需要理解这些“漏洞”，适当地让政府去干预，从而更好地参与经济活动，为我们的生活增添更多色彩和可能性。通过本章的学习，我们将了解到市场失灵都有哪些现象，以及政府如何干预使经济效率更加高效。

第一节 市场与市场失灵

在市场经济中，价格如同无声的指挥棒，通过供求变化引导着资源流向最需要的领域——这便是亚当·斯密所描述的“看不见的手”。当咖啡豆丰收导致价格下跌，种植园将转向更高价值作物。这种通过竞争实现资源高效配置的机制，创造了无数经济奇迹。然而，当工厂为追求利润排放污水却无须承担治理成本，人们发现市场并非万能。竞争机制可能演变为垄断操纵，个体的逐利行为甚至可能损害整体福祉——这种资源配置的低效与失衡，正是经济学中“市场失灵”的核心命题。理解市场机制的伟大与局限，成为探索现代经济治理的逻辑起点。

一、完全竞争市场

从亚当·斯密开始，竞争就在经济学中占据了不可或缺的地位，许多经济学家都精辟地指出过竞争市场的有效性，但明确给出可供判断的规范标准是新福利经济学的“帕累托效率”。进而，福利经济学的第一原理表明，在竞争的市场经济与帕累托效率之间存在着令人满意的对应关系，竞争的市场是完美无缺的。

（一）帕累托效率

帕累托是洛桑大学的经济学教授，他除了以序数效用论为基础阐述一般均衡理论之外，最为突出的贡献是在福利经济学方面，特别是他的“效率”概念所产生的影响最为巨大。

帕累托最初并未使用“效率”一词，只是提出了达到社会最大满足的基本条件。后来，这一条件逐渐以“帕累托最优”而闻名，但由于它并未考虑收入分配的最优性，所以人们已逐渐倾向于将其直接称为“帕累托效率”了。

帕累托效率指的是这样一种资源配置的境界：已不存在生产上的其他可行的配置，使得该经济中至少有一个人的状况比其初始状况更好，而同时使其他人至少保持与其初始状况一样良好。换言之，如果一种可行的资源配置尚可在不损害其他人福利状况的同时至少使一人的福利状况得到提高，那么原来的资源配置就不是帕累托有效的，而从原来的配置向新配置的转变，可定义为“帕累托改善”。由这一定义，我们可以重新解释帕累托效率的含义：如果对一种资源配置已不可能再进行任何帕累托改善，那么该配置就可称为帕累托最优的或帕累托有效的。

（二）完全竞争市场的基本条件

组织市场的目的在于使买卖双方能够以互利的方式进行产品和服务的交换。作为长期形成的经济制度，完全竞争条件下运行的市场能够实现资源配置的效率状态。

一般认为，完全竞争市场需要满足以下基本条件：

1. 产权清晰

产权指的是人们对自己拥有的资源行使权利的能力。一个完全竞争的市场体系要求，全部生产性资源归私人所有。清晰的产权是人们以互利方式从事市场交易活动的前提。假如一家木材加工公司预计木料会被偷走，它就不会尽力加工木材；只有公司相信它能够从木材的销售中获利，它才会经营木料加工。

2. 价格接受者

市场上有大量的消费者和厂商，因此经济权力是分散的，每个消费者的需求数量和每个厂商的供给数量都只占有很小的市场份额，以至于任何一个消费者或厂商的决策都无法单独影响价格。也就是说，无论是消费者还是厂商，他们都视价格为给定的。

3. 产品同质

全部交易均在市场中进行，同时在单个市场中，所有厂商都只向消费者提供一种标准化的产品，或者至少在消费者看来无差别。这样，消费者选择购买哪家厂商提供的产品，都仅考虑产品价格问题。这就意味着，任何一个厂商如果把产品价格提高到市场价格之上，都必然丧失其销售市场。产品同质性的假定保证了单一市场价格的存在，从而使市场供求的分析变得有意义。

4. 完全信息

参与市场活动的买卖双方都可以自由地得到相关信息，也就是说，买者知道自身的偏好、收入水平，以及产品的价格、质量和性能等，而卖者则清楚地知道产品的成本、价格和技术等信息。完全信息意味着，在同一个市场上，不可能出现低买或高卖的现象。

5. 自由进退

厂商一旦看到营利机会，就可以自由进入市场；而一旦出现亏损，就可以无障碍地退出市场。这意味着，资源具有完全的流动性，一个厂商总可以雇用到所需的劳动力，购买到所需的资本和原材料。同样，如果厂商需要重置或者关闭其生产，它总是可以处置这些生产性资源。有时为了简单起见，也可以认为厂商可以无成本地进入或退出某一行业。

二、市场失灵

如上所述，固然福利经济学基本定理严谨地证明了竞争市场机制与帕累托效率之间的完美的对应关系，证明完全的竞争市场是高效率的，是完美无缺的，但是同时，它也指出了达到这种理想境界所需具备的前提和所需满足的条件，当我们从“理想国”回到现实世界时，会发现现实的市场很难充分地满足这些前提和条件。当这些前提和条件无法得到满足时，就可以说市场失灵了。市场的失灵使政府介入经济获得了最为直接的理由，相应的，竞争市场的效率则成为政府活动的必要约束。

市场失灵可分为两种情形。一种是市场低效，体现为资源配置的失灵，它是指现实市场中因存在不符合完全竞争假定条件的方面，如外部性、公共产品、信息不充分和不对称、自然垄断和产品差别等，使市场机制无法实现对资源的高效配置。另一种是市场无效，体现为收入分配不公平、宏观经济不稳定性等，它是指即使现实的市场严格符合完全竞争的所有条件，其运行结果也存在缺陷，不符合整个社会要求。

（一）资源配置的失灵

1. 外部性

所谓外部性或外部效应，指的是一个经济单位的活动所产生的对其他经济单位有利或有害的影响。当外部效应为正或者说存在外部经济时，造成外部效应一方的活动总是供给不足，如桥梁、道路建设等；而当外部效应为负或者说存在外部不经济时，又总是出现供给过多的情况，典型的例子是与环境污染有关的产品生产。之所以如此，症结就在于有关方面只按自己的边际收益等于边际成本的原则行事，而并不考虑其外部性行为下的社会边际收益和社会边际成本。

在分析竞争市场的帕累托最优时将外部效应排除了，任何消费者的偏好次序都是独立的，与任何生产过程以及任何他人的决策无关；同时，任何生产者的选择也是独立的，与其他生产过程无关。之所以这样要求是因为外部效应最主要的特点是它不仅存在于有关当事人决策的“外部”，也存在于市场定价制度之外。也就是说，“一手交钱，一手交货”的市场交易是与外部效应无关的，外部效应所指的仅仅是那些无法通过市场交易为它付费的收益或无法通过市场交易获得补偿的损失。这一特征造成外部效应的当事方没有动力将它给其他人带来的收益或损失纳入其自身决策时的理性考虑之中，结果导致两方面的低效率或者说市场失灵。

2. 公共产品

在现代经济学的分析视野中，人类的需要基本分为两类：私人需要和公共需要。私人需要指的是个人希望独自拥有、独自享用的需要，比如获得并享用食品、衣服等物品的愿望。公共需要指的是能够与别人共同享用的需要，比如道路与公园的使用、警力与国防的保护等需要。

（1）公共产品的特征

所谓公共产品是指满足社会公共需要的产品。它与私人产品相对称，其主要区别是性质上是否具有竞争性和排他性。公共产品具有非排他性和非竞争性。所谓非排他性是指某个消费者在消费某一社会产品时，无法将其他消费者排除在获得该产品的利益之外。以小学教育为例，某家庭的小孩接受小学教育，不能排除其他家庭的小孩也接受小学教育。所谓非竞争性，是指该产品被提供出来以后，增加一个消费者不会减少任何一个人对该产品的消费数量和质量，其他人消费该产品的额外成本为零。换句话说，增加消费者的边际成本为零。以国防为例，尽管人口数量往往处于不断增长的状态，但没有任何人会因此减少其所享受的国防安全保障。私人产品与公共产品的区别见表2－1。

表2－1　私人产品与公共产品的区别

产品类型	消费的排他性	取得的竞争性
私人产品	是	是
公共产品	否	否

除以上两个本质的区别外，公共产品与私人产品还有其他的不同，如在效用上，私人产品具有可分割性。例如，我们可以把一大袋粮食分成若干中袋，中袋粮食分成若干小袋，粮食的效用仍然不变；我们可以把一个居民小区的房屋分成若干栋，每栋楼房又可分成若干套，而房屋的效用不变。公共产品具有不可分割性。例如，我们不能将城市马路分成一段一段的，把公园分成一块一块的，如果真的那样做，马路、公园的效用就没有了，马路就不是马路，公园也就不是公园了。

总之，我们把消费上具有非排他性、取得方式上具有非竞争性的产品称为公共产品。

（2）公共产品的分类

根据社会产品是否同时具备非排他性与非竞争性以及具备程度的不同，可分为以下几种不同类型：一是同时具有排他性与竞争性的私人产品；二是完全并同时具有非排他性与非竞争性的纯公共产品；三是不完全具有非排他性与非竞争性的准公共产品（包括公共资源和俱乐部产品），见表2－2。

表2－2　不同类型社会产品的竞争性和排他性关系

性质		排他性：有	排他性：无
竞争性	有	（1）私人产品	（2）准公共产品（公共资源）
竞争性	无	（3）准公共产品（俱乐部产品）	（4）纯公共产品

第一，同时具有排他性和竞争性的私人产品。私人产品主要由私人企业生产，通过市场交易提供，消费者需支付相应价格获取。在排他性方面，只有付费者才能享用，像购买的房产，他人未经许可不得入住；竞争性表现为一人消费会减少他人可消费的数量，如有限的新鲜水果，一部分人买得多其他人就买得少。表2－2中除此之外的几类产品都可以视为公共产品，当然有“纯粹”与“不纯粹”之分。

第二，完全并同时具有非排他性与非竞争性的纯公共产品。纯公共产品同时具有非排他性和非竞争性。虽然这种纯粹的东西少之又少，但仍可找到例子，比如国防带给人们免遭入侵的无形收益就是一种纯公共产品，它没有南北地域之分，也没有贫富人群之分。类似的还有公平的收入分配、有效率的政府或制度、货币稳定、环境保护等。

第三，不完全具有非排他性与非竞争性的准公共产品，可以理解为同时具有公共品和私人品性质的产品，包括公共资源和俱乐部产品。公共资源主要是指具备非排他性而不具备非竞争性的公共产品。这类产品不能排除任何人的消费和使用，但增加的消费和使用会带来额外的成本。江河湖海、森林、空气、野生动物等都是公共资源的典型例子。“公地”是一种典型的公共资源，它不排除任何人的使用，但使用者之间存在竞争关系。虽然个人不需要为资源的使用付费，但个人的收益却与使用量有关，因此每个人都有增加使用量的冲动，最终导致资源的破坏和枯竭。如公共牧场，某人的过度放牧，导致牧场退化、沙化、荒漠化，不仅影响他人的利益，自己的利益也受到损失。这种情形倒是与俱乐部产品的例子中出现拥挤问题之后的情形完全相同，即事实上公共资源的使用在超过一定限度之后也会遇到拥挤问题。

俱乐部产品是指消费上具有非竞争性，但是却可以较轻易地做到排他，即不付费者可以被排除在消费之外，如高速公路、公路桥、公共动物园、博物院等。这是由于该种产品的使用者数目总是有限的，而在人们的印象中，消费同一产品的数目有限的个人恰与同一俱乐部的成员相仿，所以可将他们所消费的产品形象地称为俱乐部产品。至于该产品的使用者的数目为何总是有限的，可以从两个方面来理解：一方面，由于俱乐部成员的数目超过一定标准后会发生拥挤问题，从而破坏非竞争性的特征，所以应该限制使用者数目；另一方面，由于该产品具有排他性，又能够采取措施限制使用者数目，因此，总可以保证该产品具有非竞争性与排他性。

概括地说，公共产品由纯公共产品和准公共产品组成，公共资源、俱乐部产品可统称为准公共产品。

（3）公共产品的提供方式

一般地说，私人产品主要由市场来提供，而公共产品主要由政府来提供。这是由市场运行机制和政府运行机制的不同决定的。市场是通过买卖提供产品和服务的。在市场上，有钱就可以购买产品或享用服务，钱多多买，钱少少买，无钱则不能买。总之，市场买卖要求利益边界的精确性。由于公共产品具有非排他性和非竞争性的特征，它的需要或消费是公共的或集合的，如果由市场提供，消费者不会自愿掏钱去购买，而是等着他人去购买，自己顺便享用它所带来的利益，这就是经济学所谓的“搭便车”现象，如公共交通的逃票者享受服务却不付费，导致运营亏损，需财政补贴维持。从一定意义上说，由于“搭便车”问题的存在，公共产品需要由政府来提供。

由于公共产品可以分为纯公共产品和准公共产品，所以公共产品的提供方式也是有区别的。纯公共产品一般同时具备非排他性和非竞争性，其主要提供者应为政府；而准公共产品一般不同时具备非排他性与非竞争性，可能是非排他性与竞争性并存的，也可能是非竞争性与排他性并存的，对于这类产品应该是部分由政府提供，部分由市场提供。政府供给的三种方式见表 2－3。

表 2－3　政府供给的三种方式

产品名称	纯公共产品	准公共产品	私人产品
支付方式	全额负担	部分负担	少量补贴

3. 信息不充分和不对称

信息不充分是指决策者无法经济地取得决策所需的所有信息，信息是稀缺的。信息不对称是指交易中的一方掌握的信息多于另一方。帕累托最优的市场，是一个完全竞争市场，完全竞争市场要求消费者和厂商享有充分的信息，但是在现实生活中，信息不充分、不对称现象在商品市场、劳动市场以及资本市场中普遍存在。在信息稀缺的情况下，投机的冲动使信息垄断者不会按竞争规则行事，市场参与者也不可能做出符合实际的最大化决策，因此资源不能被最有效地利用。为了保证竞争规则不被违反，政府也只能根据事后的判断，利用法律措施对违反规则者进行惩罚，规范信息市场，以信息公开来扩大其来源，但也不可能完全消除市场的不完全性。因此，信息问题是阻碍现实经济生活中实现资源最优配置的根本性原因之一。

4. 自然垄断和产品差别

由于每种商品都是有差异的，所以每个厂商都具有某些垄断因素。在规模报酬递增而扩大生产经营规模受到阻碍的条件下，市场竞争者就会减少。如果市场上无论卖者或买者都只有一家，就会产生卖方或买方的完全垄断；如果市场上仍然存在多家卖者或买者，这种市场被称为垄断竞争市场。在现实生活中，多数市场接近于这种类型，即市场竞争是不充分的，市场是不完全竞争的市场。

垄断与不完全竞争存在以下几方面的效率损失：

（1）产量受到限制，产品的消费者的福利受到额外损失；

（2）垄断行业由于存在垄断利润，缺乏尽可能降低成本的竞争压力；

（3）垄断者可能不那么积极地推动技术进步；

（4）垄断者追求超额收入的寻租活动本身会造成资源浪费。

对不完全竞争造成的市场失灵，政府可以根据不同的原因来采取相应的对策，如对自然垄断行业实行国有化、管制和定价措施等，如我国针对电力、铁路等自然垄断行业，采取“公有制为主体＋市场化改革”的混合治理模式。通过《能源法》推动电网企业自然垄断环节独立运营，同时引入竞争性环节市场化定价机制，既保障公共产品供给的稳定性，又通过价格听证会制度体现“以人民为中心”的治理理念。这种模式既不同于西方国有化，也区别于完全私有化，体现了社会主义市场经济体制的制度优势。对于垄断竞争行业可以实行反托拉斯政策，利用反垄断法来促进竞争的程度，如我国

《反垄断法》特别强调“防止资本无序扩张”，近年针对平台经济领域的“二选一”、大数据杀熟等行为开展专项整治。2023年修订的《反垄断法》新增“安全港”条款，在维护市场秩序的同时为中小企业创新预留空间，体现了“有效市场与有为政府更好结合”的治理智慧。为了鼓励技术创新，政府可以颁布专利法等。

（二）收入分配不公平

在帕累托最优中的完全竞争的市场经济中，企业应用生产要素，必须使不同生产要素的边际替代率都相等，才能使资源达到最优配置，此时的要素收入是由最优状态下的要素价格所决定的。因此，个人的收入分配取决于初始的要素禀赋分配，而这种初始禀赋的分配状况并不公平，长期累积的结果更不公平。在现实经济中，由于不完全竞争和垄断的存在，以及各种社会因素如社会上惯用的薪酬结构以及家庭关系、社会地位、性别种族差异等，使得利润、工资等收入并不完全取决于完全竞争条件下的要素价格。因此，政府必须担当起收入再分配的重任，从一定的合理的社会公平原则出发，通过较大规模的收入与支出途径来实现再分配政策。

（三）宏观经济不稳定性

20世纪30年代的大萧条之前，主流经济学家相信完全竞争相当完善地描述了经济运行状态。因此，古典经济学家的政策处方可以归结为“自由放任”，即政府干预应尽量予以避免，市场力量会引导经济正常运行。然而，经济周期的变化是不以人们的意志为转移的，大萧条的深度、广度及时间上的长度，动摇了人们对古典经济理论观点的信心。事实证明，市场不是万能的，在边际消费倾向递减、资本的边际效率递减和流动性陷阱的共同作用下，将产生有效需求不足，使总需求小于充分就业状态下的总供给，会导致存货积压，价格下降，产出减少。

第二节　政府与政府失效

在现代国家治理体系中，政府作为公共权力的核心载体，承担着维护社会公平、优化资源配置、保障民生福祉的重要使命。然而，如同市场存在“市场失灵”的局限性，政府行为也可能因政策偏差、职能错位或制度缺陷而出现“政府失效”现象，表现为行政效率低下、公共资源浪费甚至公信力受损。这种现象既是政治学与公共管理学的重要研究课题，更是中国特色社会主义制度建设中需要直面和破解的现实命题。中国共产党始终强调“以人民为中心”的发展思想，通过深化行政体制改革、强化权力监督机制，不断推进政府治理体系和治理能力现代化。

一、政府干预效率

市场缺陷的存在使人们想到了另一条通往理想状态的途径——政府计划，即社会生产什么、怎样生产，以及为谁生产的问题，由政府计划来决定的经济运行机制。在纯粹的计划体制中，整个社会仿佛是一个有机的整体，所有社会成员就好像是这一整体中的细胞，完全服从于政府计划这一“大脑”的支配。整个经济按计划有序运转，绝大部分生产资料和财富归政府所有，没有了外部性，没有了个人的垄断，公共产品的提供也没有了“免费搭车”，没有了一部分人利用信息优势去损害另一部分人的行为；同时，又消灭了剥削，消灭了收入的分配不公，消灭了经济危机，消灭了经济的周期性波动，消灭了几乎所有的市场失灵，国民经济在和谐的社会基础上稳定、快速地增长。

政府有效地干预经济必须具备以下几个条件：

（一）充分掌握信息

政府必须事前全面、准确、及时地了解影响和决定资源配置效率的因素。这些因素在效率的理论分析中已经阐述过了，它们包括：

（1）现有一切资源的种类以及各种资源的数量。只有了解这些信息，计划者才能划定资源配置的选择空间。

（2）所有不同产品的生产技术。了解在各种不同的产出水平上各种可行的要素组合方式，这样，计划者才能得出各种产品的合理产量比例，并确定符合生产效率的要素组合。

（3）所有不同个人的偏好，即不同个人对不同产品基于不同效用评价下的不同消费需求。只有具备这一信息，计划者才能设计出符合交换效率的资源配置方案。

（4）个人在生产过程中所做的贡献大小。

只有了解了以上四个方面的信息，政府才有可能知道怎样的资源配置是符合效率的，才能够制订出与效率目标相一致的计划。

（二）正确决策

充分信息只是计划机制实现有效资源配置的条件之一。在所有信息都已获得的情况下，还必须能够根据这些信息做出正确的决策，才能使计划与效率目标相一致。所谓正确决策，就是要根据公众的要求和愿望来决定产品的结构，按个人对生产的贡献来决定收入分配。如果政府的计划决策偏离这一要求，就势必损害一部分人的生产积极性，使得资源配置不符合生产效率。

（三）有效管理

政府计划者取得充分信息，并依据这些信息做出正确决策，就可以制订出与效率目标相一致的计划，但计划的实施和落实还得依靠有效的管理；否则，无论是宏观计划还是微观计划，都可能在执行过程中走样，所产生的结果就会与预期结果不相一致。

二、政府干预失效

正如现实中的市场不是理想中的完全竞争市场一样，现实中的政府也不完全具备理想化政府的条件。政府的不完善之处称为政府干预失效，主要表现在以下几个方面：

（一）信息失灵

即使政府计划者精明强干，掌握了现代化的管理技术，实际上还是很难做到理想化的无所不知的境界，这是因为：在现实生活中，产品的种类多得难以计数；每一种产品都存在着运用多种技术的可能性；生产的技术是不断发展的，随着技术的发展，可运用的资源组合空间也在不断地变化；如果不通过买卖交换，很难了解人们对不同产品的偏好，更何况这种偏好在不断地变动中；由于情况是在不断变化的，信息就具有很强的时效性，而在计划机制中，信息从基层单位传到中央计划者通常需要有一个过程，在这个过程中，信息的有效性将受到损失。

（二）决策失误

信息失灵往往是决策失误的一个重要原因，不全面或失真的信息会导致错误的决策，但决策失误还可能源于与信息失灵无关的另一个原因——目标选择的失误。计划者可能不是按照居民的愿望和要求来制订计划，而是以自己认为好的某个目标来制订计划，这样就可能使计划违背居民的利益从而抑制人们生产的积极性，使得资源配置不能实现生产效率。

（三）管理失控

政府计划的贯彻要依靠政府的有关机构，而这些机构都是由个人组成的。一方面，他们是政府政策的执行者，拥有一定的行政权力；另一方面，他们又是具有自身利益和偏好的个人。虽然在实践中，可以通过道德教育来使政府工作人员克己奉公，但计划的贯彻执行仍有赖于政府的有效监督。政府监管能力的有限往往使得政府管理人员中的行业垄断、寻租、以权谋私、假公济私等行为不能得到有效的控制，在政府活动范围较大时问题往往表现得更加突出。

专栏2-1

污染权交易市场

污染权交易市场是指企业购买或出售实际的或潜在的“污染权”，由此建立起市场，通过自愿的“污染权”往来以获得最大利益。污染权交易市场这种手段源于美国，包括排放交易、市场干预和责任保险等方式，其中最主要的是排放交易。这种手段的实施有助于形成污染水平低、生产效率高的合理经济格局，同时也避免了征收排污费的主要缺陷，保证排污费超过减少排放的极限成本，最终促使环境质量随经济增长不断改善。

由于市场失灵和政府失灵的存在，单纯的市场机制或单纯的计划机制都无法实现理想目标。实际上，世界上还未曾有过纯粹依靠市场机制或纯粹依靠计划机制的经济，即使在最崇尚市场经济的国家里，人们也可以看到政府在许多方面起着积极的作用，而在高度集中的计划经济中，某些生产或消费领域依然游离于计划之外。

请结合资料思考：排污权交易如何体现“绿水青山就是金山银山”理念？

第三节 财政职能

在市场经济国家中，公共财政的基本职能主要有资源配置职能、收入分配职能、经济稳定与发展职能三个方面。

一、资源配置职能

资源既包括土地、矿藏等自然资源，也包括人力、财力等经济资源。配置是指资源在不同部门、地区、产品等之间的分配。因此，资源配置就是将各种资源分配于不同的使用方向，从而形成一定的资产结构、产业结构、技术结构和地区结构，以提高资源利用效率的过程。而资源的最优配置就是使社会各种资源始终处于一种最优组合状态，产生最大的社会经济效益。

（一）资源配置职能的界定

众所周知，在市场经济条件下，市场机制在资源配置中起决定性作用，在没有政府介入的情况下，市场会通过价格与产量的均衡，自发地形成一种资源配置状态。但是由于存在市场失灵，市场自发形成的配置状态不可能实现最优的效率状态，因而需要政府的介入。所以，财政的资源配置职能是由政府介入或干预资源配置所产生的，其特点和作用就是通过财政本身的收支活动为政府提供公共产品提供财力，在一定程度上纠正外部性，引导资源流向，弥补市场失灵，最终实现全社会资源配置的最优效率状态。由此可见，财政资源配置职能的重点包括以下几个方面。

1. 供给公共产品

如前所述，市场机制不能很好地解决公共产品供给中的“搭便车”问题，从而引起市场失灵。但公共产品对消费者和全社会往往又是不可缺少的，因此，由政府供给公共产品，成为政府必须行使的职能。政府供给公共产品，主要是通过公民或其代表的集体选择程序，以强制征税为主要手段筹集资金，安排政府支出以供给公共产品。

需要特别指出的是，政府对公共产品的供给负有主要责任和义务，并不排斥其他主体对公共产品的供给。在公共产品的供给上，除政府供给机制外，还存在市场供给和自愿供给两种机制。市场供给是指营利组织根据市场需求，以营利为目的，按照经济规律和市场原则供给公共产品（主要是准公共产品中的俱乐部产品），并以收费方式补偿成本的机制。自愿供给是指公民个人、单位，以自愿为基础，以社会捐赠或公益彩票等形式无偿或部分无偿地筹集资金，直接或间接地用于教育、体育、济贫、救灾等公益用途，并接受公众监督的一种机制。在某些特定的条件下，市场供给机制和自愿供给机制也会发挥作用，供给公共产品，从而形成对政府供给机制的有益补充。

公共产品的生产是与供给不同的概念，供给与生产可以分离。公共产品供给主要是解决公共产品的价值补偿问题，即如何筹集资金，并由谁来提供；而公共产品生产则主要涉及公共产品的物理形成过程，即公共产品的物理形态由谁制造出来。公共产品生产根据主体的不同，可以分为政府生产和私人生产两种形式。就公共产品的政府供给来说，既可以采用政府生产、政府供给的方式，也可以采用私人生产、政府供给的方式。

2. 矫正外部性

对外部性的矫正必须着眼于对边际私人收益或边际私人成本的调整。当某种产品或劳务的边际私人收益或成本被调整到足以使个人或企业的决策考虑其所产生的外部性，即考虑实际的边际社会收益或成本时，就被称作外部性内在化。这个过程，也就是外部性得以矫正，资源配置由不具有效率到具有效率的过程。可见，外部性内在化，实际上就是外部性的边际价值被定价。负外部性（外部成本）的内在化，就是边际外部成本被加入计算到边际私人成本之中，从而使产品、劳务的价格能反映全部的边际社会成本；正外部性（外部收益）的内在化，就是边际外部收益被加入计算到边际私人收益中，从而使产品、劳务的价格能反映全部的边际社会收益。

由市场机制的自发作用调节资源配置，不能达到帕累托最优，也不能实现外部性内在化。因此，矫正外部性的责任责无旁贷地落在政府身上。政府矫正外部性又可采用多种措施，但执行不同措施的难易程度和效果有所不同。

矫正措施一：政府管制。或称公共管制，即对生产消费行为做出某些限制，主要适合对负外部性的矫正。限制的形式可根据具体情况来制定。比如，为了控制污染，政府可规定排出的污染物限制在一个可接受的水平；或者直接禁止有污染物的生产等。

矫正措施二：法律手段。立法可以看作另一种意义上的管制。对于因权益界限不明确而造成的外部性问题，可通过立法以明确生产者和消费者权益的方法来解决。科斯定理指出，如果交易成本为零，在产权明确界定的情况下，在相关交易方之间将既定的权利自由交换是有效率的，政府仅通过设定初始权力归属就可以使外部性内在化。这其实是通过法律确定产权归属，借助市场机制的作用来矫正外部性。

矫正措施三：实行一体化。实行一体化意味着经济主体边界的扩展，从而将之前不曾考虑的外部收益或成本纳入决策考量范围。比如，养蜂和果园可互为对方带来外部收益，如果果园的主人同时经营养蜂生意，外部收益就内在化了。需要注意的是，实行一体化所能解决外部性的范围是有限的。因为从经济组织的运行来看，对利益最大化的追求必然要求组织具有适度的规模。一旦组织规模过大，推行一体化所产生的边际成本将超过因此而带来的边际收益，从而造成效率的损失。

矫正措施四：政府税收。政府税收主要是用来矫正负外部性。矫正性税收着眼于边际私人成本的调整。其基本原理是：对带有负外部性的产品或劳务征收相当于其边际外部成本大小的税收，以此将征税产品或劳务的边际私人成本提高到同边际社会成本相一致的水平，即可实现负外部性内在化。所以，征税额与外部性相等是这种矫正性措施的基本特征。有关庇古税的内容，参见专栏 2－2。

专栏 2－2

庇古税

庇古是英国著名经济学家，剑桥学派的主要代表之一。青年时代入剑桥大学学习，最初专业是历史，后受到经济学家马歇尔的影响，并在其鼓励下转学经济学。庇古 1920 年出版的《福利经济学》被视为福利经济学的经典，因此他也被称为“福利经济学之父”。在分析控制环境污染这类负外部性行为时，庇古提出政府可通过征收惩罚性税收或收费（即“庇古税”）将外部成本内部化，这一思想体现了经济学理论与社会责任的结合，为现代环境治理提供了重要的伦理支撑。

20 世纪 70 年代以来，许多国家践行“庇古税”理念，通过税收手段治理环境问题。例如美国的硫税、芬兰的碳税、丹麦的生态税等，不仅有效减少了污染排放，还推动了环境质量的改善。这些实践彰显了政府通过财政工具引导市场行为、实现公共利益的治理智慧，与我国当前“绿水青山就是金山银山”的生态文明理念高度契合。

请结合资料思考：有学者指出庇古税可能加剧低收入群体负担，而我国环保税通过税收优惠鼓励绿色技术创新。请与我国绿色发展理念相结合，谈一谈体现了怎样的政策设计智慧？

矫正措施五：政府补贴。政府提供补贴主要是用来矫正正外部性。矫正性补贴着眼于边际私人收益的调整。其基本原理是：对带有正外部性的产品或劳务按照该种产品或劳务的边际外部收益的大小发放补贴，以此将补贴产品或劳务的边际私人收益提高到同边际社会收益相一致的水平，即可实现正外部性内在化。所以，补贴额与外部性相当是这种矫正性措施的基本特征。

3. 对自然垄断的管制

政府常用的管制手段是价格管制。价格管制主要体现为政府的公共定价，但怎么定价、定价多少又是十分复杂的问题。举例来说，如果政府根据平均成本定价，虽然企业无法获得垄断利润，但仍没有达到完全竞争市场的效率要求；比如根据边际成本定价，虽然这是经济效率所要求的定价，但由于边际成本总是低于平均成本，企业将因此而亏损，需要政府给予一定的财政补贴才能维持。一般来说，财政进行资源配置的范围是由国家的经济职能和财政自身的特点能力所决定的。具体而言，市场经济中财政配置资源的范围应当包括政府履行职能支出、基础设施、基础工业、社会公益性事业等。

需要指出的是，财政配置资源的合理范围不是一成不变的，财政配置资源的范围受市场机制完善程度制约。市场发育状况越好，筹资机制越健全，微观经济主体的独立性越大，居民收入水平越高，财政进行资源配置的范围相对越小。尤其是基础工业投资、部分社会公益投资、文化教育等项目可以转向市场调节。但这种变化并不一定是单方向的，往往是在减少一些项目的同时，因市场经济发展而产生新的对政府支出的需要，如环境保护和改善方面的支出。此外，即使是实行相同经济体制的国家，因其生产力发展所处的阶段、采取的经济发展战略以及其他国情存在差异，财政配置资源的范围也会有所差别。例如，处于经济发展起飞阶段的国家，基础设施和基础工业建设的任务繁重，尤其是实行重化工业—加工工业—高科技产业发展战略的国家或地区，国家投资额巨大，而经济发展进入成熟阶段的国家，政府直接投资的比重相对较少。

（二）财政介入资源配置的机制和手段

1. 实现资源在政府和私人部门之间的合理配置

从社会总资源配置的角度看，政府和私人部门各应获得合理的份额。一方面既能保证满足政府提供公共产品的需要，另一方面又能保证私人部门顺利发展的需要，从而实现社会总资源配置的均衡。这就要根据市场经济条件下政府的职能，确定财政职能的合理范围，并进而确定财政参与国民收入分配的适当比例。

2. 优化财政支出结构

财政支出结构即财政资源内部的配置比例，主要包括生产性支出和非生产性支出比例、购买性支出和转移性支出比例。前一个比例表明资本品和消费品的配置结构，而后一个比例则表明财政配置功能的大小。这两个比例的恰当与否，直接决定了财政资源内部的配置是否合理。

3. 合理运用财政收支政策，调节市场机制

政府投资、税收、公债、补贴等财政手段在一定程度上能够引导社会资源在不同地区和不同部门之间的流动，对市场机制配置资源起到引导、修正和补充的作用，从而有助于提高社会总体的资源配置效率。

4. 提高财政配置资源的效率

财政配置资源的目标是使社会总资源得到最有效的利用，因此，财政的资源配置也必须讲求效率。比如，通过对投资进行成本效益分析，对非生产性支出进行成本效益分析，以判明其所费资源和所获社会经济效益的对比关系，作为决定是否安排某项支出、安排顺序和安排多少数量的依据，以最大限度地做到用最少的财政支出取得最大的社会经济效益。

二、收入分配职能

收入分配通常是指一定时期内所创造的国民收入在国家、企业和个人等多种经济主体之间的分割，以及由此形成的收入流量的分配格局和存量的财产分配格局。收入分配的理想目标是实现公平分配。分配公平包括经济公平和社会公平两个方面。其中，经济公平是要求各经济主体获取收入的机会均等，等质等量的要素投入应获得等量的收入，因此，经济公平是在平等竞争的环境下由等价交换来实现的，是市场经济的内在要求。社会公平则要求将收入差距维持在一定阶段上社会各阶层所能接受的合理范围内，因此，社会公平不是收入的均等，其标准要受到人们的经济承受力、心理承受力、政治经济大环境等多种因素的影响。

（一）收入分配职能的界定

在市场经济条件下，收入分配首先是受市场机制调节，收入按照投入要素的数量、质量、市场价格进行分配，要素收入与要素投入相对称。因此，市场机制调节收入的结果可以较好地体现经济公平。但是，社会公平却难以通过市场机制予以完全实现。因为个人拥有原始生产要素多少的不同以及个人禀赋、努力程度的不同，市场机制分配的结果可能会造成富者越富、贫者越贫的结果，即在市场经济中通常不存在以社会公平为目标的再分配机制，一些无劳动能力，又无其他要素可以提供的人，就无法通过市场取得收入，以维持生存。而且在市场经济中即使有一些私人慈善机构能够进行某些方面的再分配活动，但是由于能力有限和缺乏协调，也不能从根本上解决社会公平问题。因此，政府的介入是必然的。财政的收入分配职能就是要求财政运用多种方式，参与国民收入的分配和调节，以期达到收入分配的经济公平和社会公平。

财政的收入分配职能总会使一些人受益，一些人受损。依据公平与效率的原则，如果一味地追求社会公平必然会造成效率损失，情况严重的会影响生产积极性，阻碍社会

经济发展；如果财政不对市场分配格局进行调节，贫富差距悬殊的分配结果又会造成社会秩序紊乱，反过来影响市场效率的实现。因此，在发挥财政的收入分配职能时，应当兼顾公平与效率之间的均衡，在不损失或尽量少损失效率的前提下，通过财政的再分配政策，最大限度地实现社会公平的目标。

财政进行收入分配的逻辑前提之一是划清市场分配与财政分配的原则界限。一般来说，在市场经济中，市场可以形成较为合理的企业职工工资、租金收入、利息收入、股息红利收入、企业利润等，使之符合经济公平，所以财政原则上不应直接介入这些要素价格的形成（稀缺资源的垄断性收入除外）。

（二）财政介入收入分配的机制和手段

1. 运用政府税收调节企业收入和个人收入，使之符合社会公平

税收是调节收入分配的主要手段：通过间接税调节各类商品的相对价格，从而调节各经济主体的要素分配；通过企业所得税调节公司的利润水平；通过个人所得税调节个人的劳动收入和非劳动收入，使之维持在一个合理的差距范围内；通过资源税调节由于资源条件和地理条件而形成的级差收入，在这个过程中需贯彻“绿水青山就是金山银山”理念，促进自然资源代际公平；通过遗产税、赠与税调节个人财产分布，遗产税与赠与税的设计应体现“共同富裕”目标，防止财富代际固化，这与党的二十大提出的“规范财富积累机制”高度契合；通过消费税调节个人的实际收入水平；等等。

2. 规范政府的资产性收入

政府作为资产所有者，应遵循市场原则，依据财产权利，以股息、红利、利息、上缴利润等形式取得所有权收入。政府作为全民资产受托人，应通过预算公开强化监督，防范权力寻租，践行“全过程人民民主”理念。

3. 规范工资制度

这里是指由国家预算拨款的公务员工资制度以及事业单位职工的工资制度。凡应纳入工资范围的收入都应纳入工资总额，取消各种明补和暗补，提高工资的透明度；实现个人消费品的商品化，取消变相的实物工资；适当提高工资水平建立以工资收入为主、工资外收入为辅的收入制度。在规定公务员和事业单位人员的工资构成、等级、增长等制度时，要使之与企业职工工资形成较合理的比例从而符合经济公平。

4. 完善社会保险制度

为解决信息不对称所引发的逆向选择和道德风险问题，应由政府出面在社会范围内组织强制性的社会保险制度。社会保险着眼于全社会的共同利益，强制全体社会成员参加，将成员个体的养老、医疗、失业、工伤等风险在全社会范围内分担化解，可以有效克服机会主义现象，有助于解决企业和个人无力解决的社会保险问题。构建我国全民社保体系是践行“以人民为中心”发展思想的生动实践。通过法定强制参保，能够彰显社会主义制度“集中力量办大事”的优越性。

5. 完善特殊群体的社会保障制度

特殊群体的社会保障制度在我国主要包括社会救助、社会福利和社会优抚，各自针对不同人群。社会救助是针对社会成员因无劳动能力和其他要素，无收入或收入甚少从而不能维持最低限度生活水平时，通过转移性支出，如救济支出救灾支出或扶贫支出等，保证其最基本生活需要，使每个社会成员得以维持起码的生活水平和福利水平。社会福利是针对特殊困难群体、特殊弱势群体所提供的物质帮助和服务，如儿童福利、老年福利、残疾人福利等。社会优抚是针对为国家和社会做出过特殊贡献的贡献者本人及其家属，通过抚恤、优待和安置等方式对其提供一定资金或服务、具有褒扬性质的特殊社会保障。

三、经济稳定与发展职能

（一）经济稳定与发展职能的界定

经济稳定包含充分就业、物价稳定和国际收支平衡等多重含义。其中，充分就业是指有能力工作、愿意工作且在寻找工作的人的充分就业。由于经济结构的不断调整，就业结构也在不断变化，在任一时点上，总会有一部分人暂时脱离工作岗位而处于待业状态，所以，充分就业并不意味着可就业人口的百分之百的就业，一般认为，95%—97%的就业率就可认为达到了充分就业。物价稳定是指物价上涨幅度维持在不至于影响社会经济正常运行的范围内。因为在纸币制度下，物价上涨是一种经常现象，只要物价的上涨幅度限于社会可以忍受的范围之内，即不破坏社会经济正常运行，此时的物价就是一种稳定的物价。一般认为，年物价上涨率保持在3%或5%以下就可视为物价稳定。国际收支平衡是指一国在国际经济往来中，应当维持经常性项目收支（进出口收支、劳务收支和无偿转移收支）的大体平衡，因为国际收支与国内收支是密切联系的，国际收支不平衡同时意味着国内收支的不平衡。

增长和发展是不同的概念。增长是指一个国家的产品和劳务的数量的增加通常用国民生产总值（GNP）或国内生产总值（GDP）及其人均水平来衡量。发展是一个包括经济增长、经济和社会进步等若干内容在内的概念。它不仅意味着一国实际产出的增加，而且意味着随着产出的增加而带来的经济结构的优化，经济效益的提高，地区经济发展水平差距的缩小，收入分配结构的改善，以及社会进步和生活质量的提高，例如教育、文化、卫生、社会保障事业的发展等。简言之，发展是一个通过物质生产的不断增长来满足人们不断增长的基本需要的概念。对发展中国家来说，包括消除贫困、失业、文盲、疾病和收入分配不公平等现象。在任何经济体制下，经济的稳定和发展都是政府希望实现的目标，因此是构成财政的重要职能之一。财政的经济稳定和发展职能，就是财政作为政府重要的宏观调控手段，通过运用多种财政手段，有意识地影响和调控经济，以实现经济的稳定发展。

（二）财政介入经济稳定与发展的机制和手段

1. 运用各种收支手段，逆经济风向调节，促进社会总供求的平衡

经济稳定的目标集中体现为社会总供给和社会总需求的大体平衡。如果社会总供求保持了平衡，物价水平就基本稳定，经济增长率也是适度的，而充分就业和国际收支平衡也不难实现。财政政策是维系总供求大体平衡的重要手段。当总需求超过总供给时，财政可以实行紧缩政策，减少支出和增加税收或两者并举；一旦出现总需求小于总供给的情况，财政可以实行适度放松政策，增加支出和减少税收或两者同时并举，由此扩大总需求。在这个过程中，财政收支发生不平衡是可能的而且是允许的。针对不断变化的经济形势而灵活地变动支出和税收，被称为“相机抉择”的财政政策。

2. 运用财政收支活动中的制度性因素，发挥“自动”稳定的作用

例如，通过制定累进所得税制度发挥稳定经济的作用。当经济过热、投资增加、国民收入增加时，累进所得税会自动随之增加，从而可以适当压缩人们的购买能力，防止发生通货膨胀。当经济衰退、投资减少、国民收入下降时，累进所得税又会自动随之递减，从而防止因总需求过度缩减而导致的经济萧条。再如制定完备的失业救济金制度，由于其规定了领取失业救济金的收入标准，当人们的收入因经济过热而普遍增加时，可领取失业救济金的人数自然减少，救济金支出随之减少，从而财政总支出“自动”得到压缩；反之，当人们的收入因经济不景气而普遍下降时，有资格领取失业救济金的人数自然增加，救济金支出随之增加，从而财政总支出“自动”获得增加。总之，通过财政的某些制度性安排，可以自动适应经济周期的变化，减小波动幅度。从原则上说，凡是业已规定的、当经济现象达到某一标准就必须安排的收入和支出，均具有一定的“自动稳定”作用。只是这种“自动稳定”机制的作用大小要受制于各国实际的收支制度的具体规定。

3. 通过合理安排财政收支结构，促进经济结构优化

例如，通过投资、补贴和税收等多方面安排，加快农业、能源、交通运输邮电通信等公共设施的发展，消除经济增长中的“瓶颈”，并支持第三产业的兴起，加快产业结构的转换，保证国民经济稳定与高速发展的最优结合。同时，财政应切实保证那些非生产性的社会公共需要，为经济和社会发展提供和平与安定的环境。提高治理污染、保护生态环境以及文教、卫生支出的增长速度，同时完善社会福利和社会保障制度，使增长与发展相互促进，相互协调，避免出现某些发展中国家曾经出现的“有增长而无发展”或“没有发展的增长”的现象。

【课后习题】

一、名词解释

外部性　公共产品　市场失灵　自然垄断

二、简答题

1. 如何区分私人产品与公共产品？
2. 外部性与公共产品是什么关系？
3. 市场失灵的领域有哪些？
4. 如何理解财政的收入分配职能？

三、论述题

1. 请论述为什么不能强求市场分配的公平。
2. 试述财政的三大职能及其相互关系。

第三章　财政支出基本理论

学习目标

1. 掌握衡量财政支出规模的主要指标。
2. 掌握财政支出的主要分类方法。
3. 熟悉财政支出绩效评价指标体系。
4. 掌握财政支出成本—效益分析法。
5. 了解财政支出绩效评价流程。

案例导入

2020 年年初，新冠疫情席卷全球，中国作为最早受冲击的经济体之一，面临三重挑战：公共卫生系统承压、经济增速骤降、社会民生风险加剧。一季度 GDP 同比下降 6.8%，中小企业倒闭潮隐现，失业率攀升至 6.2%。与此同时，核酸检测、疫苗研发、医疗资源调配等公共需求激增，市场机制在突发公共危机中“失灵”问题凸显。

面对危机，中国政府迅速启动财政工具箱。一是购买性支出扩张：中央财政紧急拨付逾 1 400 亿元支持疫情防控（如医疗设备采购、方舱医院建设），地方政府配套投入超 2 000 亿元，短期内形成“战时级”公共产品供给。二是转移支付加码：向受困企业和居民发放补贴、消费券逾 3 000 亿元，阶段性减免社保费超 1.5 万亿元，通过“保市场主体”间接“稳就业”。赤字率突破 3%：2020 年财政赤字规模较 2019 年增加 1 万亿元，赤字率从 2.8% 提升至 3.6%，发行 1 万亿元抗疫特别国债，直接对冲经济下行压力。

第一节　财政支出概念和分类

一、财政支出的概念

财政支出是指政府及其所属公共机构的开支。它与政府的诸多特性和制度密不可分。政府是维护和增进社会公共利益的公共机构，拥有管理社会经济的多项职能，在社会经济运行中起着不可或缺的作用。

财政支出可从静态和动态两个方面来理解。从静态来看，财政支出通常是指各级政府通过预算形式安排、支配的资金量，这个资金量是指一个预算年度终了时政府所累积支出的总量。从动态来看，财政支出是各级政府在一个预算年度内持续分配预算资金的活动过程。政府安排财政资金的根本目的是满足其履行职能的需要，因此，财政支出规模是否适度、财政支出结构安排合理与否，直接关系到政府能否充分、有效地履行其职能。

一国财政支出又是各级政府履行职能所支付的成本，财政支出的规模和结构不仅反映政府介入经济社会生活的深度和广度，而且反映政府实施宏观调控的具体意图。财政支出的规模应当适度、结构应当合理，而提高财政支出效益是加强财政支出管理的基本要求。政府职能范围的大小决定财政支出的范围，如果政府职能范围发生变化，财政支出的范围也要相应发生变化。在市场经济条件下，政府职能范围应当限定在市场失灵领域，从而决定了财政支出的范围也应当限于市场失灵领域。

二、财政支出的分类

财政支出的分类，是按照一定的划分标准对各类财政支出项目进行归类。财政支出分类的目的，是知晓财政支出的去向，分析财政支出的变化规律，从而加强财政支出管理，使财政支出的结构更加优化，财政资源配置效率更高。对财政支出进行分类，能使我们全面而准确地把握财政支出的规模、结构和特点，有助于管理和分析财政支出活动。所谓财政支出分类，就是将财政支出有关内容做科学归纳，进行分门别类。

常见的财政支出分类主要有以下三种。

（一）按政府职能分类

由于财政支出是为了实现国家职能而安排的，政府职能分类是比较常用且非常重要的分类方法，它提供了某项财政支出的目的信息。

为适应建立完善公共财政体系的要求，我国于 2007 年实施了政府收支分类改革，建立起与国际通行做法相接轨的政府收支分类体系。根据我国现行政府收支分类体系，可以按照支出功能和支出经济两种方法对财政支出进行分类。2007 年以来，我国每年均对政府收支分类科目进行微调，但基本格局保持不变。表 3－1 为《2025 年政府收支分类科目》一般公共预算支出功能分类科目。

表 3-1　　我国 2025 年一般公共预算支出功能分类科目

类名称	类名称
1. 一般公共服务支出	15. 商业服务业等支出
2. 外交支出	16. 金融支出
3. 国防支出	17. 援助其他地区支出
4. 公共安全支出	18. 自然资源海洋气象等支出
5. 教育支出	19. 住房保障支出
6. 科学技术支出	20. 粮油物资储备支出
7. 文化旅游体育与传媒支出	21. 灾害防治及应急管理支出
8. 社会保障和就业支出	22. 预备费
9. 卫生健康支出	23. 其他支出
10. 节能环保支出	24. 转移性支出
11. 城乡社区支出	25. 债务还本支出
12. 农林水支出	26. 债务付息支出
13. 交通运输支出	27. 债务发行费用支出
14. 资源勘探工业信息等支出	

财政支出按政府职能分类是目前我国编制执行财政预算、进行预算拨款采用的分类方法。这种分类方法可以较为明确、具体地体现财政资金在各项职能或事业间的分配格局和各项职能的实现程度，并反映各项财政职能在不同时期的变动情况，以这种方法研究财政支出结构可以反映一国政府在某一时期的工作重点。

（二）按财政支出的经济性质分类

政府支出按照经济性质分类，可将财政支出分为购买性支出和转移性支出两类。

所谓购买性支出，就是政府向企业和个人购买产品与劳务的支出。这种支出与市场经济中企业和个人的购买支出没有性质上的差别。政府购买性支出，通常用于满足政府日常管理活动、提供公共产品和政府投资所需产品与劳务的费用支出。直接表现为政府购买商品和服务的活动，包括购买进行日常政务活动所需的或用于国家投资所需的商品和服务的支出，前者如政府各部门的事业费，后者如政府各部门的投资拨款。这些支出的目的和用途虽然有所不同，但具有一个共同点：财政一手付出了资金，另一手相应地购得了商品和服务，并运用这些商品和服务，实现国家的职能。就是说，在这样一些支出安排中，政府如同其他经济主体一样，在从事等价交换的活动。我们称此类支出为购买性支出，它所体现的是政府的市场性再分配活动。

所谓转移性支出，则是政府将财政资金无偿地支付给某些企业和个人的一种支出。转移性支出是政府调节收入分配的重要手段，具体支出形式有：养老金支出、失业救济金支出、补贴支出和公债利息支出等。转移性支出不会导致政府占用社会经济资源的增加，政府只作为中间人，将取得的税收收入转移支付给某些企业和个人，具有较明显的取之于民、用之于民的特点。政府正是通过取之于此民而用之于彼民的方式来实施其收入再分配政策，改变企业之间以及个人之间的收入分配状况。

（三）按行政级次分类

按照行政级次分类，可以将财政支出分为中央财政支出和地方财政支出。中央财政支出是指由中央政府安排的财政支出，包括国防支出、外交支出、中央政府机关及所属各部门的支出，以及中央对地方的各种税收返还、转移支付和专项拨款等。地方财政支出是指由各级地方政府安排的支出，包括由地方政府承担的本级财政支出，对中央或上级政府的上解支出，以及对下级政府的各种税收返还、转移支付和专项拨款等。按照行政级次分类，可以真实地反映一定时期内中央与地方政府财力分配情况和各级政府财政事权的实现程度。目前，我国以政府间财政事权划分为基础，不断完善财政体制，科学区分中央与地方财政支出，有助于实现中央对全国社会经济的调控与统筹安排，保证各地区社会经济事业的均衡发展。

第二节　财政支出规模与结构

一、财政支出规模的衡量

财政支出是指政府在提供公共产品和公共服务过程中所耗费的财政资金。财政支出规模的衡量指标主要有绝对额指标和相对额指标。

（一）财政支出绝对额指标

财政支出总额是反映一定时期财政支出规模的绝对额指标。财政支出总额指标在财政经济运行的研判上具有非常重要的地位。在纵向比较上，通过考察政府财政支出总额、财政收入总额与 GDP 总量的增长趋势，能反映财政支出与财政收入、财政支出与经济增长的关系及其合理程度。在横向比较上，通过比较各国在不同经济发展阶段上的财政支出总额，可以考察各国在相同经济发展阶段的财政支出规模及其合理程度；通过比较一国范围内各地区的财政支出总额，可以考察各地区在经济发展与财政能力上的差距，为区域经济政策的制定或调整服务。

（二）财政支出相对额指标

1. 财政支出增长率

财政支出增长率是指报告期财政支出之于基期财政支出的增长情况，是反映一定时期财政支出水平变化程度的动态指标。财政支出增长率指标有两种：

第一，财政支出年度增长率。年度增长率反映两年之间财政支出的变化情况，计算公式如下：

财政支出年度增长率 =（报告期财政支出 − 基期财政支出）/基期财政支出 ×100%

第二，财政支出年均增长率。年均增长率反映若干年财政支出的平均变化情况，计算公式如下：

$$财政支出年均增长率 = \left(\sqrt[n]{\frac{报告期财政支出}{基期财政支出}} - 1\right) \times 100\%$$

2. 财政支出弹性

财政支出弹性是指财政支出增长率与 GDP 增长率之间的比例关系，反映了财政支出变化与 GDP 变化之间的关系。其计算公式如下：

财政支出弹性 = 财政支出增长率/GDP 增长率

当财政支出弹性大于 1 时，说明财政支出的增长快于 GDP 的增长，财政支出的弹性较好；财政支出弹性小于 1 时，说明财政支出的增长慢于 GDP 的增长，财政支出的弹性较差或无弹性；财政支出弹性等于 1 时，说明财政支出与 CDP 同步增长。

3. 财政支出边际倾向

财政支出增长的边际倾向表明财政支出增长额与国内生产总值增长额之间的关系，即国内生产总值每增加一个单位的同时财政支出增加多少，或财政支出增长额占国内生产总值增长额的比例，以 MGP 表示。其计算公式为：$MGP = \frac{\Delta G}{\Delta GDP}$

二、财政支出结构

财政支出结构是指财政支出由哪些具体项目所组成。财政支出结构能够反映各支出项目在财政总支出中的地位或比例关系，能够反映不同支出项目之间的相互关系。财政支出的不同分类形成了不同的支出结构，不同的支出结构对财政经济的运行将产生不同的影响。

（一）按政府职能分类的财政支出结构变化

由表 3 −2 可见，一般公共服务支出项目基本呈下降趋势，表明我国对行政管理经费的控制产生了一定成效；社会保障和就业支出、医疗卫生与计划生育支出、城乡社区支出等有较大幅度的上升，显示出民生性支出呈现较好的增长势头；教育支出占比较高，但呈现先上升后下降的态势，在一定程度上反映了我国对教育支出更加注重教育绩效，而不仅仅重视教育投入。从 2021 年的数据来看，一般公共预算支出占比超过 10% 的有教育支出（15.25%）、社会保障和就业支出（13.75%），超过 5% 不到 10% 的支出项目有农林水支出（8.97%）、一般公共服务支出（8.09%）、城乡社区支出（7.92%）、医疗卫生与计划生育支出（7.79%）、公共安全支出（5.61%）和国防支出（5.61%）。

表 3－2　2007—2023 年我国公共财政主要支出项目比重

单位：%

项目	2007 年	2008 年	2009 年	2010 年	2011 年	2012 年	2013 年	2014 年	2016 年	2017 年	2018 年	2019 年	2020 年	2021 年	2022 年	2023 年
一般公共服务支出	17.10	13.97	10.70	10.39	10.06	10.08	9.81	8.74	7.88	8.13	8.32	8.52	8.17	8.09	7.74	8.01
外交支出	0.43	0.38	0.33	0.30	0.28	0.27	0.25	0.24	0.26	0.26	0.27	0.26	0.21	0.20	0.21	0.19
国防支出	7.14	6.68	6.49	5.93	5.52	5.31	5.29	5.46	5.20	5.14	5.11	5.08	5.26	5.61	5.76	5.66
公共安全支出	7.00	6.49	6.22	6.14	5.77	5.65	5.55	5.51	5.88	6.14	6.24	5.82	5.64	5.61	5.41	5.53
教育支出	14.31	14.39	13.68	13.96	15.10	16.87	15.69	15.18	14.95	14.85	14.56	14.57	14.80	15.25	15.02	15.14
科学技术支出	3.58	3.40	3.60	3.62	3.50	3.54	3.63	3.50	3.50	3.58	3.77	3.97	3.67	3.94	3.96	3.85
文化旅游体育与传媒支出	1.81	1.75	1.83	1.72	1.73	1.80	1.81	1.77	1.68	1.67	1.60	1.71	1.73	1.62	1.44	1.50
社会保障和就业支出	10.94	10.87	9.97	10.16	10.17	9.99	10.33	10.52	11.50	12.12	12.23	12.30	13.26	13.75	14.52	14.05
卫生健康支出	4.00	4.40	5.23	5.35	5.89	5.75	5.91	6.70	7.01	7.12	7.07	6.98	7.82	7.79	8.16	8.65
节能环保支出	2.00	2.32	2.53	2.72	2.42	2.35	2.45	2.51	2.52	2.77	2.85	3.09	2.58	2.25	2.05	2.08
城乡社区事务支出	6.52	6.72	6.47	6.66	6.98	7.21	7.96	8.54	9.80	10.14	10.02	10.42	8.12	7.92	7.48	7.46
农林水事务支出	6.84	7.26	8.81	9.05	9.10	9.51	9.52	9.34	9.90	9.40	9.55	9.57	9.75	8.97	8.74	8.64
交通运输支出	3.85	3.76	6.09	6.11	6.86	6.51	6.67	6.85	5.59	5.26	5.11	4.95	4.96	4.65	4.45	4.62
资源勘探工业信息等支出	0.00	0.00	3.77	3.88	3.67	3.50	3.49	3.29	3.08	2.48	2.30	2.06	2.47	2.68	3.00	2.84
工业商业金融等事务	8.55	9.95	0.00	0.00	0.00	0.00	0.00	0.00	0.00	0.00	0.00	0.00	0.00	0.00	0.00	0.00
商业服务业等支出	0.00	0.00	1.21	1.57	1.30	1.09	0.97	0.89	0.92	0.77	0.73	0.52	0.64	0.64	0.72	0.70
金融支出	0.00	0.00	1.19	0.71	0.59	0.36	0.27	0.33	0.69	0.57	0.62	0.68	0.52	0.64	0.72	0.56
地震灾后恢复重建支出	0.00	1.28	1.54	1.26	0.16	0.08	0.03	0.00	0.00	0.00	0.00	0.00	0.00	0.00	0.00	0.00
援助其他地区支出	0.00	0.00	0.00	0.00	0.00	0.10	0.11	0.14	0.16	0.20	0.20	0.20	0.18	0.19	0.16	0.16
自然资源海洋气象等支出	0.00	0.00	1.31	1.48	1.39	1.32	1.36	1.37	0.95	1.13	1.03	0.91	0.95	0.93	0.96	0.94
住房保障支出	0.00	0.00	2.36	2.64	3.50	3.56	3.20	3.32	3.61	3.23	3.08	2.68	2.89	2.89	2.99	2.88
粮油物资储备支出	0.00	0.00	1.70	1.30	1.16	1.09	1.18	1.28	1.17	1.11	0.93	0.79	0.86	0.72	0.73	0.73
灾害防治及应急管理支出	0.00	0.00	0.00	0.00	0.00	0.00	0.00	0.00	0.00	0.00	0.00	0.64	0.79	0.82	0.89	0.86
其他支出	5.93	4.70	3.01	3.00	2.66	1.97	2.33	2.14	1.01	0.85	1.05	0.73	0.71	0.56	0.55	0.56
债务付息支出	0.00	0.00	1.95	2.05	2.18	2.09	2.18	2.36	2.70	3.09	3.35	3.53	3.99	4.25	4.31	4.36
债务发行费用支出	0.00	0.00	0.00	0.00	0.00	0.00	0.00	0.00	0.04	0.03	0.03	0.03	0.03	0.03	0.03	0.02

资料来源：《中国统计年鉴》（2007—2023 年）。

（二）按经济性质分类的财政支出结构变化

表3－3显示了我国2000—2021年财政支出经济性质结构变化。2000年以来，直至2008年，我国购买性支出占全部财政支出的比重呈现出下降趋势，但2009年以来则呈现出上升趋势，这一变化在很大程度上是为了应对2008年以来的经济危机，国家实行积极的财政政策，扩大购买性支出的结果；2013年与2012年相比又有比较大的上涨，也是应对2012年经济危机财政政策再次发力的表现。自此，我国转移性支付比重逐渐上涨，这在很大程度上是因为我国显著提高了养老、最低生活保障标准，并在全国范围建立困难残疾人生活补贴和重度残疾人护理补贴制度等。

表3－3　2000—2021年我国财政支出经济性质结构变化　单位：%

年份	购买性支出比重	转移性支出比重
2000	92.10	7.90
2001	94.67	5.33
2002	95.38	4.62
2003	95.47	4.53
2004	95.23	4.77
2005	94.95	5.05
2006	94.32	5.68
2007	89.06	10.94
2008	89.13	10.87
2009	88.08	11.92
2010	87.79	12.21
2011	87.65	12.35
2012	87.92	12.08
2013	87.49	12.51
2014	87.12	12.88
2015	87.17	12.83
2016	85.80	14.20
2017	84.79	15.21
2018	84.42	15.58
2019	84.17	15.83
2020	82.75	17.25
2021	82.17	17.83

资料来源：根据马工程重点教材《公共财政概论》数据整理。

注：①2007年以前的转移性支出由抚恤和社会福利救济费、政策性补贴支出构成，不包括国内外债务及利息支出，也未将社会保障补助支出计算在内。

②2007年及以后因统计口径变化，数据不具可比性，2007年及以后的转移性支出包括社会保障和就业支出、国债付息支出。

（三）按行政级次分类的财政支出结构变化

表 3－4 显示，近年来中国中央财政支出占比呈逐年下降趋势，主要原因可能是地方政府承担了更多的支出责任。分税制改革后，中央与地方政府的财政收入和支出责任得到了明确划分。在此基础上，中国政府通过转移支付等手段，将部分财政资金从中央转移到地方，以支持地方经济发展和社会事业建设。这种财政体制的调整，使得地方政府在财政支出中扮演了更加重要的角色，中央财政支出占比相应下降。

表 3－4　　我国 1995—2023 年中央和地方财政支出结构

年份	全国财政支出/亿元	中央财政支出/亿元	地方财政支出/亿元	中央财政支出比重/%	地方财政支出比重/%
1995	6 823.72	1 995.39	4 828.33	29.2	70.8
1996	7 937.55	2 151.27	5 786.28	27.1	72.9
1997	9 233.56	2 532.50	6 701.06	27.4	72.6
1998	10 798.18	3 125.60	7 672.58	28.9	71.1
1999	13 187.67	4 152.33	9 035.34	31.5	68.5
2000	15 886.50	5 519.85	10 366.65	34.7	65.3
2001	18 902.58	5 768.02	13 134.56	30.5	69.5
2002	22 053.15	6 771.70	15 281.45	30.7	69.3
2003	24 649.95	7 420.10	17 229.85	30.1	69.9
2004	28 486.89	7 894.08	20 592.81	27.7	72.3
2005	33 930.28	8 775.97	25 154.31	25.9	74.1
2006	40 422.73	9 991.40	30 431.33	24.7	75.3
2007	49 781.35	11 442.06	38 339.29	23.0	77.0
2008	62 592.66	13 344.17	49 248.49	21.3	78.7
2009	76 299.93	15 255.79	61 044.14	20.0	80.0
2010	89 874.16	15 989.73	73 884.43	17.8	82.2
2011	109 247.79	16 514.11	92 733.68	15.1	84.9
2012	125 952.97	18 764.63	107 188.34	14.9	85.1
2013	140 212.10	20 471.76	119 740.30	14.6	85.4
2014	151 785.56	22 570.07	129 215.59	14.9	85.1
2015	175 877.77	25 542.15	150 335.62	14.5	85.5
2016	187 755.21	27 403.90	160 351.40	14.6	85.4
2017	203 085.49	29 857.15	173 228.34	14.7	85.3
2018	220 904.13	32 707.81	188 196.32	14.8	85.2
2019	238 858.37	35 115.15	203 743.22	14.7	85.3
2020	245 679.03	35 095.57	210 583.46	14.3	85.7
2021	245 673.00	35 049.96	210 623.04	14.3	85.7
2022	260 552.12	35 570.83	224 981.29	13.7	86.3
2023	274 622.94	38 219.48	236 403.46	13.9	86.1

资料来源：《中国统计年鉴》（1995—2023 年）。

第三节　财政支出绩效评价

财政支出绩效是评价政府财政活动效率与效果的重要指标，它反映了政府在使用财政资金过程中的投入与产出、成本与效益的关系。随着公共财政体系的不断完善和预算管理制度的深化改革，财政支出绩效评价已成为政府财政管理的重要环节。本节将详细介绍财政支出绩效的概念、特点、影响因素及评价方法，为财政支出的优化管理提供理论支持和实践指导。

一、财政支出绩效的概念与特征

（一）概念

财政支出绩效，作为现代财政管理的重要组成部分，是指政府为实现其职能所确定的绩效目标，在财政资金的分配和使用过程中所产生的经济、社会和环境等方面的效益和效果。财政支出绩效评价是改善财政资金管理和提高财政资金使用效率的基础，是《中华人民共和国预算法》（以下简称《预算法》）对政府预算编制的基本要求。比如，《预算法》第五十七条第三款规定，各级政府、各部门、各单位应当对预算支出情况开展绩效评价；第三十二条第一款规定，各级预算应当根据年度经济社会发展目标、国家宏观调控总体要求和跨年度预算平衡的需要，参考上一年预算执行情况、有关支出绩效评价结果和本年度收支预测，按照规定程序征求各方面意见后，进行编制。2018 年 9 月颁发的《中共中央　国务院关于全面实施预算绩效管理的意见》指出，“全面实施预算绩效管理是推进国家治理体系和治理能力现代化的内在要求，是深化财税体制改革、建立现代财政制度的重要内容，是优化财政资源配置、提升公共服务质量的关键举措”；要求“构建全方位预算绩效管理格局”“建立全过程预算绩效管理链条”“完善全覆盖预算绩效管理体系”。这一概念的提出，不仅体现了政府对财政资金使用效率的重视，也反映了政府对于实现经济社会可持续发展的深刻认识。

首先，财政支出绩效的核心是绩效目标。绩效目标通常根据职能和战略规划所确定，旨在通过财政资金的投入，实现经济增长、社会公平、环境保护等多重目标。绩效目标的设定，不仅为财政资金的分配和使用提供了明确的指导，也为后续的绩效评价提供了依据。

其次，财政支出绩效强调财政资金的效益和效果。这里的效益，既包括经济效益，如促进经济增长、提高税收收入等；也包括社会效益，如改善民生、促进社会和谐等；还包括环境效益，如保护生态环境、促进可持续发展等。这些效益和效果，都是衡量财政支出绩效的重要指标。

最后，财政支出绩效涵盖了财政支出的效率、效果、公平性和可持续性等多个方面。效率关注的是财政资金的投入与产出之比，即如何在有限的财政资源下实现最大的效益；效果关注的是财政资金的产出是否符合预期目标，即是否实现了设定的绩效目标；公平性关注的是财政资金的分配是否公正合理，即是否考虑了不同地区、不同群体的利益；可持续性关注的是财政资金的长期效益，即是否有利于经济社会的长期发展。

（二）特征

1. 综合性

财政支出绩效的综合性体现在其涉及领域的广泛性上。它不仅关注经济效益，还关注社会效益和环境效益；不仅关注短期效益，还关注长期效益。因此，在评价财政支出绩效时，需要综合考虑多个方面的因素，采用多元化的评价指标和方法。这种综合性的特点，使得财政支出绩效的评价更加全面、客观和准确。

具体来说，财政支出绩效的综合性体现在以下几个方面：

（1）经济、社会和环境效益的综合考虑。财政支出不仅涉及经济活动，还涉及社会活动和环境保护。因此，在评价财政支出绩效时，需要综合考虑这三个方面的效益。例如，在评价一项基础设施建设项目的绩效时，不仅要考虑其经济效益（如促进经济增长、提高就业等），还要考虑其社会效益（如改善民生、提高公共服务水平等）和环境效益（如减少污染、保护生态环境等）。

（2）短期与长期效益的综合考虑。财政支出通常具有长期性和连续性的特点。因此，在评价财政支出绩效时，需要综合考虑其短期和长期效益。例如，在评价一项教育投资项目的绩效时，不仅要考虑其短期内对提高教育质量、培养人才的贡献，还要考虑其长期内对经济增长、社会进步的影响。

（3）多元评价指标的综合运用。由于财政支出绩效涉及多个领域和方面，因此需要采用多元化的评价指标和方法来全面评价其绩效。这些指标包括定量指标和定性指标、绝对指标和相对指标等。通过综合运用这些指标和方法，可以更加全面、客观地评价财政支出的绩效水平。

2. 动态性

财政支出绩效的动态性体现在其随政策、经济和社会环境的变化而不断变化的特点上。由于政策、经济和社会环境等因素的不断变化，财政支出的绩效也会发生相应的变化。因此，在评价财政支出绩效时，需要关注这些变化因素，及时调整评价指标和方法，以确保评价结果的准确性和有效性。

具体来说，财政支出绩效的动态性体现在以下几个方面：

（1）政策变化对财政支出绩效的影响。政策的变化通常会对财政支出的投向、规模和使用方式等产生直接影响，进而影响其绩效水平。因此，在评价财政支出绩效时，需要关注政策变化对财政支出绩效的影响，及时调整评价指标和方法以适应新的政策环境。

（2）经济环境变化对财政支出绩效的影响。经济环境的变化也会对财政支出的绩效产生重要影响。例如，经济增长放缓时，财政支出的刺激作用可能减弱；而经济过热时，财政支出的调控作用可能增强。因此，在评价财政支出绩效时，需要关注经济环境的变化趋势和特征，以便更好地评估财政支出的效果。

（3）社会环境变化对财政支出绩效的影响。社会环境的变化也会对财政支出的绩效产生影响。例如，人口结构的变化、社会需求的多样化等都会对财政支出的投向和使用方式产生影响。因此，在评价财政支出绩效时，需要关注社会环境的变化趋势和特征，以便更好地满足社会需求和实现公共利益。

3. 可比性

财政支出绩效的可比性体现在其需要通过一定的指标体系和评价方法进行比较分析的特点上。由于不同地区、不同部门、不同项目的财政支出具有不同的特点和目标，因此需要采用统一的指标体系和评价方法来进行比较分析。这样可以更好地评估不同地区、不同部门、不同项目的财政支出绩效水平，为政府决策提供有力支持。

具体来说，财政支出绩效的可比性体现在以下几个方面：

（1）统一的指标体系。为了对不同地区、不同部门、不同项目的财政支出绩效进行比较分析，需要建立统一的指标体系。这些指标应该具有普适性和代表性，能够全面反映财政支出的效益和效果。同时，这些指标还应该具有可比性和可操作性，便于进行量化分析和比较。

（2）标准化的评价方法。在建立了统一的指标体系之后，还需要制定标准化的评价方法。这些评价方法应该能够确保评价过程的一致性和公正性，避免因为主观因素或操作不当导致的评价结果失真。

1. 导向性

财政支出绩效的评价不仅是对过去财政资金使用效果的总结，更是对未来财政资金使用方向的引导。通过评价财政支出绩效，可以发现财政资金在使用过程中存在的问题和不足，为政府优化财政支出结构、提高财政资金使用效率提供决策支持。

2. 公众参与性

财政支出绩效的评价不仅是政府的内部工作，也需要公众的广泛参与。公众参与不仅可以提高评价工作的透明度和公正性，还可以增强公众对财政资金使用情况的监督意识，促进政府与社会之间的良性互动。

二、影响财政支出绩效的因素

在探讨财政支出绩效时，深入理解其背后的影响因素是至关重要的。这些因素错综复杂，相互交织，共同塑造了财政支出的效率与效果。

（一）政策因素

1. 政策导向

政府在不同时期的政策导向直接决定了财政支出的方向和重点。例如，当政府强调基础设施建设时，交通、水利等公共投资领域的财政支出会显著增加，这些支出对于提升国家基础设施水平、促进经济增长具有长远影响。反之，若政策导向转向民生改善，教育、医疗、社保等领域的支出则会相应增加，有助于提升民众福祉和社会稳定。

2. 政策目标

清晰、可量化的政策目标是衡量财政支出绩效的重要标尺。政策目标的设定应基于科学的评估与规划，确保财政支出能够精准对接社会需求，避免资源浪费和效益低下。同时，政策目标的调整需与时俱进，根据经济社会发展实际情况灵活调整，以保持财政支出绩效的持续优化。

3. 政策实施方式

政策的执行方式直接影响财政支出的绩效。有效的政策实施方式包括但不限于：明确责任主体、细化实施步骤、强化监督评估等。通过构建跨部门协调机制，确保政策执行过程中信息畅通、资源共享，能够显著提升政策执行效率和财政支出的整体绩效。

（二）经济因素

1. 经济发展水平

经济发展水平是决定财政支出规模和结构的基础。随着经济增长，政府财政收入增加，为财政支出提供了更为充足的资金保障。同时，经济发展水平的提升也要求财政支出在促进产业升级、创新驱动、绿色发展等方面发挥更大作用，以支撑经济持续健康发展。

2. 经济结构

经济结构的变化对财政支出绩效有着深远影响。例如，从传统产业向高新技术产业转型的过程中，财政支出需要更多地投入研发创新、人才培养等领域，以支持新兴产业的发展。此外，城乡经济结构的差异也要求财政支出在促进城乡一体化、缩小区域发展差距等方面发挥积极作用。

3. 经济体制

经济体制的改革与完善对财政支出绩效具有决定性影响。在市场化改革不断深化的背景下，政府需要更加注重市场在资源配置中的决定性作用，通过优化财政支出结构、创新财政支出方式等手段，提高财政支出的效率与效果。同时，加强财政监督与绩效评价，确保财政资金使用的合规性、有效性和透明度。

（三）管理因素

1. 财政管理水平

财政管理水平的提升是提升财政支出绩效的关键。这包括加强财政预算管理、优化财政支出流程、提高财政资金使用效率等方面。通过引入先进的财政管理理念和信息技术手段，实现财政管理的精细化、智能化和透明化，有助于提升财政支出的整体绩效。

2. 管理制度

完善的管理制度是保障财政支出绩效的重要基石。这包括建立健全的财政支出绩效评估体系、加强财政监督与问责机制等方面。通过明确财政支出的目标、标准、方法和程序，确保财政支出的合规性和有效性；通过加强财政监督与问责机制，及时发现和纠正财政资金使用中的问题，保障财政资金的安全与效益。

3. 管理机制

高效的管理机制是推动财政支出绩效持续提升的动力源泉。这包括构建跨部门协调机制、加强财政与其他政策部门的协同配合等方面。通过加强部门间的沟通与协作，实现政策目标的一致性和财政资源的优化配置；通过引入竞争机制和激励机制，激发财政资金使用主体的积极性和创造力，推动财政支出绩效的不断提升。

三、财政支出绩效评价方法

在财政管理中，科学合理的绩效评价方法是衡量财政支出效果、优化资源配置的重要手段。以下介绍几种常用的财政支出绩效评价方法。

（一）成本效益分析法

成本效益分析法是一种经济分析方法，广泛应用于财政支出绩效评价中。该方法通过比较财政支出的成本与预期产生的效益，评估财政支出的经济合理性和效率性。在具体操作中，首先需明确财政支出的各项成本，包括直接成本、间接成本以及机会成本等；然后，预测并量化财政支出可能带来的各项效益，包括经济效益、社会效益和环境效益等；最后，通过成本效益比率的计算，判断财政支出的经济性和效率性。成本效益分析法有助于政府部门在有限的财政资源下，做出更加科学合理的决策，实现财政支出的最大化效益。

（二）目标管理法

目标管理法是一种以结果为导向的绩效评价方法。它首先要求为每一项财政支出设定清晰、可量化、可实现的绩效目标。随后，在项目实施过程中，通过定期收集数据和信息，将实际达成的绩效与预设目标进行对比分析。这种方法有助于确保财政支出始终围绕既定目标进行，提高财政支出的针对性和有效性。同时，通过目标管理法，政府部门可以及时发现并纠正执行过程中的偏差，确保财政资源得到高效利用。

（三）因素分析法

因素分析法是一种深入剖析影响财政支出绩效的多维度因素及其相互作用的评价方法。它不仅仅关注最终绩效结果的量化表现，更注重挖掘导致这些结果产生的内在和外在因素。通过对影响财政支出绩效的多个关键因素（如政策环境、管理机制、资源投入、技术效率、社会需求等）进行系统性的识别、分类和分析，因素分析法旨在揭示各因素之间的因果链和相互依存关系，以及它们如何共同作用于绩效目标的实现过程。这种方法强调全面性和深入性，能够帮助决策者理解绩效差异的根本原因，从而为制定针对性的改进措施、优化资源配置、提升政策执行效率和公众满意度提供科学依据。因素分析法的应用，有助于促进财政支出绩效评价的精细化、科学化和可持续发展。

（四）最低成本法

也称最低费用选择法或最低投入法，是一种专注于成本控制与效益平衡的财政支出绩效评价方法。该方法的核心在于，当某项支出活动的效益难以直接量化或衡量时，转而关注其成本构成与规模。通过精确计算并比较不同实施方案或项目所消耗的资源成本，包括人力、物力、财力等，最低成本法旨在识别出成本最低且能达到预定效益目标的支出方案。这种方法尤其适用于社会保障、公共卫生、基础设施维护等领域，这些领域的支出效益往往难以用货币直接衡量，但成本的节约却能直观反映管理效率与资源配置的优化。因此，最低成本法为决策者提供了一个以成本效益为导向的评估框架，有助于实现公共资源的有效利用和支出绩效的提升。

（五）公众满意度调查法

公众满意度调查法是一种基于公众反馈的绩效评价方法。它通过设计问卷、访谈等方式，收集公众对财政支出项目或政策的满意度和反馈意见。这些意见和反馈反映了公众对财政支出的需求和期望，为政府部门评估财政支出的社会效果和公平性提供了重要参考。公众满意度调查法有助于政府部门了解公众的真实需求和感受，从而更加精准地定位财政支出的方向和重点。同时，通过公众满意度调查，政府部门还可以及时发现并解决财政支出过程中存在的问题和不足，提高财政支出的透明度和公信力。

（六）德尔菲法

又称专家意见法或专家调查法，是一种利用专家集体智慧进行预测和决策的方法。它通过匿名的方式征求专家的意见，并经过多轮反馈和修改，最终达成共识。在财政支出绩效评价中，德尔菲法可以用于确定各项评价指标的权重。德尔菲法通过专家的经验和判断，对各项指标对评价结果的影响程度进行评估，并据此确定各项指标的权重。这种方法能够充分利用专家的专业知识和经验，提高评价的准确性和可靠性。同时，由于采用匿名方式征求意见，可以避免权威人士的意见影响他人的判断，以及专家碍于情面而不愿意发表不同意见的情况。

四、财政支出绩效评价的指标体系

（一）构建原则

一是科学性原则。指标设计需基于财政支出绩效评价的理论基础，确保能够准确反映财政支出的实际情况。这要求设计者不仅要熟悉财政学、经济学等相关领域的知识，还要了解评价对象的具体特点和实际情况。例如，教育支出评价中，应综合考虑教育质量、教育公平、教育创新等多个维度，而非单一的学生数量。

二是系统性原则。指标体系应是一个有机整体，各指标之间应相互关联、相互补充，共同构成一个完整、全面的评价体系。这要求在设计指标体系时，要充分考虑财政支出的各个方面和各个环节，确保评价结果的全面性和准确性。如医疗卫生支出评价应包括医疗服务水平、居民健康水平、医疗资源配置等多个方面。

三是可操作性原则。指标数据应易于获取、易于计算，评价方法应简便易行。这要求在设计指标体系时，要充分考虑数据的来源和可获得性，以及评价方法的实用性和可行性。例如，环境保护支出评价中，可使用空气质量指数、水质达标率等易于监测的指标。

四是可比性原则。指标应具有可比性，便于进行横向和纵向比较。这要求在设计指标体系时，要选择具有普遍适用性的指标，确保不同时间、不同地区之间的评价结果具有可比性。如教育支出评价中，可使用生均教育经费、教师学历合格率等具有普遍适用性的指标，便于不同地区、不同时间的比较。

（二）基本框架

一级指标。反映财政支出绩效的总体目标和宏观效果，如经济效益、社会效益、生态效益等。这些指标是评价财政支出绩效的主要依据和核心标准。

二级指标。反映影响财政支出绩效的主要因素和关键环节，如资金使用效率、项目管理水平、政策执行效果等。这些指标是对一级指标的进一步细化和具体化，有助于更深入地了解财政支出绩效的情况。

三级指标。具体衡量财政支出绩效的指标，如投资回报率、项目完成率、公众满意度等。这些指标是评价财政支出绩效的具体量化标准，有助于更直观地反映财政支出的实际效果。

项目支出绩效评价指标体系框架示例如表 3－5 所示。

表 3－5　　项目支出绩效评价指标体系框架（参考）

一级指标	二级指标	三级指标	指标解释	指标说明
决策	项目立项	立项依据充分性	项目立项是否符合法律法规、相关政策、发展规划以及部门职责，用以反映和考核项目立项依据情况。	评价要点： ①项目立项是否符合国家法律法规、国民经济发展规划和相关政策； ②项目立项是否符合行业发展规划和政策要求； ③项目立项是否与部门职责范围相符，属于部门履职所需； ④项目是否属于公共财政支持范围，是否符合中央、地方事权支出责任划分原则； ⑤项目是否与相关部门同类项目或部门内部相关项目重复。
		立项程序规范性	项目申请、设立过程是否符合相关要求，用以反映和考核项目立项的规范情况。	评价要点： ①项目是否按照规定的程序申请设立； ②审批文件、材料是否符合相关要求； ③事前是否已经过必要的可行性研究、专家论证、风险评估、绩效评估、集体决策。
	绩效目标	绩效目标合理性	项目所设定的绩效目标是否依据充分，是否符合客观实际，用以反映和考核项目绩效目标与项目实施的相符情况。	评价要点： （如未设定预算绩效目标，也可考核其他工作任务目标） ①项目是否有绩效目标； ②项目绩效目标与实际工作内容是否具有相关性； ③项目预期产出效益和效果是否符合正常的业绩水平； ④是否与预算确定的项目投资额或资金量相匹配。
		绩效指标明确性	依据绩效目标设定的绩效指标是否清晰、细化、可衡量等，用以反映和考核项目绩效目标的明细化情况。	评价要点： ①是否将项目绩效目标细化分解为具体的绩效指标； ②是否通过清晰、可衡量的指标值予以体现； ③是否与项目目标任务数或计划数相对应。
	资金投入	预算编制科学性	项目预算编制是否经过科学论证、有明确标准，资金额度与年度目标是否相适应，用以反映和考核项目预算编制的科学性、合理性情况。	评价要点： ①预算编制是否经过科学论证； ②预算内容与项目内容是否匹配； ③预算额度测算依据是否充分，是否按照标准编制； ④预算确定的项目投资额或资金量是否与工作任务相匹配。
		资金分配合理性	项目预算资金分配是否有测算依据，与补助单位或地方实际是否相适应，用以反映和考核项目预算资金分配的科学性、合理性情况。	评价要点： ①预算资金分配依据是否充分； ②资金分配额度是否合理，与项目单位或地方实际是否相适应。

续表

一级指标	二级指标	三级指标	指标解释	指标说明
过程	资金管理	资金到位率	实际到位资金与预算资金的比率，用以反映和考核资金落实情况对项目实施的总体保障程度。	资金到位率 =（实际到位资金/预算资金）×100%。 实际到位资金：一定时期（本年度或项目期）内落实到具体项目的资金。 预算资金：一定时期（本年度或项目期）内预算安排到具体项目的资金。
		预算执行率	项目预算资金是否按照计划执行，用以反映或考核项目预算执行情况。	预算执行率 =（实际支出资金/实际到位资金）×100%。 实际支出资金：一定时期（本年度或项目期）内项目实际拨付的资金。
		资金使用合规性	项目资金使用是否符合相关的财务管理制度规定，用以反映和考核项目资金的规范运行情况。	评价要点： ①是否符合国家财经法规和财务管理制度以及有关专项资金管理办法的规定； ②资金的拨付是否有完整的审批程序和手续； ③是否符合项目预算批复或合同规定的用途； ④是否存在截留、挤占、挪用、虚列支出等情况。
	组织实施	管理制度健全性	项目实施单位的财务和业务管理制度是否健全，用以反映和考核财务和业务管理制度对项目顺利实施的保障情况。	评价要点： ①是否已制定或具有相应的财务和业务管理制度； ②财务和业务管理制度是否合法、合规、完整。
		制度执行有效性	项目实施是否符合相关管理规定，用以反映和考核相关管理制度的有效执行情况。	评价要点： ①是否遵守相关法律法规和相关管理规定； ②项目调整及支出调整手续是否完备； ③项目合同书、验收报告、技术鉴定等资料是否齐全并及时归档； ④项目实施的人员条件、场地设备、信息支撑等是否落实到位。
产出	产出数量	实际完成率	项目实施的实际产出数与计划产出数的比率，用以反映和考核项目产出数量目标的实现程度。	实际完成率 =（实际产出数/计划产出数）×100%。 实际产出数：一定时期（本年度或项目期）内项目实际产出的产品或提供的服务数量。 计划产出数：项目绩效目标确定的在一定时期（本年度或项目期）内计划产出的产品或提供的服务数量。
	产出质量	质量达标率	项目完成的质量达标产出数与实际产出数的比率，用以反映和考核项目产出质量目标的实现程度。	质量达标率 =（质量达标产出数/实际产出数）×100%。 质量达标产出数：一定时期（本年度或项目期）内实际达到既定质量标准的产品或服务数量。既定质量标准是指项目实施单位设立绩效目标时依据计划标准、行业标准、历史标准或其他标准而设定的绩效指标值。

续表

一级指标	二级指标	三级指标	指标解释	指标说明
产出	产出时效	完成及时性	项目实际完成时间与计划完成时间的比较，用以反映和考核项目产出时效目标的实现程度。	实际完成时间：项目实施单位完成该项目实际所耗用的时间。 计划完成时间：按照项目实施计划或相关规定完成该项目所需的时间。
	产出成本	成本节约率	完成项目计划工作目标的实际节约成本与计划成本的比率，用以反映和考核项目的成本节约程度。	成本节约率 = [（计划成本 − 实际成本）/ 计划成本] × 100%。 实际成本：项目实施单位如期、保质、保量完成既定工作目标实际所耗费的支出。 计划成本：项目实施单位为完成工作目标计划安排的支出，一般以项目预算为参考。
效益	项目效益	实施效益	项目实施所产生的效益。	项目实施所产生的社会效益、经济效益、生态效益、可持续影响等。可根据项目实际情况有选择地设置和细化。
		满意度	社会公众或服务对象对项目实施效果的满意程度。	社会公众或服务对象是指因该项目实施而受到影响的部门（单位）、群体或个人。一般采取社会调查的方式。

（三）常用指标

一是经济性指标。如单位产出成本、预算执行率等，用于衡量财政支出的成本控制情况和预算执行情况。这些指标有助于了解财政支出的经济效率和节约程度。

二是效率性指标。如投资回报率、资源利用率等，用于衡量财政支出的资源利用效率和投入产出比。这些指标有助于了解财政支出的效果和效益水平。

三是效益性指标。如经济增长率、就业率、环境质量改善率等，用于衡量财政支出的最终成果和宏观效益。这些指标有助于了解财政支出对经济社会发展的贡献和影响。

（四）灵活运用与权重分配

在实际应用中，需要根据评价对象和评价目标的不同，灵活选择和调整指标，并赋予相应的权重。权重的分配应根据指标的重要性、相关性以及数据可获得性等因素进行综合考虑。同时，还需要注意指标之间的相互影响和制约关系，确保评价结果的客观性和准确性。

五、财政支出绩效评价流程

（一）准备阶段

第一，明确评价对象和目标。根据财政支出的具体情况和评价需求，明确评价的具体项目（如某地区的教育支出、医疗卫生支出等）和设定清晰、可量化的评价目标（如提高教育质量、改善医疗服务水平等）。

第二，制定评价方案。在明确评价对象和目标的基础上，制定详细的评价方案。评价方案应包括评价指标的选择和确定、数据来源的确定、评价方法的选用、时间安排以及人员分工等内容。同时，还需要制订详细的工作计划和时间表，确保评价工作的顺利进行。

第三，组建评价团队。邀请相关领域的专家、学者以及实际工作者组成跨学科、跨领域的评价团队。评价团队应具备丰富的专业知识和实践经验，能够全面、客观地评价财政支出的绩效情况。同时，还需要明确团队成员的职责和任务分工，确保评价工作的有序进行。

（二）实施阶段

第一，收集数据。根据评价方案的要求和数据来源的确定，通过多种渠道收集与评价对象相关的数据和信息。数据收集可以通过问卷调查、实地访谈、官方统计数据等多种方式进行。同时，还需要注意数据的真实性和准确性，确保评价结果的可靠性。

第二，整理和分析数据。在收集到足够的数据和信息后，对数据进行整理和分析。数据整理包括数据的清洗、整理、归类等工作；数据分析则包括数据的统计分析、趋势分析、相关性分析等工作。通过数据分析，可以揭示数据背后的规律和趋势，为评价结果的得出提供有力支持。

第三，撰写评价报告。在数据分析和整理的基础上，撰写详细的评价报告。评价报告应包括评价过程、结果、结论以及改进建议等内容。评价报告应客观、准确地反映财政支出的绩效情况，并提出切实可行的改进建议。同时，还需要注意报告的规范性和可读性，确保报告能够被相关部门和人员理解和接受。

（三）反馈和应用阶段

第一，反馈评价结果。将评价报告提交给相关部门和人员，进行深入的讨论和交流。通过反馈评价结果，可以了解相关部门和人员对评价结果的看法和建议，为改进评价方法和指标体系提供参考。同时，还可以促进相关部门和人员之间的沟通和协作，共同推动财政支出绩效的提升。

第二，应用评价结果。根据评价结果，调整预算分配、优化项目管理流程、制定或修订相关政策等措施。这些措施的实施可以有助于提高财政支出的效率和效益水平，推动经济社会的发展。同时，还需要建立持续监测机制，定期对财政支出绩效进行评价和反馈，不断优化评价流程和方法。

第三，持续监测与改进。建立持续监测机制，定期对财政支出绩效进行评价和反馈，不断优化评价流程和方法，确保财政支出绩效的持续提升。

专栏3－1

案例分析：某地区教育支出绩效评价

1. 评价背景

某地区政府为了提升教育质量、促进教育公平，决定对近五年的教育支出进行绩效评价。该地区教育支出涵盖了学前教育、义务教育、高中教育以及职业教育等多个领域，涉及资金规模庞大，对经济社会发展具有重要影响。

2. 评价目标

（1）提高教育质量，确保学生学业成绩稳步提升。

（2）促进教育公平，缩小城乡、校际间教育资源分配差距。

（3）优化教育支出结构，提高资金使用效率和效益水平。

3. 评价指标与数据来源

（1）教育质量指标：学生平均成绩提升率、高中升学率、大学录取率等。数据来源包括教育局、学校档案室以及官方统计数据等。

（2）教育公平指标：生均教育经费城乡比值、优质学校城乡分布比例等。数据来源包括财政局、教育局以及实地调研数据等。

（3）资金使用效率指标：预算执行率、投资回报率等。数据来源包括财政局、审计局以及项目管理部门等。

4. 评价方法与过程

（1）数据收集与整理：通过问卷调查、实地访谈、官方统计数据等多种方式收集数据，并对数据进行清洗、整理和分析。

（2）指标计算与分析：根据收集到的数据，计算各项评价指标的值，并进行趋势分析、相关性分析等工作。

（3）撰写评价报告：在数据分析和整理的基础上，撰写详细的评价报告，包括评价过程、结果、结论以及改进建议等内容。

5. 评价结果与应用

（1）评价结果：该地区教育质量稳步提升，但仍存在城乡差距；教育公平方面取得一定进展，但仍需进一步努力；资金使用效率方面存在一些问题，如预算执行率不高、投资回报率偏低等。

（2）改进建议：加大对农村教育的投入力度，缩小城乡教育资源配置差距；优化教育支出结构，提高资金使用效率和效益水平；加强教育项目管理和监督力度，确保项目顺利实施和资金有效使用。

（3）后续行动：政府采纳了评价报告中的建议，制定了具体实施方案，并设立了监督评估机制。同时，还建立了持续监测机制，定期对教育支出绩效进行评价和反馈，不断优化教育政策和管理流程。

【课后习题】

一、名词解释

购买性支出　转移性支出　财政支出绩效

二、简答题

1. 分析财政支出不断增长的原因。
2. 自 2007 年以来我国财政支出规模和结构变化的趋势如何？
3. 举例说明如何进行财政支出绩效评价。

三、论述题

1. 如何认识现阶段中国的财政支出改革？
2. 请阐述影响财政支出绩效的因素。

第四章　财政购买性支出

学习目标

1. 掌握行政管理与国防支出的主要内容。
2. 掌握政府介入科教文卫事业的理论基础。
3. 掌握政府投资的特征。
4. 掌握基础设施投资的资金来源。
5. 掌握政府介入农业生产的理论基础。
6. 掌握 PPP 模式的主要形式。

案例导入

2008 年，中国首条设计时速 350 千米的京津城际铁路通车，标志着中国高铁时代的开启。彼时，全国铁路营业里程仅 8 万千米，高速铁路不足 1 200 千米，远落后于日本、德国等先行国家。与此同时，区域经济发展不均衡、大宗货物运输效率低下、春运“一票难求”等问题，倒逼政府通过大规模基础设施投资重塑经济地理格局。在此背景下，中央政府将高铁建设纳入“四万亿”经济刺激计划，并出台《中长期铁路网规划》，计划到 2020 年高铁里程达 3 万千米，构建“八纵八横”骨干网络。

2008—2022 年，全国铁路固定资产投资累计超 10 万亿元，其中中央财政出资占比约 40%（通过铁路建设基金、国债专项等），地方政府配套出资占比约 30%，剩余部分通过铁路总公司发债融资。高铁每公里造价约 1.5 亿—2 亿元，涉及钢铁、水泥、装备制造等 50 多个行业，直接创造就业岗位超 200 万个，带动上下游产业链产值增长约 3 倍。

截至 2023 年，中国高铁营业里程达 4.5 万千米（占全球 70% 以上），形成“1—4 小时城市圈”，京津冀、长三角、粤港澳大湾区核心城市实现“1 小时通达”。高铁使中西部旅客进京时间从 30 小时缩短至 8 小时，贫困地区特色农产品运输成本降低 40%，旅游业年均增收超 5 000 亿元。2022 年国铁集团负债突破 6 万亿元，资产负债率达 66%。地方政府配套资金压力导致教育、医疗等民生支出被挤压，2015—2020 年西部某省高铁项目年均耗资占其财政支出的 15%，同期基础教育投入增速下降 2.3 个百分点。

第一节　行政管理支出与国防支出

一、行政管理支出

（一）行政管理支出的概念

行政管理支出是指国家各级权力机关、行政管理机关和外事机构行使其权力和管理职能所需的财政支出。行政管理支出是保证政府职能部门的运行，发挥政府对社会经济的管理、控制与协调作用，进而巩固国家政权的物质条件。

在我国现行的政府收支分类科目中，行政管理支出主要包括一般公共服务支出、公共安全支出和外交支出三个部分。其中，一般公共服务支出包括人大、政协、各党派团体及政府各部门的支出；公共安全支出包括武装警察、公安、检察、司法等方面的支出；外交支出包括外交管理事务、驻外机构、对外援助、对外交流合作等方面的支出。

（二）我国行政管理支出的现实考察

改革开放以来，我国行政管理支出增长较快，绝对额从1978年的52.9亿元上升到2006年的7 571.05亿元；行政管理支出占财政支出的比重，1978年仅为4.71%，1990年该比重上升到13.44%，2000年上升为17.42%，2006年上升为18.73%。行政管理支出占GDP的比重则从1978年的1.44%上升为2006年的3.45%。

2007年我国实行政府收支分类科目改革，行政管理支出包括一般公共支出、外交支出和公共安全支出三个部分。由于统计口径发生变化，2007年行政管理支出占GDP的比重进一步上升为4.52%，占全部财政支出的比重上升为24.54%。但在国家不断加强行政管理支出控制的背景下，行政管理支出的比重呈逐步下降趋势，至2023年分别下降为2.8%和13.4%。见表4-1。

表4-1　　2007—2023年中国行政管理支出

年份	GDP/亿元	财政支出/亿元	行政管理支出/亿元	行政管理支出占财政支出的比重/%	行政管理支出占GDP的比重/%
2007	274 179.7	49 781.4	12 215.7	24.5	4.5
2008	324 317.8	62 592.7	14 096.4	22.5	4.3
2009	354 521.6	76 299.9	14 159.2	18.6	4.0
2010	419 253.3	89 874.2	15 124.1	16.8	3.6
2011	495 707.6	109 247.8	17 601.6	16.1	3.6
2012	547 510.6	125 953.0	20 145.9	16.0	3.7

续表

年份	GDP/亿元	财政支出/亿元	行政管理支出/亿元	行政管理支出占财政支出的比重/%	行政管理支出占GDP的比重/%
2013	603 660.4	140 212.1	21 897.7	15.6	3.6
2014	655 782.9	151 785.6	21 986.3	14.5	3.4
2015	702 511.5	175 877.8	23 408.1	13.3	3.3
2016	761 193.0	187 755.2	26 304.5	14.0	3.5
2017	847 382.9	203 085.0	29 493.4	14.5	3.5
2018	936 010.1	220 904.1	32 742.5	14.8	3.5
2019	1 005 872.4	238 858.4	34 864.1	14.6	3.5
2020	1 034 867.6	245 679.0	34 439.4	14.0	3.3
2021	1 173 823.0	245 673.0	34 154.1	13.9	2.9
2022	1 234 029.4	260 552.1	35 790.0	13.7	2.9
2023	1 294 271.7	274 622.9	36 684.7	13.4	2.8

资料来源：《中国统计年鉴》（2007—2023 年）。

改革开放以来，我国行政管理支出高速增长，主要原因有两个：一是社会转型和补偿性的政权建设导致行政管理支出增长；二是行政机构日益膨胀，人员配备过多，行政效率较低，浪费现象严重。行政管理支出的过度增长，占用了庞大的财政资源，致使各级政府无力支持经济建设和社会事业的发展，削弱了财政的宏观调控能力，影响了国家整体社会经济目标的实现。

为控制行政管理支出的过度增长，我国政府曾进行了多次机构改革，精简各级各类行政机构，努力压缩“三公”经费，并采取多种措施提高行政效率。但要真正实现对行政管理支出的长期有效控制，必须科学确定市场经济条件下政府行政管理的职能范围。随着行政管理体制改革的推进，财政管理制度的逐渐完善，我国行政管理支出规模将趋于合理，行政管理支出占财政支出的比重及其占国内生产总值的比重也将趋于稳定。

专栏 4－1

国外公车使用管理的做法

德国：租赁公车。联邦政府只为联邦级的领导人和各部部长、国务秘书配备公务用专车。司局长级的官员只保证公务用车，不配备专车。公车中有相当数量是租赁的，连接待来访外国元首用的车有时也是临时从汽车公司租赁的。

芬兰：公务车使用人员极少。在芬兰，政府（总统除外）中只有总理、外交部部长、内务部部长、国防部部长四人享受配备固定车辆和固定驾驶员的待遇。

新加坡：严格实行“公车公用”。仅给总统、总理和资政三人配备专车和司机，供他们上下班及公私出行使用；其他高级官员包括副总理、部长上下班和处理家庭私事均用私车，外出参加公务活动才乘坐政府配备的专车，由政府雇用的司机接送。国家用于接待高级代表团的礼宾车队，也采用临时租用办法。

日本：严格限制公车数量。各部门内部用车主要分为两类：一类是领导专用车，另一类是公用车。严格限制专用车数量，如总务省2 000多名工作人员，拥有52辆公务车，其中24辆是领导专车，另外28辆是公用车。

瑞典：电子监控公车私用。财政部请专家设计了一套由计算机控制的“公务汽车监控系统”，即在每辆公车上安装了带双按钮的计程器和代码发射器，一个按钮上刻着“公务”，另一个按钮上刻着“私用”。任何人用车时，必须先按下两个按钮中的一个，车才能启动。按钮按下后，代码器就将该车的特定代码发往监控卫星，卫星再把代码及汽车所在的方位信息传向中央监控台。如果中央监控人员发现按下“公务”按钮的汽车驶向别墅区、钓鱼区、百货区、菜市区或娱乐场所时，便用无线电话询问开车者“为何用公车办私事”。

请结合资料思考：在借鉴国外公车使用管理的经验时，如何结合中国国情与全面从严治党要求，构建既高效透明又体现“以人民为中心”的公车管理体系？请从制度设计、监督机制、文化导向等方面分析如何防止公车私用等特权现象，彰显社会主义公共资源的公平性和廉洁性。

二、国防支出

（一）国防支出的概念及分类

国防支出是指国家满足全体社会成员安全需要而用于陆、海、空等兵种及国防建设的各种支出。国防支出不仅能满足社会成员安全需要，而且会影响社会总需求，国防技术转为民用后还会促进国家技术进步，进而带动经济增长。

各国国防支出的分类虽然不尽相同，但是都可以划分为维持费和投资费两大部分。前者主要用于维持军队的稳定和日常活动，提高军队的战备能力，是国防建设的重要物质基础，内容主要包括军事人员经费、军事活动维持费、武器装备维修保养费及教育训练费等。后者主要用于提高军队的武器装备水平，是增强军队战斗力的重要保证，主要有武器装备的研制费、采购费、军事工程建设费和国土防空费等几个项目。在我国，国防支出主要用于国防建设、国防科研事业、军队正规化建设和民兵建设等方面。我国国防支出的主要内容有国防费（如部队生活费、装备购置和维护管理费、军事行动作战费、部队训练和教育费等）、国防科研事业费、民兵建设费（含民兵事业费、民兵装备购置费）以及专项工程经费等。如果按兵种划分，国防支出又可以分为陆军支出、海军支出、空军支出。

国防支出规模与一个国家面临的国际形势及其国防政策直接相关。一般而言，和平时期国防支出趋于减少，而战争时期国防支出则骤增。从世界各国国防支出的实际情况看，影响国防支出的主要因素包括国家内外政策、国家经济实力、国际环境、国防军事现代化的压力等。

（二）国防的提供与生产

国防的基本任务是防止外敌侵犯，保卫国家安全，它具有纯公共产品性质。人们对公共产品持有的“搭便车”心理，使之无法通过市场和企业来提供，因而只能采取公共提供方式，由中央政府无偿提供。而就国防的生产而言，应当主要由政府生产，但其中某些消耗性物品，如飞机、坦克、导弹、枪支、弹药、运输工具、通信工具等，既可以公共生产，也可以私人生产，然后政府通过采购方式，转化为军事用途。

在许多国家，政府为降低军用品生产成本，加速军事技术向民用部门的转移，对军用品往往采用私人生产、政府订货的方式。此外，在军事科研上也采取私人研究与军事研究机构合作，或者政府通过对私人研究机构的招标、委托的方式共同参与研究。这些研究成果不仅用于本国军事上，经过政府批准，也广泛地向外出口。通过军用品的生产和出口而形成的军事工业产业，在一些国家里，已经成为支柱产业之一。

上述分析表明，国防的生产和提供可以有三种方式：第一种是政府生产、政府提供方式。第二种是私人生产、政府提供方式。第三种是整体上政府生产，但部分产品由私人生产、政府通过军事采购获得产品的政府提供方式。一般说来，军用品采取政府生产的优点，一是它可以将最新的科研成果和装备灵敏、快速地转移集结部队。二是保密性强。但这种方式也有其缺点：一是政府生产是一种垄断生产，由于生产者和消费者都是唯一的，缺乏竞争机制，因而新武器和新装备的研制、开发水平有很大的限制。二是生产成本较高。为了维持军事产品的生产体系，政府必须建立庞大的军事工业体系。三是不利于军事技术向民事用途的转移。

正是由于这些原因，在第二次世界大战后，许多国家改革了军事产品的生产方式，具体措施是：第一，大部分军用品由民营企业生产，政府采购，只有那些关系到国家重大利益的军用品，才由政府的军工企业生产。第二，采用政府与民间机构合作的方式进行新武器、新装备的研制和开发，将一些军事研究机构转化为民用机构，在此基础上，政府通过项目招标方式委托其进行项目研究。第三，实行常备军和后备军相结合的制度。在平时，国防的任务由常备军负责，但后备军事人员要定期参加各种军事训练，以具备基本的军事理论和军事素养，一旦发生战争，国家就通过征召后备役部队和民兵，迅速形成强大的军事实力。

（三）我国国防支出的现状

改革开放以来，我国坚持国防建设服从和服务于经济建设大局，坚持国防建设与经济建设协调发展，国防投入始终保持合理适度的规模。从 1978 年到 1987 年，随着国家工作重点转移到经济建设上来，国防建设处于低投入和维持性状态；国防费年平均增长 3.5%，同期 GDP 按当年价格计算年平均增长 14.1%，国家财政支出年平均增长 10.4%，国防费占 GDP 和国家财政支出的比重，分别从 1978 年的 4.6% 和 14.96% 下降到 1987 年的 1.74% 和 9.27%。从 1988 年到 1997 年，我国在经济不断增长的基础上逐步加大国防投入，国防费年平均增长 14.5%，同期 GDP 按当年价格计算年平均增长 20.7%，国家财政支出年平均增长 15.1%，因而国防费占 GDP 和国家财政支出的比重呈继续下降趋势。从 1998 年到 2006 年，为维护国家安全和发展利益，我国在经济快速增长的基础上进一步加大国防投入，国防费年平均增长 15.9%，同期 GDP 按当年价格计算年平均增长 12.5%，国家财政支出年平均增长 18.4%，因而国防费占 GDP 的比重虽有所上升，但占国家财政支出的比重总体上仍呈下降趋势。2007—2023 年我国的国防支出占 GDP 的比重维持在 1.30% 左右，而国防支出占国家财政支出的比重呈先下降后上升趋势，2023 年为 5.76%。见表 4－2。

表 4－2　2007—2023 年我国的国防支出占相关指标的比例

年份	GDP/亿元	财政支出/亿元	国防支出/亿元	国防支出占 GDP 的比重/%	国防支出占财政支出的比重/%
2007	274 179.7	49 781.4	3 554.9	1.32	7.14
2008	324 317.8	62 592.7	4 178.8	1.31	6.68
2009	354 521.6	76 299.9	4 951.1	1.42	6.49
2010	419 253.3	89 874.2	5 333.4	1.29	5.93
2011	495 707.6	109 247.8	6 027.9	1.24	5.52
2012	547 510.6	125 953.0	6 691.9	1.24	5.31
2013	603 660.4	140 212.1	7 410.6	1.25	5.29
2014	655 782.9	151 785.6	8 289.5	1.29	5.46
2015	702 511.5	175 877.8	9 087.8	1.32	5.17
2016	761 193.0	187 755.2	9 765.8	1.31	5.20
2017	847 382.9	203 085.5	10 432.4	1.25	5.14
2018	936 010.1	220 904.1	11 280.5	1.23	5.11
2019	1 005 872.4	238 858.4	12 122.1	1.21	5.08
2020	1 034 867.6	245 679.0	12 918.8	1.25	5.26
2021	1 173 823.0	245 673.0	13 787.2	1.17	5.61
2022	1 234 029.4	260 552.1	14 752.2	1.20	5.67
2023	1 294 271.7	274 622.9	15 805.1	1.22	5.76

资料来源：《中国统计年鉴》（2007—2023 年）。

第二节 教科文卫支出

教科文卫支出是财政用于教育、科技、文化、卫生、体育及广播电台、电影、电视等各种社会事业支出的总称。通常指用于社会事业部门的事业费，一般由事业单位的职工工资、各种性质的公务费、科学研究经费及必要的修缮费和设备购置费等组成。这类支出是国家为提高国民素质，满足社会共同需要，实现社会经济的长期发展所进行的财政再分配。

一、教育支出

（一）概念

财政教育支出，也被称为公共教育支出，是指政府用于维持和发展各类教育事业的经费支出，它包括一般公共预算教育支出，各级政府征收用于教育的税费，企业办学教育支出，校办产业、勤工助学、社会服务收入中用于教育的支出以及其他属于国家财政性的教育经费。

（二）政府介入教育的理论依据

1. 教育是具有较强收益外溢性的混合产品

一方面，教育具有私人产品的性质，从这一角度看，个人或家庭可以通过市场来获得教育利益；另一方面，有相当大的一部分教育利益通过受教育者外溢给了社会，因而又具有公共产品的性质。教育产品消费中的这种外部收益使得市场对该产品的资源配置往往不足，因此，教育不能完全依靠市场配置，教育支出应该有政府的参与，并应根据不同层次教育的边际社会收益与边际社会成本的对比关系来决定政府参与的份额。

2. 教育是社会价值容易被低估的优值品

教育为优值品，往往因私人评价低于社会对其应有的评价而供给或需求不足，此时政府有理由从家长主义的立场出发来介入教育的生产和提供，比如强制推行九年义务教育制度。

3. 教育具有实现社会收入分配公平的功能

政府积极发展教育事业，尤其是发展基础教育，有助于实现社会收入分配的公平。研究表明，教育公平与收入公平之间存在高度正相关性。公共教育支出占国内生产总值的比重、初等教育入学率、学校义务教育年数等指标均与个人收入的不公平程度成反比，教育的平等主要体现在为公民的发展创造一种起点公平的可能。一系列研究也认为，相比于高等教育，初等教育与中等教育更有利于贫困阶层。为此，世界上大部分国家都将一定年限的初等和中等教育作为义务教育，由政府投资免费供给，或者仅仅收取少量补偿费用。

4. 教育支出是重要的人力资本投资

从宏观角度看，当今社会已进入知识经济时代，科技进步成为经济增长的主要动力，而科技进步又以教育为源泉。从家庭角度来说，用于教育的支出是一种人力资本投资，如果低收入家庭暂时无力支付学费，照理可以向金融部门申请贷款。问题是人力资本市场是一个不完全的资本市场，在这个市场中，金融部门与借款者之间的信息不对称，人力资本投资究竟有没有回报或者回报率有多高，事先是难以确定的，因而金融部门不愿轻易发放贷款，由政府主办教育服务并为教育贷款提供担保，则有助于弥补教育资本市场的不足。

（三）我国教育支出现状

我国政府一贯高度重视并持续加大教育经费投入，已经形成了政府为主，民办学校、社会捐赠、事业收费（含学杂费）及其他经费等多种形式、多元化的教育资金来源结构。按照现行统计体系，国家财政教育经费包括三部分：一是公共财政预算安排的教育经费；二是政府性基金预算安排的教育经费；三是企业办学、校办产业等其他财政性教育经费。自 20 世纪 90 年代后期以来，我国大力推进义务教育事业，初步在全国各地实现了九年制义务教育的普及。2007 年以来我国先后免除农村和城市义务教育阶段学杂费，对于我国义务教育事业的发展具有非常重要的意义；我国还大力发展中等职业教育，为在校学生提供生活费补贴及其他补贴。近年来，我国不断增加公共财政教育支出，国家财政性教育经费总额从 1980 年的 114.2 亿元上升为 2023 年的 50 439.5 亿元，占 GDP 的比重从 1980 年的 2.49% 上升为 2023 年的 3.90%。见表 4－3。

表 4－3　　2007—2023 年我国财政性教育经费占相关指标的比例

年份	财政性教育经费/亿元	财政支出/亿元	GDP/亿元	财政性教育经费占财政支出的比重/%	财政性教育经费占GDP的比重/%
2007	8 280.2	49 781.4	274 179.7	16.63	3.06
2008	10 449.6	62 592.7	324 317.8	16.69	3.27
2009	12 231.1	76 299.9	354 521.6	16.03	3.50
2010	14 670.1	89 874.2	419 253.3	16.32	3.55
2011	18 586.7	109 247.8	495 707.6	17.01	3.80
2012	22 236.2	125 953.0	547 510.6	17.65	4.12
2013	24 488.2	140 212.1	603 660.4	17.47	4.11
2014	26 420.6	151 785.6	655 782.9	17.41	4.10
2015	29 221.5	175 877.8	702 511.5	16.61	4.24
2016	31 396.3	187 755.2	761 193.0	14.75	4.22
2017	34 207.8	203 085.0	847 382.9	16.84	4.14

续表

年份	财政性教育经费/亿元	财政支出/亿元	GDP/亿元	财政性教育经费占财政支出的比重/%	财政性教育经费占GDP的比重/%
2018	36 995.8	220 904.1	936 010.1	16.74	4.11
2019	40 046.5	238 858.4	1 005 872.4	16.77	3.98
2020	42 908.2	245 679.0	1 034 867.6	17.47	4.15
2021	45 835.3	245 673.0	1 173 823.0	18.66	3.90
2022	48 472.9	260 552.1	1 234 029.4	18.60	3.93
2023	50 439.5	274 622.9	1 294 271.7	18.37	3.90

资料来源：《中国统计年鉴》（2007—2023年）。

专栏4－2

办好人民满意的教育

教育是国之大计、党之大计。培养什么人、怎样培养人、为谁培养人是教育的根本问题。育人的根本在于立德。全面贯彻党的教育方针，落实立德树人根本任务，培养德智体美劳全面发展的社会主义建设者和接班人。坚持以人民为中心发展教育，加快建设高质量教育体系，发展素质教育，促进教育公平。

加快义务教育优质均衡发展和城乡一体化，优化区域教育资源配置，强化学前教育、特殊教育普惠发展，坚持高中阶段学校多样化发展，完善覆盖全学段学生资助体系。统筹职业教育、高等教育、继续教育协同创新，推进职普融通、产教融合、科教融汇，优化职业教育类型定位。加强基础学科、新兴学科、交叉学科建设，加快建设中国特色、世界一流的大学和优势学科。引导规范民办教育发展。加大国家通用语言文字推广力度。深化教育领域综合改革，加强教材建设和管理，完善学校管理和教育评价体系，健全学校家庭社会育人机制。

请结合资料思考：在当前全面贯彻党的教育方针、落实立德树人根本任务的背景下，结合“坚持以人民为中心发展教育”以及“深化教育领域综合改革”等内容，思考思政教育应如何融入不同教育阶段（义务教育、高中阶段、职业教育、高等教育等）的课程体系与教学实践，从而更有效地培养德智体美劳全面发展的社会主义建设者和接班人，并促进教育公平与高质量教育体系的建设？

二、科技支出

（一）概念

财政科技支出是指政府预算中用于科学技术活动的支出总量。所谓科学技术活动，泛指人类在自然科学、农业科学、医药科学、工程与技术、人文与社会科学领域（统称为科学技术领域）中与科技知识的产生、发展、传播和应用密切相关的有组织的活动。根据联合国教科文组织的分类，科技活动可分为研究与试验开发、研究开发成果应用及相关的科技服务三类活动。

（二）政府投入科技领域的原因

1. 基础性科学研究成果具有公共产品的特性

一些基础性科学研究成果不同于其他产品，通常具有两个特征，即非竞争性和非排他性。对于消费者来说，他可以免费使用，而且可以毫无代价地广泛传播这些科技成果。而对于创造者来说，研究成果通常并不给其带来直接的经济应用价值，由该成果带来的全部收益主要为社会所获得。这样，创造该成果的人将得不到经济补偿，因而私人不愿提供此类产品。于是，提供这种产品理所当然地成为政府的一项职责。如果没有政府的提供，为发展科学所做的基础性研究就会非常少。同理，应用性研究中的社会公益性研究（如气象服务、灾害研究等），以及服务于基础研究和公益性应用研究，同时具有广泛社会公益性的科技服务（如图书馆、科技博物馆、动植物园等），同样具有公共产品的性质，也难以实现市场化。

2. 应用研究与技术开发具有外部性

应用研究与技术开发不同于基础性科学研究，具有直接的经济应用价值，一旦获得成功，能够给生产者带来较大的收益，但是，生产者同样只能获得成果的一部分收益而不是全部，因而具有外部性。解决这种外部性的行之有效的办法，显然要通过政府的作用，或者建立知识产权法，或者由政府对生产者进行适当的补贴，使外部收益内在化。

3. 风险贷款市场的不完善

科技成果的研究与开发一般具有风险高、投资大、周期长的特点，从而给那些处于创办阶段的中小企业带来了技术开发资金上的“瓶颈”，因为这些中小企业由于其支付能力、资信评估的限制，要想在贷款市场上获得资金是非常困难的。鉴于风险贷款市场上的这种不完善性，作为对企业科技创业、创新努力的一种补充与激励，政府提供担保和建立风险投资信贷资金以及制定税收等方面的优惠政策显然是必要的。

（三）我国科技支出现状

改革开放以来，我国技术进步取得了显著成绩。作为世界上最大的后发展大国，我国充分利用对外开放和改革的机遇，通过引进、吸收等方式发挥后发优势，一定程度上缩小了与发达国家技术上的差距。基于对技术进步和建立创新型国家迫切性的认识，我国于 2006 年发布了《国家中长期科学和技术发展规划纲要（2006—2020 年）》。该纲要立足国情，面向世界，以增强自主创新能力为主线，以建立创新型国家为主要目标，全面规划和部署了我国未来 15 年科学和技术的发展目标和路径。

总体来看，我国不断加大对科技进步的财政支持力度，财政科技支出规模有较大幅度提高。从相对指标来看，2007 年我国财政科技支出占 GDP 的比重仅为 0.66%，2019 年该比重上升为 0.96%，2022 年则下降为 0.83%。见表 4－4。

表 4－4　　2007—2023 年我国财政科技支出占相关指标的比例

年份	科技支出/亿元	财政支出/亿元	GDP/亿元	科技支出占财政支出的比重/%	科技支出占 GDP 的比重/%
2007	1 783.0	49 781.4	270 232.3	3.58	0.66
2008	2 611.0	62 592.7	319 515.5	4.17	0.82
2009	3 276.8	76 299.9	349 081.4	4.29	0.94
2010	4 196.7	89 874.2	413 030.3	4.67	1.02
2011	4 797.0	109 247.8	489 300.6	4.39	0.98
2012	4 452.6	125 953.0	540 367.4	3.54	0.82
2013	5 084.3	140 212.1	603 660.4	3.63	0.85
2014	5 314.5	151 785.6	655 782.9	3.50	0.83
2015	5 862.6	175 877.8	702 511.5	3.33	0.85
2016	6 564.0	187 755.2	761 193.0	3.50	0.88
2017	7 267.0	203 085.5	847 382.9	3.58	0.88
2018	8 326.7	220 904.1	936 010.1	3.77	0.91
2019	9 470.8	238 858.4	1 005 872.4	3.97	0.96
2020	9 018.3	245 679.0	1 015 986.2	3.67	0.89
2021	9 669.8	245 673.0	1 143 669.7	3.94	0.85
2022	10 032.0	260 552.1	1 210 207.0	3.85	0.83
2023	10 885.8	274 622.9	1 294 271.7	3.96	0.84

资料来源：《中国统计年鉴》（2007—2023 年）。

专栏 4－3

广东省“链式创新”与产业升级协同实践

广东省作为我国经济第一大省，近年来面临传统制造业转型压力与新兴产业布局的双重挑战。2024 年数据显示，广东省财政科技支出达 876 亿元，占全省一般公共预算支出的 7.9%，重点投向半导体、工业软件、生物医药等战略性新兴产业。然而，区域创新资源分布不均（珠三角地区占全省科技支出的 82%）、企业研发投入意愿分化（中小企业占比不足 30%）等问题凸显。为此，广东省探索“链式创新”财政支持模式，通过“纵向产业链协同”与“横向区域联动”双轮驱动，推动财政科技资金精准滴灌。

针对产业链薄弱环节，广东省财政厅联合工信部门实施“强链补链”专项计划。例如，在集成电路领域，以华为、中芯国际为链主企业，财政提供 1∶2 资金配套，支持其联合上下游 120 余家中小企业组建“广东半导体创新联合体”。2024 年，该联合体获得财政专项资金 28 亿元，带动企业自筹资金超 60 亿元，成功攻克 14 纳米芯片封装测试技术，使省内芯片自给率从 12% 提升至 28%。截至 2025 年，广东省高新技术企业突破 7.5 万家，战略性新兴产业增加值占 GDP 比重达 39%，财政科技资金撬动社会研发投入比例达 1∶5.8。

请结合资料思考：广东省通过财政科技支出推动“链式创新”，如何体现“集中力量办大事”的社会主义制度优势？这一模式对欠发达地区实现创新突破有何启示？

三、文化支出

（一）概念

公共文化支出是指财政用于发展文化艺术活动，传播科学知识，丰富人们精神生活的经费支出。它包括政府对图书馆、博物馆、美术馆、纪念馆和艺术表演团体等的经费支出。

（二）政府介入文化产业的原因

1. 文化产业具有明显的收益外溢性

从生产角度看，文化产业与很多产业密切关联，其发展壮大能够带动上下游产业的发展。近年来，由于文化所具有的高附加值特质，加上文化与移动互联技术、大数据、新媒体的融合，文化产业和旅游业、观光农业、手工制造业、信息产业和其他相关新兴产业相互促进，既增强了传统产业的附加价值，又延伸了原有产业的产业链，进而文化产业与其他产业一起形成环环相扣的产业网络生态。从消费角度看，文化产品或服务能够给消费者带来美好的精神享受，满足人民的精神需求，对构建社会主义和谐社会具有极其重要的意义。综合来看，正是由于文化产业具有的生产和消费的收益外溢性，文化产品或服务的供给与需求难以实现完全有效的均衡，必然存在市场失灵，因此财政扶持就显得极为必要。

2. 大多数文化产品或服务具有纯公共产品或准公共产品特征

具有纯公共产品性质的文化产品或服务很多，包括免费的文化主题公园、图书馆、博物馆、文化馆、展览馆、广电网络等；标准公共产品的例子也较多，比如收费相对低廉的博物馆、广播电视、文化图书、音像制品、慰问性文艺表演，大多不以营利为目的。

部分文化产品或服务虽带有较强的私人产品特征，但往往具有弱质性一方面，该类文化产品或服务具有一定的营收能力，但另一方面，单纯依靠市场仍难以有效解决市场失灵和供给不足的问题。这就决定了这类文化产品如果完全由市场提供会导致供给不足，因此，需要政府采取必要的手段进行干预。

（三）我国文化支出现状

文化事业能够提供文化产品，满足经济社会发展的需要，已经逐渐演变为一个相对成熟的产业，即文化产业。文化产业包括非营利性文化产业（或公益性文化产业）和营利性文化产业（或竞争性文化产业）。前者主要提供具有纯公共产品和具有正外部性特征的产品，不以营利为目的或主要目的；后者主要提供私人产品属性的文化产品，以追求经济利益为目的。

近年来，我国大力支持文化产业发展，文化体育与传媒支出不断加大，见表4－5。

表4－5　　2007—2022年我国文化事业费占相关指标的比例

年份	文化事业费/亿元	人均文化事业费/元	财政总支出/亿元	文化事业费占财政支出的比重/%
2007	198.96	15.06	49 781.4	0.40
2008	248.04	18.68	62 592.7	0.40
2009	292.31	21.90	76 299.9	0.38
2010	323.06	24.11	89 874.2	0.36
2011	392.62	29.14	109 247.8	0.36
2012	480.10	35.46	125 953.0	0.38
2013	530.49	38.99	140 212.1	0.38
2014	583.44	42.65	151 785.6	0.38
2015	682.97	49.68	175 877.8	0.39
2016	770.69	55.74	187 755.2	0.41
2017	850.80	61.57	203 085.5	0.42
2018	928.33	66.53	220 904.1	0.42
2019	1 065.02	76.07	238 858.4	0.45
2020	1 088.26	77.08	245 679.0	0.44
2021	1 132.88	80.20	245 673.0	0.46
2022	1 202.89	85.20	260 552.1	0.46
2023	1 280.40	90.8	274 622.9	0.47

资料来源：《中国统计年鉴》（2007—2023年）。

专栏4－4

浙江省“文化惠民工程”创新实践

浙江省作为文化强省，近年来以财政文化支出为杠杆，推动公共文化服务均等化与文化产业高质量发展。2024年数据显示，全省财政文化支出达236亿元，占财政总支出的6.1%，重点投向基层文化设施建设、文化遗产保护及数字文化创新领域。然而，城乡文化资源分布不均、传统项目财政投入效率待提升等问题仍需破解。为此，浙江省创新实施“文化惠民工程”，通过“精准滴灌”与“数字赋能”双轮驱动，提升财政资金使用效能。

针对农村地区文化资源匮乏问题，浙江省财政厅联合文旅部门推出“乡村文化站升级计划”。例如，丽水市松阳县某乡镇文化站利用省级财政专项资金 1 200 万元，改造为集非遗展示、数字阅读、村民培训于一体的综合文化空间，2024 年举办活动 240 余场，惠及群众超 3 万人次。同时，对山区 26 县实行“设备购置 + 运营补贴”双重支持，2024 年新增农村数字影院 18 家，覆盖率提升至 92%。

浙江省财政厅设立“数字文化创新专项”，推动公共文化服务数字化转型。例如，温州市图书馆通过财政补贴建成“智慧图书馆云平台”，实现全市 208 家图书馆通借通还，2024 年数字资源访问量突破 1.2 亿次。同时，对县级融媒体中心实施“流量补贴”，2024 年省级财政投入 1.5 亿元，支持基层媒体开发短视频、直播等新型文化产品，安吉县“白茶文化”直播活动单场观看量超 500 万人次，带动农产品销售 800 万元。

请结合资料思考：财政资金优先支持农村文化设施建设，如何理解“社会主义文化发展为了人民、依靠人民”的核心理念？当代大学生在文化共建共享中应承担怎样的主体责任？

四、医疗卫生支出

（一）概念

医疗卫生支出是指财政用于防治各种疾病，保障人民身体健康的经费支出。它包含了公共卫生支出和医疗服务支出两个方面的内容。公共卫生是为了满足社会公众的公共卫生需求，实现健康安全的公共环境而提供的各项卫生服务，主要包括计划免疫、传染病控制、妇幼保健、饮用水安全、环境卫生和健康教育等内容；医疗服务则特指医院或诊所为治疗患者各种疾病所提供的诊疗服务。

（二）政府介入医疗卫生领域的理论依据

1. 医疗卫生领域的信息不对称性

医疗卫生领域的信息不对称问题集中地体现为作为医疗卫生产品需求方的患者，对其所购产品的有关信息了解不多，甚至一无所知。在接受医疗卫生服务之前，患者无法全面地比较有关医院、有关医生的情况，在接受医疗卫生服务过程中，患者无法准确地知道医生的服务质量，以及他所购产品的价格。

2. 医疗卫生领域的竞争有限性

在医疗卫生领域，信息不对称问题的存在使得“消费者主权”演变成了“生产者主权”，供求双方无法形成相互制约的机制，竞争的有效程度大大降低。有鉴于此，政府对医疗卫生领域采取一些合理的干预措施非常必要，如政府给医生颁发营业许可证、进行药物管理、普及卫生知识等。

3. 医疗卫生领域的收益外溢性

医疗卫生是一种混合产品，其中的卫生服务在性质上接近或等同于公共产品。个人在接受医疗卫生服务的过程中，预防和减少了疾病，提高了健康水平，为增强获取收入能力和提高生活质量奠定了基础。但是，医疗卫生服务通过个人消费，会有很大一部分外溢给社会，社会成员可以无差别地从中获取利益。医疗卫生产品消费过程中的收益外溢决定了这种产品的边际个人收益必定小于边际社会收益，若是完全由市场来提供，必然会导致这些外部收益较大的产品配置不足。因此，对于预防性、基础性的医疗卫生服务，尤其是卫生服务，政府应该承担起主要的责任。

4. 医疗卫生领域的公平性

对公平的关注是政府提供医疗卫生服务的又一重要理由。一个低收入家庭的子女，在享有政府提供的基本生活条件、基本教育条件、基本医疗条件的情况下，有可能在未来获得较高的收入，并为社会作出较大的贡献。但是，如果没有这些基本的医疗保障，疾病的打击可能使低收入者陷入贫困的深渊，显然，这对于公平与效率都是有害无益的。因此，世界上大多数国家把“人人享有基本的卫生保健”视为公民的基本权利，为穷人提供的医疗补助和为老人提供的医疗照顾正是保障人的这种基本生存权利的一种反映。

（三）我国医疗卫生支出现状

新中国在医疗卫生事业上取得了举世瞩目的成就，曾经被世界卫生组织赞誉为“用最低廉的成本保护了世界上最多人口的健康”（WHO，1978）。改革开放后，我国建立了遍及城乡的医疗卫生服务体系，消除了一批危害人民健康的烈性传染性疾病，居民平均期望寿命、婴儿死亡率、孕产妇死亡率等主要健康指标达到了发展中国家的先进水平。但随着市场化改革的不断推进，中国医疗卫生事业发展一度滞后于经济社会的发展，由此带来一系列问题：第一，总体投入水平低，严重落后于主要发达国家。第二，财政医疗卫生支出绩效低。尽管全社会的医疗卫生投入有所增加，居民的健康指标却暴露出一定的问题；特别是公共卫生领域，健康指标甚至恶化，已经得到控制的部分传染性疾病、地方病开始死灰复燃。第三，公平程度低。城乡之间、不同收入阶层居民之间医疗卫生的实际需求满足程度严重分化，贫困阶层的基本医疗卫生需求难以得到满足。农村地区合作医疗制度名存实亡，导致农村地区公益性的医疗卫生缺失。2000 年，世界卫生组织对 191 个成员的医疗卫生系统进行了评估，中国政府医疗卫生系统的综合效益评估级别列为第 144 位，而政府医疗卫生支出的公平性评级在第 188 位（WHO，2000）。

为此，我国逐步加强医疗卫生领域改革，不断加大医疗卫生投入，重点解决城乡居民“看病难、看病贵”的问题。2007 年国家明确提出了医疗卫生改革的指导原则：第一，医疗卫生改革的目标是建立覆盖城乡居民的医疗卫生保障制度和不同形式的社会医疗保险体系。第二，政府要在医疗卫生体系建设中发挥主导作用，同时要发挥市场机制的积极作用，提供多元化、多层次的医疗卫生服务体系。第三，建立“三重”保障制度，即基本医疗卫生保障制度、社会医疗保险制度和商业医疗保险制度。第四，建立医疗卫生和药品公共定价、药品购销制度和卫生医疗机构财务管理制度。

近年来，我国医疗卫生投入逐步增加，居民卫生保健水平显著提高。我国财政医疗卫生支出从 2013 年的 8 279.90 亿元上升为 2023 年的 22 396.01 亿元，占 GDP 的比重从 1.37% 上升为 1.73%，见表 4 - 6。

表 4 - 6　　2013—2023 年我国财政医疗卫生支出占相关指标的比例

年份	财政医疗卫生支出/亿元	财政支出/亿元	GDP/亿元	财政医疗卫生支出占财政支出的比重/%	财政医疗卫生支出占 GDP 的比重/%
2013	8 279.90	140 212.1	603 660.4	5.91	1.37
2014	10 176.80	151 785.6	655 782.9	6.70	1.55
2015	11 953.18	175 877.8	702 511.5	6.80	1.70
2016	13 158.80	187 755.2	761 193.0	7.01	1.73
2017	14 450.63	203 085.5	847 382.9	7.12	1.71
2018	15 623.55	220 904.1	936 010.1	7.07	1.67
2019	16 665.34	238 858.4	1 005 872.4	6.98	1.66
2020	19 216.19	245 679.0	1 015 986.2	7.82	1.89
2021	19 142.68	245 673.0	1 143 669.7	7.79	1.67
2022	22 536.72	260 552.1	1 210 207.0	8.65	1.86
2023	22 396.01	274 622.9	1 294 271.7	8.16	1.73

资料来源：《中国统计年鉴》（2013—2023 年）。

专栏 4 - 5

福建省“三医联动”改革与全民健康保障实践

福建省作为全国首批综合医改试点省份，以财政医疗卫生支出为抓手，探索“医疗、医保、医药”三医联动改革，破解“看病难、看病贵”难题。2024 年数据显示，全省财政医疗卫生支出达 582 亿元，占财政总支出的 11.3%，重点投向基层医疗服务能力提升、医保基金可持续性管理、药品耗材集中带量采购等领域。然而，城乡医疗资源不均衡、医保基金穿底风险、公立医院债务负担等问题仍需突破。为此，福建省创新实施“健康福建 2030”行动计划，通过“财政精准投入 + 制度协同创新”双轮驱动，构建全民健康保障体系。

医保基金“智慧监管”。福建省财政厅设立“医保基金风险防控专项”，构建“大数据+智能审核”监管体系。例如，福州市医保局通过财政补贴建成“医保智能监控平台”，运用AI算法实时筛查异常诊疗行为，2024年拦截违规费用1.8亿元，追回医保基金损失3 200万元。此外，对城乡居民医保实行“财政补助动态调整机制”，2024年省级财政人均补助标准提高至710元，个人缴费占比从35%降至28%，大病保险实际报销比例提升至65%。

请结合资料思考：福建省通过财政投入提升基层医疗服务能力，如何体现“以人民为中心”的发展思想？这一实践对其他地区破解“看病难”问题有何启示？

第三节 政府投资支出

一、政府投资含义及特征

（一）政府投资含义

政府投资是政府为了实现预期的社会效益和宏观经济效益，将一部分财政资金转化为公共性的实物或无形资产以满足社会公共需要的经济行为。政府投资这一概念可以从以下四个方面把握：

首先，投资的主体是国家或政府，包括中央政府和地方政府。这是政府投资与企业和居民投资最大的不同。

其次，投资的目标主要是获得社会效益和宏观经济效益。社会效益区别于单纯的经济效益，是指政府的投资活动应该对社会生态环境、公共福利以及精神文化素质等方面所做的贡献。宏观经济效益也不同于仅仅反映投资项目营利能力的微观效益，是指政府投资活动应该有助于促进经济增长，维护物价稳定，提高就业率，缩小收入差距，并使经济总量趋向平衡，经济结构趋向协调。

再次，投资的资金来源是财政资金。除了一般公共预算资金以外，还有政府性基金、地方投融资平台等兼具财政性和金融性的各类品牌自筹资金。其中，一般公共预算安排的投资支出，在2007年新实行的“支出经济分类科目”中分为基本建设支出和其他资本性支出两个类级科目，基本建设支出科目反映各级发展与改革部门集中安排的一般预算财政拨款用于购置固定资产、战略性和应急性储备、土地和无形资产，以及购建基础设施、大型修缮所发生的支出，其他资本性支出科目反映非各级发展和改革部门集中安排的用于上述项目的支出。

最后，投资的结果是形成公共部门的资产。例如中国政府自新中国成立以来进行了大量的投资。庞大的资产为公有制地位的巩固提供了雄厚的经济基础。

（二）政府投资的特征

与企业和居民等私人部门的投资相比，政府投资具有下列特征：

1. 政府投资对象的公共性、基础性

为了弥补市场失灵，政府投资应着眼于为全体公民和各类社会经济主体提供生产和生活必要的基础性的公共条件，例如基础设施等。同时，对某些新兴产业的开发，对高科技、高风险项目的研究开发，对落后地区的开发等，都具有耗资大、耗时长、风险高等特征，致使私人部门望而却步，市场机制无能为力。这是政府职能的内在要求，反映了经济和社会发展对政府配置资源的客观需要，在这里，政府投资发挥的是“社会先行资本”的作用，即政府投资为企业生产和居民生活提供了良好的外部环境，在客观上起到了降低企业交易成本和提高居民福利水平的效果。

2. 政府投资目标的社会性

与非政府投资在利己动因下追求经济效益最大化的目标不同，政府投资受非经济动因的支配，通常追求的是社会效益、生态环境效益和宏观经济效益的最大化，必要的时候甚至会牺牲经济效益。这里需要提及的是，政府投资追求社会综合效益并不意味着它可以不计成本、不讲效率，这是两个不同的问题。从政府投资项目本身来看，当然要衡量其成本和效益，并借此评价政府配置资源的效率；而从总体上对其实现的客观效果，则要超越项目本身，从社会综合效益方面来衡量。

3. 政府投资决策的复杂性

政府投资决策往往由多目标决策系统组成，包括经济、政治、社会、生态环境等因素，由于社会综合效益难以用统一的标准来衡量，而政治、社会和生态环境等因素也很难进行指标量化，因而投资项目的确定往往要经过复杂的行政甚至法律程序，并通过层层审批才能完成。

4. 政府投资在不同的经济发展阶段具有不同的侧重

根据发展经济学的理论，一般在经济起飞阶段，政府在社会基础设施等基础性项目方面的投资具有较强的拉动作用，随着经济发展走向成熟，私人部门力量日益扩大，私人投资会逐渐替代政府投资，政府投资的规模逐渐减小，更多地转向能够提高社会整体福利水平的教育、科学和文化体育等事业方面。

总之，由于政府在国民经济中居于特殊地位，它主要将自己的投资集中于基础设施以及农业、能源、通信、交通等有关国计民生的领域。换言之，在投资主体多元化的经济社会中，如果政府不承担社会基础设施投资的责任，或者这方面的投资不足，该社会的基础设施的供应就可能短缺，经济发展就会遇到瓶颈。

二、基础设施投资

（一）基础设施的概念

基础设施是指为社会生产和消费活动提供服务的各种公共设施，主要包括交通运输、机场、港口、桥梁、通信、水利和城市供排水、供气、供电等设施，为整个生产过程提供共同生产条件。根据世界银行报告的划分，基础设施包括三部分：一是公共设施，如电力、电信、自来水、卫生设施与排污、固体废弃物的收集与处理及管道煤气；二是公共工程，如公路、大坝、灌溉及排水用的渠道工程；三是其他交通设施，如铁路、城市交通港口和水路以及机场。

（二）政府介入基础设施投资的理论依据

基础设施是国民经济运行的基础，直接制约着经济各领域资源配置的效率水平。在市场经济条件下，政府投资的一个基本方面就是基础设施，这与该投资领域中存在市场缺陷有密切的关系。

1. 基础设施消费中存在外部收益

由于基础设施普遍具有外部收益，且这种外部收益具有非排他性，因而不可能完全由市场来提供。要想纠正资源配置的不足，就必须使外部收益内在化，使基础设施产品的价格得以反映产品的全部收益。政府用于实现基础设施产品外部收益内在化的可能措施之一是补贴，即通过对基础设施产品的外部收益进行相应的补贴，以诱使市场将供给量调整到边际社会收益等于边际社会成本的水平，从而实现资源的最优配置。这正是基础设施历来被认为是政府职责范畴，并促使各国政府广泛介入该领域的一个主要原因。

2. 基础设施的生产与消费有与其他产品不同的特点

基础设施作为一个特定的概念，有不同于其他产业的特征：第一，基础设施的生产大都投资大、周期长、回收慢、风险高，因而便决定了理性假设下的私人资本不愿意进行这方面的投资，或对这方面的投资较少。在这种情况下，只有政府才有能力集中社会资源来投资这些大型的长期的项目，并且使投资的风险由社会来分担，从而推动经济的增长。第二，基础设施作为一种“先行资本”，是一种基础性产品，对整个国民经济的发展具有很强的制约作用。在私人资本不愿或无力投资的情况下，政府应有充足的投入，否则会直接影响各类经济活动的有效进行，形成国民经济发展的瓶颈，从而影响经济的快速持续增长。第三，基础设施具有地域性。这种产品往往固着于一地，为某一或大或小的地域服务，因此它们所提供的服务不可能从外地引进或国外进口，极易形成垄断。这是各国政府对基础设施投资或对基础设施经营进行管制的一个重要理由。

3. 基础设施配置存在地区公平问题

政府介入基础设施，有时也是出于社会财富再分配的考虑。例如，政府帮助落后地区修建公路、铁路等基础设施，就是为了吸引私人资本流入这些地区，促进这些地区与其他地区尤其是经济发达地区的交流，以带动落后地区的经济发展，从而既提高了资源在地区之间的配置效率，又改善了地区之间的收入分配状况。以上分析表明，为了弥补基础设施产品的外部收益、促进地区公平、推动经济增长，基础设施的投资应有政府的参与。

（三）基础设施投资的资金来源

尽管基础设施在国民经济中的地位非常重要，但并不意味着对它们的投资所需资金主要由政府来“买单”。恰恰相反，在市场经济条件下，基础设施建设的投资来源，除了涉及国家经济安全的某些项目主要靠财政资金外，大部分项目都可采取多样化的筹资渠道，政府财政资金要充分发挥引导和示范作用，发挥杠杆作用，“四两拨千斤”，以少量的财政资金带动庞大的社会资金，以求取得一马当先引来万马奔腾的效果。

1. 政府财政资金

财政资金主要来自税收收入和非税收入。在计划经济时期，国家预算内资金是最主要的资金来源，随着经济体制的转变，政府逐步从营利性行业中退出，基础设施建设资金来源也变得多元化，国家预算内对基础建设的投资比重也逐渐变少。前些年锋芒初露的市政债券中有一部分也只是对国债资金的分流，且用于经营性项目的资金也并不多。因此，国家预算已不能肩负起基础设施建设主要资金来源的重任。

2. 银行贷款

21 世纪初，银行贷款就成为我国市政公用基础设施建设资金的第二大来源，而且其贷款规模也逐年稳步增长。但是，为了应对更加复杂多变的金融形势，银行的经营体制也在发生改变，整个银行业越来越商业化，因此通过银行贷款所得的资金需要承担更大的风险，银行业要求从中获取更大的利润。基础设施项目一般都经历较长的建设周期，同时动用的资金较大但是从中获取的利润却不高，这就使得银行承担更大的贷款风险，因此很多银行不愿承担类似的贷款项目。可见，银行贷款也不是项目资金来源的长久之计。

3. 地方自筹资金

我国的城市基础设施建设的自筹资金主要来自土地批租收益，这也曾经是地方自筹的主要资金来源之一。但越来越少的可开发土地和不断上升的开发成本削弱了这一来源的贡献，同时暗箱操作等不良手段也使得土地批租净收益减少甚至沦为负数。除土地批租收益外，自筹资金还包括城市养护、市政设施、汽车牌照、给排水设备等所收取的使用费，但这些资金对于解决城市基础设施建设的巨大需求来说没有实质性作用，因此地方自筹资金也不会成为城市基础设施建设的主要资金来源。

4. 资本市场筹资

利用国内外资本市场，采用直接融资方式，发行债券和股票，将社会闲散资金直接转化为基础性项目投资资金，无疑也是解决基础性项目所需巨额资金缺口的有效途径。世界各国都有从事基础设施类业务的项目通过股票融资的例证。

5. 吸引外资

随着我国改革开放的推进，引进外资逐渐成为填补基础设施建设巨大资金缺口的有力方式之一。进入 21 世纪以来，我国通过多种金融贸易方式充分引进和利用外资。同时，随着时间的变化，我国政府在利用外资的结构方式上也经历了从信贷资金向直接投资和融资的改进。

6. 私人资本

引入私人资本参与基础设施投资越来越受人们关注。一方面，中国的民营企业在经历 40 多年发展之后，已经茁壮成长为具备雄厚实力的大企业，这为基础设施吸收民营资本投资提供了充裕的资本基础。另一方面，政府一般都会采取一些扶持措施来激励民营资本进入基础设施建设市场，这对民营资本来说无疑也是利好。近年来，相关部门相继出台了改革完善城市基础设施建设环境的文件和政策，政府通过改革投融资体制，建立健全创新的产权结构，有效地吸纳了建设资金。民营资本越来越多的准入选择加之其本身所具有的灵活投资方式，预示着民营资本势将成为基础设施建设资金的重要来源。

（四）政府参与基础设施投资的方式

从经济性质看，基础产业相关项目总体上属于混合物品，可由政府或市场提供，也可由政府和市场混合提供。在发展中国家，关系国计民生的大型工程一般采取政府为主，吸取社会资本参与的混合提供方式。从我国具体实践来看，基础产业投资的模式主要有三种：

1. 政府投资，免费提供或收取使用费

政府投资免费提供的项目主要包括三种类型：一是关系国计民生的重大项目，如长江三峡工程、南水北调工程等；二是维护国家安全需要的重大项目，如宇航事业、核电站、战备公路等；三是市政基础设施，如市区道路、上下水道、过街天桥等。

政府投资的部分基础设施项目，可考虑由特定公共部门进行非商业性经营。所谓非商业性经营，是指经营主体向使用者收取等于或小于经营成本的费用。事实上，大多数国家对基础设施项目的定价是非市场化的；在价格管制背景下，基础设施项目一般实行平价或低价政策。对于实行管制定价的基础设施项目，由于难以获得较好的经济效益，政府一般还给予一定的补贴。

2. 私人投资，定期收费补偿成本并适当盈利

对于具有较强排他性，且收费能够弥补成本并获取必要利润的基础产业项目，私人部门投资的积极性相对较高。典型的例子是地方高速公路和桥梁等公共设施，目前大多采取“贷款修路（桥），收费还贷”的投资模式。对于基础工业项目，私人投资介入的比重也比较大。

3. 政府与社会资本合作提供（PPP 模式）

为了解决由于政府融资能力不足导致的基础设施供给与需求之间的矛盾，各国大力引入市场机制，增强基础设施项目运营的竞争性，充分发挥市场机制在基础设施发展中的作用，探索出了一些政府和社会资本合作提供基础设施项目的新型模式。适宜采用政府和社会资本合作模式的基础设施投资项目一般具有投资规模较大、需求长期稳定、价格调整机制灵活、市场化程度较高的特征。PPP 模式的内容相当广泛，主要包括 BOT 模式（建设—经营—移交）、TOT 模式（移交—经营—移交）、ABS 模式（资产证券化融资）等。

三、“三农”支出

“三农”是农业、农村和农民的简称，虽然只是 20 世纪 90 年代中期出现的概念，但“三农”问题伴随中国的工业化历程却由来已久，只不过进入 21 世纪以来显得尤为突出。“三农”问题反映了在历史形成的二元社会结构中，一方面，城市不断现代化，二、三产业不断发展，城市居民不断殷实，而另一方面，农村的进步、农业的发展和农民生活的改善却相对滞后。当前，中国总体上已经进入以工业反哺农业、以城市带动乡村的发展阶段，具备了加大财政支出力度扶持“三农”的能力和条件。财政对“三农”的投入是事关农业发展、农村建设和农民生活多方面支出的综合性项目，在《政府收支分类科目》中没有单独的收支科目，而是混在有关的如农林水、交通运输、节能环保以及教育、科学技术、医疗卫生、社会保险等科目当中，其中既含有投资性支出，也含有消费性支出和保障性支出。

（一）政府介入农业生产的理论依据

作为一个极为重要的物质生产部门，农业为人们提供着最基本的生产资料和生活资料。在我国人民的生活资料中，农产品及其加工产品要占 85% 左右；农业提供的工业原料占全部工业原料的 40% 左右，占轻工业原材料的 70% 左右；轻工业产品约有 2/3 销售到农村。农业生产活动不仅影响农业生产者本身，而且影响全社会所有的生产者和消费者，影响整个国民经济的良性循环和国家经济安全。我国农业人口众多，农业生产力比较落后，农业产品还难以满足国内生产和生活的需要，导致国家经济风险不断加大。事实上，无论是发展中国家还是发达国家，在农业生产方面都给予

了较大的财政支持。究其原因，主要源于农产品供给的双重风险性和农产品需求的双重约束性。

农产品供给的双重风险表现为自然风险和市场风险。所谓自然风险是指农产品生产容易受自然条件的影响而使其产出水平呈现大幅度的波动。我国农业生产大部分是“靠天吃饭”，对自然条件的依赖程度比较高，导致我国农产品生产的自然风险相当高。所谓市场风险是指受市场价格因素的影响，农产品生产出现较大幅度的波动。在市场经济条件下，农产品生产的供需是与农产品市场价格的变化密切联系的。但是，农产品市场价格的变化只能反映当前的供求关系，而不能反映未来时期的供求关系。农户按照上期的价格信号进行生产，而价格的不稳定性必然导致产出的不稳定性。

农产品需求的双重约束性表现为生活需求的稳定性和生产需求的变动性。所谓生活需求的稳定性是指城乡居民对农产品的需求相对稳定，在一定时期内收入弹性变化不大。所谓生产需求的变动性是指各类工业生产活动对农业原材料的需求变动性较强。比如，当棉织品需求旺盛时，对棉花的需求就比较大；而当棉织品需求萎缩时，市场对棉花的需求则降低。

在农产品供求特性的作用下，农产品的价格非常容易出现较强的波动，影响农业社会和农业生产的稳定。为了缓解农产品的价格波动和供求的不稳定，政府需要从政策引导和制度安排等方面来加以解决，尤其是加大财政对农业基础设施、农业生态环境、农业生产资料生产、农业科学研究及科技推广等方面的投入；加强农产品流通市场的建设，建立良好的市场环境，把市场需求信息和供给状况反馈给生产者和农户，使农产品生产与市场需求更好地连接起来。

（二）农业发展支出的主要形式

1. 农产品市场政策

农产品市场政策是指政府通过保护性收购价格政策，使农产品维持合理价格，防止价格过低损害农民利益。农产品市场政策属于间接补贴的范围。农产品市场政策能够保证农民收入，避免市场价格下降造成农民收入下降；同时能够促进农业生产，因为较高的价格刺激了农民生产的积极性。按照世界贸易组织规则，农产品市场政策属于“黄箱政策”，对市场具有直接扭曲作用，因为市场政策的实施将使农产品价格偏离市场均衡价格。

2. 农业直接补贴政策

农业直接补贴政策是指政府直接向农业生产者进行补贴，以增加农民收入、促进农业生产发展及改善农业生态环境。农业直接补贴政策减少了补贴的中间环节和资金漏损，能够在一定程度上提高财政补贴的效率。

3. 政府农业公益服务

政府农业公益服务主要包括农业科研、农业技术咨询服务、培训服务、动植物疫病防治、农产品检验与质量控制、市场促销与认证服务等内容。政府提供农业公益服务的目的在于提高农业的生产效率，降低农民的生产成本，确保农产品的质量安全等。按照世界贸易组织的规则，政府农业公益服务支出对市场没有直接的扭曲，属于“绿箱政策”的范畴，不需要进行削减。

4. 农村基础设施建设

农村基础设施建设主要是指利用国家财政资金直接投资于基础设施项目，服务于农村区域生产和农村居民生活。农村基础设施包括农村交通设施、农田水利设施（含水库及灌溉系统）、农村电力设施、农村饮水系统、农村燃气系统、农村电信电视系统等内容。按照世界贸易组织的规则，农村基础设施建设支出属于“绿箱政策”的范围，没有限制要求和削减要求。

（三）我国农林水事务支出现状

近年来我国财政直接用于“三农”的各项支出如表 4－7 所示。

表 4－7　2007—2023 年财政直接用于“三农”的各项支出

年份	农林水事务支出/亿元	农业支出/亿元	林业支出/亿元	水利支出/亿元	南水北调支出/亿元	扶贫支出/亿元	农业综合开发/亿元	农村综合改革支出/亿元	农林水事务占财政支出/%
2007	3 404.7	—	—	—	—	—	—	—	6.8
2008	4 544.0	2 278.9	424.0	1 122.7	—	320.4	251.6	—	7.3
2009	6 720.4	3 836.9	532.1	1 519.6	—	374.8	286.8	—	8.8
2010	8 129.6	3 949.4	667.3	1 856.5	78.4	423.5	337.8	607.9	9.0
2011	9 937.6	4 291.2	876.5	2 602.8	68.9	545.3	386.5	887.6	9.1
2012	11 973.9	5 077.4	1 019.2	3 271.2	45.9	690.8	462.5	987.3	9.5
2013	13 349.6	5 561.6	1 204.3	3 338.9	95.6	841.0	521.1	1 148.0	9.5
2014	14 173.8	5 816.6	1 348.8	3 478.7	69.6	949.0	560.7	1 265.7	9.3
2015	17 380.5	6 436.2	1 613.4	4 807.9	81.8	1 227.2	600.1	1 418.8	9.9
2016	18 441.7	6 458.6	1 696.9	4 433.7	65.7	2 285.9	616.6	1 508.8	9.8
2017	19 089.0	6 194.6	1 724.9	4 424.8	116.2	3 249.6	571.2	1 486.9	9.4
2018	21 085.6	6 156.1	1 931.3	4 523.0	130.5	4 863.8	575.6	1 530.3	9.5
2019	22 862.8	6 554.7	2 007.7	4 584.4	88.6	5 561.5	288.8	1 644.3	9.6
2020	23 948.5	7 514.4	2 035.1	4 543.2	—	5 621.6	—	1 822.4	9.7
2021	22 034.5	7 363.9	1 771.1	4 371.6	—	4 310.0	—	1 719.6	9.0
2022	22 499.8	7 983.5	1 788.3	4 402.3	—	—	—	1 719.5	8.6
2023	27 573.0	9 631.6	—	7 216.9	—	—	—	—	10.0

资料来源：《中国统计年鉴》（2007—2023 年）。

第四节　政府与社会资本合作（PPP）

一、PPP 的概念及内涵

（一）概念

政府与社会资本合作模式（Public - Private - Partnership，PPP），在中文语境下称为政府与社会资本合作（PPP），是公共基础设施建设和公共服务供给的一种项目运作模式。该模式以法律合同为基础，明确政府与社会资本（包括国有企业、民营企业等）的权责边界，建立风险共担、利益共享机制，并通过全生命周期绩效管理确保项目质量。通过引入市场机制优化资源配置，推动政府从“直接建设者”向“监管者”角色转变，并建立权责清晰、风险可控的投融资体系。

具体而言，PPP 允许社会资本通过特许经营、股权合作、政府购买服务等方式参与基础设施的投资、建设、运营及管理，从而缓解政府财政压力、提升公共服务效率。其核心在于以市场化机制推动政企合作，实现公共产品供给的可持续性和治理体系现代化。

（二）广义与狭义内涵

PPP 模式的内涵非常广泛，其核心优势在于通过引入市场机制优化基础设施投融资，提升资源配置效率和公共服务的质量与可持续性。

广义 PPP 是指政府公共部门与私营部门合作，利用非公共部门资源参与提供公共产品和服务，最终实现合作各方比单独行动更有利的结果。

狭义 PPP 特指需要深度合作的模式（如 BOT、TOT），强调全生命周期管理，涵盖设计、建设、运营和移交的全流程。与传统的 BOT 模式相比，狭义 PPP 的特点在于：政府与企业形成更紧密的伙伴关系，双方在项目全周期（包括立项、设计、建设、运营）中共同参与，信息对称性更高，合作周期更长。例如成都自来水六厂 BOT 项目，作为狭义 PPP 的典型模式，企业从设计、融资到建设、运营及移交全程参与，政府则通过特许协议深度介入监管和风险分担。

二、PPP 的国内外发展历程

（一）国外 PPP 模式的发展历程

PPP 模式起源于 20 世纪 80 年代的英国。1992 年，英国推出“私人融资计划”（PFI）

作为 PPP 的核心模式，率先应用于医院、学校等公共设施，后通过特许经营扩展至交通领域（如 M6 收费公路项目）。PFI 通过长期服务合同实现风险共担，成为全球 PPP 发展的重要里程碑。

加拿大在 20 世纪 90 年代积极推广 PPP 模式，在交通基础设施领域取得显著成效。例如，407 号高速公路采用 BOT 模式，通过动态电子收费系统和私营部门全周期管理，不仅缩短建设周期，还实现运营效率提升，成为交通领域标杆项目。政府通过特许协议保留监管权，平衡公益性与投资者收益。

澳大利亚于 20 世纪 80 年代末探索 PPP 模式，悉尼奥运会场馆建设采用 DBFOT 模式，整合政府规划与私营部门技术优势，确保赛事举办与赛后商业化运营衔接，为大型项目提供经验。

随着全球化推进，PPP 模式形成三类发展梯队：第一梯队（英国、加拿大、澳大利亚）机制成熟；第二梯队（美、日、法）创新风险分担；第三梯队（中、印、巴）通过政策试点探索本土化路径，覆盖领域从基础设施扩展至医疗、环保等公共服务。

（二）中国 PPP 模式的发展历程

PPP 模式在我国并非一个全新的概念，早在 20 世纪 80 年代，就已经有相关实践。伴随着我国政治环境、社会经济发展水平的变化，PPP 模式在我国又经历了若干轮的波动发展。我国学者对 PPP 模式的中国式发展进程阶段的划分观点不甚一致，但是既有研究总体上将我国 PPP 模式的发展历程大致分为五个阶段：探索及试点阶段（1984—2002 年）；稳定及推广阶段（2003—2008 年）、波动及发展阶段（2009—2013 年）、规范推广及风险并存阶段（2014—2023 年）以及新机制阶段（2023 年 11 月至今）。

1. 第一阶段：1984—2002 年，探索及试点阶段

伴随着 1978 年改革开放，20 世纪 80 年代的中国经历了快速的城镇化过程，人们对基础设施的需求规模激增。同时，各地方政府也亟须通过基础设施投资带动经济增长。但是，由于当时中国经济仍处于起步阶段，各级政府均面临着严峻的财政收入不足、财政来源渠道单一问题。据统计，1985 年，96% 的基础设施投资依赖于财政收入。为了吸引更多资金投入基础设施建设，一些地方政府开始尝试发起 PPP 项目，该阶段的 PPP 项目主要为 BOT 类型。学术界和实践界普遍将 1984 年的深圳沙角 B 电厂作为第一个具有 PPP 特征的项目，该项目由香港公司投资，经过 16 年的建设和运营，并于 2000 年移交给当地政府。尽管该项目开创我国 PPP 项目的先河，但其存在 15 年特许期与设施寿命错配、合约不规范、电力产出规模较小、移交后部分设施需重建等问题，因此该项目并非一个成功的 PPP 项目，也反映出早期 PPP 的粗放性。为了促使我国项目融资尽快与国际接轨，1994 年国家计委主导 5 个 BOT 试点项目（如来宾 B 电厂、成都第六水厂），引入国际招标流程。其中来宾 B 电厂合同文本成为后续项目的准范本，标志着 PPP 的规范化开端。1995 年，对外经济贸易部颁布了《关于以 BOT 方式吸收外商投资

有关问题的通知》，为该阶段的 PPP 应用提供了法律依据。

该阶段的 PPP 发展具有以下特征：（1）领域集中化：该阶段 PPP 模式主要应用于电力、交通、能源、水务和污水处理等外资技术优势领域，BOT 模式占比 100%；（2）外资主导：PPP 市场的主要参与方为拥有成熟技术和管理能力的国外投资者（如来宾 B 电厂由法国阿尔斯通联合体中标），本土企业参与度低；（3）制度瓶颈：政策法规缺失（如无外汇管制配套）、地方政府审批需国务院特批，导致项目周期长达 3—5 年。

2. 第二阶段：2003—2008 年，稳定及推广阶段

2002 年中共十六大提出中国社会主义市场经济体制已经初步建立，市场在资源配置中应该发挥基础性作用，同年建设部发布《关于加快市政公用行业市场化进程的意见》。同时，我国的民营企业也逐步开始发展壮大，为 PPP 模式的发展提供了市场基础，建设部 2004 年进一步出台《市政公用事业特许经营管理办法》，该办法是这一时期开展 PPP 项目的基本法律依据，构建了“顶层设计 + 特许经营制度”的政策框架。由此，为 PPP 模式的推广提供了理论基础，并为 PPP 模式发展进入稳定阶段开启序幕。除了上述法规条文以外，其他各部委、各级地方政府也纷纷出台了大量地方性规章及政策性文件，用来引导和规范 PPP 项目的开发。该阶段的典型项目包括北京鸟巢国家体育馆、北京地铁四号线。

该阶段的 PPP 发展具有以下特征：（1）领域聚焦化：PPP 模式主要应用于城市市政设施，如水务、垃圾处理和热能源供给等领域；（2）竞争白热化：国有企业和民营资本进入 PPP 市场，与外企同台竞争，基本形成三足鼎立的局面；（3）过程透明化：PPP 项目竞标过程相对公开透明，极大地降低了谈判成本，提升了效率，减少暗箱操作的影响；（4）操作标准化：PPP 项目的操作过程更加成熟、出台了若干合同范本和工作模式，为 PPP 模式的大规模推广奠定了基础。

3. 第三阶段：2009—2013 年，波动及发展阶段

2008 年美国爆发次贷危机，并迅速波及全球，中国经济发展也受到了极大的冲击。为了社会经济稳定，中国政府推出了四万亿经济刺激计划，地方政府通过融资平台和银行信贷大规模投资基建，而民企和外资因融资门槛提高、政策不确定性增加而边缘化，导致 PPP 模式受到严重挤出效应，PPP 项目数量及投资规模都有所收缩。与地方政府获得信贷支持相一致的是，国有企业尤其是中央企业同样获得了大量的银行授信，地方政府与央企开展越来越多的合作，央企成为城市化运动中的重要角色，而其参与的项目多以 PPP 方式进行。

该阶段的 PPP 发展具有以下特征：（1）国有企业主导与市场扭曲：央企和国企通过行政化合作主导 PPP 市场，占比超 70%，形成“国进民退”的格局；与此同时，外资企业受金融危机的冲击投资能力下降，民营资本因融资能力不足逐渐被挤出了基础设施投资领域；（2）融资渠道多元化与债务风险并存：PPP 项目公司的融资渠道表面多元化，如企业债、信托等，实际中以银行信贷为主，且集中于发达地区；国企依托政策优

势获得更多低成本信贷，BT 模式的滥用也导致地方政府隐性债务风险增加；（3）政策不固定与市场失序：2010 年国务院发布的《国务院关于鼓励和引导民间投资健康发展的若干意见》（新 36 条）试图激活民营资本，但因政策执行不力收效甚微；部门项目的合同拟定不规范导致合同提前终止。

4. 第四阶段：2014—2023 年，规范推广及风险并存阶段

2008 年发起的四万亿刺激计划虽然在短时期内拉动了经济增长，避免了经济硬着陆，但是也为地方政府债务埋下了极大的隐患。随着地方政府债务危机的持续酝酿，为防范地方债务风险的全面爆发，2013 年党的十八届三中全会提出“加强地方政府性债务管理”“让市场在资源配置过程中发挥决定性作用”，且明确提出“允许社会资本通过特许经营等方式参与城市基础设施投资和运营”，为 PPP 模式进入全新阶段提供了政治基础。2014 年颁布了新《预算法》，进一步限制地方政府举债融资，国务院印发《关于加强地方政府性债务管理的意见》（国发〔2014〕43 号）建立“修明渠、堵暗道”的债务管理框架，对地方政府性债务管理进行了细化，明确规定地方政府的法定举债权限，融资平台不得新增政府债务。为填补基建投资缺口，国务院将 PPP 模式提升为国家战略工具，财政部与国家发展改革委分工构建双轨管理体系：财政部主导公共服务类 PPP（发布操作指南、物有所值评价指引），国家发展改革委规范基础设施类 PPP（制定工作导则、合同范本）。在这种背景下，我国的 PPP 发展进入新纪元，在中央政府层面获得了高度重视，并快速成为地方政府缓解债务危机、增加基础设施建设的主要途径。在此期间，财政部设立 PPP 中心，国家各部门组织相应学习研讨，并密集出台了大量法律条文及实施细则。该时期是中国 PPP 模式的爆发期，通过大规模的 PPP 项目投资，推动了 PPP 模式的快速发展，但也带来了隐性债务问题。

该阶段的 PPP 发展具有以下特征：（1）规模扩张与结构失衡：2014—2017 年 PPP 规模激增，仅 2017 年新增投资就达 5.3 万亿元；项目结构严重依赖政府信用，截至 2023 年政府付费和可行性缺口补助类项目占比超 90%，使用者付费项目仅占 10%；地区结构也矛盾凸显，中西部地区成为 PPP 主力，贵州、四川、河南投资额居全国前三，与地方财政脆弱性形成矛盾。（2）制度趋于完善与法律缺陷并存：政策体系覆盖全生命周期管理，但地方实践中存在“重建设、轻运营”倾向；法律缺陷导致纠纷频发，例如长春汇津污水处理厂因政府违约终止合作，暴露出特许经营协议法律效力不足等问题。（3）债务风险与政策重心转移：地方政府债务风险问题倒逼监管规范化，2017 年财政部启动 PPP 项目库清理，退库不规范项目超 2 000 个，2023 年审计署抽查发现，部分项目仍存在入库审核不严、建设运营推责等问题，隐性债务风险增加，PPP 模式暂停整改，要求存量项目重新评估财政可持续性；政策的重心由原来的“扩规模”转向“防风险”。

5. 第五阶段：2023 年 11 月至今，新机制阶段

2023 年 11 月 8 日，国务院办公厅近日转发国家发展改革委、财政部的《关于政府和社会资本合作新机制的指导意见》，标志着 PPP 模式进入全面改革阶段，2024 年新修

订的《基础设施和公用事业特许经营管理办法》将特许经营聚焦于使用者付费。新的政策框架要求所有 PPP 项目采用特许经营模式，由国家发展改革委统筹管理，接受财政部与发改委“双轨制”监管；项目回报机制聚焦使用者付费，项目收入需覆盖建设运营成本，且不得新增地方财政未来支出责任；鼓励民企优先参与，明确三类项目清单，限制地方本级国企参与新建项目；同时依托全国 PPP 信息系统实现全流程监管，要求公开特许经营协议核心条款及运营数据。这一重大变革意味着 PPP 项目的管理模式、责任分工和参与主体都将经历一次全新的调整。PPP 模式在中国进入了新机制阶段，通过政策调整和机制创新，推动 PPP 模式的健康发展。学界的多数学者认为 PPP 新机制有利于促进我国 PPP 的健康发展，直接减少地方政府不顾财力乱上政府付费的 PPP 项目，造成隐性债务、代际不公平和不可持续。矫正了资本行为，央企从“施工利润导向”转向全周期运营，金融机构从“政府信用依赖”转向项目现金流评估。

该阶段的 PPP 发展具有以下特征：（1）制度重构：特许经营与 PPP 全面统一，2024 年新修订的《基础设施和公用事业特许经营管理办法》将特许经营定义为“基于使用者付费的 PPP 模式”，终结了此前特许经营与 PPP 的概念混淆；（2）回报机制市场化：使用者付费项目由原来的 10% 提升至 100%，政府仅可在运营期按普适性政策进行补贴，且需在特许经营方案中明确补贴的依据；（3）参与主体转变：民企参与门槛降低，同时由于地方国企被限制参与本级项目，逐渐出现跨区域竞争的趋势；（4）监管体系趋于完善与化风险并存：国家发展改革委通过“特许经营方案编写大纲”规范项目策划，要求必须论证项目必要性、经营性收益测算及民企参与可行性；对已运营项目要求“严格履约”，在建项目需重新评估财政承受能力，清理隐性债务高风险项目。

三、PPP 模式的基本特征及优点

（一）PPP 模式的基本特征

1. 伙伴关系

PPP 模式建立的是政府和私人资本的伙伴关系，这种关系更为和谐，通过伙伴关系的建立彼此能够相互促进，取长补短，在公共基础设施的建设之中，政府投资、公布相关政策保护，在后期推进，对项目工程进行监督，而私人资本负责管理，在前期推进，使资金问题得到解决。

例如，北京地铁 4 号线项目是我国城市轨道交通行业第一个正式批复实施的特许经营项目，也是国内第一个运用 PPP 模式的地铁项目。北京地铁 4 号线引入了香港铁路有限公司的投资和运营管理经验。香港铁路有限公司占比为 49%，北京首创股份有限公司占比为 49%，北京市基础设施投资有限公司占比为 2%。北京地铁是一个关乎国计民生的大项目，投资金额大，项目建设难度大，而且周期性长，仅靠政府之力很难把地铁建好，但仅仅依靠企业，受经济利润的影响，企业很难保证质量。这个时候政府和企业之间需要建立一种公私伙伴关系，双方发挥各自优势，一起把北京地铁建设完成，保证了质量和效率。

2. 利益共享

利益共享有利于彼此信任，提高效率，促进发展，彼此借助优势进行发展，促进优势发挥最大化，使彼此都能从中受益。任何项目的投入，不可能不依靠利益的驱使，政府和企业站在不同的角度进行分析，双方的收益当然不同，PPP 项目不会损害任何一方的利益，而是保证双方利益的最大化。利益共享驱动项目进一步发展。

3. 风险共担

PPP 追求的是多重协议长期合作，追求的目标之间存在碎片化问题。因此，这种固有的碎片化将产生风险。风险分担是 PPP 有别于传统采购项目的一个关键特征，在传统采购项目中，大部分风险由公共部门合作伙伴承担。公共部门和私人部门都是由理性、有经济头脑的人组成的。只要风险大于收益，双方都不会建立合作关系。但是，如果每个合伙人都能将此固有的风险转移到另一个合伙人身上，从而分担风险，那么就可以建立伙伴关系，风险分担的目的是鼓励双方密切合作。任何偏离共同目标或承诺的行为最终都将使双方受到惩罚。显然，风险转移可以带来经济效益。

政府和社会资本都必须承担一定的风险责任。PPP 合同的技术理性组合要求合作双方从多个角度考虑可能存在的风险，降低因不可控的情况、缺乏市场力量、专业知识不足以及合同执行成本高昂等导致的损失。

社会资本方承担的风险涵盖五个范畴，即设计及开发（如设计是否合适）、建造（如完成工程所需的固定时间及成本）、财务（如确保财务安全）、营运（如服务表现）、产权（如资产不可损失或损毁）。

政府和社会资本共同承担的风险是由市场（或社会）的不确定性和复杂性造成的。PPP 项目往往具有公共性，更容易成为社会抗议的对象，这就是 PPP 具有社会风险因素的原因。此外，由于使用者需求和偏好会随时间变化，也存在需求风险。如果这种风险成为现实，对服务的需求将低于最初的预期。

政府承担的风险是国家政治、政策等层面的不确定性和复杂性造成的（如在特许期间的政策变化）。这些风险也可以称为全局性风险，包括法律、环境和政治风险。由于基础设施投资只能长期收回，私人投资者对政治风险非常敏感，而公共部门可以更好地管理这些全局风险。

（二）PPP 模式的优点

1. 消除费用的超支

公共部门和私人企业在初始阶段，私人企业与政府共同参与项目的识别、可行性研究、设施和融资等项目建设过程，保证了项目在技术和经济上的可行性，缩短前期工作周期，使项目费用降低。

2. 有利于转变政府职能，减轻财政负担

政府可以从繁重的事务中脱身出来，从过去的基础设施公共服务的提供者变成一个监管的角色，从而保证质量，也可以在财政预算方面减轻政府压力。

3. 促进投资主体的多元化

利用私营部门来提供资产和服务能为政府部门提供更多的资金和技能，促进了投融资体制改革。同时，私营部门参与项目还能推动在项目设计、施工、设施管理过程等方面的革新，提高办事效率，传播最佳管理理念和经验。

4. 实现优势互补，提升服务效能

政府部门和民间部门可以取长补短，发挥政府公共机构和民营机构各自的优势，弥补对方身上的不足。双方可以形成互利的长期目标，可以以最有效的成本为公众提供高质量的服务。

5. 风险分配合理

与 BOT 等模式不同，PPP 在项目初期就可以实现风险分配，同时由于政府分担一部分风险，使风险分配更合理，减少了承建商与投资商风险，从而降低了融资难度，提高了项目融资成功的可能性。政府在分担风险的同时也拥有一定的控制权。

6. 应用范围广泛

该模式突破了引入私人企业参与公共基础设施项目组织机构的多种限制，可适用于城市供热等各类市政公用事业及道路、铁路、机场、医院、学校等。

四、PPP 模式的主要形式

（一）建设—经营—移交

建设—经营—移交（Build - Operate - Transfer，BOT），是指政府通过特许经营协议授予社会资本（含国企、民企、外企）项目融资、建设、运营权，特许期内通过使用者付费回收成本，期满后无偿移交政府。

BOT 运作程序包括项目确定阶段（政府或私人提出），项目准备及招标阶段，合同谈判签订阶段（项目的经营期限，风险共担，政府的经济支持和行政支持，政府授予的特许权），项目设计、建设、运营和移交清算阶段（经营期满，无偿移交）。

（二）移交—经营—移交

移交—经营—移交（Transfer - Operate - Transfer，TOT），是指通过出售现有投产项目在一定期限内的产权，获得资金建设新项目的一种融资方式。政府把已经投产运营的项目在一定期限内的特许经营权交给外资或民营企业经营，以项目在该期限内的产权或现金流量为标的，一次性地从外商或民营企业那里融得一笔资金，用于建设新项目，特许经营期满，政府收回项目所有权。

TOT 的特点是移交已建好的项目，减少风险，降低壁垒，因此对民间资本吸引力最大，可以民有民营，也可以国有民营，提高基础设施的经营效率，使经营业绩与利益挂钩，达到有效激励，并提高有限财政资金建设基础设施的功效，经营期满归还政府，还可以保证政府实施基础设施的调控权。

（三）资产证券化融资

资产证券化融资（Asset - Backed - Securities，ABS），是指以目标项目所拥有的资产为基础，以该项目未来的收益为保证，通过在国际资本市场上发行债券，来筹集资金的一种项目证券融资方式。

（四）建设—移交

建设—移交（Build - Transfer，BT），是政府利用非政府资金来进行非经营性基础设施建设项目的一种融资模式。BT 模式是 BOT 模式的一种变换形式，是指一个项目的运作通过项目公司总承包，融资、建设验收合格后移交给政府，政府向投资方支付项目总投资加上合理回报的过程，实质为延期付款工程承包。采用 BT 模式筹集建设资金成为项目融资的一种新模式。

BT 运作程序：首先，政府根据当地社会和经济发展需要对项目进行立项，完成项目建议书、可行性研究、筹划报批等前期工作，将项目融资和建设的特许权转让给投资方（依法注册成立的国有或私有建筑企业），银行或其他金融机构根据项目未来的收益情况和投资方的经济等实力情况为项目提供融资贷款，政府与投资方签订 BT 投资合同，投资方组建 BT 项目公司，投资方在建设期间行使业主职能，对项目进行融资、建设，并承担建设期间的风险。其次，项目竣工后，按 BT 合同，投资方将完工验收合格的项目移交给政府，政府按约定总价（或计量总价加上合理回报）按比例分期偿还投资方的融资和建设费用。政府在 BT 投资全过程中行使监管权利，保证 BT 投资项目的顺利融资、建设和移交。投资方是否具有与项目规模相适应的实力，是 BT 项目能否顺利建设和移交的关键。

专栏 4 -6

深圳大运中心项目：破解大型场馆运营难题的 PPP 典范

深圳大运中心是 2011 年世界大学生运动会主场馆，赛后因每年高达 6 000 万元的运维成本成为政府财政负担。为破解这一难题，深圳龙岗区政府采用 ROT（重构—运营—移交）模式，将场馆 40 年特许经营权授予佳兆业集团，由其负责运营管理并承担全部成本。

项目创新性地构建了“商业—场馆—片区”联动模式，通过划拨周边商业用地开发收益反哺场馆运营，并设立运营调蓄基金平衡收支。政府通过前5年财政补贴扶持赛事和演艺活动引进，同时建立绩效考核机制，每年评估运营质量及公众满意度，将考核结果与奖励挂钩。这一模式不仅化解了“蒙特利尔陷阱”（大型赛事后场馆运营困境），还通过市场化机制激活了场馆的可持续运营能力，成为文体领域PPP应用的标杆案例。截至2024年，大运中心已成功举办多场国际赛事与文化活动，带动周边区域经济发展，实现了社会效益与经济效益的双赢。

请结合资料思考：深圳大运中心通过商业开发反哺公共服务，这一模式如何体现社会主义市场经济中“有效市场”与“有为政府”的结合？在追求经济效益的同时，如何确保公共资产的公益属性不被弱化？

【课后习题】

一、名词解释

行政管理支出　国防支出　优值品　政府投资　政府与社会资本合作

二、简答题

1. 谈谈你对行政管理支出产品属性的理解。
2. 简要分析目前我国教育支出的规模、结构和提供方式。
3. 简述我国财政科技投入现状、问题以及进一步完善的思路。
4. 政府参与基础设施投资的方式有哪些？

三、论述题

1. 如何加快公共文化服务体系建设和城乡文化一体化发展？
2. 联系实际说明我国基础设施投资资金来源的变化。

第五章　财政转移性支出

学习目标

1. 掌握社会保险的特征。
2. 掌握社会保险基金的筹集模式。
3. 掌握社会保障的经济效应。
4. 掌握财政补贴的特征。
5. 掌握税式支出的效应。

案例导入

习近平总书记说："人民对美好生活的向往，就是我们的奋斗目标。"以习近平同志为核心的党中央始终坚持以人民为中心的执政理念，不断加大民生领域投入，加快补齐民生短板，持续增进民生福祉，从而让改革发展成果更多更公平地惠及全体人民群众。在"十三五"时期，国家的"钱袋子"保持平稳增长，民生等领域"花钱"有保障。财政部数据显示，我国民生领域财政投入持续增长，全国财政收入在2016年至2019年间从15万亿元增长至19万亿元，增长近三成，年均增长率达到5.7%。而全国财政支出在2016年至2019年间从18万亿元增长至23万亿元，年均增长率达到8%。那些同老百姓生活息息相关的社会保障、教育、就业、医疗卫生等民生问题得到了较好解决，人民群众的获得感、幸福感、安全感更加充实、更有保障、更可持续。

"十三五"以来；财政持续发力，我国居民基本养老和医疗保障网继续织密织牢；租购并举的住房制度不断完善，老旧小区改造、公租房保障和城市棚户区改造全面推进；一座座体育馆、大剧院、图书馆拔地而起……人民群众物质和精神文化需求得到了更好满足。面对严峻复杂的经济形势，积极的财政政策更加积极有为，政府过紧日子、百姓过好日子，基本民生支出仍然得到有力保障。

为支持贫困地区公路基础设施建设，2016年至2020年中央财政共安排9 538.75亿元补助资金，其中用于"三区三州"等深度贫困地区2 745.62亿元。一条条"致富路""幸福路"通城达乡。曾在江西省安远县挂职的交通运输部干部罗洪波说："以前，年轻人都想办法外出工作；这几年交通条件改善了，县里聚集起1 800多家电商，60%的从业者都是大学毕业生或返乡创业青年，小县城又热闹起来了！"安远县不仅在2019年成功摘掉了国家级贫困县的"帽子"，还被评为全国电子商务进农村综合示范县。

第一节　社会保险支出

社会保险支出是与社会保险制度联系在一起的。如前所述，社会保险制度是政府为了预防和应对年老、失业、疾病以及死亡等引起的社会风险，而强制社会多数成员参加的，具有收入再分配功能的非营利性的社会安全制度。社会保险的需求是随着生产的社会化而产生和发展的。在自给自足的自然经济中，人们在一家一户的土地上劳动，劳动时间没有严格的规定，劳动的组织不严密，劳动的成果也基本上属劳动者自己所有。那时，人们尚未组织成相互密切联系的社会，因而也没有实行社会保险的需要。随着生产力的发展，劳动者之间形成了分工，“社会”作为一个现实的实体出现在人们之间并制约着人们的活动，虽然分工越细效率越高，但人们对社会的依赖性也越强，这时便有了实行社会保险的需要。

一、社会保险的特征

（一）覆盖广泛性

社会保险旨在保障参与者在一定条件下的基本生活需要。为有效应对风险，社会保险遵循大数法则，即参与人数越多，社会保险应对风险的能力就越强。完善的社会保险制度犹如一张安全网，社会保险的受益范围广、形式多样，能确保社会成员享受从“摇篮”到“坟墓”的各个层次、各个方面的制度保障。

（二）参与强制性

作为保障民生的重要社会政策设计，社会保险旨在为社会劳动者提供基本的生活保障。为避免社会成员在短期利益和长期利益选择中的“短视”问题，政府通常以立法的形式确定强制性的参保责任，并依法规范国家、企业（雇主）、个人（雇员）在社会保险实施中的责任和权利。制度参与的强制性不仅有利于保障更多的劳动者被覆盖到社会保险安全网内，更重要的是能更好地提升社会保险的保障能力。

（三）受益适度性

社会保险制度的定位在于保障参保人的基本生活需要，而非追求较高生活质量的福利享受。社会保险项目过多或受益水平过高不仅会对社会成员的劳动积极性产生影响，降低劳动供给意愿，从而降低市场运行效率，也不利于社会保险制度的可持续发展。因此，社会保险待遇水平需要与经济社会发展水平、社会保险筹资状况及社会成员心理预期等相适应。

二、社会保险基金的筹集模式

社会保险基金的筹集模式，概括起来主要有三种，即现收现付制、完全基金制和部分基金制。

（一）现收现付制

当期的缴费收入全部用于支付当期的社会保险开支，不留或只留很少的储备基金。其做法为：首先，对当年或近期内各项社会保险所需支付的费用进行测算；然后，按照需要分摊到参保的单位和个人，按统一比例提取，当年支付，不为以后年份提供储备基金。这种方式体现了社会保险互助互济的调剂职能，简便易行，也可避免物价上涨后基金贬值的危险。但由于只以现实收支平衡为基础，该模式不仅对受保人的权利义务关系缺乏数量上的长期规划，时间与空间上的调剂能力也较差，而且在保险费用逐年增加、提取比例不断上升后，还可能导致在职职工、企业和国家负担过重。以养老保险为例，现收现付制的养老保险是一种靠后代养老的保险模式，上一代人并没有留下养老储备基金的积累，其养老金全部需要下一代人的缴费筹资，实际上这种保险靠的是代与代之间的收入转移。

（二）完全基金制

完全基金制又称完全积累制，是指当期缴费收入全部用于为当期缴费的受保人建立储备基金，而建立储备基金的目标应当是满足未来向全部受保人支付保险金的资金需要。该模式要求劳动者在整个就业或投保期间，采取储蓄积累方式筹集社会保险基金。其办法为：首先，对社会经济发展水平、人口状况、失业率、退休比率、指数化工资率、预期平均寿命、利息率等相关指标进行预测，综合测算出参加社会保险的成员在整个投保或退休期间应享受的各种社会保险待遇所需的基金总额；然后，采取“先提后用”的办法，将其按一定的提取比例分摊到整个投保期间，向投保人按期提取；与此同时对已提取而尚未支付的保险基金进行有计划的管理和运营。这种方式体现了社会保险的储备职能，使社会保险能有一个较为稳定的经济保证，但关键是，该方式需要合理地确定一个长期的收支平衡的总平均收费率。因此，在长期预测和科学管理中要求其有较强的专业性，但是这种方式由于时间跨度大，储备基金容易受到通货膨胀的影响，基金的保值与增值的压力就非常大。

（三）部分基金制

部分基金制亦称部分积累制，是介于现收现付制和完全基金制之间的一种筹资模式，即期的缴费一部分用于应付当期的社会保险开支，一部分用于为受保人建立储备基金。部分基金制是建立社会保险基金较灵活的模式。它一方面可避免收费率的频繁调整，使企业和财政的社会保险支出负担均衡；另一方面由于储备数量少，受通货膨胀的影响就小，因此它能较好地保证社会保险基金受益者的生活水平不下降。由于兼容了现收现付制、完全基金制两种筹资模式的优点，部分基金制为许多国家所采用。按照世界银行的标准，当一个非完全基金制的养老保险储备基金可以满足 2 年以上的养老金支出需要时，则属于部分基金制。

一国政府在考虑采用什么社会保险筹资模式时，必须考虑以下几个主要因素。

（1）不同社会保险项目的支出特点。如果是短期支付项目，由于其发生支付的时期和支出规模变化有较大的随机性，因此，一般适宜采用现收现付制，如疾病和生育保险；而长期支付项目作为一种较长时期内的定期支付，则适宜采用部分基金制或完全基金制，如养老保险。（2）人口年龄结构的变化趋势。面对世界人口老龄化的趋势与挑战，许多过去采用现收现付制的国家都在向完全基金制转变，由于一步到位难以实现，现阶段各国普遍实行部分基金制养老模式。所以，部分基金制实际上成为现收现付制向完全基金制转变的一种过渡形式。（3）社会保险基金筹集方式对储蓄和投资的影响。从宏观调控与微观影响的角度考虑，当社会保险基金的提取率过高、积累过多时，就会加重微观主体的负担，并引起人们对某些社会保险项目的质疑与抵触。

三、中国的社会保障制度

我国计划经济时期的社会保障制度是依据 1951 年《中华人民共和国劳动保险条例》建立起来的，又称劳动保险制度。改革开放之后，我国从 20 世纪八九十年代开始酝酿和建设，在总结传统社会保障制度的不足并借鉴国外经验的基础上，逐步建立起了一套以社会保险为核心，社会救助、社会优抚、社会福利为辅助的社会保障制度。

（一）社会保险制度

社会保险制度是指政府对劳动者在养老、医疗、失业、职业伤害及生育等方面给予物质帮助的社会保障制度。社会保险制度是社会保障制度的核心，是覆盖面最广的社会保障制度。社会保险制度主要包括养老保险、医疗保险、失业保险、工伤保险及生育保险五个方面。

1. 养老保险制度

养老保险制度是指政府为满足达到劳动年龄界限或年老丧失劳动能力的劳动者退休后的基本生活需要而建立的社会保险制度。在改革开放之前，我国城镇职工退休后领取退休金或退休费，以保障其基本生活需要；改革开放之后，我国开始探索建立养老保险制度体系。1991 年《国务院关于企业职工养老保险制度改革的决定》（国发〔1991〕33

号）要求逐步建立起基本养老保险与企业补充养老保险和职工个人储蓄性养老保险相结合的制度。1997 年《国务院关于建立统一的企业职工基本养老保险制度的决定》（国发〔1997〕26 号）建立了统一的城镇职工基本养老保险制度，从而形成了现行城镇职工基本养老保险制度的基本框架。2008 年我国开始试行城镇居民养老保险制度，将大部分城镇居民纳入养老保障体系。2009 年我国开始试行新型农村社会养老保险制度，按照加快建立覆盖城乡居民社会保障体系的要求，逐步解决农村居民老有所养问题。2014 年 2 月，国务院常务会议决定，将新型农村社会养老保险和城镇居民社会养老保险制度合并实施，在全国范围内建立统一的城乡居民基本养老保险制度。2015 年 1 月国务院发布《关于机关事业单位工作人员养老保险制度改革的决定》（国发〔2015〕2 号），改革机关事业单位工作人员退休保障体系，形成了机关事业单位职工养老保险制度。至此，我国建立了包括城乡居民养老保险、城镇职工养老保险和机关事业单位职工养老保险在内的全覆盖养老保险制度体系。在基本养老保险外，我国对机关事业单位职工建立了职业年金制度，并鼓励企业单位建立企业年金制度。按照党中央、国务院的决策部署，自 2022 年 1 月起，养老保险改由全国统筹。

2. 医疗保险制度

医疗保险制度是指政府对生病或受到伤害的社会成员给予物质帮助的社会保险制度。在改革开放之前，我国城镇职工实行公费医疗制度，而农村则实行合作医疗制度。改革开放后，我国开始探索建立医疗保险制度体系。1994 年，我国确定了“社会统筹医疗基金和个人医疗账户相结合”的医疗保险制度改革方向。1998 年国务院下发《关于建立城镇职工基本医疗保险制度的决定》（国发〔1998〕44 号），形成了城镇职工基本医疗保险制度的基本框架。其中，用人单位缴纳的基本医疗保险费一部分进入社会医疗保险统筹基金，另一部分则与职工个人缴纳的保险费一并进入个人医疗保险账户，归个人所有。在基本医疗保险之外，我国还建立了补充医疗保险和大病医疗保险制度。

2002 年 10 月《中共中央、国务院关于进一步加强农村卫生工作的决定》（中发〔2002〕13 号）明确提出“逐步建立以大病统筹为主的新型农村合作医疗制度”。2007 年我国开始试点城镇居民基本医疗保险制度。2016 年 1 月，《国务院关于整合城乡居民基本医疗保险制度的意见》（国发〔2016〕3 号）发布，要求整合城镇居民基本医疗保险和新型农村合作医疗两项制度，建立统一的城乡居民基本医疗保险制度。至此，我国建立起以城镇职工医疗保险和城乡居民医疗保险制度为核心的医疗保险制度框架。2019 年《国务院办公厅关于全面推进生育保险和职工基本医疗保险合并实施的意见》（国办发〔2019〕10 号）发布，要求将生育保险并入职工医疗保险。生育保险制度是指政府对生育子女而导致劳动力暂时中断的劳动者给予物质帮助的社会保险制度。大致来说，生育保险主要包括两项内容，即生育津贴和生育医疗待遇。

3. 失业保险制度

失业保险是指政府对因失业而暂时中断生活来源的劳动者给予物质帮助的社会保险

制度。我国现行的失业保险制度是在 1999 年《失业保险条例》的基础上建立起来的。其中，城镇企事业单位按照本单位工资总额的 2% 缴纳失业保险费，城镇企事业单位职工按照本人工资的 1% 缴纳失业保险费，城镇企业事业单位招用的农民合同制工人本人不缴纳失业保险费。2015 年国务院决定降低失业保险费率，由原来合计缴纳 3% 降为缴纳 2% 。2017 年国务院常务会议进一步降低了失业保险费率，将原来执行总费率 1.5% 的省、自治区、直辖市降低为 1% ；目前，各省市自治区执行的失业保险总费率为 1% 。

4. 工伤保险及遗属保险

工伤保险制度是指政府对在工作中遭受意外伤害或患职业病导致暂时或永久丧失劳动能力以及死亡的劳动者（或其遗属）给予物质帮助的社会保险制度。1953 年我国颁布《劳动保险条例》及其实施细则，建立了初步的工伤保险制度；改革开放后，1996 年原劳动部颁布《企业职工工伤保险试行办法》，2003 年国务院颁布《工伤保险条例》，并于 2010 年对《工伤保险条例》进行了修订，从而形成了现行工伤保险制度。工伤保险基金由用人单位缴纳的工伤保险费、工伤保险基金的利息和依法纳入工伤保险基金的其他资金构成。用人单位应当按时缴纳工伤保险费，职工个人不缴纳工伤保险费。

遗属保险制度是指政府对劳动者死亡后给予其遗属一定津贴补助的社会保险制度。遗属保险主要保障不幸逝世的劳动者的已经丧失劳动能力的亲属和未成年子女的基本生活，偶尔包括其亲属子女的一些特殊需要，如子女受教育的费用。在实践中，遗属保险很少单独作为一个社会保险项目来实施，一般都与养老保险或工伤保险组合成一个系列。我国《工伤保险条例》规定，职工因工死亡，其近亲属按照规定从工伤保险基金领取丧葬补助金、供养亲属抚恤金和一次性工亡补助金。

5. 生育保险

生育保险制度是指国家和企业为怀孕、分娩、哺乳和节育的妇女提供医疗服务、生育津贴、产假和休假，以保障因生育、节育、抚养孩子而造成收入中断的妇女及其孩子的基本生活的一项社会保险制度。生育津贴一般相当于生育女职工的原工资水平。2016 年 3 月 17 日，中国“十三五”规划全文正式发布，明确提出“将生育保险和基本医疗保险合并实施”。2019 年 12 月，按照国务院办公厅 2019 年 3 月印发的《关于全面推进生育保险和职工基本医疗保险合并实施的意见》，2019 年底前实现生育保险和职工基本医疗保险合并实施。

（二）社会保险支出

社会保险支出是中国社会保障支出的主体，采取部分基金制运转方式。社会保险基金并不体现在一般公共预算中，2014 年以前一直作为预算外收支项目，由各地自收自支。直到 2014 年以后，才在独立的社会保险基金预算中反映。表 5－1 给出了 2007—2023 年期间社会保险基金支出情况。

表 5-1　　2007—2023 年中国财政社会保险基金支出结构　　单位：亿元

年份	社会保险基金支出	城镇职工基本养老保险基金支出	失业保险基金支出	医疗保险基金支出	工伤保险基金支出	生育保险基金支出
2007	7 887.8	5 964.9	217.7	1 561.8	87.9	55.6
2008	9 925.1	7 389.6	253.5	2 083.6	126.9	71.5
2009	12 302.6	8 894.4	366.8	2 797.4	155.7	88.3
2010	14 818.6	10 554.9	423.3	3 538.1	192.4	109.9
2011	18 054.7	12 764.9	432.8	4 431.4	286.4	139.2
2012	22 181.6	15 561.8	450.6	5 543.6	406.3	219.3
2013	26 567.9	18 470.4	531.6	6 801.0	482.1	282.8
2014	33 002.7	21 754.7	614.7	8 133.6	560.5	368.1
2015	38 988.1	25 812.7	736.4	9 312.1	598.7	411.5
2016	46 888.4	31 853.8	976.1	10 761.1	610.3	530.6
2017	57 145.0	38 051.5	893.8	14 421.7	662.3	744.0
2018	67 792.7	44 644.9	915.3	17 822.5	742.0	762.0
2019	75 346.6	49 228.0	1 333.2	20 854.2	816.9	—
2020	78 611.8	51 301.4	2 103.0	21 032.1	820.3	—
2021	86 734.9	56 481.5	1 500.0	24 048.2	990.2	—
2022	90 719.1	59 034.7	2 017.8	24 597.2	1 025.0	—
2023	99 301.8	63 756.6	1 485.2	28 210.5	1 236.7	—

资料来源：根据《中国统计年鉴》（2007—2023 年）。

专栏 5-1

社会保障的产生与发展

早在古代社会，各国就已出现各种形式的社会救济、救助活动。比如，中国南北朝时期政府专门设立了“六疾馆”“孤独园”等机构，收养贫病、孤寡、残疾民众。而在15—16 世纪之交的英国，圈地运动导致大量农民被逐出土地，丧失生计，流入城市，危及城市正常生活和社会稳定，为此英国政府于 1601 年颁布《伊丽莎白济贫法》，以缓解贫困者的生存危机。

但是，现代意义的社会保障制度则是资本主义发展的产物。19 世纪末，随着垄断资本主义的发展，欧美资本主义国家失业人数增加，贫富差距扩大，各种社会矛盾激化。为缓解社会矛盾，推动社会经济的持续发展，德国于 1883—1889 年先后制定并颁布《疾病保险法》等法律，标志着现代社会保障制度的诞生。1935 年美国罗斯福政府颁布《社会保障法》，实行老年保险和失业保险，社会保障逐渐步入法治化和社会化的轨道。1945 年英国工党开始实施《贝弗里奇报告》所提出的建设福利国家的主张，全面实行社会保障制度。1948 年英国宣布建成“福利国家”，成为欧美发达资本主义国家效仿的典范。目前，世界上已有 180 多个国家和地区建立起各种不同类型的社会保障制度，社会保障制度已经成为现代各国社会经济制度的重要组成部分。

请结合资料思考：从古代社会救济到现代社会保障制度的发展历程中，不同国家基于各自的社会背景采取了相应措施。资本主义国家建立现代社会保障制度，从最初缓解社会矛盾到如今成为各国社会经济制度重要部分，这一转变过程对我国在完善社会保障体系以促进社会公平、实现共同富裕目标方面有哪些经验借鉴和启示？

第二节　财政补贴

一、财政补贴的概念及特征

（一）财政补贴的概念

财政补贴是政府为实现特定的政策目标，在一定时期内对特定产业、部门或地区、企事业单位、居民个人或事项给予的无偿补助或津贴。财政补贴的目的在于改变现有产品、服务或生产要素相对价格，进而改变资源配置结构和供求结构。财政补贴是政府协调经济运行中各方面利益分配关系的经济杠杆，是发挥财政分配机制、配合价格杠杆，调节社会经济生活的一种特殊手段。

作为一种转移性支出，财政补贴与社会保障有很多相似性。从政府的角度来看，都是政府将纳税人缴纳的一部分收入无偿转移给补贴的领受者；从领受者的角度看，都意味着实际收入增加，经济状况得到改善。

（二）财政补贴的特征

第一，财政补贴具有较强的政策性。财政补贴是实现特定政策目标的手段，财政补贴的对象、数额及期限都是根据一定时期政府的社会经济政策制定的。因此，财政补贴具有鲜明的政策性。财政补贴不仅是政府调控经济的杠杆，而且是协调各种社会关系、保障社会秩序和维护社会安定的重要手段。

第二，财政补贴具有价格变动相关性。财政补贴与有关产品、服务或生产要素的价格升降密切联系在一起。在现实经济生活中，要么是财政补贴引起价格变动，要么是价格变动引起财政补贴。一方面，财政补贴的增加会引起相关产品、服务或生产要素价格的变动；另一方面，如果有关产品、服务或生产要素价格突然发生变动，就会对财政补贴提出现实的要求。

第三，财政补贴具有灵活性。作为政府实现特定政策目标的手段，财政补贴可根据具体的补贴对象，选择差异性的补贴方式和补贴金额。特别是在社会经济形势发生变化的时候，财政补贴可以比较迅速和直接地进行修正和调整。正是由于财政补贴具有较强的灵活性，因此世界各国均将其作为实现短期社会经济目标的重要手段。

第四，财政补贴具有时效性。财政补贴是根据政府一定时期的政策需要制定的，而一国的社会经济政策总是随着社会经济形势的变化而不断修正和调整。因此，当政府政策随着社会经济形势的变化而失效时，与之相应的财政补贴措施也应随之终止。

二、财政补贴的分类

（一）价格补贴与财政贴息

根据财政补贴的内容，可以将财政补贴分为价格补贴与财政贴息。其中，价格补贴是指政府因价格上涨造成企业亏损或居民生活水平下降而给予企业或居民的补贴。财政贴息是指政府对使用规定用途银行贷款的企业和个人，就其支付的贷款利息提供的补贴。财政贴息政策的适用范围比较广泛。一般而言，高新技术产业、环保节能产业、基础设施行业最容易获得政府的财政贴息。

（二）企业补贴与居民补贴

按照财政补贴的对象，可以将财政补贴分为企业补贴与居民补贴。其中，企业补贴是指政府向企业经济主体提供的财政补贴。居民补贴是指政府向居民及其实际生活提供的财政补贴。企业补贴的原因包括：第一，政府制定和实施管制性价格导致企业亏损，需要财政给予企业补贴：第二，政府鼓励企业向特定产业或领域发展，特别是外部性较强的产业或领域，需要财政给予企业补贴。居民补贴的原因包括：第一，物价上涨降低了居民的实际收入水平，影响了居民的生活质量，需要政府给予财政补贴；第二，政府鼓励居民消费特定的商品或服务，特别是具有较强外部性的商品或服务。

（三）禁止性补贴、可诉补贴与不可诉补贴

根据对国际贸易可能造成的危害程度，WTO《补贴与反补贴协议》（SCM 协议）将补贴分为禁止性补贴、可诉性补贴和不可诉补贴。禁止性补贴是指以出口业绩和使用国产货物的情况为条件而给予的补贴，又称“红灯补贴”。SCM 协议规定，禁止性补贴包括法律或事实上视出口实绩为唯一条件或多种其他条件之一而给予的补贴，以及视使用国产货物而非进口货物的情况为唯一条件或多种其他条件之一而给予的补贴。禁止性补贴的典型是出口补贴和进口替代补贴。禁止性补贴一旦被证实存在，无须证明其是否对其他成员方造成损害或损害威胁，都必须取消；否则会招致其他成员实施的反补贴措施或被征收反补贴税。

可诉补贴是指不被一律禁止，但不能自动免于质疑的补贴，又称“黄灯补贴”。可诉补贴在一定范围内可以实施，但如果此类补贴对其他成员方的经济利益造成不利影响，则受损的成员方可以提起申诉，要求对方取消。可诉补贴在同时具备三个条件时必须取消：一是该补贴具有专向性（企业专向性、产业专向性和地区专向性）；二是该补贴被某个成员方起诉；三是该补贴被证明对成员方造成了实质性损害或者实质性损害威胁。我国曾经对经济特区、经济技术开发区和高新技术开发区等区域的企业实行税收减免政策。对从事农、林、牧的外商投资企业及基础设施建设的外商投资给予税收优惠政策，对国有企业给予优惠性的财税优惠政策，都属于可诉补贴的范围。

不可诉补贴是指不会招致其他成员方提起反补贴申诉的补贴，又称“绿灯补贴”。不可诉补贴主要是指不具有专向性的补贴，以及例外的专向性补贴。例外的专向性补贴主要是指研发补贴、贫困地区和环保补贴；换句话说，研发补贴、贫困地区和环保补贴即使具有专向性，也不会被其他成员方提起反补贴申诉。例外的专向性补贴必须具备反补贴协议规定的条件。研发补贴是指对公司进行研究活动的援助，或对高等教育机构或研究机构与公司签约进行研究活动的援助。研发补贴要求不能超出项目成本的一定比例，且只能用于某些特定开支，贫困地区补贴是指按照地区总体发展规划给予贫困地区的补贴。贫困地区补贴要求该地区的地理区域以及经济与行政区划必须清晰，且该地区的人均 GDP 低于该成员方境内人均 GDP 的 85%，失业率高出该成员方境内失业率的 115%。环保补贴是指对企业的环保投入给予的财政补贴。给予企业的环保补贴，必须是一次性的且不得高于采取环保措施所需费用的 20%。

在 WTO《补贴与反补贴协议》的框架下，乌拉圭回合农业协议将农业补贴措施分为“绿箱”措施、“黄箱”措施和“蓝箱”措施。

其中，“绿箱”措施是指由政府提供的，其费用不转嫁给消费者，且对生产者不具有价格支持作用的政府服务计划。“绿箱”措施对农产品贸易和农业生产不会产生扭曲性影响，成员方无须承担约束和削减义务。

“绿箱”措施的内容主要包括：由公共基金或财政开支所提供的一般性农业生产服务；保障粮食安全而提供的储存补贴；粮食援助补贴；对生产者的直接补贴；对挂钩的收入补贴；一般性农业收入保障补贴；自然灾害救济补贴；农业生产者退休或转业补贴；农业生产资源储备补贴；农业生产结构调整补贴；环境保护补贴；地区发展补贴。

“黄箱”措施是指政府对农产品的直接价格干预和补贴，包括对种子、肥料、灌溉等农业投入的补贴及对农产品营销贷款的补贴等。“黄箱”措施对农产品贸易会产生扭曲，成员方须承担约束和削减义务。

“蓝箱”措施是指按固定面积和产量给予的补贴，如休耕补贴。“蓝箱”措施与农产品限产计划有关，成员方无须承担削减义务。

第三节　税式支出

税式支出作为宏观财政政策的一项政策手段，在调节经济主体的收入水平、影响经济资源的配置，从而调节社会总供给与总需求、熨平经济波动、调整产业结构等方面发挥了独特的作用。但由于我国目前尚无统一的税式支出管理制度，没有对税式支出的范围、统计等方面做出明确的规定，这不利于从整体上、宏观上对税式支出进行管理，也难以对一定时期内税式支出实际效益作出评价。这也成为本书将该项支出纳入《财政转移性支出》一章详细阐释的动因。

一、税式支出概念

税式支出，是政府为实现对某种行为给予鼓励或照顾的政策目标，以主动放弃部分税收收入的形式向特定纳税人提供的财政援助。它是目前备受世界各国政府和理论界关注的一个问题。

税收历来都被认为是政府取得财政收入的一种手段，把“税收”和“支出”两词联系在一起似乎令人费解，但是若考虑一下该词的由来，结合现实经济状况分析一下，却又不无道理。当我们考虑税法时，税法实际上是由相互对立的、有时甚至是相互矛盾的两部分组成，其中一部分内容用来详细规定应该课税的项目以及对这些项目怎样课税，这是税法的主要内容，称为一般的、规范的规定；另一方面，税法为了体现国家的政策意图，为了对某种行为给予鼓励或照顾，又附加规定一些减税、免税、扣除、抵免等各种形式的税收优惠项目，政府主动放弃一部分税收收入。这种政府把该收的税收收入主动放弃而直接留给纳税人支配使用的政策，同政府先以税收收入形式收上来以后再以财政支出的形式支付给该纳税人的政策，在效果上没有什么本质不同，因此政府对特定的纳税人主动放弃一部分税收收入，实际上等于增加财政的援助支出。我们这里讨论的税式支出正是从这个意义上来看的。

二、税式支出主要形式

按其对税收收入的影响方式可分为四大类：税基式、税率式、税额式和递延式。

第一，税基式税式支出，是指以减少纳税人税基方式存在的税式支出，主要项目有：起征点（课税对象数额在起征点以下不征税，达到或超过起征点全额纳税），免征额（从课税对象总额中免予征税的数额），税收扣除（允许纳税人从课税对象中扣除某些符合要求的特定项目，以减轻其负担）和税收庇护（纳税人把应纳税所得额重新投资于另一活动，从而避免为此所得缴纳所得税)。

第二，税率式税式支出，是指以优惠税率（对特定纳税人、课税对象或特定行为采用较低税率征税）为主要方式的税式支出。

第三，税额式税式支出，是指以直接减少纳税人应纳税额方式而存在的税式支出，主要项目有：减免税优惠（减税是从应纳税额中减征部分税款，免税是免征全部应纳税额，它们是税式支出中最常见也是最重要的形式），税收抵免（允许纳税人从其应纳税额中减去的数额，纳税人实际缴税减少了，常见的有投资抵免和国外税收抵免），优惠退税（为鼓励纳税人某种经济行为而将其已纳税款的部分或全部，按既定程序退还）。

第四，递延式税式支出，是指允许纳税人推迟交纳应纳税额方式而存在的税式支出，纳税人递延纳税实际上是取得税款的货币时间价值，相当于获得一笔无息贷款。其主要形式有：递延纳税（允许纳税人把应纳税款延期缴纳或分期缴纳而不加收滞纳金），加速折旧（允许纳税人以较快速度计提折旧，将固定资产价值提前摊销进行费用，导致折旧前期纳税少）和准备金制度（允许企业在某种损失未发生前预提一笔资金，准备弥补将来的可能损失）等。

三、税式支出的效应

（一）税式支出的正效应

税式支出作为国家宏观调控的工具，其积极作用具体体现在以下几个方面：

第一，有利于鼓励微利有益产品和具有外部正效应产品的生产。在市场经济条件下，产品生产者自主经营、自负盈亏。除少数产品的提供由国家控制外，厂商自主决定产品的生产和销售。因此在利润最大化目标的驱动下，厂商一般不愿意生产那些微利有益产品和具有外部正效应的产品。如果政府实行适当的税式支出政策，使产品的外部正效应内在化为生产企业的经济利益，增加微利产品的税后盈利，就能有效地促进厂商增加微利有益的产品和具有外部正效应的产品供给。

第二，有利于鼓励高新技术产业的发展和风险项目的投资，增加科技投入，推动科技进步。税式支出是促进科技进步的主要手段之一，其作用主要体现在以下两个方面：一是在所得税方面，主要是通过允许加速折旧，放宽科技开发费用的列支范围及标准，或者将投资额在税前一次或分次扣除，或采用再投资退税等优惠办法，减轻甚至免除最初或一定时期内的所得税负担。二是在流转税方面，对新产品的试制、技术咨询、技术转让收入，以及对高新技术企业实行减免税政策或退税政策，增加了技术进步的收益。

第三，有利于从宏观上引导社会资源流向国家鼓励的产业和地区，以实现产业和地区结构协调发展的目标。税式支出是促进和加快瓶颈产业发展的有效手段之一。一方面可以通过制定税式支出政策，促进企业对资产存量的调整，实现资产由长线产品向短线产品转移；另一方面由于产业结构的形成主要在于投资，税式支出可以影响新增投资的方向和规模，从而实现对资产增量的调节。

第四，有利于增加低收入者收入，提高整个社会福利水平。税式支出是增加低收入者收入的有力措施。税式支出能够在一定程度上增加低收入者收入的主要原因在于，政府可以通过对许多项目给予不予课税、税额抵免、所得扣除等特殊规定，增加低收入阶层的实际收入。

第五，有利于扩大吸引外资，引进先进技术，增加就业机会。在政治局势、基础设施、市场状况以及外汇管制等其他因素相同的情况下，税式支出可增加投资者的税后收益，成为吸引外资的一个因素。尽管税式支出减少了当前的税收收入，但这种牺牲可以换来国外资金、先进技术和先进的管理经验，既能利用国外资源，开拓国际市场，增加出口换汇，又可以带动我国其他行业的发展，增加了大量的就业机会，对促进产业结构优化、培育税源起到了积极作用。

（二）税式支出的负效应

税式支出政策在促进国家经济发展、实现特定经济目标方面发挥积极性作用的同时，不可避免地会产生一些负面的影响。

1. 扭曲市场竞争与资源配置

税式支出通过特定税收优惠向部分纳税人转移利益，实质上形成对其他纳税人的隐性歧视。这种“政策红利”并非源于企业自身竞争力，而是依赖外部政策倾斜，导致市场竞争失真。企业为追逐税收优惠而盲目调整投资方向，使得生产要素脱离市场规律，流向低效但享受优惠的行业，形成资源错配。例如，部分企业为获取福利企业税收减免而突击招募残疾人员，或通过频繁更换企业身份享受新办企业优惠，反映出税收信号被政策优惠扭曲，导致市场机制失灵。

2. 加剧税法复杂性与征管难度

税式支出的多样性（如纳税扣除、税收抵免、优惠税率等）与政策目标的碎片化，导致税法体系呈现高度复杂性。不同税式支出措施的实施范围、执行标准及政策目标差异显著，既增加了纳税人理解与遵从成本，也提升了税务机关的征管难度。税务人员需投入大量精力防范纳税人通过税式支出逃避纳税义务，削弱了对偷逃税行为的查处效率。同时，税式支出政策的适用往往依赖主观判断，为权力寻租提供了空间，容易滋生腐败现象。这种复杂性不仅损害税法的统一性与权威性，更激化了征纳矛盾，阻碍了税收法治化进程。

3. 加剧分配不公，弱化税收调节功能

税式支出对高收入者的“累加激励”效应显著。由于高收入者适用较高税率，同等数额的税式支出可为其带来更大的实际收益，且税式支出本身会降低其有效税率，形

成“双重收益”。这种设计使高收入群体在再分配中受益更多，而低收入者因未达到纳税门槛或税负不足，无法享受税式支出优惠，进一步扩大了收入差距。例如，纳税扣除、税收抵免等措施均以纳税义务为前提，非纳税人被直接排除在外，导致税收调节功能在初次分配与再分配环节均出现失效。这种分配扭曲违背了税收调节收入分配的核心职能，加剧了社会不公。

4. 损害税收权威与宏观调控效能

税式支出以政府放弃税收收入为代价，导致法定税率与实际税率严重背离，直接减少国家财政收入。大量税式支出的存在使税收征管复杂化，税务机关须分散精力应对政策漏洞，削弱了对偷逃税行为的打击力度，进一步加剧税款流失。这种财政收入的隐性损失，不仅削弱了政府提供公共服务的能力，更导致税收权威被弱化。税式支出从“事前引导”异化为“事后照顾”，其政策目标模糊化，使国家在损失税收的同时未能实现预期的宏观调控效果，最终陷入“收入减少—调控失效”的恶性循环。

四、税式支出的管理

（一）税式支出管理模式的选择

税式支出管理制度的建立，既要立足现实基础和可操作性，适当从简，又要着眼于完备和规范，尽可能借鉴国际先进经验，提高起点。所以我们认为，在我国现实条件下，建立和完善税式支出管理制度，起点不应低，至少要从准预算管理为手段的报告式管理模式入手，以纳入全面的预算管理为最终目标。总体设想是，在以准预算管理为手段的报告式管理模式基础上，分三个阶段逐步推进。

首先，从少数主体税种开始着手税式支出分析工作，并对其中比较重要或涉及面较大的支出项目进行数额估算，然后试编简单的税式支出计划表，形成一个以总额控制为主，并且区别不同形式的税式支出项目，具有一定弹性的税式支出预算计划。这种小范围和简略的税式支出预算计划可先不作为政府预算的法定组成部分由立法机关批准，但也要模拟正规预算程序提交人代会讨论。其目的是使税式支出管理制度一起步就在程序上靠近规范。

其次，在取得一定经验基础上，将税式支出管理范围扩展到主要的税种和主要税式支出项目，按照预算工作程序，编制较系统的税式支出预算表，做出较确切的定量分析，形成总额控制和结构控制并重、具有较具体的实施要求的税式支出预算计划，并作为财政预算的附属部分，接受人代会的审查监督。

最后，在此基础上进一步发展、完善和规范税式支出项目及其分析，编制统一规整的税式支出预算，并通过正规预算立法程序，落实年度税式支出计划和检查、监督税式支出预算的执行情况，形成类似于西方国家全面预算管理的税式支出预算管理模式。

（二）税式支出管理范围的确定

确定税式支出范围，是该制度能否实现国家社会经济目标、提高税式支出效益的重要前提和基础。由于各国经济和社会发展所处历史阶段不同，财税政策的取向不一，税式支出的广泛性表现出一定的相对性。欧美等经济发达国家出于公共财政职能方面的考虑及税收的公平与中立性原则，税式支出的范围和重点主要集中在非生产性领域。而广大发展中国家由于加快本国经济发展，为实现包括增加出口、扩大就业、培训工人、提高产品附加值、技术转让与创新，特别是刺激实现出口增长政策目标的需要，税式支出的政策取向在兼顾实现公共财政职能需要的同时，往往侧重于效率的提高。税式支出的范围也被延伸到生产性领域。

我国税式支出及管理中存在的一系列问题，从表面上看，是税式支出管理本身的问题，但归根结底反映了政府、财政与市场之间的关系尚未根本理顺。为此，当务之急是尽快通过深化财政改革，按照现代公共财政理论，以市场经济为基础，重新界定税式支出的活动领域与作用范围，将财政直接和间接支出的范围限制在社会公共需要领域。1994 年税制改革使过多过滥的税收优惠实践得到一定程度的规范和完善，但税式支出范围和重点尚不够明确。我们认为，在税式支出制度建立初期，其范围不宜过于宽泛，而应遵循合理且可行原则，将重点放在预算直接支出可以替代的、有特定目的并仅为少数人享受的税收优惠政策上。具体来说，其应集中在鼓励特定产业和部门、落后地区、出口产业、外商投资以及调节社会生活等几个方面。所涉税种，可借鉴西方发达国家以所得税税式支出分析为中心的模式，同时将我国的流转税置于仅次于或等同所得税的位置。

【课后习题】

一、名词解释

财政补贴　税式支出　部分基金制　完全基金制

二、简答题

1. 为什么说政府在社会保障制度中具有重要责任？
2. 如何进一步完善我国的社会保障制度？

三、论述题

1. 分析社会保险基金的筹集模式及其效应。
2. 中国的社会保险制度还存在哪些问题？

第六章　财政收入基本理论

学习目标

1. 掌握财政收入的结构。
2. 掌握影响财政收入规模的因素。
3. 了解财政收入绩效评价面临的问题。

案例导入

2024年，全国财政运行呈现出复杂态势与鲜明特点。全国一般公共预算收入达219 702亿元，同比增长1.3%，其中税收收入174 972亿元，下降3.4%，非税收入44 730亿元，增长25.4%；分中央和地方看，中央一般公共预算收入100 436亿元，增长0.9%，地方一般公共预算本级收入119 266亿元，增长1.7%。财政收入走势呈现“前低后高”，前三季度受需求不足、工业品价格下跌及减税政策影响同比下降2.2%，四季度经政策提振后回升，实现全年小幅增长；财政收入结构呈现结构性减收与增收并存，税收收入中增值税、个税等下滑与非税收入高增长形成对比，既反映经济转型期压力，也体现财政资源盘活成效。财政支出持续优化，在保障社保、农林水等民生和重点领域的同时，严格落实“党政机关过紧日子”要求，严控一般性支出，呈现紧平衡状态。此外，土地财政显著收缩，土地出让收入下降16%，对地方政府性基金收入形成拖累，亟须通过其他渠道缓解财政压力。总体而言，我国财政收入呈恢复增长态势，重点领域支出得到有力保障，财政运行在复杂环境中保持平稳有序。

第一节　财政收入概念与原则

政府必须有财政收入才能保证其正常履行职能，并且为公共提供充足的公共产品和公共服务，因此财政收入是政府正常运转和满足财政支出需要的基础。在当前复杂多变的经济社会环境下，深入理解并践行财政收入相关理论与原则，对推动经济高质量发展、保障和改善民生、维护社会稳定具有深远意义。

一、财政收入的概念

财政收入，亦称政府收入或公共收入，是指政府为了履行其职能，保证财政支出的需要，依法取得的货币收入。财政收入表明政府获取社会财富的状况，它是政府为实现其职能的需要，在一定时期内以一定方式取得的可供其支配的财力。

财政收入作为财政分配活动的基本阶段，是一个组织收入、筹集资金的过程。财政收入不仅仅充当财政支出的源泉，也是贯彻政府政策意图的手段。财政收入是政府从事一切活动的物质前提，财政收入的状况如何，直接影响政府各项职能的发挥和政府各项政策目标的实现。财政收入的规模、构成、方式，对利益分配关系、经济主体的行为选择、产品的供需结构以及经济活动的总量等，均有重要的制约作用。因此，政府组织财政收入应当有确定的收入政策，以协调各方面的利益关系，促进资源的合理配置和经济的正常发展。

从根本上说，财政收入产生于社会公共利益的需要，是为了满足社会共同需要而由政府筹集的收入。在现代社会，社会共同需要主要由公共产品的提供来满足，伴随着公共产品内涵与种类的不断扩大，财政支出也基本上涵盖了日益多样化的公共产品和社会共同需要的各个方面。然而，公共产品的供给是有成本的，需要占有和使用一部分社会资源，为了筹集提供公共产品所需的资金，作为公共产品主要提供者的政府就需要相应地获得一部分国民收入或社会产品，这就是财政收入存在的主要依据和基本理由。另外，从经济活动的外部性来看，由政府出面来弥补市场机制的不足是纠正外部性的一个有效手段，由此需要取得一定数量的财政资金也是财政收入产生的一个重要原因。而从市场失灵的角度来看，除了公共产品和外部性外，收入分配的不公平、经济的周期性波动、公共秩序紊乱及社会动荡、市场垄断的效率损失等都是市场失灵的表现，对这些市场失灵的矫正也都大大拓展了政府的职能范围。与政府职能的不断扩展相对应，要求日益增多的财政收入来满足其实现职能的需要即社会共同需要。由此可见，为了满足社会共同需要，提供公共产品、矫正经济活动的外部性和市场失灵，财政收入必须存在，并且它的规模随着经济社会的发展而相应地扩大，内容更加丰富，形式也日益多样化。

以国家财政预算的编列方式和分类为标准，财政收入可以分别从广义和狭义两个角度来理解。广义的财政收入是指各级政府所支配的全部资金，其范围与政府收入一致，包括全口径财政预算的所有收入，就我国的预算收入体系而言，由一般公共预算收入、政府性基金预算收入、国有资本经营预算收入和社会保险基金预算收入四项组成。狭义的财政收入是指一般公共预算收入，以税收为主体，也包含纳入一般公共预算的非税收入、债务收入和转移性收入等。我国通常所说的财政收入主要是指狭义的财政收入。

二、财政收入的原则

财政收入是政府运用国家强制力在参与社会总价值分配过程中所形成的资金，在筹集的整个过程中，政府不能滥取无度，也不能因噎废食，而应该遵守一定的客观原则。组织财政收入活动也可以看成是公共产品成本的一种分摊活动。在现代经济条件下，经济学家为这种成本分摊提供了两大基本原则。

（一）效率原则

所谓效率，简单地说就是所得和所费之间的一种对比关系。组织财政收入的效率原则实际包含两个基本层面的含义：一是在筹集财政收入的过程中，这种筹集活动对整个国民经济是有效率的，即通过组织财政收入活动，整体资源配置得到了改善，国民经济结构得到了优化，地区间经济的发展也较为均衡；二是筹集活动本身是有效率的，即组织财政收入的耗费是最小的。总而言之，组织财政收入活动效率原则不仅要求提高国民经济的整体运行效率，而且要求这种活动本身所耗费的成本最小。

（二）公平原则

公平是一个带有价值判断的概念。经济学家在运用公平概念时，一般撇开伦理因素，而将受益和支付能力标准引入经济学的公平概念之中。一般认为，在分摊公共品成本或组织财政收入的过程中，将公共品的供给成本与从中获益的社会成员及其获益程度联系起来，是一种较为公平的做法，受益较多的人比受益较少的人多承担公共品的提供成本是合理的，要求其他社区的居民为本社区的公共品买单是没有依据的。当然，由于公共品本身的特点，要判断具体的受益大小存在技术上的障碍。当然，绝对的公平是难以取得的，在现实生活中要穷人与富人就某项公共品承担同等的成本也是不公平的。因此，支付能力原则也构成了公平原则的内容之一。在现代社会中，一般认为赚钱能力强的人比赚钱能力弱的人负担更多的公共品供给成本是一种较为合理的制度安排。显然，出于自利，一般人都可能会隐瞒自己是富人的信息，从而给判定其赚钱能力的强弱带来一定的困难。现代经济学理论一般将收入、财产和消费支出的多少来作为衡量支付能力强弱的标准。

在我国社会主义市场经济体制下，组织财政收入始终遵循“发展经济，广开财源”与“合理负担，兼顾多元利益”两大核心原则。“发展经济，广开财源”立足马克思主义政治经济学中“经济决定财政、财政反作用于经济”的辩证关系，强调将财政收入规模增长与国民经济高质量发展深度融合，通过优化营商环境、培育新兴税源等举措，夯实财政收入的可持续增长基础；“合理负担，兼顾多元利益”则着眼于国家治理现代化要求，统筹协调中央与地方、政府与市场主体、不同群体间的利益关系，既通过科学划分事权与支出责任激发地方发展活力，又依托税收调节、转移支付等制度设计实现公平分配。这两大原则在实践层面的具体运用，本质上高度契合现代财政理论中“公平与效率”的价值导向，形成兼顾效率提升与公平正义的财政收入治理体系，为推进中国式现代化提供坚实财力保障。

第二节　财政收入规模与结构

一、财政收入规模

财政收入规模是指财政收入的总体水平，是衡量一国政府财力的重要指标，它体现政府在国民收入分配中所占的份额，以及政府与企业、居民个人之间占有和支配社会资源的关系，也反映政府在社会经济生活中职能范围大小、广度和深度以及政府在经济社会生活中的地位和作用。

（一）财政收入规模的绝对量

财政收入规模的绝对量是指一定时期内财政收入的实际数量。从静态考察，财政收入的绝对量反映了一国或一个地区在一定时期内的经济发展水平和财力集散程度，体现了政府运用各种财政收入手段调控经济运行、参与收入分配和资源配置的范围和力度；从动态考察，即把财政收入规模的绝对量连续起来分析，可以看出财政收入规模随着经济发展、经济体制改革以及政府机制在调控经济运行、资源配置和收入分配中的范围、力度方面的变化趋势。衡量财政收入规模的绝对指标是财政总收入。

（二）财政收入规模的相对量

财政收入规模的相对量是在一定时期内财政收入与有关经济和社会指标的比例。财政收入占 GDP 的比例是衡量一国财政收入规模的基本指标。此外，税收收入占 GDP 的比重也是衡量财政收入规模的重要指标。

1. 财政收入占 GDP 的比例

这一指标反映了在财政年度内的 GDP 中，由国家以财政方式筹集和支配使用的份额。它综合体现了政府与微观经济主体之间占有和支配社会资源的关系，体现了政府介入社会再生产分配环节调控国民生产总值分配结构，进而影响经济运行和资源配置的力度、方式和地位等。在 GDP 一定时，财政收入占 GDP 的比例越高，表明社会资源由政府通过财政预算机制集中配置的数额越多，私人经济部门的可支配收入相应减少。或者说，在整个社会资源配置中，政府配置的份额扩大，市场配置的份额则相对缩小，从而引起社会资源在公共产品与私人产品之间配置结构上的变化。反之，财政收入占 GDP 的比例越低，表明政府介入国内生产总值分配和直接配置资源的份额和力度越小，市场配置的作用也相对增强，地位也相对提高。由表 6 - 1 可以看出 2007—2024 年我国财政收入增长变化趋势。

表 6 - 1　　2007—2024 年我国财政收入增长变化趋势

年份	财政收入/亿元	GDP/亿元	财政收入增长速度/%	财政收入占 GDP 比重/%
2007	51 321.8	270 232.3	32.4	19.0
2008	61 330.4	319 515.5	19.5	19.2
2009	68 518.3	349 081.4	11.7	19.6
2010	83 101.5	413 030.3	21.3	20.1
2011	103 874.4	489 300.6	25.0	21.2
2012	117 253.5	540 367.4	12.9	21.7
2013	129 209.6	595 244.4	10.2	21.7
2014	140 370	643 974.0	8.6	21.8
2015	152 269.2	689 052.1	8.5	22.1
2016	159 605	743 585.5	4.8	21.5
2017	172 592.8	827 121.7	8.1	20.74
2018	183 360.0	900 309.0	6.2	19.95
2019	190 390.1	986 515.0	3.8	19.30
2020	182 895.0	1 013 567.0	-3.9	18.05
2021	202 539.0	1 143 670.0	10.7	17.63
2022	203 649.29	1 210 207.0	0.5	16.90
2023	216 795.43	1 294 271.7	6.4	17.20
2024	219 702	1 349 083.5	1.3	16.29

资料来源：《中国统计年鉴》（2007—2024 年）。

2. 税收收入占 GDP 的比例

税收已成为现代财政收入中最主要、最稳定和最可靠的来源，税收收入通常占财政总收入的 90% 左右。因此，财政收入的相对规模在很大程度上可由税收收入占 GDP 的比例体现出来。税收收入占 GDP 的比例又称为宏观税负率，它是衡量一国（地区）宏观税负水平高低的基本指标。由表 6 - 2 可以看出 2007—2024 年我国税收收入增长变化趋势。

表 6-2　　2007—2024 年我国税收收入增长变化趋势

年份	税收收入/亿元	GDP/亿元	税收收入增长速度	税收收入占 GDP 比重
2007	45 622.0	270 232.3	31.1%	16.9%
2008	54 223.8	319 515.5	18.9%	17.0%
2009	59 521.6	349 081.4	9.8%	17.1%
2010	73 210.8	413 030.3	23.0%	17.7%
2011	89 738.4	489 300.6	22.6%	18.3%
2012	100 614.3	540 367.4	12.1%	18.6%
2013	110 530.7	595 244.4	9.9%	18.6%
2014	119 175.3	643 974	7.8%	18.5%
2015	124 922.2	689 052.1	4.8%	18.1%
2016	130 360.7	743 585.5	4.4%	17.5%
2017	144 369.9	827 121.7	10.7%	17.5%
2018	156 402.9	900 309	8.3%	17.4%
2019	158 000.5	986 515	1.0%	16.0%
2020	154 312.3	1 013 567	-2.3%	15.2%
2021	172 735.7	1 143 670	11.9%	15.1%
2022	166 620.1	1 210 207	-3.5%	13.8%
2023	181 136.3	1 294 271.7	8.7%	14.0%
2024	174 972.0	1 349 083.5	-3.4%	13.0%

资料来源：《中国统计年鉴》（2007—2024 年）。

二、财政收入结构

财政收入结构是指财政收入来源的多种构成、比例及其相互关系。它主要包括财政收入的价值构成、社会经济结构、部门结构、项目结构以及地区结构。

（一）财政收入的价值构成

财政收入是货币形态的社会产品价值，从它的价值构成来看，不外是 C、V、M 三部分。从价值构成角度分析财政收入的来源，是为了分析财政收入同 C、V、M 之间的相互关系，制定相应的财政政策，寻求增加财政收入的途径。

首先，补偿基金 C 有可能形成财政收入。C 可以分成两个部分：一部分是补偿劳动对象消耗的价值，其属于补偿流动资金方面的消耗。只要企业的再生产不间断地进行下去，这部分价值补偿就必须不间断地用于购买劳动对象，投入生产。因此，这部分补偿价值不可能通过财政分配用于社会的其他方面，因而不能构成财政收入的来源。另一部分是补偿劳动手段消耗的价值，即折旧基金。折旧基金属于补偿基金，但它又具有积累基金的属性，因为在原有固定资产报废更新之前，这部分折旧基金是以货币准备金的形式存在着的，可以进行追加投资，即可以当作积累基金使用。这使得折旧基金有可能通过财政在全社会范围内进行再分配。在传统高度集中的财政体制下，国有企业的折旧基金曾经全部或部分地上缴财政，成为财政收入的一种来源。现在，根据社会主义市场经济的要求，折旧基金仍然属于固定资产的简单再生产，属于企业经营管理权限的范围，应将其留给企业管理使用。

其次，劳动者个人收入 V 形成财政收入。社会总产品中用来补偿劳动消耗的 V，是个人消费基金的最主要部分，它在初始分配阶段归劳动者个人所有，既保证劳动者脑力和体力的恢复，又保证劳动者多方面的发展，这一部分可以成为财政收入的来源。目前，我国来自 V 的财政收入主要有以下几个方面：第一，直接向个人征收的税，如个人所得税，个人缴纳的房产税、城镇土地使用税、车船税等。第二，直接向个人收取的规费收入（如户口证书费、护照费等）和罚没收入等。第三，居民购买的公债券。第四，政府通过高税率消费品（如烟、酒）的销售所获得的收入。第五，服务行业和文化娱乐业等企事业单位上缴的税收，其中一部分是通过对 V 的再分配转化来的。从我国目前的情况来看，V 在全部财政收入中所占的比重很小。随着我国经济体制改革的逐步深入和经济的发展，人民生活水平的不断提高，个人所得税制的改革与完善，财政收入来自 V 的部分会不断增长。

最后，剩余产品价值 M 是财政收入的主要来源。剩余产品价值 M，是劳动者为社会创造的剩余产品价值，是提高人民生活和收入水平以及满足社会共同需要的财力保证，是财政收入的主要来源。在一定价格水平的基础上，影响 M 增减变化的因素主要是生产和成本。生产是从绝对量上来影响 M 的。在劳动生产率不变的情况下，扩大生产、增加产量和产值必然同时也增加 M，但增加 M 的同时必然伴随着生产资料的大量消耗，因而增加产量和产值往往是有前提的。在产品产量和价格不变的情况下，成本和 M 成反比例变化：成本提高，则 M 减少，财政收入也相应减少；反之，成本降低，则 M 增加，财政收入也相应增加。因此，要持续增加财政收入，根本的途径就是增加生产和厉行节约，即降低成本，增加盈利，提高经济效益。这既是提升经济发展质量的问题，也是增加财政收入的主要方向。

（二）财政收入的来源结构

无论国家以何种形式参与国民收入分配，财政收入过程总是和该国的经济制度及经济运行密切相关。如果把财政收入视为一定量的货币收入，它总是来自国民收入的分配和再分配。经济作为财政收入的基础和最终来源，对财政收入本身具有决定性作用。按财政收入的来源进行分类，有助于研究财政与经济发展之间的制衡关系，有利于合理调整财政收入的规模和结构，并建立经济决定财政分配、财政分配影响经济发展的和谐运行机制。

按财政收入来源的分类，包括两种不同的亚类：一是以财政收入的所有制结构为标准，将财政收入分为国有经济收入、集体经济收入、私营与个体经济收入合资与合营经济收入、外商独资经济收入和股份制经济收入等；二是以财政收入来源中的部门结构为标准，将财政收入分为工业部门和农业部门收入，轻工业部门和重工业部门收入，生产部门和流通部门收入，第一产业部门、第二产业部门和第三产业部门收入等。目前，我国已经停征农业税和绝大部分的农业特产税，直接来自第一产业部门的财政收入已微乎其微，财政收入主要来自第二和第三产业部门。随着城镇化进程的加快和科学技术的进步，第三产业产值在国民生产总值中的占比会越来越高，财政收入来源于第三产业的比重也会随之提高，第三产业终将成为最主要的财政收入来源。

（三）财政收入的形式结构

按收入形式，财政收入可分为税收收入和非税收入两大类。这种分类方式突出了税收收入在财政收入中所占据的主体地位。税收收入是政府凭借其公共权力无偿占有的一部分社会资源或收入，包括所得税、商品税、财产税、资源税等各项税收。在现代社会中，政府所凭借的这种公共权力通常是以国家法律的形式表现出来的，如《中华人民共和国宪法》中的有关条款、《预算法》等，政府正是依据这些法律来课税的。从数量上看，税收收入通常也是一个国家主要的财政收入来源，它在财政总收入中具有绝对的主体地位。比如，发达国家的财政收入中税收约占 90%，即使经济欠发达国家税收也占 60%—80%。目前我国一般公共预算收入的 80% 以上来自税收。

非税收入是相对于税收收入而言的，是指国家（政府）在依照税法征税取得税收收入以外，各级行政机关、司法机关和代表政府行使管理职能的事业单位，以专项收入、公共债务收入、规费和使用费等形式向法人、社会团体和居民个人取得的收入，以及依据财产权利收取的国有资本经营收入、国有资源（资产）有偿使用收入等项收入。各种非税收入的资金筹集过程、属性及反映的分配关系在政府理财活动中的作用以及对社会经济生活的影响等与税收收入有所不同，但在财政收入中也具有相当重要的独特地位。

按照财政收入形式进行分类，也称为财政收入的项目分类法，是一种实用性较强的财政收入分类方法，这种分类方法在各国预算的编制过程中，包括我国的预算编制和财政统计中已经普遍采用。

此外，财政收入还可以按征收管辖政府的不同级别分类，分为中央财政收入和地方财政收入；按编制复式预算的要求分类，分为经常性收入和资本性收入；按财政资金的预算管理方式分类，分为预算内收入和预算外收入；按取得收入的稳定性分类，分为经常性收入和临时性收入；等等。

专栏 6-1

2024 年全国一般公共预算收入情况

2024 年，全国一般公共预算收入 219 702 亿元，比上年增长 1.3%。其中，全国税收收入 174 972 亿元，比上年下降 3.4%；非税收入 44 730 亿元，比上年增长 25.4%。分中央和地方看，中央一般公共预算收入 100 436 亿元，比上年增长 0.9%；地方一般公共预算本级收入 119 266 亿元，比上年增长 1.7%。

请结合资料思考：党的二十届三中全会提出“规范非税收入管理，适当下沉部分非税收入管理权限，由地方结合实际差别化管理”，结合 2024 年全国非税收入增长 25.4% 这一数据，思考如何在实践中落实这一要求，更好地发挥非税收入在国家治理中的作用。

三、财政收入规模的影响因素

财政收入规模是衡量国家财力和政府在社会经济生活中职能范围的重要指标。财政收入的规模及其增长受到各种政治、经济条件的制约和影响，它是多种因素共同作用的结果。

（一）经济发展水平

经济发展水平从总体上反映一个国家社会产品的丰富程度和经济效益的高低，它对财政收入规模形成基础性制约。一般来讲，经济发展水平越高，国内生产总值就越多，财政收入规模就较大，占 GDP 的比重也会越高。从世界各国的实际情况看，发达国家在财政收入规模的绝对数和相对数两方面均高于发展中国家。1978 年，我国财政收入占 GDP 的比重为 31.2%，远远高于改革开放之后的其他年份，但财政收入的绝对规模却只有 1 132.3 亿元。其原因就在于当时我国经济发展水平很低，底子很薄，GDP 总量只有 3 629 亿元。虽然从绝对量角度看财政收入规模连年增长，但从相对量角度来看，2015 年至 2023 年我国财政收入占 GDP 的比重连续下降，从 2015 年的 22.10% 降低到 2023 年的 17.2%。

（二）生产技术水平

生产技术水平内含于经济发展水平之中，也是影响财政收入规模的重要因素。较高的经济发展水平以较高的生产技术水平为支柱，所以对生产技术水平的分析是对经济发展水平分析的深化。

生产技术水平是指生产中采用先进技术的程度，它制约着财政收入的规模。一是技术进步导致生产速度加快、生产质量提高，技术进步速度越快，社会产品和 GDP 的增长速度也越快，财政收入的增长就有了充分的财源；二是技术进步必然带来物耗降低，经济效益提高，剩余价值所占的比例扩大。由于财政收入主要来自剩余产品价值，所以技术进步对财政收入的影响更为直接和明显。

（三）宏观政策与制度安排

收入分配政策、财政体制及财政政策等制度性因素，共同构成影响财政收入规模的政策框架。分配政策对财政收入规模的制约主要表现在两个方面：一是收入分配政策决定剩余产品价值占整个社会产品价值的比例，进而决定财政分配对象的大小，即在国民收入既定的前提下，剩余产品价值占国民收入的比重；二是分配政策决定财政集中资金的比例，即 M 中财政收入所占的比重。财政体制则通过界定政府间事权与财权划分，直接影响财力集中度。

在其他因素一定时，一般地说，实行计划经济体制的国家，财政集中度要高于实行市场经济体制的国家。同一国家，如中国，在计划经济体制时期和在社会主义市场经济体制时期，财政集中度也大不相同，其差异源于不同财政经济体制下的政府职能和财政职能的不同。财政政策同样具有调节效应。扩张性财政政策通过减税降费降低财政收入占 GDP 比重，释放市场活力；紧缩性财政政策则反向操作，提升财政收入占比以增强调控能力。

（四）价格水平

价格水平对财政收入的影响是，产品或劳务的价格上涨会导致名义财政收入增加。具体地说，一是价格上涨会相应扩大税基，使名义税收增加。在税率一定时，价格上涨，税基扩大，财政收入增加。二是名义收入的增加和税基的扩大，会引起税率的变化。在累进税制下，较高的收入会使纳税人自动地进入较高的纳税等级，甚至原来不纳税的人也会因名义税收的增加而自动进入纳税人行列，因而也会使名义财政收入增加。

一般而言，在经济发展水平和财政分配程度都保持不变的情况下，价格水平的升高总会使以货币形式表现的财政收入规模不断增大，而并不使财政收入的规模产生实质性的变化。但当一个国家的财政收入制度主要采用累进所得税的征收方式时，则情况就会有所不同。由于以货币计量的各种收入所得会随价格的升高而增大，其纳税所适用的税率也会随之升高，这就必然起到一个提高财政收入分配比例的作用，即出现所谓的“档次爬升”效应，其结果是财政收入的增长幅度快于价格水平的上升幅度；反之，也会使财政收入的下降幅度快于价格水平的下降幅度，起到降低财政收入分配比例的作用。此外，如果一个国家价格水平的提高是由财政性货币发行引起的，则财政收入会因此获得额外的增加，这就是所谓的“通货膨胀税”。

四、财政收入结构变化的理论分析

从人类社会发展史的角度考察，财政收入结构呈现出由单元向多元变化的趋势。这一演变并非偶然，其背后是经济制度、经济形态和经济发展状况等多重因素共同作用。

（一）经济制度对财政收入结构的决定性影响

经济制度是塑造财政收入结构的根本性因素。以我国为例，基于生产资料公有制的市场经济制度，赋予国家社会管理者与国有资产所有者的双重身份，决定了财政收入必然呈现税收与国有资产收益并重的格局。在计划经济时期，国有资产收益主要以企业利润上缴的形式体现；进入市场经济阶段后，逐步规范为国有资本经营收益。此外，为履行宏观调控与社会管理职能，政府性基金预算收入、社会保险基金收入等也纳入财政收入体系，形成多元并存的结构。这种结构特征与我国经济制度紧密相连，既保障了公共服务供给，又体现了国有资产增值的制度优势。

（二）经济形态演变推动财政收入结构转型

经济形态的演进直接推动着财政收入结构的变革。在自然经济形态下，小农经济主导的生产方式使得商品交换规模有限，财政收入以田赋、丁税等农业税为主体，辅以少量工商税，结构单一。进入资本主义社会，商品经济蓬勃发展，以商品流转为课征对象的流转税迅速崛起，取代农业税成为财政收入的支柱。随着经济进一步发展，所得税因能够调节收入分配、稳定经济而比重攀升。现代资本主义国家为应对社会矛盾与经济波动，不断拓展财政收入形式，形成了涵盖所得税、流转税、财产税、社会保险税等在内的多元化体系。这种演变轨迹清晰地表明，经济形态的升级必然要求财政收入结构与之适配。

（三）经济发展状况重塑财政收入结构动态平衡

经济发展水平与运行机制对财政收入结构具有显著的塑造作用。在计划经济体制下，高度集中的运行机制使企业缺乏自主经营权，国家以行政指令直接分配资源，财政收入结构呈现简化单一的特征，企业利润上缴与税收的界限模糊。而我国改革开放后，市场经济机制逐步确立，企业成为独立市场主体，所有权与经营权分离，经济运行从指令性计划转向市场调节。这一转变促使税收成为组织收入、调节经济的核心手段，同时催生了政府性基金、国有资本收益等多元收入形式，最终形成以税收为主体、多种收入并存的复合型结构。经济发展不仅改变了财政收入的规模，更通过优化资源配置和调整利益关系，推动财政收入结构向更加科学、高效的方向演进。

五、财政收入结构变化的趋势及影响因素

（一）基于价值构成的变化趋势与影响因素

财政收入本质上是货币形态的社会产品价值，其价值构成可分为C、V、M三部分。从发展趋势看，在传统工业经济向知识经济、数字经济转型的进程中，C部分中折旧基金虽已归企业自主管理，但随着企业设备更新加速与技术改造投入增加，其潜在的盘活再利用空间或对财政收入产生间接影响，如通过促进企业扩大再生产，带动税收增长。劳动者个人收入V形成财政收入的比重呈上升态势。随着居民收入水平提升、个人所得税制改革深化，以及消费升级带动的消费税等相关税收增长，V在财政收入中的贡献将逐步提高。我国新个税法实施后，专项附加扣除等政策在调节收入分配的同时，拓展了税源。剩余产品价值M始终是财政收入的主体，但受经济结构调整、成本控制与创新驱动等因素影响，其增长路径更为复杂。创新型企业凭借高附加值产品提升M总量，而传统产业若不能有效降本增效，M增长将受限，进而影响财政收入规模与结构。

（二）来源结构的动态演变与驱动因素

财政收入来源结构与经济制度、经济运行紧密相关。从所有制结构维度来看，随着混合所有制经济发展，国有经济战略性调整，国有经济收入占比趋于合理，民营、外资等非公有制经济贡献持续提升。在新兴产业领域，民营企业的创新活力促使其税收贡献快速增长。从部门结构看，产业结构升级推动财政收入来源结构深刻变革。我国第一产业直接贡献的财政收入因农业税费减免已微乎其微，第二产业在工业化中后期面临结构调整压力，财政收入占比稳中有降；第三产业凭借高附加值、低能耗等优势，成为财政收入增长新引擎，且未来占比将持续攀升。以数字经济、现代服务业为代表的新业态，正重塑财政收入版图，如电商平台的兴起带动相关税收大幅增长。

（三）形式结构的转型趋势与制约因素

财政收入按形式分为税收收入与非税收入。税收收入的主体地位稳固，但结构优化趋势明显。在全球税制改革浪潮下，直接税比重逐步提高，如我国个人所得税综合征收范围扩大、企业所得税优惠向创新研发倾斜，以强化税收调节收入分配与促进经济高质量发展的功能。间接税方面，“营改增”等改革持续优化流转税体系，降低企业税负，激发市场活力。非税收入呈现多元化、规范化发展态势。政府性基金收入中，土地出让金受房地产市场调控影响波动较大，而专项收入、国有资源有偿使用收入等规模稳步增长，管理也日趋规范，以提升资金使用效率与透明度。此外，财政收入结构还受经济增长、财税政策、财税体制及价格等因素综合影响。经济增长为财政收入奠定基础，财税

政策（如减税降费、税收优惠）直接调整收入规模与结构，财税体制变革重塑政府间收入分配关系，价格波动则通过影响税基与名义收入，改变财政收入的数量与结构。

第三节　财政收入绩效评价

财政收入绩效是衡量政府财政资源获取成效的核心指标，旨在通过科学、系统的评估方法，揭示财政收入在筹集、分配和使用过程中的投入与产出、成本与效益的关系。在公共财政体系逐步完善、预算管理制度持续深化改革的大背景下，财政收入绩效评价已成为政府财政管理中不容忽视的重要部分。本节将详细介绍财政收入绩效的概念、特点、影响因素及评价方法，为财政收入的优化管理提供理论支持和实践指导。

一、财政收入绩效的概念与特征

（一）财政收入绩效的概念

财政收入预算绩效评价是政府依据“效率性、效果性、效益性”原则，对预算周期内的收入筹集目标设定、执行过程及结果进行系统评估的管理活动。其核心在于收入预算与绩效的强关联，即通过量化指标衡量收入目标合理性、征收效率及经济社会影响。

从效率方面来看，财政收入绩效强调以最小成本实现最优征收，即政府在征收税款、获取非税收入等过程中，聚焦财政收入获取过程的投入产出比，衡量政府筹集资金时资源消耗的合理性。这包括税务部门的征管成本、行政事业性收费的管理成本等。例如，通过优化税收征管流程、提高信息化水平，减少税务人员的工作量和时间成本，从而在不增加纳税人负担的前提下，提高税收收入的征收效率。

从效果方面来看，财政收入绩效强调政策目标精准达成，即财政收入政策和措施是否达到了预期的目标，如实现财政收入的稳定增长、调节收入分配、促进经济发展的目标等。例如，政府制定了针对特定行业的税收优惠政策，旨在鼓励该行业的发展。如果政策实施后，该行业确实得到了有效扶持，企业活力增强，纳税能力提升，那么就可以说在促进特定行业发展这一效果方面取得了积极成果。

从效益层面来看，财政收入绩效强调经济社会综合价值最大化，效益性关注财政收入的长期、全局性影响，需平衡短期增收与可持续发展。良好的财政收入绩效不仅要保证政府有足够的资金来履行职能，还要促进经济的可持续发展、社会公平正义的实现以及公共服务的有效提供。比如，合理的税收结构能够在保障财政收入的同时，不抑制企业的创新和投资积极性，推动经济的长期增长；公平的税收制度能够调节贫富差距，促进社会的稳定和谐。

具体来说，财政收入绩效可以从以下几个方面进行深入理解。首先，它与经济发展密切相关。在经济增长的时期，企业盈利增加，个人收入提高，会为财政收入的增长提供坚实的基础。然而，如果税收政策不合理，税率过高或过低，可能会对经济发展产生抑制或刺激过度的作用，从而影响财政收入的可持续性。因此，财政收入绩效要求在经济发展和财政收入之间找到一个平衡，既要保证政府有足够的资金，又不能对经济发展造成过大的负担。其次，财政收入绩效还涉及税收制度的公平性。公平的税收制度能够让不同收入水平的纳税人按照其负担能力纳税，避免出现税负不公的现象。这不仅有助于提高纳税人的遵从度，也有利于社会公平正义和稳定。例如，累进税制在一定程度上实现了对高收入者的更多征税，从而调节收入分配差距。再者，财政收入绩效也体现在非税收入的管理上。行政事业性收费、国有资源（资产）有偿使用收入等非税收入应当合理规范，避免出现乱收费、乱摊派等现象，减轻企业和社会的负担，同时确保国有资源的有效利用和保值增值。此外，财政收入绩效的评估还需要考虑政策的适应性和前瞻性。随着经济社会的发展变化，财政收入政策和制度应当及时调整和完善，以适应新的形势和需求。例如，在数字经济迅速发展的背景下，如何对新兴的商业模式进行合理征税，就是一个需要不断探索和创新的领域。

总之，财政收入绩效是一个复杂而多维的概念，它涵盖了效率、效果和效益等多个方面，并且与经济、社会和政治等诸多因素相互作用。通过对财政收入绩效的科学评估和有效管理，政府能够更好地实现财政资源的优化配置，为经济社会的发展提供有力的支持和保障。

（二）财政收入绩效的特征

1. 综合性

财政收入绩效评价涉及多个维度，包括经济、社会、环境等，需要综合考虑财政收入对经济社会发展、公共服务的提供以及资源配置效率的影响。在经济层面，经济形势直接关联税基宽窄，影响财政收入规模。繁荣时期，企业盈利、居民收入增加，拓宽税基使财政收入上升；衰退期则相反。在社会方面，公平与稳定需求促使税收政策兼顾公平，如个人所得税采用累进税率，高收入群体多纳税，调节收入分配，维护社会公平，同时影响财政收入结构。从制度角度，完善的税收制度与征管体系是财政收入稳定增长的保障。严密的税收法律规范纳税行为，高效征管机构与先进技术减少税收流失，像金税工程通过大数据、信息化手段强化税收征管，提升财政收入绩效。

2. 稳定性

财政收入来源主要为税收与非税收入等，受国家长期政策及经济结构影响，在一段时期内呈现相对稳定态势。以税收为例，主体税种的设置与税率调整往往较为谨慎，不会频繁变动，为财政收入提供了持续稳定的支撑。如增值税作为我国重要税种，其征收范围、税率等在多年间保持相对稳定，确保了财政收入的基本盘。非税收入中的行政事业性收费，依据法律法规设立，在政策未调整时，收费项目和标准相对固定，保证了财政收入的稳定性。

3. 动态适应性

随着经济结构调整、税收政策改革及征管技术进步，财政收入绩效表现形式与评价标准不断变化。经济结构调整中，传统产业转型、新兴产业崛起，改变税源结构，如互联网、新能源等新兴产业发展，催生新的税收增长点，评价指标需与时俱进。税收政策改革时，如营改增政策实施，改变了流转税格局，影响财政收入规模与结构，评价标准须重新考量。征管技术进步，如电子税务局普及，提高征管效率、降低成本，对财政收入绩效评价提出新要求，促使评价方法和侧重点随之调整。

4. 价值导向的双重性

财政收入绩效评价兼顾效率与公平两个核心价值导向。在效率方面，着重强调财政收入的充足性，例如通过宏观税负水平、收入弹性系数等关键指标，确保政府职能履行具备足够的财力支持。同时，高度注重征收过程的公平性，如借助税制累进性、区域税负均衡度等指标，避免过度增加市场主体负担或加剧收入分配失衡。在公平性实践中，累进税制有效调节收入分配，缩小贫富差距，提升社会公平感。在效率提升上，简化税收征管流程，降低征管成本，切实提高税收征管效率。

5. 政策导向性

财政收入绩效评价与政府的政策目标紧密相关，需根据政策导向进行调整和优化。在产业政策方面，为推动新兴产业发展，政府常运用税收优惠政策引导资金流入。例如，对高新技术企业实施较低的企业所得税税率，或给予研发费用加计扣除等优惠，这在短期内虽减少了该部分企业的税收上缴，但从长远看，助力新兴产业壮大，培育了未来的优质税源，改变财政收入的结构与规模预期，评价时需关注此类政策对新兴产业相关财政收入指标的长期影响。环境政策层面，为践行绿色发展理念，资源税改革不断推进，对高污染、高能耗资源加大征税力度，引导企业节约资源、减少污染排放，这不仅改变了资源类财政收入规模，还促使企业调整生产方式，催生环保产业发展，创造新的税收来源，评价财政收入绩效时要综合评估此类政策对环境改善、产业升级及财政收入结构优化的综合成效。

6. 前瞻性

财政收入绩效评价不仅关注当前的收入状况，更注重预测未来收入趋势，为政策制定提供有力依据。借助经济预测模型，精准评估未来税收收入的变化趋势，为预算编制提供科学参考。面对数字经济税基侵蚀、平台经济税收规则模糊等新兴问题，积极开发数字税源监控系统，深入探索虚拟经济税制适配性评估方法；运用人工智能算法预测税收收入趋势，构建税收政策模拟沙盘，为税制改革提供动态推演支持。

7. 协同性

财政收入绩效评价需与财政支出绩效评价、预算管理等多方面协同，形成完整的财政管理链条。通过对比财政收入的规模、结构、筹集成本，以及财政支出的方向、效益及资金使用效率，能够清晰洞察财政资源在收支两端的配置合理性。例如，若某地区财政收入中特定产业税收贡献突出，而财政支出在该产业领域的投入却未产生相应效益，便需重新审视资源配置策略，优化支出结构，确保财政收入的筹集与支出效益相匹配，实现财政资源的高效利用。在与预算管理协同上，财政收入绩效评价结果是预算编制的重要依据。精准评估财政收入绩效，可合理预测未来收入规模与结构，为预算收入目标设定提供科学参考。同时，预算管理中的预算安排又会影响财政收入组织工作。如预算中对重点扶持产业的资金投入计划，会引导税收政策及征管资源向相关领域倾斜，促进产业发展，增加财政收入，形成财政收入与预算管理的良性互动，全方位提升财政管理效能。

专栏 6－2

财政收入绩效相关规定

2018 年，中共中央、国务院联合印发《中共中央　国务院关于全面实施预算绩效管理的意见》（以下简称《意见》），首次以中央文件形式对全面实施预算绩效管理进行系统阐述，要求构建全方位预算绩效管理格局，正式明确将收入预算纳入绩效管理，完善全覆盖预算绩效管理体系，指出了收入预算绩效管理的重点。《意见》强调，预算收入“要实事求是、积极稳妥、讲求质量，与经济社会发展水平相适应，严格落实各项减税降费政策，严禁虚收空转、收取过头税费，严禁超出限制举借政府债务”。对一般公共预算收入，《意见》指出，“要重点关注收入结构、征收效率和优惠政策实施效果”。《意见》关于收入预算绩效管理的相关论述，为实施收入预算绩效评价提供了重要政策依据。2021 年 4 月，全国人民代表大会常务委员会修订颁布《关于加强中央预算审查监督的决定》，要求加强预算的全口径审查和全过程监督，在四本预算的审查监督重点中，都就收入审查监督做了规定，为实施收入预算绩效评价提供了法律依据。2021 年 4 月，国务院下发《关于进一步深化预算管理制度改革的意见》，强调推动预算绩效管理提质增效，将落实党中央、国务院重大决策部署作为预算绩效管理重点，对收入预算绩效评价导向有重要启示。

请结合资料思考：落实减税降费政策，会对财政收入绩效带来哪些挑战？

二、影响财政收入绩效的因素

财政收入绩效是衡量政府财政收入活动效率与效果的重要指标，其表现受多种因素的综合影响。

（一）政策因素

1. 税收政策导向

税收政策是影响财政收入绩效的核心政策要素。政府对不同产业、不同经济行为制定的税收政策差异，直接决定了财政收入的来源构成。例如，对新兴战略性产业，如人工智能、生物医药等，政府通常实施税收优惠政策，如研发费用加计扣除、减免企业所得税等，旨在鼓励产业发展。短期内，这些产业缴纳的税收可能减少，但从长远看，产业壮大后将拓宽税基，增加未来财政收入。反之，对于高污染、高能耗的落后产业，政府可能提高资源税、消费税等税负，促使产业转型升级，同时增加特定领域的财政收入。

2. 非税收入政策

非税收入涵盖行政事业性收费、政府性基金、国有资源（资产）有偿使用收入等多种形式。非税收入政策的制定与调整，对财政收入绩效影响显著。例如，规范行政事业性收费项目和标准，取消不合理收费，虽可能短期内减少部分非税收入，但能优化营商环境，激发市场主体活力，从长期促进经济增长，增加税收等其他财政收入来源。而合理设置政府性基金，如为支持特定基础设施建设设立的专项基金，能定向筹集资金，保障重点项目的资金需求，提升财政收入的使用效益。

3. 财政体制政策

财政体制明确了中央与地方政府间的财政分配关系，对财政收入绩效影响深远。分税制财政体制下，中央与地方税种划分、税收分成比例等规定，直接影响各级政府组织财政收入的积极性。例如，地方政府在其主体税种和共享税种分成比例合理的情况下，会更积极地培育税源、加强税收征管，推动地方财政收入增长。同时，财政转移支付政策作为财政体制的重要组成部分，通过均衡性转移支付、专项转移支付等方式，调节地区间财政收入差距，促进区域协调发展，间接提升全国财政收入绩效。

（二）经济因素

1. 经济发展状况

经济发展状况是财政收入的基石。在经济繁荣时期，企业经营效益良好，利润大幅增加，这直接导致企业所得税收入显著上升。同时，居民收入提高，消费能力增强，带动增值税、消费税等流转税收入增长。例如，我国在经济高速增长阶段，GDP 的持续上升带动了财政收入的高速增长，企业和个人纳税能力提升，各类税种税基不断拓宽。相反，在经济衰退期，企业盈利下滑，部分企业甚至亏损，企业所得税收入减少，居民收入降低，消费市场低迷，流转税收入也随之下降，财政收入面临严峻下行压力。

2. 产业结构布局

产业结构的优化升级对财政收入绩效有着深刻影响。不同产业的税收贡献能力差异巨大。传统劳动密集型产业附加值低，税收贡献相对有限；而高端制造业、现代服务业等高附加值产业，创造的利润和缴纳的税收较高。随着经济发展，产业结构从传统产业向新兴产业、从低附加值产业向高附加值产业转变，财政收入的结构也随之优化。例如，一些沿海发达地区，通过产业结构调整，大力发展金融、信息技术等现代服务业，其财政收入中来自这些产业的税收占比不断提高，提升了财政收入的整体绩效。

3. 企业经营效益

企业作为纳税主体，其经营效益直接决定了财政收入的规模。经营效益好的企业，不仅能按时足额缴纳税款，还能通过扩大生产、增加投资等行为，进一步创造更多的税收。例如，一家营利能力强的大型企业，其缴纳的企业所得税、增值税等税款为财政收入做出重要贡献。而企业经营不善，面临亏损甚至倒闭时，不仅自身纳税能力下降，还可能导致上下游产业链相关企业的经营受到影响，进而减少整个行业的税收贡献，对财政收入绩效产生负面影响。

（三）管理因素

1. 税收征管水平

高效的税收征管是保障财政收入足额征收的关键。税收征管部门利用先进的信息技术，如大数据、区块链等，能够实现对企业纳税行为的精准监控。通过建立税收风险预警系统，可及时发现企业潜在的偷逃税行为，提高税收征管的效率和精准度，减少税收流失。例如，金税系统通过对企业发票数据、财务报表数据等的分析比对，能够快速识别异常纳税情况，加强对重点行业、重点企业的税收征管，确保财政收入应收尽收，提升财政收入绩效。

2. 非税收入收缴管理

规范非税收入收缴管理流程，能提高非税收入的入库效率和质量。建立统一的非税收入收缴平台，实现收缴业务的信息化、规范化，简化缴费流程，方便缴款人缴纳费用。同时，加强对非税收入收缴的监督检查，防止截留、挪用等违规行为，确保非税收入全额上缴国库。例如，一些地区通过整合各类非税收入收缴渠道，实现线上线下一体化收缴，提高了非税收入的收缴效率，增加了财政收入的稳定性。

3. 财政收入预算管理

科学合理的财政收入预算管理，能够为财政收入组织工作提供明确目标和指导。在编制财政收入预算时，充分考虑经济发展趋势、税收政策调整、非税收入变化等因素，制定切实可行的收入目标。在预算执行过程中，加强对收入进度的监控和分析，及时调整收入组织策略。例如，当经济形势发生变化导致实际财政收入与预算目标出现偏差时，通过加强征管、调整政策等手段，确保财政收入目标的实现，提升财政收入绩效。

（四）社会因素

1. 纳税遵从度

纳税人的纳税遵从意识直接影响财政收入的征收成本和效率。当社会整体纳税遵从度高时，纳税人能够自觉履行纳税义务，如实申报纳税，税收征管部门无须投入过多的人力、物力进行征管和稽查，降低征管成本，提高财政收入绩效。通过加强税收宣传教育，普及税收法律法规知识，提高纳税人对税收重要性的认识，同时加大对偷逃税行为的处罚力度，能够有效提升纳税遵从度。例如，开展税收宣传月活动，举办税收知识讲座等，增强纳税人依法纳税意识。

2. 社会信用体系完善程度

完善的社会信用体系对财政收入绩效影响显著。在税收征管领域，信用体系与纳税信用评级紧密相连。若企业和个人纳税信用良好，税务机关在税收管理中可给予更多便利，如简化办税流程、减少税务检查频次等，这不仅降低了纳税人的纳税成本，也提升了税收征管效率。反之，对于纳税信用不佳的主体，税务机关可采取加强监管、限制发票领用等惩戒措施，促使其依法纳税。同时，社会信用体系还影响着非税收入的收缴。例如，在政府性基金征收中，信用良好的企业更可能按时足额缴纳，减少拖欠和违规行为，保障财政收入及时入库，提高财政收入绩效。

三、财政收入绩效评价方法

（一）成本效益分析法

成本效益分析法核心在于对财政收入组织过程中的成本与效益进行量化比较。成本涵盖税务部门的征管成本，包括人员工资、办公经费、信息化建设投入等。效益则体现为财政收入的实际规模、结构优化带来的长期经济促进效益等。例如，在评估某地区推行新的税收征管系统时，计算投入的系统研发、培训及维护成本，对比实施后税收增收额、征管效率提升节省的人力物力成本等效益，若效益大于成本，表明该举措对财政收入绩效有正向提升。通过精确量化成本与效益，能直观判断财政收入活动在经济上的合理性，为资源配置决策提供数据支撑，助力优化财政收入组织方式，提高整体绩效。

（二）对比分析法

对比分析法包括纵向对比和横向对比。

纵向对比是将不同时期的财政收入数据进行对比，分析财政收入规模、增速、结构等方面的变化趋势。例如，在研究某地区财政收入结构演变时，可选取近 5 年作为研究区间，对比该地区税收收入占财政收入的比重变化情况。若该比重呈现稳步上升态势，可能意味着税收征管力度加强、经济结构优化促使税源质量提升等积极因素；反之，若比重下降，则需进一步探究是否存在税收政策调整、非税收入增长过快等原因。通过这种纵向对比分析，能够精准判断财政收入结构是否朝着优化方向发展，同时清晰洞察税收政策调整、区域经济结构变迁等关键因素对财政收入的长期影响轨迹，为地方政府制定具有前瞻性和针对性的长期财政收入规划提供重要依据，确保财政收入政策与经济社会发展趋势相契合。

横向对比是在同一时期，对不同地区、部门的财政收入绩效进行对比。例如，比较多个省份的财政收入质量指标，包括宏观税负合理性、非税收入合规性等，找出先进地区的优势做法，分析落后地区存在的问题，促进地区间相互学习借鉴，推动整体财政收入绩效提升。通过横向对比，能够精准识别先进地区在财政收入管理方面的优势做法，如某些省份在税收征管信息化建设、非税收入精细化管理等方面的成功经验。同时，深入分析落后地区存在的问题，如征管漏洞、非税收入乱象等，促进地区间相互学习借鉴，形成良性竞争氛围，推动全国整体财政收入绩效的协同提升。

（三）因素分析法

因素分析法是通过确定影响财政收入绩效的各种因素，并分析各因素对绩效的影响程度来评价。影响因素有经济发展水平、税收政策、征管能力等。在众多影响因素中，经济发展水平占据基础性地位。经济发展水平与财政收入增长之间存在紧密的内在联系，通常可利用 GDP 增长率与财政收入增长率的关联数据，借助回归分析等专业统计方法，定量确定经济增长对财政收入增长的贡献率。当经济处于高速增长阶段，企业营利能力增强，居民收入水平提高，税基得以显著拓宽，进而带动税收收入的大幅增长。税收政策作为重要的调控手段，对财政收入规模和结构具有直接且关键的影响。例如，税率的调整直接改变企业和居民的纳税负担，进而影响应税行为和财政收入规模；税收优惠范围的变化则引导资源在不同产业、区域间的配置，重塑财政收入结构。征管能力是保障财政收入足额征收的关键因素，高效的征管能力能够有效减少税收流失，提高财政收入质量。通过加强税收征管信息化建设、提升税务人员专业素养等方式，可显著增强征管能力。在明确各因素影响程度后，政府能够有的放矢地制定改进措施。当经济增长乏力时，可适时调整税收政策，如实施减税降费政策，减轻企业负担，激发市场活力，促进经济复苏，从而带动财政收入增长；若经济形势稳定但财政收入存在缺口，则可通过加强征管力度，堵塞税收漏洞，提高税收征管效率，确保财政收入目标的实现，全方位提升财政收入绩效。

（四）目标达成度评价法

目标达成度评价法首先需明确界定财政收入的多元目标，这些目标涵盖收入规模目标、结构优化目标以及征管效率目标等多个维度。收入规模目标通常基于政府的财政支出需求、经济发展规划以及宏观调控目标等综合确定，例如设定年度税收收入增长 X% 的具体目标，以保障政府各项公共服务和基础设施建设的资金需求。结构优化目标旨在推动财政收入结构的合理化，如将非税收入占比控制在 X% 以内，降低财政收入对非税收入的过度依赖，提高财政收入的稳定性和可持续性。征管效率目标则聚焦于提升税收征管的质量和效率，如缩短纳税申报办理时间、提高税收违法案件查处率等。在明确目标后，将财政收入的实际完成情况与预定目标进行严格对比。通过计算目标达成率，若达成率较高，则表明财政收入绩效表现良好，各项政策和管理措施有效；若未达成目标，则需深入剖析原因，可能涉及税收政策执行不到位，部分优惠政策未精准落地或税收征管存在漏洞，导致税收流失；也可能是经济形势变化超出预期，企业经营困难，影响了税基和纳税能力。通过深入分析原因，能够为后续调整财政收入政策和优化管理方式提供明确方向，持续推动财政收入绩效的改进与提升。

（五）综合评分法

综合评分法的实施首先需构建一套全面且科学的财政收入绩效评价指标体系，该体系涵盖定量指标与定性指标两个层面。定量指标具有直观、可量化的特点，能够通过具体数据准确反映财政收入的规模、增速、结构以及弹性等特征。例如，财政收入增长率直接体现财政收入的增长态势，是衡量财政收入绩效的重要指标之一；税收弹性系数则反映税收收入增长与经济增长之间的动态关系，用于评估税收政策对经济变化的适应性。定性指标则侧重于对财政收入政策和管理过程中的非量化因素进行评价，如税收政策合理性，涉及税收政策是否符合经济发展规律、产业政策导向以及社会公平原则；征管服务质量体现税务部门在税收征管过程中为纳税人提供服务的水平和效率，包括办税便捷性、政策咨询服务质量等方面。

为确保评价的科学性和准确性，需为每个指标赋予相应权重，权重的确定可采用层次分析法等科学方法。层次分析法通过构建层次结构模型，将复杂问题分解为多个层次，通过两两比较的方式确定各指标的相对重要性，从而得出合理的权重分配方案。在确定权重后，根据实际数据对各指标进行客观评分。以财政收入增长率权重为 0.3 为例，若实际增长率达到预定目标，按照评分标准可得 8 分，则该项加权得分为 2.4 分。通过对所有指标的评分进行加权汇总，最终得出的综合得分能够直观且全面地反映财政收入绩效水平。借助综合评分法，方便对不同地区、不同时期的财政收入绩效进行横向和纵向的比较与排序，精准定位各地区、各时期财政收入绩效的优势与不足，为制定针对性的改进策略和实现整体财政收入绩效的提升提供全面且系统的参考依据。

四、财政收入绩效评价的指标体系

（一）构建原则

一是科学性原则。指标体系应基于财政收入的内在规律和经济理论构建，确保指标选取、计算方法以及权重分配科学合理。例如，在确定税收弹性系数时，依据税收增长与经济增长的内在联系，通过准确计算税收收入增长率与GDP增长率的比值，科学衡量税收与经济的关联程度，为评价财政收入增长的合理性提供科学依据。

二是全面性原则。需涵盖财政收入的各个方面，包括收入规模、结构、质量、征管效率以及政策效果等。从规模上有财政收入总量、增长率指标；结构上有税收与非税收入占比、主体税种占比指标等，全方位反映财政收入绩效，避免评价片面性。

三是可操作性原则。选取的指标数据应易于获取，计算过程简便可行。如财政收入总量、税收收入等数据可直接从财政、税务部门统计报表获取；税收征管成本率计算所需的征管成本和税收收入数据，在日常工作中也有规范统计，方便计算，保障指标体系能在实际评价中有效应用。

四是动态性原则。经济社会不断发展，财政收入受多种因素影响持续变化。指标体系要能适应这种变化，及时调整更新。例如，随着新兴产业发展，可适时增加相关新兴产业税收贡献指标，以准确反映财政收入结构的动态变化。

（二）基本框架

一级指标。反映财政收入绩效的总体目标和宏观效果，主要包括决策、过程、产出、效益等方面的指标。

二级指标。反映影响财政收入绩效的主要因素和关键环节，如收入目标设定的科学性、收入政策制定的合理性与规范性、收入预算编制的严谨性、收入征管执行的有效性与合规性等。这些指标是对一级指标的进一步细化和具体化，有助于更深入地了解财政收入绩效形成的内在机制。

三级指标。具体衡量财政收入绩效的指标，如收入总量完成率、税收收入占比合理性、纳税申报准确率、经济增长贡献率、公众满意度等。这些指标是评价财政收入绩效的具体量化标准，有助于更直观地反映财政收入的实际效果。

表6－3展示了一个可参考的财政收入绩效评价指标体系框架。

表6－3　财政收入绩效评价指标体系框架（参考）

一级指标	二级指标	三级指标	指标解释
决策	收入目标设定	目标合理性	设定的财政收入目标是否契合经济发展趋势、税收政策导向以及地区财政状况，用于反映和考核财政收入目标的科学性与可行性。
		目标明确性	财政收入目标是否为具体、可量化、可考核的指标，如各税种收入目标、非税收入目标等，用于反映和考核财政收入目标的清晰程度。
	收入政策制定	政策依据充分性	制定的财政收入政策是否有法律法规、宏观经济政策以及区域发展规划作为支撑，用于反映和考核财政收入政策的合法性与合理性。
		政策制定程序规范性	财政收入政策的制定过程是否遵循严格的法定程序，如调研、专家论证、公众参与、审批备案等环节是否完备，用于反映和考核财政收入政策制定的规范性。

续表

一级指标	二级指标	三级指标	指标解释
过程	收入预算编制	预算编制科学性	财政收入的编制是否经过严谨的经济形势分析、收入预测等科学论证，编制方法是否合理，预算额度与经济增长预期、政策调整影响是否适配，用于反映和考核财政收入编制的科学性。
		收入结构合理性	税收收入与非税收入的结构是否符合地区经济结构特点、产业发展方向及可持续性要求，用于反映和考核财政收入结构的合理性。
	收入征管执行	收入任务完成进度	各阶段实际完成的财政收入与预算进度目标的对比情况，用于反映和考核财政收入征管执行的及时性与有效性。
		税收征管合规性	税收征管过程是否遵循税收法律法规，在税款征收、税务稽查等环节是否依法依规，用于反映和考核税收征管的合法性与规范性。
		非税收入收缴规范性	非税收入的项目设立、收费标准执行、收缴程序以及资金管理是否符合相关规定，用于反映和考核非税收入收缴的合规性。
收入成果	收入规模	收入总量完成率	实际完成的财政收入总量与预算收入总量的比率，用于反映和考核财政收入规模目标的实现程度。
		收入增长率达标率	实际财政收入增长率与预期增长率的对比情况，用于反映和考核财政收入增长目标的完成情况。
	收入结构	税收收入占比合理性	实际税收收入占财政收入的比重与合理区间或目标比重的符合程度，用于反映和考核财政收入结构中税收收入占比的合理性。
		主体税种结构优化度	主要税种如增值税、企业所得税、个人所得税等在税收收入中的结构变化情况，是否符合产业结构调整和经济发展方式转变的要求，用于反映和考核主体税种结构的优化程度。
效益	经济效益	经济增长贡献率	财政收入增长对地区 GDP 增长的拉动作用，通过计算财政收入增量与 GDP 增量的关联关系得出，用于反映和考核财政收入对经济增长的贡献程度。
		产业发展促进度	财政收入政策对不同产业发展的支持与引导效果，如对新兴产业的税收优惠政策是否推动了产业规模扩大、竞争力提升，用于反映和考核财政收入政策对产业发展的促进作用。
	社会效益	社会公平保障度	财政收入政策在调节收入分配、促进社会公平方面的成效，如个人所得税累进税率对高收入群体的调节作用，用于反映和考核财政收入政策的社会效益。
		公众满意度	社会公众对财政收入政策、征管服务以及财政收入使用效果的满意程度，通过问卷调查、民意测评等方式获取，用于反映和考核财政收入工作的社会认可度。

（三）灵活运用与权重分配

在实际应用中，需要根据评价对象和评价目标的不同，灵活选择和调整指标，并赋予相应的权重。权重的分配应根据指标的重要性、相关性以及数据可获得性等因素进行综合考虑。同时，还需要注意指标之间的相互影响和制约关系，确保评价结果的客观性和准确性。

五、财政收入绩效评价流程

（一）准备阶段

1. 明确评价目标与范围

（1）确定评价目标。紧密围绕政府宏观经济调控目标、财政政策导向以及财政收入管理需求来设定。例如，若政府旨在优化产业结构，评价目标可能聚焦于财政收入政策对不同产业税收贡献的引导效果；若重点关注财政收入可持续性，目标则为评估当前财政收入结构及增长模式的长期稳定性。

（2）界定评价范围。涵盖地域范围，明确是针对全国、某一省份或特定市县的财政收入进行评价；时间范围上，确定评价是基于年度、季度还是跨年度周期；收入类别范围需说明是涵盖所有税收收入、非税收入，还是仅针对特定税种（如增值税）或非税项目（如政府性基金）。

2. 构建评价指标体系

从财政收入规模、结构、质量、征管效率及政策效果等维度着手。规模维度有财政收入总量、增长率指标；结构维度涉及税收收入占比、主体税种占比等；质量维度包含宏观税负率、税收弹性系数；征管效率维度有税收征管成本率、纳税申报准确率；政策效果维度涵盖税收优惠政策落实率、非税收入政策合规性等。比如在评价某地区财政收入时，通过财政收入总量衡量总体规模，用税收收入占比反映收入结构合理性。

3. 确定指标权重

确定财政收入绩效评价指标权重，需运用科学且适配的方法，如层次分析法、德尔菲法、主成分分析法等，确保评价结果的科学性与准确性。层次分析法通过构建层次结构模型，对各指标相对重要性进行两两比较确定权重；德尔菲法借助多轮专家咨询，综合专家意见确定权重。例如，在考量财政收入结构、征管效率与政策效果等指标权重时，可利用层次分析法，根据地区当前财政工作重点，如侧重于优化财政收入结构，赋予结构维度指标更高权重。

（二）实施阶段

1. 收集数据与信息

（1）内部数据收集。主要从税务部门、财政部门获取。税务部门提供税收征管数据，如各税种收入明细、纳税户数、税收稽查数据等；财政部门提供非税收入数据、财政收入预算与决算数据等。以增值税收入数据为例，税务部门的税收征管系统可精确提供不同行业、企业的增值税缴纳情况。

（2）外部数据收集。收集宏观经济数据，如地区 GDP、产业增加值等，用于分析财政收入与经济增长的关联；还可通过调研企业、行业协会，了解税收政策对企业经营及行业发展的影响。例如，通过对企业的问卷调查，了解税收优惠政策是否切实减轻企业负担、促进企业发展。

2. 开展绩效评价

（1）运用评价方法。采用成本效益分析法，计算财政收入征管成本与所获收入效益的比值，评估征管效率；采用对比分析法，将本地区财政收入绩效与其他地区或自身历史数据对比，查找差距与优势；采用目标达成度评价法，衡量实际财政收入各项指标与预定目标的契合程度。如评价税收征管成本率时，运用成本效益分析法判断征管资源投入是否合理；通过对比分析法，比较不同地区宏观税负率，分析本地区税负合理性。

（2）综合评价打分。根据各指标实际数据，对照评价标准打分，再结合指标权重计算综合得分。最后根据综合得分划分绩效等级，如优秀、良好、中等、较差。

3. 撰写评价报告

（1）报告内容。包含评价背景与目的、评价范围与方法、指标体系及权重说明、数据来源与分析、评价结果呈现、存在问题剖析、改进建议与措施等。详细阐述评价过程，展示评价结果，深入分析财政收入在政策制定、征管执行等环节存在的问题，并提出针对性的改进策略。

（2）报告审核。组织内部专业人员、外部专家对报告进行审核，确保数据准确、分析合理、结论客观公正、建议切实可行。

（三）反馈和应用阶段

1. 反馈评价结果

将评价结果及时反馈给财政、税务等相关部门以及上级政府。相关部门可据此了解财政收入绩效现状，为决策提供依据。

2. 推动结果应用

财政部门根据评价结果调整财政收入政策，如优化税收优惠范围、规范非税收入项目；税务部门改进征管方式，提高征管效率；将评价结果纳入部门及人员绩效考核体系，激励提升财政收入管理水平。例如，对税收征管效率高的部门给予奖励，对存在问题的部门督促整改。

六、财政收入绩效评价的现状

（一）财政收入绩效评价的总体发展态势

2018 年 9 月《中共中央　国务院关于全面实施预算绩效管理的意见》明确提出，3

至5年内建成全方位、全过程、全覆盖的预算绩效管理体系。全覆盖的预算绩效管理体系应该包括财政收入和财政支出两个方面。2023年财政部依据《预算绩效评价共性指标体系框架》，细化税收弹性系数、非税收入偏离度等12项指标，力求构建更加完善、全面、科学的预算绩效评价指标体系，为提升财政资金使用效益、强化财政资源配置能力提供坚实保障。财政收入作为国家财政的重要组成部分，其绩效评价工作也逐渐受到关注。然而，与财政支出绩效评价工作的快速推进相比，财政收入绩效评价的进展相对较为缓慢。

在当前的经济环境下，对财政收入进行科学有效的绩效评价愈发重要。这不仅关系到财政资源的合理配置和有效利用，更是衡量政府治理能力和公共服务水平的关键指标。随着社会经济的发展和财政体制改革的深化，公众对财政资金使用的透明度和效益要求不断提高，财政收入绩效评价工作面临着前所未有的挑战和机遇。

（二）财政收入绩效评价的主要实践领域

1. 政府绩效评价中的财政收入考量

在政府绩效评价体系中，对财政收入有一定程度的考察。自20世纪90年代末以来，各级政府为提升工作效率和服务质量，不断深化绩效评价工作。然而，这些评价多侧重于财政支出的效果和效率，如公共服务的提供能力、资金使用的效益等。虽然部分指标间接关联到财政收入，但对财政收入绩效的系统性、深入性评价相对不足。例如，在评估政府部门的工作成效时，更多关注的是项目的执行情况和公共服务的输出结果，而对于财政收入的来源稳定性、结构合理性以及对经济的长期影响等方面的分析较为欠缺。这导致在全面评估政府财政管理能力时，无法准确把握财政收入的真实绩效及其在政府治理中的核心作用。

2. 税收收入领域的绩效评价

税收作为财政收入的主要来源，其绩效评价工作在征管效率、政策落实和营商环境优化等方面取得了一定进展。例如，在税收征管方面，通过评估征管流程和手段的有效性，提高了税收征收的及时性和足额性；在税收政策方面，考察优惠政策的精准实施对企业发展和经济结构调整的促进作用；在营商环境方面，衡量税收服务的便捷性和规范性对企业纳税遵从度的影响。以企业所得税为例，通过对税收优惠政策的绩效评价，可以了解其在鼓励企业创新、扩大投资和促进就业等方面的实际效果。同时，对增值税征管效率的评价有助于发现税收征管过程中的漏洞和问题，进而采取针对性措施提高征管水平，增加财政收入。

（三）财政收入绩效评价面临的问题

1. 评价体系不完善

目前的财政收入绩效评价体系尚不成熟，缺乏全面、系统的指标架构。指标设置往往侧重于收入规模和增长速度等数量指标，对于收入质量、结构合理性和可持续性等方面的考量不足。同时，评价标准的科学性和合理性有待提高，难以准确反映财政收入的实际绩效。例如，在衡量税收收入绩效时，仅关注税收总额的增长，而忽视了税收负担的合理性、税收结构与产业结构的适配性等重要因素。这可能导致在追求税收增长的过程中，给企业和经济发展带来过重负担，影响经济的长期健康发展。

2. 数据质量与可用性问题

高质量的数据是进行准确绩效评价的基础，但在实际工作中，财政收入数据存在准确性不够、完整性欠缺和时效性滞后等问题。数据来源渠道多样，统计口径不一致，导致数据整合和分析困难，影响评价结果的可靠性和有效性。比如，不同地区的税务部门在统计税收收入时，可能采用不同的分类方法和计算口径，使得跨地区的税收绩效比较变得困难。此外，数据更新不及时也会导致评价结果无法及时反映财政收入的最新变化和趋势。

3. 评价方法的局限性

现有的评价方法在应对复杂的财政收入情况时存在一定局限。例如，传统的定量分析方法可能难以捕捉到财政收入与经济社会发展之间的深层次关系和动态变化；定性分析又往往依赖主观判断，缺乏客观性和精确性。在评估非税收入的绩效时，由于其种类繁多、来源复杂，单纯依靠定量数据可能无法全面反映其对财政收入和经济社会的综合影响。而过度依赖专家判断和经验的定性分析，又容易受到主观因素的干扰，影响评价结果的公正性和可信度。

4. 评价结果应用不足

尽管进行了财政收入绩效评价，但评价结果在预算编制、政策调整和绩效管理中的应用不够充分。评价结果未能与财政资源的分配、政策的优化和部门的绩效考核紧密挂钩，导致绩效评价对改进财政收入工作的推动作用未能充分发挥。比如，某些地区的财政部门在制定下一年度的预算时，没有充分参考上一年度财政收入绩效评价的结果，导致资源分配不合理，影响了财政资金的使用效率。在税收政策调整方面，也未能充分依据绩效评价结果进行精准优化，使得税收政策无法有效适应经济形势的变化。

5. 专业人才短缺

财政收入绩效评价工作需要具备财政、经济、统计和数据分析等多领域知识的专业人才。然而，目前在这方面的专业人才储备相对不足，限制了评价工作的深入开展和质量提升。一方面，高校和研究机构在相关专业的人才培养上与实际需求存在一定差距，课程设置和教学内容未能充分涵盖财政收入绩效评价的最新理论和实践方法。另一方面，在职人员的培训和继续教育机制不够完善，导致现有人员的知识和技能更新缓慢，难以适应不断变化的工作要求。

七、财政收入绩效评价的未来展望

随着财政管理改革的持续深入以及经济社会环境的不断变化，财政收入绩效评价工作有望在以下几个关键方面实现显著的突破和发展。

（一）完善评价体系

构建更加科学、全面、动态的指标体系，充分反映财政收入的多元特征和长期绩效。这一体系不仅要充分涵盖财政收入的多元特征，如收入的稳定性、来源的多样性、结构的合理性等，还应着重反映其长期绩效。例如，除了传统的规模和增长指标外，将更多地引入能够体现收入质量和可持续性的精细化指标，如税收弹性、非税收入占比的合理性、财政收入与经济增长的协调性等。并且，根据经济形势的动态变化和政策调整的需要，及时灵活地调整指标的权重和侧重点，以确保评价体系能够精准地反映财政收入的实际状况和发展趋势。

（二）加强数据治理

提高数据质量，建立统一的数据平台，实现数据的共享和实时更新。通过建立严格的数据质量管控机制，规范数据采集流程，统一统计口径，加强数据的审核与校验，从源头上保障数据的准确性、完整性和一致性。同时，依托先进的信息技术，搭建统一的数据平台，实现各部门、各层级之间数据的高效共享和实时更新，打破数据孤岛，为绩效评价提供坚实的数据支撑。此外，运用大数据分析和数据挖掘技术，深入挖掘数据背后的潜在价值，为评价工作提供更丰富、更深入的洞察。

（三）创新评价方法

综合运用定量分析与定性分析相结合、静态评估与动态监测相补充的多元化方法，充分发挥各自的优势。借助大数据、人工智能等前沿技术，构建更为精确的预测模型和分析工具，提高评价的准确性和前瞻性。例如，利用机器学习算法对海量的财政数据进行深度学习，预测财政收入的短期波动和长期走势，为政策制定和资源配置提供科学依据。

（四）强化结果应用

建立评价结果与财政决策和管理的有效衔接机制，切实发挥绩效评价对财政工作的指导和约束作用。评价结果将不仅仅是一份报告，更是决策的重要依据。一方面，将评价结果与财政政策的制定紧密结合。如果某一地区的税收结构不合理导致财政收入绩效不佳，那么在政策制定上就应考虑调整税率、优化税种设置，以促进财政收入的稳定增长和结构优化。另一方面，评价结果要深度融入预算安排。对于绩效优秀的财政收入项目，在预算分配上给予更多的资源支持，以鼓励其持续发展；而对于绩效欠佳的项目，则相应减少预算投入，促使其改进提升。同时，建立健全评价结果的跟踪反馈机制，定期对政策和预算调整后的效果进行再评价，形成“评价—调整—再评价”的良性循环，确保评价结果能够真正推动财政工作的持续优化。

（五）加大人才培养力度

通过培训、引进和实践锻炼等方式，打造一支高素质的财政收入绩效评价专业队伍。通过加强高校和研究机构的相关学科建设，优化课程设置和教学内容，紧密结合实践需求，培养具备扎实理论基础和实际操作能力的专业人才。同时，积极开展在职人员的培训和继续教育，鼓励跨领域的交流与合作，提升现有人员的专业素养和综合能力。此外，通过优厚的待遇和良好的发展环境，吸引更多具有丰富实践经验和跨学科背景的高素质人才投身于财政收入绩效评价工作，为行业发展注入新的活力和创新思维。

综上所述，当前我国财政收入绩效评价工作仍处于发展阶段，需要在理念、方法、制度和人才等方面不断改进和完善，以适应现代财政管理的要求，为提高财政资源配置效率和促进经济社会可持续发展提供有力支持。

【课后习题】

一、名词解释

财政收入　剩余价值　税收收入　非税收入　财政收入绩效

二、简答题

1. 简述财政收入的原则。
2. 简述财政收入的价值构成。
3. 简述财政收入的形式结构。
4. 简述财政收入规模的影响因素。
5. 什么是财政收入绩效评价？

三、论述题

1. 分析和评估我国当前的财政收入规模水平。

第七章　税收收入

学习目标

1. 掌握税收负担的分类。
2. 掌握税负转嫁的基本规律。
3. 理解税收归宿及其影响因素。
4. 了解税收制度的重要作用、组成结构与发展趋势。
5. 了解我国的税收制度。
6. 掌握流转税类、所得税类、财产税类、资源税类等我国主要税种的特征。

案例导入

从一块饼干看英国增值税

一直以来，英国的增值税因其独特的税率规则饱受非议，特别是著名的“蛋糕与饼干之争”一度成为国民笑柄，英国国内对增值税改革的呼声也此起彼伏。

但自1973年英国开征增值税以来，增值税收入已经成为仅次于所得税收入的财政主要收入来源之一，仅去年一年就为英国带来了1 680亿英镑（1英镑约合9.23元人民币）的财政收入。一家英国媒体称，尽管英国的增值税税率常常与“神秘”“荒谬”等形容词联系在一起，但该税种仍然是政府税收和预算计划的核心。

奇怪而微妙的税率设置

如果消费者需要为一块广受欢迎的麦维他牌巧克力消化饼干缴纳20%的增值税，那么是否同样需要为一块普通饼干缴纳20%的增值税?

在英国，这个答案是否定的。

在英国政府网站的增值税税率完整清单中，共设置了20%、5%、0%以及免税四种税率，但其中一些商品和服务的税率显得十分“无厘头”，蛋糕、饼干和巧克力的增值税税率就是其中一个非常棘手的领域。

20世纪末，英国著名的佳发蛋糕案解释了蛋糕、饼干和巧克力适用不同增值税税率的微妙关系。英国佳发蛋糕是一种吃起来口感像蛋糕的巧克力口味饼干，由两层松糕夹着橘子味果酱制成。根据英国的增值税规则，不带有巧克力的饼干适用零税率，但是一经加工为巧克力饼干就需按20%税率缴纳增值税，而巧克力蛋糕又适用零税率。于是，尽管佳发蛋糕在包装和销售时都类似饼干类商品，但它的生产商麦维他公司巧妙地利用了税率差异，将自己生产的产品命名为“蛋糕”，以此降低税负。

英国税务部门在接受佳发蛋糕按零税率申报增值税许多年后才回过味来，于1991年裁定佳发蛋糕名为蛋糕实为巧克力饼干，需按20%税率缴纳增值税。为此，生产商和税务部门对簿公堂。法庭认为，佳发蛋糕同时具备蛋糕和饼干的特征，但鉴于其已经具有足够的蛋糕特征，可以被接受为巧克力蛋糕，因此可以适用零税率。

蛋糕和饼干之争以佳发蛋糕生产商的胜利告终，但其他食品公司就没那么幸运了。英国薯片产品需缴纳20%的增值税，而玉米和以玉米为原料的零食产品增值税适用零税率。品客薯片的生产商宝洁公司就曾想碰碰运气，看法庭会不会裁定他们的薯片是一种以玉米为原材料的产品。遗憾的是，由于品客薯片被认定含有50%的马铃薯，争取增值税零税率的努力未能成功。

存在同样困扰的还有坚果企业，经烤制调味的带壳坚果产品适用增值税零税率，但一旦去壳销售就被视为咸味小吃，要按照20%税率缴纳增值税。

不仅如此，英国增值税规则的复杂性和荒谬性还体现在卷纸要按“奢侈品”缴纳20%的增值税，鱼子酱、搭乘直升机等产品和服务却被归类为“必需品”予以免税等。

从以上案例中，你怎么认识和看待增值税税率问题？对税收的征税对象有怎样新的感悟？通过对本章有关税收的学习，就能解决这些问题。

第一节 税收概念与分类

一、税收的产生与发展

税收是文明时代的产物。在文明时代，人们不仅享受着文明的果实，而且承受着文明的代价——税收。人们要进行生产与消费，借以维系生存，促进发展，不仅要有土地、资本等生产资料和衣食住行等消费资料，而且要有生产与消费的共同外部条件。这些共同外部条件至少包括和平的社会环境、规范的社会秩序、便利的公共设施和适宜身心发展的公共事业。和平的社会环境来自政府执行国防事务职能。政府为执行国防事务职能，需要建立军队，购置武器装备，建设军事设施，组织军事演练，由此发生的开支主要由税收承担。规范的社会秩序来自政府执行法律事务职能。政府为执行法律事务职能，需要设置立法机关、行政机关和司法机关，雇用国家公职人员和公共机构人员，制定各种各样的法律法规，由此发生的开支也主要由税收承担。便利的公共设施和适宜身心发展的公共事业来自政府兴建交通、通信等公共工程和举办文化、教育、医疗、卫生等公共事业。政府为兴建公共工程和举办公共事业，需要编制发展规划，投入人力、物力资源，组织公共工程与公共事业的建设，实施公共工程与公共事业的管理，由此发生的开支仍然主要由税收承担。如果没有税收，政府将无法执行国防事务和法律事务及兴建公共工程和举办公共事业等公共职能，社会将不会有和平的环境、规范的秩序、便利的设施和适宜发展的事业，生产与消费将难以顺利进行，生存与发展将陷入困境。

在文明之初，世界各地的人们出于对神灵的崇拜与敬畏，曾自发地向君主或朝廷贡献一部分劳动或物品。这种自由贡献成为税收的胚胎。后来，随着政府职能的扩大和政治权力的扩张，自由贡献的劳动转化为“役”，如兵役、衙役、力役，自由贡献的物品转化为按照人身或财产课征的税收。在漫长的农业社会，几乎所有的国家，每个有劳动能力的人都要按照性别和年龄缴纳一定数额的人头税，每块用于耕作的土地都要按照面积和等级缴纳一定数额的土地税，原始的手工业和服务业也要缴纳一定的工商业税。进入工业社会后，随着物质财富规模的扩大、种类的增加和经济活动主体的多元化，税收的种类和数量发生了重大变化。企业生产销售的货物或提供的服务要按照货物或服务的种类与数量缴纳一定数额或比例的商品（劳务）税，实现的利润要按照利润的多少缴纳一定比例的所得税，占有的财产要按照财产的种类与数量缴纳一定数额或比例的财产税。同时，个人从事劳动、投资和经营要按照收入的多少缴纳一定比例的所得税，到市场购买货物或服务要承担货物或服务的价格中包含的商品消费税，占有的财产也要缴纳一定数额或比例的财产税。

中国是一个历史悠久的文明古国。相传，自夏朝开始，中国就有了“贡”。在夏、商、西周三代，“贡”是政府收入的主要来源。春秋战国时期，随着生产力水平的提高和生产关系的变革，各国相继进行了财政制度改革，如齐国实行了“相地而衰征”（公元前685年），鲁国实行了“初税亩”（公元前594年）和“作丘甲”（公元前590年），郑国实行了“作丘赋”（公元前538年），秦国实行了“初租禾”（公元前408年），初步确立了按照土地征收“税”或“赋”的税收制度。秦汉时期，在对农田继续征收土地税（称田租）的同时，开始按照人口征收人头税（称赋，包括口赋与算赋），形成了以土地税和人头税为主的税收制度。在土地税和人头税之外，还对矿产、渔猎、农林等资源产品及手工业、服务业等征收一定数量的工商业税。这种以人头税与土地税为主、工商业税为辅的税收制度，一直延续到了清朝前期。清朝康熙年间，面对“户口日增，地未加广”和土地分配严重不均的情况，为减轻无地、少地农民和工商业者的税收负担，实行了“摊丁入地”的税收制度改革，将“丁银”摊入田亩征收，不再单独征收人头税。至此，以土地税和人头税为主、工商业税为辅的税收制度转变为以农业税和工商业税为主、房屋及车船等财产税为辅的税收制度。民国时期，借鉴西方各国税收制度建设的经验，对税收制度进行了重大调整，在工商业税收领域，增设了商品税、所得税等现代税种，为建立现代税收制度奠定了重要基础。中华人民共和国成立后，在2006年，为减轻农民的税收负担，取消了农业税。至此，农业税、工商业税、财产税并行的税收制度进一步转变为商品税、所得税、财产税并行的现代税收制度。目前，在中国的税收制度中，属于商品税的主要有增值税、消费税等，属于所得税的主要有企业所得税、个人所得税等，属于财产税的主要有城镇土地使用税、房产税、车船税等。

结合对各时期税收的分析，可以将税收做如下定义：

税收是国家机构为满足社会公共需要，依法参与经济主体收入分配的一种形式。

上述税收定义包含四层含义：①国家机构征税的目的是实现其职能，提供公共产品与服务，满足社会的公共需要。②征税凭借的是法律授予的权力。③税收是国家机构参与经济主体收入分配的一种形式。④税收具有强制性、无偿性、固定性的基本特征，不同于公债、规费、罚没、股息、利润缴款和资源租金等其他财政收入形式。

二、税收原则

税收原则是政府在运用税收取得收入、调节经济和维护国家利益时，为正确处理政府需要与经济发展、社会进步的关系所必须遵循的准则。它是制定税收制度的指导思想，也是判断税收制度是否完善的标准。只有明确税收原则，才能更好地发挥税收的作用。

在税收学说史上，许多著名的经济学家都曾对税收原则发表过重要的论述。新中国成立后，针对各个时期的经济社会背景，国家根据不同历史阶段的经济社会发展需要，也提出过各种不同的税收原则。现代税收原则归纳起来主要有以下两个方面。

（一）公平原则

1. 税收负担公平分配

公平原则强调税收负担要做到公平合理。而税收负担有广义、中义、狭义之分，广义的税收负担是纳税人因纳税而发生的经济福利损失，包括超额负担、纳税费用和缴纳的税收。中义的税收负担是纳税人因纳税而承受的经济负担，包括纳税费用和缴纳的税收。狭义的税收负担是纳税人缴纳的税收。这里所说的税收负担指的是狭义的税收负担。税收负担的分配是按照一定规则和方法把税收分摊给不同的纳税人，决定每个纳税人各自承担多少税收。税收负担的公平分配指的是使每个人各自承担一个合理份额的税收。

税收负担公平包括横向公平与纵向公平两个方面。横向公平要求对同等状况的纳税人同等对待，纵向公平要求对不同等状况的纳税人不同等对待。

实行税收负担的公平分配，首先有利于化解社会矛盾，保持社会稳定。世界各国的历史经验表明，税收负担分配不公平极易激化矛盾，诱发动乱，导致社会变革，是法国大革命、美国独立战争和中国历史上的农民起义等的重要诱因之一。为保持社会稳定，税收负担的分配必须公平。其次，实行税收负担的公平分配有利于减少逃避税，保证政府的财政收入。各国税收管理经验表明，税收负担分配不公平是逃避税的重要诱因。为了减少逃避税，保证财政收入，必须实现税收负担的公平分配。

为实现税收负担的公平分配，首先需要明确税收负担的分配依据。对此，哲学家、政治学家、经济学家提出了两种可供选择的方法：一种被称为受益原则，另一种被称为支付能力原则。受益原则要求以纳税人从国家机构执行公共事务服务中享受的利益作为税收负担分配的依据，受益大者多负担，受益小者少负担。支付能力原则要求以支付能力作为税收负担分配的依据，能力大者多负担，能力小者少负担。支付能力大小的衡量标准主要有纳税人一定时期的所得、消费与财产。

2. 国民收入公平分配

市场机制产生的分配结果是贡献大者多得，贡献小者少得，无贡献者不得。这种结果符合经济效率要求，却难以达到社会公平要求。为实现社会公平，需要国家机构运用转移支付手段和税收手段对收入分配进行必要的调节，缩小收入差距，实现收入的公平分配。

运用税收调节收入分配，缩小收入差距，需要对高收入者多征税、低收入者少征税、无收入者不征税。为此，国家机构需要征收累进所得税和奢侈品消费税。征收累进所得税，可以在收入形成环节调节收入分配，缩小收入差距；征收奢侈品消费税，可以在收入使用环节调节收入分配，缩小收入差距。

（二）效率原则

1. 降低税收额外负担

税收额外负担是由税收的替代效应产生的经济福利损失。税收额外负担的大小可用消费者剩余净损失和生产者剩余净损失来衡量。一般认为，所有以经济变量为税基设置的税种都具有替代效应，可产生额外负担。相对而言，商品税额外负担比较大，所得税额外负担比较小。就商品税或所得税而言，税基宽则额外负担小，税基窄则额外负担大，税率高则额外负担大，税率低则额外负担小。因此，为降低税收的额外负担，应当降低商品税的比重，提高所得税的比重。就所得税而言，则应当扩大税基，降低税率。

2. 消除资源配置外部成本

在市场机制作用下，资源配置具有外部性，包括外部收益与外部成本。在存在外部收益的情况下，市场供给小于有效供给。为增加市场供给，需要政府对外部收益项目给予财政补贴或实施税收优惠。在存在外部成本的情况下，市场供给大于有效供给。为减少市场供给，需要政府对外部成本项目单独征税，如污染税等。

三、税收要素

（一）征税对象、纳税人与纳税义务发生时间

征税对象、纳税人与纳税义务发生时间是税法对纳税义务的质的规定。

1. 征税对象

征税对象是指国家机构对什么征税或经济主体应就什么纳税。

从理论与实践两方面看，征税对象可以是人、事项与物件。“人”包括自然人与法人。以自然人为征税对象，可以征收人头税或（自然人）居民税；以法人为征税对象，可以征收（法人）居民税或企业（事业）税。“事项”包括普通事项与特定事项。以普通事项为征税对象，可以征收营业税等；以特殊事项为征税对象，可以征收污染税、耕地占用税等。“物件”包括财富存量与财富流量，财富流量又包括收入与支出。以财富存量为征税对象，可以征收财产税；以财富流量为征税对象，可以征收要素所得税与商品消费税。

在税收制度中，征税对象具有以下作用：①征税对象是确立一种税的客观基础。任何一种税的确立，首先都需要确定征税对象。只有确定征税对象，才能将与征税对象有归属关系的组织和个人确定为纳税人，并将征税对象的某种数量确定为计税依据。②征税对象决定一种税的征税范围。无论是什么事项或者物件，只要符合征税对象的规定，就属于征税范围，否则就不属于征税范围。③征税对象决定一种税与另一种税的联系与区别。一种税的名称和性质主要是由征税对象决定的。

征税对象的具体项目简称为税目。在税收制度中，税目具有两方面作用：一是明确征税对象的具体范围。凡列入税目的，就应当征税，否则就不应当征税。二是对征税对象进行归类，以便设计不同的税率。

2. 纳税人

税法中，纳税人被称为纳税义务人，是直接负有纳税义务的组织和个人。它表明国家机构直接向谁征税或谁有义务直接向政府纳税。

纳税人包括自然人和法人。自然人是基于出生而依法享有民事权利和承担民事义务的个人，包括本国公民和居住在本国的外国公民。法人是按照法定程序设立、具有一定组织机构和独立财产，并能以自己的名义享有民事权利和承担民事义务的组织，包括企业法人和事业法人。企业法人是从事生产和经营活动的经济组织，事业法人包括有独立经费的机关和具备法人条件的事业单位、社会团体。

纳税人的纳税义务包括给付义务和作为义务。给付义务是纳税义务人向政府缴纳税款的义务。作为义务是为实现给付义务所设定的做哪些事和不做哪些事的义务。

纳税人与负税人是两个不同概念。纳税人是税法规定直接缴纳税款的组织与个人，负税人是最终负担税款的组织与个人。二者有时一致，有时不一致。如对商品和劳务征税，容易引起商品和劳务价格的变化，使税收负担由生产者或销售者身上转移到消费者或购买者身上。在这种情况下，纳税人与负税人不一致。而对财产持有征税，一般不会引起财产价格变化，纳税人同时也是负税人。

纳税人与扣缴义务人也不同。扣缴义务人是税法规定负有代收代缴或代扣代缴税款义务的组织与个人。如《中华人民共和国个人所得税法》（简称《个人所得税法》）第九条规定："个人所得税以所得人为纳税人，以支付所得的单位或者个人为扣缴义务人。"

3. 纳税义务发生时间

纳税义务发生时间是纳税人发生应纳税事项、应当承担纳税义务的起始时间。明确纳税义务发生时间，不仅是确定纳税人发生纳税义务的需要，而且是明确纳税人纳税期限的需要。

（二）税基与税率

税基与税率是税收制度的核心要素，二者作为税收的"量尺"，分别从计税基础和征收比率维度，共同构建起税收量化的基本框架。税基是计算应纳税额的量化基准，体现税收的广度，既包含价值形态（如所得额、销售额）也涵盖实物形态（如数量、体积），其计量方式直接影响税额计算，例如机动车以"辆"或成品油以"升"为标准。税率则是税额与税基的比率，体现税收的深度，通过比例、累进或累退形式调节税负分配。二者相互依存、协同作用，共同构成税收制度量化设计的核心支柱，既体现税收公平原则，又为精准调控税负提供了政策工具。

1. 税基

税基是计算应纳税额的基数，是决定税额大小的基本因素。它表明政府按什么征税或纳税人按什么纳税。在税收法律法规中，税基常称为计税依据。

税基用计量单位表示。这种计量单位有时被称为计税标准，包括实物单位与价值单位两种形式。前者如应税机动车以辆作为计量单位或计税标准，应税成品油以升为计量单位或计税标准。在这种情况下，税基为机动车的辆数和成品油的升数。后者如应税所得以人民币元为计量单位或计税标准。在这种情况下，税基为应税所得的金额。

税基与征税对象既有联系又有区别。税基与征税对象的联系表现为：税基以征税对象数量为基础。如财产税的税基是财产数量，所得税的税基是所得数量。税基与征税对象的区别表现为：第一，税基的计量单位与征税对象的单位不完全相同。同一征税对象，其数量可用实物的或价值的不同计量单位来表示，如应税煤炭的数量既可用实物量"吨"来表示，也可用价值量"元"来表示，而税基只能用其中某一确定的计量单位来表示。第二，在设置起征点和免征额的情况下，税基数量可以小于征税对象数量。起征点是征税对象数量所达到的应当征税的界限。

征税对象数量达不到起征点的不征税。在这种情况下，税基为零。征税对象数量达到并超过起征点的，按全部数额征税。在这种情况下，税基为征税对象的全部数额。免征额是准予从征税对象数量中扣除的免予征税的数额。征税对象数量小于免征额的，不征税。在这种情况下，税基为零。征税对象数量超过免征额的，只就超过的部分征税。在这种情况下，税基为征税对象数量超过免征额的部分。

2. 税率

税率是计算税额的比率。税率与税基相乘等于应纳税额。税率的具体形式有：

（1）额式税率与率式税率。根据税率的表现形式，可将税率划分为额式税率与率式税率。额式税率是按税基的计量单位规定的固定税额，也叫单位税额，如黄酒的消费税税率为每吨 240 元；率式税率是按税基的计量单位规定的百分比，如增值税的基本税率为 13%，高档化妆品的消费税税率为 15%。

（2）比例税率、累进税率与累退税率。根据税额与税基的数量关系，可将税率划分为比例税率、累进税率与累退税率。

比例税率是不以税基大小为转移的税率，包括额式比例税率与率式比例税率。额式比例税率也称为定额税率，是以定额形式表现的比例税率；率式比例税率是以定率形式表现的比例税率。

累进税率是随着税基增加而提高的税率，包括额式累进税率与率式累进税率。额式累进税率是以定额形式表现的累进税率。如对机动船舶征税，净吨位不超过 200 吨的，每吨纳税 3 元；超过 200 吨但不超过 2 000 吨的，每吨纳税 4 元；超过 2 000 吨但不超过 10 000 吨的，每吨纳税 5 元。率式累进税率是以定率形式表现的累进税率。如对居民个人综合所得征税，全年应纳税所得额不超过 36 000 元的部分，税率为 3%；超过 36 000 元但不超过 144 000 元的部分，税率为 10%；超过 144 000 元但不超过 300 000 元的部分，税率为 20%。

累进税率的累进依据有绝对数与相对数两种形式。其中，相对数又分为系数、倍数、成数、百分数、千分数等。系数和倍数是将对比的基数定为 1 而计算出来的相对数。成数、百分数、千分数是将对比的基数定为 10、100、1 000 而计算出来的相对数。在实践中，累进税率的累进依据主要是绝对数。

累进税率的适用税基有总量与增量两种形式。总量是税基的全部数量，增量是通过划分税基级次和级距所形成的税基的增加量。税基级次和级距的划分有两种方式：一是直接划分法，即直接以税基的数量为标准来划分税基的级次与级距；二是间接划分法，即以与税基有关的某一比率作参数来划分税基的级次与级距。

（三）税收优惠

税收制度除规定征税对象、纳税人、纳税义务发生时间和税基、税率等基本要素外，还设置各种各样的免税和减税。免税是免除纳税人的税收义务，减税是减轻纳税人的税收义务。在现代社会，免税和减税主要是为实现一定的经济、社会目标而采取的激励措施，从这个角度说，减税或免税也被称为税收优惠。

以税收优惠的目的为标准，税收优惠有财政性优惠、政策性优惠、管理性优惠与外交税收豁免。财政性优惠是为正确发挥财政支出和其他收入形式的作用而实行的免税和减税。政策性优惠是为发挥税收对经济活动和社会生活的调节作用而实行的免税和减税。管理性优惠是为降低税收管理成本、提高税收管理的有效性而实行的免税和减税。外交税收豁免是根据有关国际公约和中国的有关法律对外国国家元首、政府首脑、外交部部长和外国驻华使馆、领事馆及其人员在馆舍、车辆、物品、收费、所得等方面实行的免税或减税。

以税收优惠的形式为标准，税收优惠有税基式优惠、税率式优惠、税额式优惠、时间式优惠。税基式优惠是以税基为零或缩小税基的方式来免除和减轻纳税人的税收负担。税率式优惠是以税率为零或降低税率的形式来免除和减轻纳税人的税收负担，具体形式为优惠税率，即对某些特定的征税对象或纳税义务人按照低于一般税率的税率征税。税额式优惠是以减少税额的形式来减轻纳税人的税收负担。时间式优惠是以延缓纳税期限的形式来减轻或缓解纳税人的税收负担。

（四）纳税期限与纳税地点

纳税期限是纳税人缴纳税款的期限，包括税款计算期和税款缴纳期。税款计算期是计算税款的期限，分按次计算和按时间计算两种形式。按次计算是以发生纳税义务的次数作为税款计算期。按时间计算是以发生纳税义务的一定时段作为税款计算期，如 1 日、3 日、5 日、10 日、15 日、1 个月等。纳税人应当按税款计算期逐一计算税款。税款缴纳期是税款计算期满后缴纳税款的期限，如规定以 1 个月为税款计算期的，应于期满后 15 日内将税款报缴入库，以 1 日、3 日、5 日、10 日、15 日为税款计算期的，应于期满后 5 日内将税款报缴入库。

纳税地点是纳税人缴纳税款的地点。不同的税种，由于征税对象和纳税人的性质不同，对纳税地点的规定也不同。中国现阶段的纳税地点，从纳税人的角度说，主要有注册登记地、机构所在地或核算地等，从征税对象的角度说，主要有应税不动产坐落地，商品销售地、购进地，服务或应税行为发生地等。

四、税收的分类

（一）按征税对象划分

按照征税对象的性质分类，可以将税收分为流转税、所得税、财产税、资源税与行为税。流转税是以商品或劳务的流转额为征税对象的税收，如增值税、消费税、关税等。所得税是指以纳税人的纯所得（纯收益或纯收入）为征税对象的税收，包括个人所得税、企业所得税等。在西方国家，资本利得税一般也划入所得税的范畴。财产税是指以纳税人拥有或支配的财产为征税对象的税收，比较典型的财产税有房（地）产税、遗产税、赠与税等。资源税是指以资源绝对收益和级差收益为征税对象的税收。行为税是指以特定行为为征税对象的税收。有时学界也将资源税并入流转税进行分析。

（二）按纳税人与负税人的关系划分

从纳税人与负税人的关系看，可以将税种划分为直接税和间接税。

直接税是由纳税人最终负担的税，也就是不发生税负转嫁的税。一般认为，所得税、财产税不易发生税负转嫁，由纳税人最终承受税收负担，属于直接税。

间接税是由纳税人之外的第三人最终负担的税，也就是发生税负转嫁的税。一般认为，商品税发生税负转嫁，它由商品的生产者或销售者缴纳，由商品的消费者或购买者最终承受税收负担，属于间接税。

（三）按计税依据的形态划分

按照计税依据的形态分类，可以将税收划分为从量税和从价税。从量税是指以商品的自然单位数量（如重量、数量或容积等）为计税依据的税收；从价税是指以商品及所得的货币金额为计税依据的税收。从量税的应纳税额随征税对象自然单位数量的变化而变化，计算简便，但适用较少。比如，我国消费税对啤酒、黄酒、成品油等货物适用从量计征，即从量税。相对而言，从价税更加适应市场经济的发展要求，同时也有利于贯彻国家税收政策。因此，我国已经逐步将资源税由从量计税改为从价计税，即从价税。

（四）按税收与价格的关系划分

按照税收与价格的关系分类，可以将税收分为价内税和价外税。价内税是指税金构成销售价格组成部分的税收；价外税是指税金独立于销售价格之外的税收。与之相适应，价内税的计税依据是含税价格，价外税的计税依据是不含税价格。西方国家的销售税（或消费税）大都采用价外税的方式，即在销售价格之外单列税款二者之和构成消费者需要支付的总价。

（五）按税收收入归属划分

从税收收入归属看，可以将税种划分为中央税、地方税、中央与地方共享税三种类型。中央税是收入归中央政府的税，地方税是收入归地方政府的税，中央与地方共享税是收入归中央政府与地方政府共同占有并按一定标准在二者之间进行分配的税。

第二节　税收负担

一、税收负担

（一）税收负担的概念

税收负担是指政府征税而给纳税人或其他经济主体带来的经济利益损失或者转移。通常，税收负担包括两个层次：第一层次的税收负担是指纳税人向政府缴纳的税款及其经济利益转移；第二层次的税收负担是指政府在征税过程中，给整个社会经济活动造成的超过所征税款以外的负担，即超额负担。通常，扭曲性的税收制度将改变商品的相对价格，从而改变纳税人的消费和生产行为，其对社会经济活动的影响将超过所征税款，即产生了税收超额负担。

（二）税收负担的分类

1. 宏观税收负担和微观税收负担

按照税收负担与国民经济整体的关系，可以将税收负担分为宏观税收负担和微观税收负担。宏观税收负担是指国民经济的总体税收负担水平，通常用一定时期内税收收入总额与同期国民经济总量之比来衡量。宏观税收负担反映了政府在国民经济总量中集中程度的大小，反映了政府的社会经济职能和财政职能的强弱。微观税收负担是指微观经济主体的税收负担水平，反映经济活动中各微观经济主体负担税收的程度。从微观经济主体上，可以分为个人税收负担和企业税收负担；从税种上，可以分为综合税收负担和分税种负担。

2. 名义负担和实际负担

按照税收负担的真实程度，可以将税收负担分为名义负担和实际负担。名义负担是指纳税人按照税法规定的名义税率所负担的税款，在相对指标上表现为税法规定的名义税率。实际负担是指纳税人实际缴纳的税款，在相对指标上表现为实际税率。由于存在各种税收优惠，纳税人的实际负担通常会小于名义负担；但税收加成的存在则可能导致实际负担大于名义负担。另外，税收征管的规范程度也会导致名义税收负担与实际税收负担之间的差异。

3. 直接负担和间接负担

按照税收负担是否转嫁，可以将税收负担分为直接负担和间接负担。直接负担是指经济主体按照税法规定负担的税款，间接负担是指由其他经济主体转嫁过来的税收负担。要说明的是，直接负担由纳税人直接向税务机关缴纳，但纳税人可能通过有关方式将其转嫁给其他经济主体，从而构成其他经济主体的间接负担。

（三）税收负担的衡量

1. 宏观税收负担的衡量

宏观税收负担通常用一定时期内税收收入总额与同期国民经济总量之比来衡量，具体而言是指税收收入总额与国内生产总值、国民生产总值或国民收入的比值，从而形成了三种宏观税收负担率。第一，国内生产总值（GDP）负担率。国内生产总值负担率是指一定时期内税收收入总额与国内生产总值的比率，它反映一个国家在其国内提供的全部最终产品和劳务所承受的税收负担状况。第二，国民生产总值（GNP）负担率。国民生产总值负担率是指一定时期内税收收入总额与国民生产总值的比率，它反映一个国家的国民在一定时期内提供的全部最终产品和劳务所承受的税收负担状况。第三，国民收入（NI）负担率。国民收入负担率是指一定时期内税收收入总额与国民收入的比率，它反映一个国家在一定时期内新创造价值的税收负担状况。

2. 微观税收负担的衡量

微观税收负担的衡量通常用微观经济主体所缴纳的税款与其特定经济指标之比来反映，可以分为居民税收负担率、企业综合税收负担率及分税种负担率。其中，居民税收负担率是指一定时期内居民个人所缴纳的各种税款占同期收入总额的比率，反映了国家运用税收手段参与个人收入分配的程度和对个人收入的调节程度，或一定时期内个人对国家的直接税收贡献。企业综合税收负担率是指一定时期内企业实际缴纳的各种税款与同期企业利税总额或增加值的比率，反映了国家以税收手段参与企业收入分配的规模，或企业对国家所做税收贡献的大小。分税种的负担率是指企业或居民所缴纳的各种税与其所得额或销售收入的比例，具体反映每一个税种对企业或居民的分配程度。

二、税负转嫁及其形式

（一）税负转嫁的概念

税负转嫁是指经济主体将其承受的税收负担通过各种途径转移给他人负担的过程，又称为税收转嫁。税负转嫁表现为税收的直接承担者与最终承担者不一致。税负转嫁是纳税人在利益驱动下的主动行为，是各经济主体之间税收负担的再分配，通常不会引起政府税收收入总量的变化。然而，税负转嫁的存在增加了税收负担分布的不确定性，导致税负配置结构更为复杂。

通常，税负归宿是指处于转嫁过程中的税收负担的最终归着点或最后落脚点，又称为税收归宿。在税负转嫁过程中，税收负担经过一次或多次转嫁后总会落脚于某个或某些归宿点；一旦税负转嫁过程结束，最终的负税人也就确定了，税收归宿问题也就随之解决。

税负转嫁的存在导致了纳税人与负税人的区别。税法规定直接负有纳税义务并享有相应权利的单位和个人是纳税人，但纳税人并不完全承受其所缴纳的税款，独立经济利益的存在诱使其通过各种途径和方法将其税负转嫁给其他经济主体。我们将实际承受税收负担的单位和个人称为负税人。换句话说，纳税人并不一定是负税人，而负税人并不一定要向税务机关缴纳税款。

（二）税负转嫁的形式

1. 前转

前转是指经济主体将其承受的税收负担通过提高商品或生产要素价格的方法，顺着商品或生产要素流转的方向转嫁给商品或生产要素的购买者，又称为顺转。前转是最典型和最普通的税负转嫁形式。

2. 后转

后转是指经济主体将其承受的税收负担，通过压低商品或生产要素价格的方法，逆着商品或生产要素流转的方向转嫁给商品或生产要素的供应者，又称为逆转。

3. 散转

散转也称为混转，指纳税人同时通过前转和后转的方式，将税收负担转嫁给生产要素和商品的供应者及其产品的购买者。

税收负担转嫁形式简要示意如图 7－1 所示。

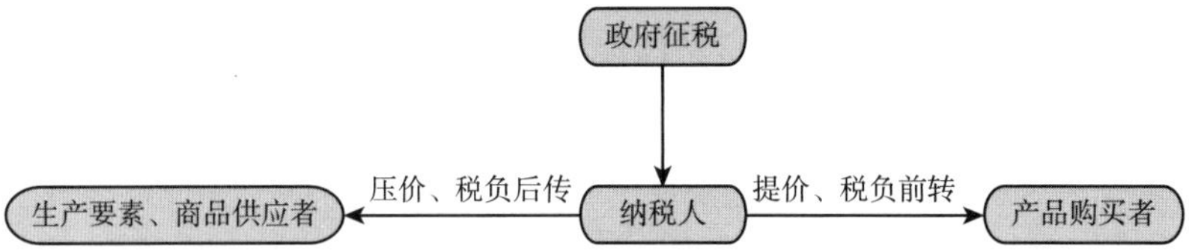

图 7－1　税收负担转嫁形式简要示意

在现实经济中，由于完整的生产经营环节链条很长，税收负担往往会经历多次转嫁。

三、税收负担转嫁的影响因素

纳税人是否能够转嫁税收负担，能够转嫁多少税收负担，会受许多因素影响。

（一）供求弹性与税收负担转嫁

供求弹性是影响税收负担转嫁的重要因素。供求弹性包括供给弹性和需求弹性，此处它们分别是供给的价格弹性和需求的价格弹性的简称。价格弹性是供给或需求的数量变动百分比与价格变动百分比的比值，反映了供给数量或需求数量对价格变动的敏感程度。供求价格弹性的公式分别为：

$$\varepsilon_s = \frac{\Delta Q_s / Q_s}{\Delta P / P}$$

$$\varepsilon_d = \frac{\Delta Q_d / Q_d}{\Delta P / P}$$

其中，ε_s 为供给弹性，Q_s 和 P 分别为供给数量和价格，ΔQ_s 和 ΔP 则分别表示。供给数量和价格的变动。同样，ε_d 为需求弹性，Q_d 为需求数量，ΔQ_d 为需求数量的变动。

在价格弹性公式中，分母表示的是价格变动的百分比，分子表示的是供给数量或需求数量变动的百分比，二者的比值反映的是当价格变动 1 个百分点时，供给数量或需求数量变动的百分点。若弹性的绝对值大于 1，则为富有弹性，供给数量或需求数量对价格的变动非常敏感，其变动幅度大于价格的变动幅度；若弹性的绝对值小于1，则为缺乏弹性，供给数量或需求数量对价格的变动不够敏感，其变动幅度小于价格的变动幅度；若弹性的绝对值等于1，则为单位弹性，供给数量或需求数量的变动与价格的变动同步。价格弹性有∞和0两个极端值，当弹性的绝对值为∞时，表示完全弹性，即供给数量或需求数量对价格的变动极端敏感，价格稍有变动，就会导致供给数量或需求数量的无限大的变动；而当弹性等于0时，则表示完全无弹性，即供给数量或需求数量对价格变动无反应，无论价格如何变动，供给数量或需求数量都不会变化。

供给弹性和需求弹性的高低直接影响税收负担的转嫁程度。以货物和劳务税的转嫁为例，假设国家在生产环节对单位商品征了10元的税，生产者希望通过提高商品售价的方式将税收负担转移给消费者。对生产者而言，较理想的状态是在原价的基础上加价10元，这样就能够将税收全部转嫁给消费者，但这是消费者不愿意接受的。那么，通俗意义上讲，生产者和消费者就会进入一个关于商品价格变动的谈判，而供求弹性的高低就决定了生产者和消费者的议价能力。简而言之，价格弹性越大，则议价能力越强，因此，税收负担是否能够转嫁，以及转嫁程度如何，就取决于生产者的供给弹性和消费者的需求弹性的对比。若供给弹性大于需求弹性，则生产者仅需承担10元税负中的较小部分（如3元），大部分税负（剩余的7元）则被生产者转嫁给了消费者，此时商品售价提高了7元；反之，若需求弹性大于供给弹性，则生产者就须承担大部分税负（如7元），仅能将少部分税负（剩余的3元）转嫁给消费者，此时商品售价仅提高3元。当供给弹性为∞，或需求弹性为0时，生产者就能够将10元税负全部转嫁给消费者，即商品售价提高10元；而当供给弹性为0，或需求弹性为∞时，生产者无法将任何税负转嫁出去，只能自行承担全部10元税负，此时，商品价格在征税后不变。

（二）税种类型与税收负担转嫁

税收负担转嫁一般是通过交易价格的变动实现的，因此，与交易联系较紧密的税种，其税收负担相对容易转嫁。各税种大致可以分为直接税和间接税两大类。直接税主要包括所得税、财产税等税种，间接税则主要包括货物和劳务税。增值税等间接税由于产生于交易之中，与价格联系密切，因此交易主体较容易通过交易价格的变动将税负转嫁出去。一些直接税与交易价格的关系不够密切，所以税收负担较难转嫁。

（三）课税范围与税收负担转嫁

一个税种课税范围的宽窄能够影响税收负担的转嫁。当课税范围较窄时，税收负担较难转嫁，反之，税收负担较易转嫁。以货物和劳务税为例，如果国家决定仅对钢笔课税，则当钢笔的生产者拟通过提高售价将税收负担转嫁给消费者时，消费者就会转而购买未课税的钢笔的替代品圆珠笔，使得钢笔生产者提高钢笔售价转嫁税收负担的意图落空。但若国家扩大了课税范围，对包括钢笔、圆珠笔在内的所有书写工具都课税，则当生产者提高售价时，消费者就没有不课税的替代品可以选择，只能接受售价的提高，从而生产者就能够在一定程度上实现税收负担的转嫁。

第三节　税收制度

一、税制结构及其分类

税制结构是指一个国家的税收制度中不同税系之间以及不同税种之间的组合状况。税制结构体现了一个国家税收制度的整体布局和内部构造，反映了不同税系和不同税种在整个税收体系中的地位和作用。建立合理的税制结构，是实现税收职能和税收政策目标的基本前提。根据税收制度中税种数量的多少，可以将其分为单一税制与复合税制。

（一）单一税制

单一税制是指一个国家在一定时期内只以一种事物为征税对象设置税种所形成的税收制度。单一税制简便易行，征收成本低廉，但收入规模相对较小，不利于发挥税收对经济的调节作用，所以它并未真正付诸实施。由于所处历史时期的社会经济状况各不相同，不同国家的学者提出了不同的单一税主张。

1. 单一土地税

早期的单一土地税是由重农学派提出的，可称为单一地租税。重农学派认为，土地是财富的唯一源泉，只有土地才能生产剩余产品，形成土地所有者的纯收益；只有课于地租的税才不能转嫁，其他税收产生的税收负担最终都要归宿到地租身上，即只有地租税才有存在的必要，其他各税均应废除，从而形成了单一地租税理论。近代单一土地税是由美国经济学家亨利·乔治提出的，可称为单一地价税。乔治认为土地私有制是造成贫困的根源，要消除贫困，就要废除土地私有制，但废除土地私有制困难很大，因而可对土地征收地价税，将土地所有者获得的经济租金通过征税的形式收归社会，从而起到将土地变为社会公有的作用。

2. 单一消费税

单一消费税于17世纪由以霍布斯为代表的英国早期重商主义者提出。他们认为，社会中的每个人都要消费，消费税可以反映人民从政府活动中得到的利益，而且也只有消费税才能使税收负担遍及全体人民，并限制贵族及其他阶层的免税特权。19世纪中叶，德国学者普费菲认为消费是纳税人纳税能力的体现，消费多者税收负担能力强，消费少者税收负担能力弱，因而对消费品课税最能体现税收公平原则。

3. 单一所得税

单一所得税最早由法国人波丹提出。他认为，所得税只是对少数富有者征收，最为公平合理，且所得税富有弹性，能满足政府的财政收入需要，可借助实行累进性的所得税以重新分配社会财富。

（二）复合税制

复合税制是指一个国家的税收制度由多个税类的多个税种组成，通过多税类多税种的互相配合组成一个完整的税收体系。在复合税制下，国家往往以一个或几个税类（或税种）作为筹集财政收入和调节经济活动的主体税类（或税种）。相对于单一税制而言，复合税制具有灵活度高、收入弹性大的优点。依照主体税类（或税种）数量不同，可将复合税制分为单主体、双主体和多主体三种税制结构。单主体税制结构是指在多个税类（或税种）并存的情况下，以某一税类（或税种）为主体的税制结构；双主体税制结构是指在多个税类（或税种）并存的情况下，以两个税类（或税种）为主体的税制结构；多主体税制结构是指以三个或三个以上税类（或税种）为主体的税制结构。世界上比较常见的复合税制大概有三种类型：以流转税为主体的税制结构、以所得税为主体的税制结构、以流转税和所得税为双主体的税制结构。

1. 以流转税为主体的税制结构

以流转税为主体的税制结构，是指在国家税制体系中，流转税作为核心税种，其税收收入占据最大比重并发挥主导性调节作用。这一税制结构可进一步细分为两种基本类型：其一为普遍课税型，即通过对普遍商品或商品流通全环节课征的税种体系，形成以增值税为核心的税制架构。该模式以商品和服务在生产、流通各环节的增值额或销售额为计税依据（如增值税覆盖货物销售、加工修理修配及服务贸易全链条），体现税收中性原则与广泛税基特征。其二为选择性课征型，即针对特定商品或服务实施选择性课征的税种组合，形成以消费税、关税、烟叶税等为主体的税制模式。此类税种通常聚焦于特殊消费品（如烟、酒、成品油）、跨境商品（如进口奢侈品）或特定经济行为（如烟叶收购），通过差异化税率设计实现调节消费结构、引导资源配置或维护特定产业政策等目标。

2. 以所得税为主体的税制结构

以所得税为主体的税制结构是指在整个税制体系中，所得税作为主体税，收入占最大比重并起主导作用。以所得税为主体的税制结构有利于调节收入，在实现社会公平上具有较明显的优势。以所得税为主体的税制结构可以分为三种类型，分别是以个人所得税为主体的税制结构、以公司（企业）所得税为主体的税制结构和以社会保险税为主体的税制结构。

3. 以流转税和所得税为双主体的税制结构

双主体税制结构是指在整个税制体系中，流转税和所得税占有相近比重，在组织财政收入和调节经济方面共同起着主导作用。流转税和所得税并重的税制结构，既能确保财政收入的稳定可靠，又能使税收的刚性与弹性相结合，有利于充分发挥税收的宏观调控作用。

二、税制结构的影响因素

（一）经济发展水平

经济发展水平及其结构，直接制约着税收收入规模，制约着税种组合、税目确定和税率设置，并最终对一国的税制结构起决定性作用。一般来说，发达国家经济发展水平高，以个人所得税为主的直接税存在丰富的税源，因而所得税成为主体税种。发展中国家人均国民收入低，税收征管技术有限，所得税税源不足以保证国家取得稳定充足的财政收入，故而发展中国家一般选择流转税作为主体税种。实践表明，随着人均国内生产总值的提高，所得税在全部税收收入中的比重会上升，而流转税的比重则会下降。

（二）税收政策目标

税制结构的设计要为税收政策的目标服务。不同的政策目标将影响税制结构模式的选择。遵从公平与效率的目标原则，税制结构设计既要满足收入分配的调节需要，也要促进经济发展，稳定宏观经济。以所得税为主体的税制结构具有累进性质，可以起到“自动稳定器”的作用，对再分配的调节功能显著；而以流转税为主体的税制结构，则可以组织充足的财政收入，避免因征收所得税对储蓄和投资造成的负面效应，有利于经济效率目标的实现。

（三）税收征管能力

税收征管能力对税制结构有较强的影响。流转税对商品销售或经营收入征税，征收管理相对比较简单；而所得税对企业利润或个人所得征税，征收管理较为复杂。因此，征收所得税往往受到征收管理能力、征收管理水平和征收管理成本制约而难以推行，而流转税制度的推行则相对容易。

三、中国现行税制

改革开放以来，中国税收制度经历了几次较大的变革。改革开放初期的税制改革是以适应对外开放需要，建立涉外税收制度为突破口的。1983 年、1984 年又先后分两步实施国营企业“利改税”改革，把国家与企业的分配关系以税收的形式固定下来。1994 年，国家实施了新中国成立以来规模最大、范围最广、成效最显著、影响最深远的一次税制改革，努力构建适应社会主义市场经济体制要求的税制体系。2003 年以来，围绕完善社会主义市场经济体制和全面建设小康社会的目标，分步实施了改革农村税费，完善货物和劳务税制、所得税制、财产税制等一系列税制改革和出口退税机制改革。

几经变革，目前中国共有五大类18个税种（如图7－2所示）。

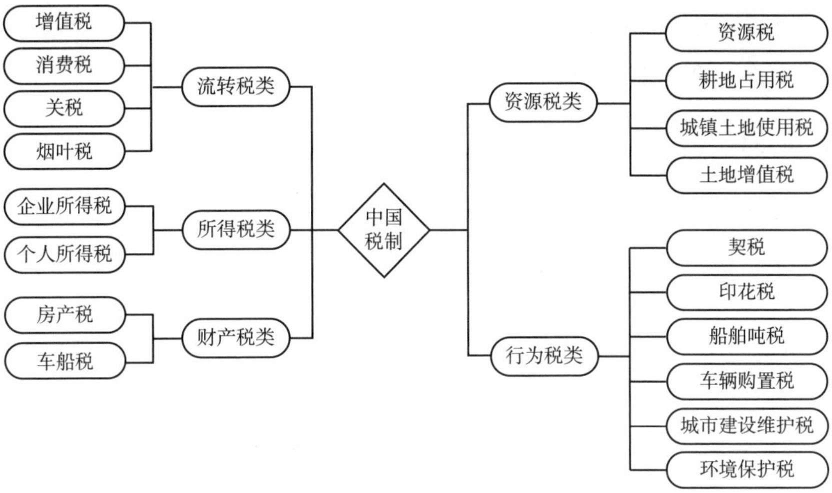

图7－2　中国现行税制

（1）流转税类：增值税、消费税、关税、烟叶税；

（2）所得税类：企业所得税、个人所得税；

（3）财产税类：房产税、车船税；

（4）资源税类：资源税、耕地占用税、城镇土地使用税、土地增值税；

（5）行为税类：契税、印花税、船舶吨税、车辆购置税、城市维护建设税、环境保护税。

其中，关税和船舶吨税由海关部门征收，其余16个税种由税务部门征收。另外，进口货物的增值税、消费税也由海关部门代征。

2024年，中国税收总额为17.50万亿元，占国内生产总值的13%。其中，流转税类（增值税和消费税）占全部税收的47.68%，其中增值税占比达到38.11%；所得税类（企业所得税和个人所得税）收入占全部税收的31.79%。合计流转税类和所得税类的共4种税收，其收入占全部税收收入的79.47%，而其他14种税收的总和仅占全部税收的20.53%。这表明，中国当前的税收是以流转税类和所得税类为主体的。

在上文关于流转税、所得税和财产税的介绍中，我们大致了解到中国当前的增值税、消费税、企业所得税、个人所得税、房产税、车船税等6个税种。以下对另外12个税种分别加以简要地介绍。

（一）流转税

中国对进口货物征收关税。关税由海关在进口环节进行征收。一般来说，关税采用从量税或从价税的形式征收。从量征收按货物的数量为计税依据，如每单位或每千克人民币 100 元。从价征收按货物的海关完税价格为计税依据。在从价征收方法下，按货物的海关完税价格乘以从价税率，计算应纳税款。

烟叶税是向在中国境内收购烟叶的单位征收的税种。纳税人按烟叶收购金额的 20% 向烟叶收购地的主管税务机关申报纳税。

（二）资源税

资源税是以各种应税自然资源为课税对象、为了调节资源级差收入并体现国有资源有偿使用而征收的一种税。目前中国的资源税类有资源税、耕地占用税、城镇土地使用税和土地增值税 4 种。

资源税对在中国境内开采各种应税自然资源的单位和个人征收。征税范围包括原油、天然气、煤炭、其他非金属矿原矿、黑色金属矿原矿、有色金属矿原矿、盐 7 大类。资源税以自然资源的销售额或销售数量为依据征收，具体税率由国务院规定。

耕地占用税对占用耕地建房或者从事非农业建设的单位和个人征收。税额是以纳税人实际占用耕地面积乘以地方政府核定的每平方米固定税额计算，并一次性征收。

土地增值税对有偿转让或处置不动产收入减去扣除项目后的增值收入、按 30%—60% 的超率累进税率征收。房地产开发企业的扣除项目包括：①取得土地使用权所支付的金额。②房地产开发成本。③财务费用，如利息，在某些情形下可以扣除；其他房地产费用（即销售费用和管理费用）可以有限扣除，最高扣除额为土地使用权支付的金额和房地产开发成本金额之和的 5%。④与转让房地产有关的税金（一般为增值税和印花税）。⑤经营房地产开发的企业另外可以按照前两项金额之和加计 20% 扣除。转让旧房可扣除项目包括旧房的评估价格和在转让中缴纳的税金。

（三）行为税类

行为税类是国家为了对某些特定行为进行限制或开辟某些财源而课征的一类税收。行为税类收入零星分散，一般作为地方政府筹集地方财政资金的一种手段，其最大特点是征纳行为的发生具有偶然性或一次性。目前中国的行为税类有契税、印花税、船舶吨税、车辆购置税、城市维护建设税、环境保护税 6 种。

契税是对土地使用权或房屋所有权的买卖、赠与或交换等行为而向受让人征收的一种税，一般按成交价格或市场价格的 3%—5% 征收。

印花税对所有书立、领受应税凭证的单位和个人征收。印花税税率从借款合同金额的 0.005% 到财产租赁合同、财产保险合同金额的 0.1% 不等。对于营业执照、专利、商标以及其他权利许可证照按每本 5 元征收印花税。

船舶吨税是海关对自中国境外港口进入境内港口的船舶征收的一种税。其所适用税率根据船籍不同分为优惠税率和普通税率。应税船舶按照船舶吨位和吨税执照期限确定税率，再乘以净吨位计算税额。

车辆购置税是对所有购买和进口汽车、摩托车、电车、挂车、家用运输车的行为、按计税价格的10%征收的一种税。

城市维护建设税以纳税人实际缴纳的流转税（即增值税和消费税）税额为计税依据、按照一定税率进行征收的一种税。凡缴纳流转税的单位和个人，都是城市维护建设税的纳税义务人。城市维护建设税税率根据纳税人所在地区的不同分为三档：纳税人所在地为市区的，税率为7%；所在地为县城或镇的，税率为5%；其他地区税率为1%。

环境保护税对在中国领域和中国管辖的其他海域的向环境排放应税污染物的企业、事业单位和其他生产经营者直接征收。应税污染物包括大气污染物、水污染物、固体废物和噪声四类。在计税依据方面，大气污染物、水污染物按照排放量折合的污染当量数确定，固体废物按照固体废物排放量（吨）确定，噪声按照超过国家规定标准的分贝数确定。

需要说明的是，尽管中国税法规定有18种税，但并不是每个纳税人都要缴纳所有的税种。纳税人只有发生了税法规定的应税行为，才需要缴纳相应的税收；如果没有发生这些应税行为，就不需要缴纳相应的税收。从实际情况来看，规模比较大、经营范围比较广的企业涉及的税种一般在10个左右，而大多数企业缴纳的税种在6—8个。

接下来将对中国主体税种展开介绍。

四、流转税

流转税主要包括增值税、消费税等。流转税是以商品和劳务的流转额为征税对象的税收类别，国际上一般称为“商品和劳务税”。

（一）流转税的特点

第一，流转税的课征对象是商品和劳务的流转额，因而与交易行为有着密切的联系。一种商品从投入、流通到最后消费之前，往往要经过多次的转手交易行为。每经过一次交易行为，商品随之流转一次，同时也就发生了一次对销售者的商品流转额课征商品税的问题。由于交易中的商品种类和流通渠道复杂多样，因此流转税的范围宽窄不一。流转税征税环节灵活，可以确定在零售环节，也可以确定在批发或产制环节；税基既可以是商品和劳务的营业总额或周转额，也可以是扣除了某些项目的增值额，由此形成了流转税类的不同类型。

第二，流转税在负担上具有累退性。流转税一般采用比例税率，税负按消费商品的数量比例负担。从表面上看，对一般消费品课税，消费数量大者多负税，消费数量少者少负税；同时，对奢侈品课征的高额消费税，一般由富者承担。但是，由于个人消费总是有一定限度的，因此个人消费商品数量的多寡与个人收入并不是成比例的。一般说来，越是富有的人，消费支出占其收入的比例越小；越是贫困的人，消费支出占其收入的比例越大。因此，商品税呈现出一定的累退性：收入越少，税负相对越重；收入越多，税负相对越轻。

流转税的课征范围偏重于生活资料。受需求弹性大小不同的作用，征税引起的涨价速度，往往是生活必需品最快，日用品次之，奢侈品最慢。因此，流转税的税负更多落在低收入者的身上。

第三，流转税的税源普遍，征税隐蔽。流转税针对商品和劳务交易行为的发生进行征收，只要发生商品交易行为，就可征税，因此税源普遍。同时，流转税可以随经济的增长而自然增长，不受纳税人经营状况的影响，因而收入稳定。

流转税是间接税，税负能够转嫁，具有隐蔽性。流转税在形式上虽由商品的生产者或销售者缴纳，但实际上所纳税额往往加于商品卖价之中，转嫁给消费者负担。而消费者尽管负担了税款，却并不直接感受到税收负担的压力，征税阻力较小。因此，流转税在保证财政收入的稳定、及时、充裕、可靠方面，有着其他税种不可替代的作用。

第四，流转税具有征收管理的简便性。流转税采用从价定率或从量定额计征，与所得税和财产税相比，计算手续简单，并且容易征收；此外，流转税的纳税人是为数较少的企业，数量较少，相对容易稽征和管理。

第五，配合社会经济政策的针对性。商品税选择特定的商品和劳务课征，即使对全部或大部分商品和劳务课征，也往往采取差别税率。对某些有害于人体健康和社会利益的消费品，如烟、酒及易污染的产品或设施，政府通常要课以较重的税；对某些奢侈品更是课以重税。重税的目的往往不是着眼于取得公共收入，而是执行政府的社会经济政策，如限制某些产品的生产或进口，抑制社会的奢侈浪费之风等。

（二）流转税的类型

商品的种类繁多，商品的流通渠道错综复杂，这些决定了流转税类型的多样化。从征税环节看，流转税可以分为单环节征税和多环节征税。比如，加拿大的酒税、烟税选择在产制环节征税，美国的汽油税选择在零售环节征税，而欧盟国家的增值税则在产制（进口）、批发、零售三个环节都征税。

从征税范围看，流转税可以有三种选择：

第一，除全部消费品外，还将资本品和交通运输等纳入商品征税范围，如欧共体的某些成员国曾实行过的周转税。

第二，对全部消费品征税，资本品和劳务则被排除在征税范围之外，如美国各个州实行的一般零售消费税。

第三，选择部分消费品征税，比如只对烟、酒、小汽车等一些特定的消费品征税，美国联邦政府实行的消费税就是如此。

从税基看，流转税可以分为三种类型：

第一，按商品和劳务的销售收入总额课征。这种类型着眼于营业行为，而不是具体商品，如各国实行的营业税。

第二，按商品流转所增加的价值额课征，即按照商品的销价与进价之间的差额课征，这就是人们所熟知的增值税。

第三，按部分商品和劳务的销售额课征，如特别消费税。

按计税方式的不同，流转税可以分为从量税和从价税。从量税以征税对象的重量、件数、容积、面积等为标准，按预先确定的单位税额计征，也可称为"单位税"或"从量计征"，它不受价格变动的影响。从价税以征税对象的价格为标准，按一定比例计征，也称"从价计征"，它受价格变动的影响。从价税一般按照商品的不同类别，采取差别比例税率，如奢侈品高税率，日用品低税率，生活必需品实行免税或零税率。与从价税相比，从量税比较简单易行，但由于税款与商品价格脱钩，物价上涨而税收不能相应增加，税收缺乏保证，因此各国大多实行从价税。

（三）我国现行主要流转税

1. 增值税

目前，增值税是我国第一大税种。针对同一货物和劳务，无论流转多少环节，只要增值额相同，所征收的增值税税款就相等，不影响生产者与消费者的抉择，具有税收中性特征。增值税计税依据中不包含增值税税款，这是增值税与传统的按全额计税的货物和劳务税的不同之处，是多环节征收的价外税。

（1）征税对象

现行《中华人民共和国增值税暂行条例》（以下简称《增值税暂行条例》）规定，增值税是对在中华人民共和国境内销售货物或者加工、修理修配劳务，销售服务、无形资产、不动产以及进口货物进行征税的税种。增值税的征税对象涵盖货物、劳务、服务、无形资产、不动产各个领域。

（2）纳税人

增值税的纳税人是指在中华人民共和国境内销售货物、劳务、服务、无形资产、不动产以及进口货物的单位和个人。

为了兼顾企业规模小、利润水平较低、会计核算不健全的纳税主体，增值税的纳税人区分为小规模纳税人与一般纳税人。根据《财政部　税务总局关于统一增值税小规模纳税人标准的通知》（财税〔2018〕33 号）的规定，自 2018 年 5 月 1 日起，增值税小规模纳税人的认定标准为年应征增值税销售额（以下简称"年应税销售额"）500 万元及以下。

年应税销售额未超过规定标准的纳税人，会计核算健全，能够提供准确税务资料的，可以向主管税务机关办理一般纳税人资格登记，成为一般纳税人。除国家税务总局另有规定外，纳税人一经登记为一般纳税人后，不得转为小规模纳税人。

（3）计税依据

增值税的计税依据是货物流转与劳务提供过程中产生的增值额，是对货物生产、流通和劳务提供等环节新增价值或商品的附加值征收的一种流转税。增值是指企业或者其他经营者从事生产经营或者提供劳务，在购入的货物或者取得劳务的价值基础上新增加的价值额。可以从以下四个方面理解：

从宏观层面而言，增值额是指生产经营者生产经营过程中新创造的价值额。增值额相当于商品价值 C + V + M 中的 V + M 部分。V 即工资，是劳动者为自己创造的价值；M 即剩余价值或者盈利，是劳动者为社会创造的价值。增值额是劳动者新创造的价值，从内容上讲大体相当于净产值或国民收入。

从单个生产单位而言，增值额是这个单位商品销售收入额或经营收入额扣除非增值项目（如外购的原材料、燃料、动力、包装物、低值易耗品）购入额后的余额。这个增值额大体相当于该单位活劳动创造的价值。

从商品生产经营全过程而言，不论其生产经营经过几个环节，其最后的销售总值应等于该商品从生产到流通各个环节的增值额之和，即商品最后销售价格等于各环节增值额之和。

从国民收入分配角度而言，增值额 V + M 在我国相当于净产值，包括工资、利润、利息、租金和其他属于增值性的收入。

以表 7－1 为例，说明增值税运行的机理。增值税是对每一环节的增值额计税。首先，我们假设原材料初始购进价格为 0，商品历经原材料生产环节、产品生产环节、批发环节、零售环节。增值税的计税依据是每一环节的增值额，合计 130 万元。如果我们采用全额的流转税计算方法，每个环节均按销售全额计税，其计税总值为 290 万元，这两者的差额 160 万元就产生了重复征税，其中，原材料生产环节的 10 万元重复征税了 3 次，其他环节分别被重复征税若干次。而增值税，不论流转多少个环节，它始终仅对增值部分征税，很好地消除了重复征税，体现了税收中性原则。

表 7－1　　各生产流通环节商品销售额与增值额一览

生产流通环节	本环节销售额/万元	本环节增值额/万元
原材料生产环节	10	10
产品生产环节	50	40
批发环节	100	50
零售环节	130	30
合计	290	130

现实中，商品新增价值或附加值在生产和流通过程中是很难准确计算的。因此，我国采用国际上通行的扣税法来计算增值税，即根据商品销售额或劳务的提供额，按规定的税率计算出销项税额，然后扣除取得该商品或劳务时所支付的增值税额，也就是进项税额，其差额就是增值部分缴纳的税额。

（4）税率

目前我国增值税实行 13%、9% 和 6% 三档税率结构。小规模纳税人以及一般纳税人的简易计税适用3%或5%的征收率。具体税率规定如下。

纳税人销售或者进口货物（除适用9%税率与零税率外），纳税人提供加工、修理修配劳务以及有形动产租赁服务适用13%的税率。

货物类包括：①粮食等农产品、食用植物油、鲜奶、食用盐；②自来水、暖气、冷气、热水、煤气、石油液化气、天然气、沼气、居民用煤炭制品和二甲醚；③图书、报纸、杂志、音像制品、电子出版物；④饲料、化肥、农药、农机和农膜；⑤国务院规定的其他货物。服务、无形资产、不动产类包括：交通运输服务、邮政服务、基础电信服务、建筑服务、不动产租赁服务、销售不动产以及转让土地使用权，以上均适用9%的税率。

现代服务（租赁服务除外）、增值电信服务、金融服务、生活服务、销售无形资产适用6%的税率。

（5）应纳税额计算

一般纳税人应纳税额计算：目前，我国一般纳税人的增值税应纳税额采用购进扣税法，等于当期销项税额减去当期进项税额后的余额，其计算公式为：

当期增值税应纳税额 = 当期销项税额 − 当期可抵扣进项税额

销项税额是指发生应税销售行为，按照销售额和规定的税率计算收取的增值税税额。销项税额的计算公式为：

销项税额 = 销售额 × 税率

如销售额是含税销售额，则应换算为不含税销售额。

不含税销售额 = 含税销售额 ÷ (1 + 税率)

小规模纳税人应纳税额计算：小规模纳税人销售货物、提供应税劳务或者销售服务、无形资产、不动产，适用简易计税方法的，按照销售额和税法规定的征收率计算应纳税额，不得计入进项税额。应纳税额计算公式为：

应纳税额 = 销售额 × 征收率

如果销售额为含税销售额，则换算为不含税销售额，计算公式如下：

不含税销售额 = 含税销售额 ÷ （1 + 征收率）

专栏7－1

中国近年来的增值税减税举措

近年来，基于增强市场主体活力、鼓励小微企业发展、调整经济结构、激励企业创新等目的，我国实施了持续的大规模减税降费政策，大幅降低了宏观税负，也为税制结构的优化奠定了基础。

大规模减税降费涉及增值税、企业所得税、个人所得税、城市维护建设税、资源税房产税、城镇土地使用税、印花税、耕地占用税、车辆购置税等税种，涵盖范围广泛。由于增值税就收入而言是我国的第一大税种，因此，我国将增值税减税作为减税降费政策的重要抓手，在众多的减税降费政策中，增值税减税以其幅度巨大、影响面宽广而独树一帜。我国于2016年5月1日全面推开了“营改增”试点，据国家税务总局统计，仅2016年5月至2017年9月，全面推开“营改增”试点就累计减税10 639亿元。此后增值税税制又经历了若干次调整，而这些调整始终贯穿着减税的主线。2017年后增值税减税的主要举措如下：

简并增值税税率

“营改增”后，我国的增值税设置了17%、13%、11%和6%四档税率。2017年4月28日，财政部、国家税务总局发布了《财政部　国家税务总局关于简并增值税税率有关政策的通知》(财税〔2017〕37号)，自2017年7月1日起，简并增值税税率结构，取消13%的增值税税率，将原实行13%税率的纳税人销售或进口货物改为适用11%的税率，这在一定程度上降低了相关纳税人的增值税税负。

下调增值税税率

2018年4月4日，财政部、税务总局发布了《财政部　税务总局关于调整增值税税率的通知》(财税〔2018〕32号)，自2018年5月1日起，下调增值税税率，对于纳税人发生增值税应税销售行为或者进口货物，原适用17%和11%税率的，税率分别调整为16%和10%。这是自1994年税制改革以来，首次普遍下调增值税税率，对纳税人税负的影响相当广泛。

退还部分行业增值税留抵税额

2018年6月27日，财政部、税务总局发布了《财政部　税务总局关于2018年退还部分行业增值税留抵税额有关税收政策的通知》(财税〔2018〕70号)，2018年对符合条件的装备制造等先进制造业、研发等现代服务业和电网企业增值税期末留抵税额予以退还。这有利于降低这些行业企业的增值税税负。

深化增值税改革

2019年3月20日，财政部、税务总局、海关总署发布了《财政部　税务总局　海关总署关于深化增值税改革有关政策的公告》(财政部　税务总局　海关总署公告2019年第39号)，自2019年4月1日起执行。其主要的减税措施包括：

第一，进一步下调增值税税率。将增值税一般纳税人发生增值税应税销售行为或者进口货物，原适用16%税率的，税率调整为13；原适用10%税率的，税率调整为9%。

第二，强化进项税额抵扣。①纳税人购进国内旅客运输服务，其进项税额允许从销项税额中抵扣。②纳税人取得不动产或者不动产在建工程的进项税额不再分2年抵扣。③自2019年4月1日至2021年12月31日，对生产、生活性服务业纳税人实行加计抵减政策，允许其按照当期可抵扣进项税额加计10%抵减应纳税额。

第三，实行增值税期末留抵退税制度。符合条件的纳税人可以向主管税务机关申请退还增量留抵税额。

这次改革一方面大幅普降了增值税税率，降低了销项税额，另一方面增加了进项税额还辅之以期末留抵退税，其减税幅度是空前的。

其他优惠政策

此外，2017 年以来，国家还出台了大量其他方面的增值税优惠政策，涉及金融机构小微企业贷款利息收入、全国社会保障基金投资业务、科技企业孵化器大学科技园和众创空间、动漫产业、文化企业、抗癌药品以及与科技创新、科普、能源资源勘探开发利用种子种源等相关的符合条件的进口商品等，从多方面减轻了纳税人的税收负担。

2. 消费税

按照征税范围划分，消费税可分为一般消费税和特殊消费税。我国现行的消费税属于特殊消费税，不是对所有消费品征税，仅针对一些特定的消费品征税，征税范围具有选择性，征税的方法具有多样性和灵活性，税率和税额具有差别性，征税环节相对单一。

（1）征税对象

消费税是对在我国境内生产、委托加工和进口应税消费品的单位和个人，以及国务院确定的销售应税消费品的其他单位和个人征收的一种税。征税范围具有选择性，消费税并不是对所有消费品征税，而是对一些特定的消费品征税。具体包括烟，酒，高档化妆品，贵重首饰及珠宝玉石，鞭炮、焰火，成品油，摩托车，小汽车，高尔夫球及球具，高档手表，游艇，木制一次性筷子，实木地板，电池和涂料 15 种应税消费品。即在对货物普遍征收增值税的基础上，选择少数消费品再征收一道消费税。主要目的是促进保护环境、节约资源、引导合理消费和筹集财政收入。

（2）纳税人

根据《中华人民共和国消费税暂行条例》（以下简称《消费税暂行条例》）的规定，在中华人民共和国境内生产、委托加工和进口应税消费品的单位和个人，以及国务院确定的销售《消费税暂行条例》规定的消费品的其他单位和个人为消费税纳税义务人。单位是指企业和行政单位、事业单位、军事单位、社会团体及其他单位。个人是指个体工商户及其他个人。在中华人民共和国境内是指生产、委托加工和进口属于应税消费品的起运地或所在地在境内。

（3）计税依据

消费税的计税依据为向购买方收取的全部价款和价外费用。消费税的税基与消费税的计税方式有密切联系。适用从价计征消费税的计税依据为不含增值税销售额。适用从量计征消费税的计税依据区分四种情形：直接销售的计税依据为应税消费品的销售数量；自产自用的计税依据为应税消费品的移送使用的数量；委托加工的计税依据为委托方收回的应税消费品的数量；进口的计税依据为海关核定的应税消费品的进口数量。

复合计征的计税依据为不含税销售额和销售数量。

纳税人自产自用的应税消费品，按照纳税人生产的同类消费品的销售价格计算纳税；没有同类消费品销售价格的，按照组成计税价格计算纳税。

（4）税率

消费税采用从价定率、从量定额，或者从价定率和从量定额复合计税的办法计算应纳税额，以适应不同应税消费品的实际情况。由于各种应税消费品的税率不同，当纳税人在兼营不同税率应税消费品时，税法规定应当分别核算不同税率应税消费品的销售额、销售数量。未分别核算销售额、销售数量或者将不同税率的应税消费品组成成套消费品销售的，从高适用税率征收。

（5）应纳税额计算

按现行消费税的基本规定，消费税应纳税额计算分为从价定率、从量定额、从价定率和从量定额复合计税三类计算方法。

在从价定率计算方法下，应纳税额计算取决于应税消费品的销售额和适用税率。其基本计算公式为：

应纳税额＝应税消费品的销售额×适用税率

在从量定额的计算方法下，应纳税额等于应税消费品的销售数量乘以单位税额。其计算公式为：

应纳税额＝应税消费品的销售数量×单位税额

在从价定率和从量定额复合计税上，现行消费税的征税范围中，只有卷烟和白酒采用复合计税方法。其基本计算公式为：

应纳税额＝应税销售数量×定额税率＋应税销售额×比例税率

五、所得税

（一）所得税的定义

所得税是国家对纳税人的法定所得课征的税收。所谓法定所得，是指税法规定的作为课税对象的所得，也称为应纳税所得（简称“应税所得”）；通常为一定时期（一般为一个纳税年度）内纳税人取得的收入减去为取得这些收入而发生的成本、费用后的余额，所以所得有时又被称为净收入。所得是一个内涵较为丰富的概念，可以按照不同的标准对所得做出分类。例如，按所得的形式可分为货币所得、非货币所得等；按所得主体可分为个人所得、公司所得、合伙企业所得、独资企业所得等；按是否应纳税可分为应税所得、非应税所得；按获取所得的时间可分为即期所得、远期所得；按生产要素分配的角度可分为劳动所得、资本所得、经营所得；按所得来源地可分为境内所得、境外所得；等等。

（二）所得税的特点

1. 所得税属于直接税，税负不易转嫁

所得税的纳税人和实际负担人通常是一致的，因而可以直接调节纳税人的收入。特别是在采用累进税率的情况下，个人所得税在调节个人收入分配、缩小收入差距方面具有较明显的作用。对企业征收所得税，提供减免等税收优惠，还可以贯彻国家特定政策，起到调节经济的作用。

2. 所得税的税基宽，财政收入能力强

作为课税对象的所得，从纳税主体看，可以是企业、社会团体等各类组织取得的收益，也可以是家庭、个人一定时间内的所得；从来源、性质等看，既有劳动所得，又有财产所得、经营所得，还有经常所得、临时所得等。因此，所得税的税基较为广泛，能够为政府提供稳定的财政收入。

3. 所得税具有“自动稳定器”和调节收入分配的功能

在采用累进税率的情况下，所得税的边际税率随应纳税所得额的变化而变化，从而使所得税的收入随着经济繁荣而增加，随经济衰退而减少。这不仅使所得税的收入具有一定弹性，而且可以发挥调节经济的“自动稳定器”的功能。同时，累进的所得税制还可以体现量能课征的公平原则，有利于调节收入分配。

4. 所得税的计征管理相对比较复杂

纳税人在计算缴纳所得税税款时需要从取得的应税收入中扣除与取得收入相关的成本、费用等项目，并且扣除项目一般又规定了扣除条件和扣除标准，同时所得税的缴纳通常需要纳税人按期申报缴纳并进行年度汇算清缴等。因此，所得税的计缴方法、管理方式相对复杂，需要纳税人和税务部门具有较高的管理水平。

（三）所得税的类型

依据征税对象的规定，所得税通常分为以下三种类型。

1. 分类所得税

分类所得税是指将所得按来源划分为若干类别，对各种不同来源的所得分别计征所得税。比如，可以将所得分为工资薪金所得、营业利润所得、股息利息所得、租金所得等类，对工资薪金或其他劳务报酬课以薪金报酬所得税，对股息利息所得课以利息所得税，对土地和房屋所得的租金课以不动产所得税等。

分类所得税的理论依据在于，对不同性质的所得项目适用不同的税率，分别施加轻重不同的税负。勤劳所得如工资薪金，要付出辛勤的劳动才能获得，应课以较轻的所得税。资本所得如营业利润、股息、利息、租金等，是凭借其拥有的资财而获得的，所含的辛苦较少，应课以较重的所得税。因此，分类所得税的优点之一是它可以按不同性质的所得，分别采用不同的税率，实行差别待遇。

分类所得税创始于英国，但今天纯粹采用分类所得税的国家已经很少。即使采用，也是将其与综合所得税配合使用。

2. 综合所得税

综合所得税是指对纳税人在一定期间内的各种所得，综合计算征收所得税。如美国联邦个人所得税，总收入在税法上被定义为“产生于各种渠道的全部收入，法律排除的除外”，包括现金、财产或服务等各种形式所得的收入。可见，综合所得税的突出特征，就是不问收入来源于什么渠道，也不问收入采取何种形式，而将各种来源和各种形式的收入加总求和，统一计税。

综合所得税的指导思想是，既然所得税是一种对人税，课税依据就应当是人的总体负担能力，其应税所得额当然应当综合纳税人全年各种所得的总额，扣减各种法定的减免和扣除项目之后，按统一的累进税率课征。所以，综合所得税的突出优点，就是最能体现纳税人的实际负担水平，符合纳税能力原则。

综合所得税已经为很多国家所接受，是当代所得税课征制度发展的一个主要方向。

3. 分类综合所得税

也称混合所得税，指的是将分类和综合两种所得税的优点兼收并蓄，实行分项课征和综合计税相结合。以日本实行的个人所得税为例，日本的税法将个人收入项目共分十类：利息、股息、不动产所得、经营利润、工薪收入、退休金、林业收入、资本利得、临时所得和其他收入。对以上十类收入项目，日本按三种方法计征个人所得税：一是综合计征法，适用于第三、第四、第五、第九和第十类收入；二是分类计征法，适用于第六和第七类收入；三是综合或分类选择计征法，适用于第一和第二类收入。可见，日本的个人所得税实行的就是兼具综合所得税和分类所得税两种特征的混合税制。

分类综合所得税是当今世界上广泛采用的一种所得税类型，其优点是既坚持按纳税能力课税的原则，对纳税人不同来源的所得实行综合计算征收，又坚持了对不同性质的收入实行区别对待的原则，对所列举的特定收入项目按特定办法和税率课征。此外，分类综合所得税还具有稽征方便，有利于减少偷、漏税的优点。因而，它被认为是一种较好的所得税类型。

（四）我国现行主要所得税

1. 企业所得税

（1）企业所得税的概念

在我国，企业所得税是指以企业（及其他组织）生产经营所得和非生产经营所得为征税对象的一种所得税。我国的企业所得税制度是改革开放以来逐步建立起来的。20世纪80年代初，我国先后颁布《中华人民共和国中外合资经营企业所得税法》和《中华人民共和国外国企业所得税法》，并于1991年由第七届全国人民代表大会第四次会议将其合并为《中华人民共和国外商投资企业和外国企业所得税法》，从而建立起外资企业所得税制度。20 世纪 80 年代初期，我国相继推出两步“利改税”，逐步建立国营企业所得税、国营企业调节税、集体企业所得税、私营企业所得税等法律制度，并于 1994 年合并为内资企业所得税制度。至此，我国形成了内外资企业所得税制度迥异并存的格局。为了实现内外资企业间的公平竞争、促进市场统一，第十届全国人民代表大会第五次会议于 2007 年修订完成《中华人民共和国企业所得税法》。该法修订完成后适用于所有内外资企业，并自 2008 年 1 月 1 日起施行。此后，该法又于 2017 年 2 月与 2018 年 12 月进行了两次修正。

（2）纳税人与税率

根据我国现行税法，企业所得税的纳税人为在我国境内的企业和其他取得收入的组织（不包括个人独资企业和合伙企业），分为居民企业和非居民企业。居民企业是指依法在中国境内成立，或者依照外国法律成立但实际管理机构在中国境内的企业；居民企业应当就其来源于中国境内外的全部所得缴纳企业所得税。非居民企业是指依照外国法律成立且实际管理机构不在中国境内，但在中国境内设立机构、场所的，或者在中国境内未设立机构、场所，但有来源于中国境内所得的企业；非居民企业应当就其来源于中国境内的所得缴纳企业所得税。

根据我国现行税法，企业所得税实行比例税率，居民企业和在境内设立机构场所的非居民企业，适用 25% 的基本税率；在境内没有设立机构场所的非居民企业取得的来源于中国境内的所得，适用税率 20%（实际按 10% 征收）；符合条件的小型微利企业，减按 20% 的税率征收企业所得税；国家重点扶持的高新技术企业，减按 15% 的税率征收。

（3）征税对象

根据我国现行税法，企业所得税的征税对象是企业的生产经营所得及其他所得，包括销售货物所得、提供劳务所得、转让财产所得、股息红利等权益性投资所得，以及利息所得、租金所得、特许权使用费所得、接受捐赠所得和其他所得。企业每一纳税年度的收入总额，减除不征税收入、免税收入、各项扣除以及允许弥补的以前年度亏损后的余额，为应纳税所得额。

企业所得税规定的不征税收入包括：财政拨款；依法收取并纳入财政管理的行政事业性收费、政府性基金；国务院规定的其他不征税收入。

企业所得税规定的免税收入包括：国债利息收入；符合条件的居民企业之间的股息、红利等权益性投资收益；在中国境内设立机构、场所的非居民企业从居民企业取得与该机构、场所有实际联系的股息、红利等权益性投资收益；符合条件的非营利组织的收入。

企业的下列所得，可以免征、减征企业所得税：从事农、林、牧、渔业项目的所得；从事国家重点扶持的公共基础设施项目投资经营的所得；从事符合条件的环境保护、节能节水项目的所得；符合条件的技术转让所得等。

2. 个人所得税

(1) 个人所得税的概念

个人所得税是指以个人取得的各项所得为征税对象的一种所得税。个人所得税最早由英国于1799年创立，其目的在于筹措战争经费，属于临时性税种：其后则时兴时废，到1874年才稳定下来。美国征收个人所得税始于南北战争期间的1862年，到1913年成为常设性税种；经1954年和1986年的两次改革，美国的个人所得税法逐步走向成熟，其主要特点是实行综合所得税制、考虑家庭成员等因素、有诸多抵免项目等。第二次世界大战以后，各国开始普遍开征个人所得税。中国试行个人所得税始于清末，民国政府于1936年开始正式实施个人所得税制度。改革开放之后，全国人民代表大会于1980年颁布《中华人民共和国个人所得税法》，并于1993—2018年先后进行了七次修正。现行个人所得税是2018年8月31日第十三届全国人民代表大会常务委员会第五次会议《关于修改〈中华人民共和国个人所得税法〉的决定》（第七次修正）修订而来的。

(2) 纳税人

根据我国现行税法，个人所得税的纳税人包括居民个人和非居民个人两类。其中，在中国境内有住所，或者无住所而一个纳税年度内在中国境内居住累计满183天的个人，为居民个人。居民个人从中国境内和境外取得的所得，负有向中国税务机关纳税的义务。在中国境内无住所又不居住，或者无住所而一个纳税年度内在中国境内居住累计不满183天的个人，为非居民个人。非居民个人仅就其从中国境内取得的所得，负有向中国税务机关纳税的义务。纳税年度自公历1月1日起至12月31日止。

个人所得税以取得所得的个人为纳税人，以支付所得的单位或者个人为扣缴义务人。纳税人有中国居民身份证号码的，以中国居民身份证号码为纳税人识别号；纳税人没有中国居民身份证号码的，由税务机关赋予其纳税人识别号。扣缴义务人扣缴税款时，纳税人应当向扣缴义务人提供纳税人识别号。

(3) 税目与税率

根据我国现行税法，个人所得税将全部应税所得分为9个税目，具体包括：①工资、薪金所得；②劳务报酬所得；③稿酬所得；④特许权使用费所得；⑤经营所得；⑥利息、股息、红利所得；⑦财产租赁所得；⑧财产转让所得；⑨偶然所得。居民个人取得第一项至第四项所得（以下简称“综合所得”），按纳税年度合并计算个人所得税；非居民个人取得第一项至第四项所得，按月或者按次分项计算个人所得税。纳税人取得第五项至第九项所得。依照规定分别计算个人所得。

根据我国现行税法，个人所得税有超额累进税率和比例税率两种税率形式。综合所得适用3%—45%的超额累进税率；经营所得，适用5%—35%的超额累进税率；利息、股息、红利所得。财产租赁所得。财产转让所得和偶然所得，适用20%的比例税率。

具体可参见表7-2和表7-3。

表 7－2　　综合所得适用税率表

级数	全年应纳税所得额	税率/%
1	不超过 36 000 元的部分	3
2	超过 36 000 元至 144 000 元的部分	10
3	超过 144 000 元至 300 000 元的部分	20
4	超过 300 000 元至 420 000 元的部分	25
5	超过 420 000 元至 660 000 元的部分	30
6	超过 660 000 元至 960 000 元的部分	35
7	超过 960 000 元的部分	45

说明：表 7－2 所称全年应纳税所得额是指依照税法规定，居民个人取得综合所得以每一纳税年度收入减除费用 6 万元以及专项扣除、专项附加扣除和依法确定的其他扣除后的余额。非居民个人取得工资、薪金所得，劳务报酬所得，稿酬所得和特许权使用费所得，依照本表按月换算后计算应纳税额。

表 7－3　　经营所得适用税率表

级数	全年应纳税所得额	税率/%
1	不超过 30 000 元的部分	5
2	超过 30 000 元到 90 000 元的部分	10
3	超过 90 000 元至 300 000 元的部分	20
4	超过 300 000 元至 500 000 元的部分	30
5	超过 500 000 元的部分	35

说明：表 7－3 所称全年应纳税所得额是指依照税法规定，以每一纳税年度的收入总额减除成本、费用以及损失后的余额。

（4）应纳税所得额

根据我国现行税法，个人所得税对不同所得项目确定了差异性的应纳税所得额计算方法。其中，居民个人的综合所得，以每一纳税年度的收入额减除费用 6 万元以及专项扣除、专项附加扣除和依法确定的其他扣除后的余额，为应纳税所得额。非居民个人的工资、薪金所得，以每月收入额减除费用 5 000 元后的余额为应纳税所得额；劳务报酬所得、稿酬所得、特许权使用费所得，以每次收入额为应纳税所得额。

经营所得，以每一纳税年度的收入总额减除成本、费用以及损失后的余额为应纳税所得额。财产租赁所得，每次收入不超过 4 000 元的，减除费用 800 元；4 000 元以上的，减除 20% 的费用，其余额为应纳税所得额，财产转让所得，以转让财产的收入额减除财产原值和合理费用后的余额，为应纳税所得额。利息、股息、红利所得和偶然所得，以每次收入额为应纳税所得额。劳务报酬所得、稿酬所得、特许权使用费所得以收入减除 20% 的费用后的余额为收入额。稿酬所得的收入额减按 70% 计算。

个人将其所得对教育、扶贫、济困等公益慈善事业进行捐赠，捐赠额未超过纳税人申报的应纳税所得额30%的部分，可以从其应纳税所得额中扣除；国务院规定对公益慈善事业捐赠实行全额税前扣除的，从其规定。

专项扣除，包括居民个人按照国家规定的范围和标准缴纳的基本养老保险、基本医疗保险、失业保险等社会保险费和住房公积金等；专项附加扣除，包括子女教育、继续教育、大病医疗、住房贷款利息或者住房租金、赡养老人等支出，具体范围、标准和实施步骤由国务院确定，并报全国人民代表大会常务委员会备案。为降低家庭育儿成本，2022年3月我国还新增了3岁以下婴幼儿照护费用专项附加扣除。居民个人从中国境外取得的所得，可以从其应纳税额中抵免已在境外缴纳的个人所得税税额，但抵免额不得超过该纳税人境外所得依照规定计算的应纳税额。

（5）减免税规定

根据我国现行税法，下列各项个人所得免征个人所得税：省级人民政府、国务院部委和中国人民解放军军以上单位，以及外国组织、国际组织颁发的科学、教育、技术、文化、卫生、体育、环境保护等方面的奖金；国债和国家发行的金融债券利息；按照国家统一规定发给的补贴、津贴；福利费、抚恤金、救济金；保险赔款；军人的转业费、复员费、退役金；按照国家统一规定发给干部、职工的安家费、退职费、基本养老金或者退休费、离休费、离休生活补助费；依照有关法律规定应予免税的各国驻华使馆、领事馆的外交代表、领事官员和其他人员的所得；中国政府参加的国际公约、签订的协议中规定免税的所得；国务院规定的其他免税所得。残疾、孤老人员和烈属的所得和因自然灾害遭受重大损失的，可以减征个人所得税，具体幅度和期限由省、自治区、直辖市人民政府规定，并报同级人民代表大会常务委员会备案。

（6）纳税调整与纳税申报

按照我国现行税法，税务机关有权对下列情形按照合理方法进行纳税调整：个人与其关联方之间的业务往来不符合独立交易原则而减少本人或者其关联方应纳税额，且无正当理由；居民个人控制的，或者居民个人和居民企业共同控制的设立在实际税负明显偏低的国家（地区）的企业，无合理经营需要，对应当归属于居民个人的利润不作分配或者减少分配；个人实施其他不具有合理商业目的的安排而获取不当税收利益。税务机关依照规定作出纳税调整，需要补征税款的，应当补征税款并依法加收利息。

按照我国现行税法，有下列情形之一的，纳税人应当依法办理纳税申报：取得综合所得需要办理汇算清缴；取得应税所得没有扣缴义务人；取得应税所得，扣缴义务人未扣缴税款；取得境外所得；因移居境外注销中国户籍；非居民个人在中国境内从两处以上取得工资、薪金所得；国务院规定的其他情形。

扣缴义务人应当按照国家规定办理全员全额扣缴申报，并向纳税人提供其个人所得和已扣缴税款等信息。对扣缴义务人按照所扣缴的税款，付给2%的手续费。

六、财产税及其他税种

（一）财产税

1. 财产税的概念

财产税是指以纳税人拥有或支配的财产为征税对象的税收。它是一个伴随私有财产制度的确立而建立起来的、存续时间最长的、最为古老的税收。作为最古老的税收，财产税也是历史上争议最大的税收，人们对财产税的认知存在较大差异。比如，有学者认为财产税是一种货物税，是对土地和建筑物课征的货物税；有学者认为财产税是一种资本税，是对资本课征的一般税；还有学者认为财产税是一种使用费，是地方公共服务的价格。

以课征范围为依据，财产税可分为一般财产税与特别财产税。前者对纳税人的全部财产进行综合计征，又称为综合财产税；后者对纳税人的一种或多种财产单独或合并课征，又称为个别财产税或特种财产税，如土地税、房产税。

以课征对象的形态为依据，财产税可分为静态财产税与动态财产税。前者是指对一定时点的财产占有额，按其数量或价值进行课征的财产税；后者是指对财产的交易、转移、变动（如增值、继承和赠与）进行课征的财产税，主要包括财产交易税、遗产税、赠与税等。有学者认为动态财产税（特别是财产交易税）具有收益税或流转税的性质，因而仅将静态财产税视为真正意义上的财产税。

以课征标准为依据，财产税可分为财产价值税和财产增值税。前者是按财产价值课征的财产税，其课征标准一般是财产总价值、财产净价值、财产实际价值等。后者是指按财产的增值部分计算课征的财产税，即只对财产的现值超过原值的增值部分征税，而不考虑财产的总价值或财产净值。

2. 我国的财产税制度

我国现阶段的财产税主要包括房产税、城镇土地使用税、车船税、契税等。其中，房产税是财产税中影响最大的税种，也是下一阶段改革的重点。按照党的十八届三中全会及相关文件精神，我国将整合房产税及相关财产税费制度而构建房地产税。我国房产税的开征与演进十分曲折。1951 年我国颁布《城市房地产税暂行条例》，对城市房屋征收房产税和地产税，故称为城市房地产税；1973 年我国将对企业征收的房产税并入工商税；1984 年我国推行第二步“利改税”，改革工商税制，对房屋和土地分别计征税收，将城市房地产税拆分为房产税和城镇土地使用税：1986 年我国正式颁布《中华人民共和国房产税暂行条例》，从而形成了我国现行房产税的基本框架。根据我国现行税法，房产税的纳税人是房产的产权所有人；产权出典的，由承典人缴纳；产权所有人、承典人不在房产所在地的，或者产权未确定及租典纠纷未解决的，由房产代管人或者使用人缴纳。房产税的征收范围是城市、县城、建制镇和工矿区范围内的房产。房产税的计税依据为房产原值一次减除10%—30%后的余值；具体减除幅度，由省、自治区、直辖市人民政府规定；没有房产原值作为依据的，由房产所在地税务机关参考同类房产核定。房产出租的，以房产租金收入为房产税的计税依据。房产税的税率，依照房产余值计算缴纳的，税率为1.2%；依照房产租金收入计算缴纳的，税率为12%。另外，国家机关、人民团体、军队自用的房产，由国家财政部门拨付事业经费的单位自用的房产，宗教寺庙、公园、名胜古迹自用的房产，个人所有非营业用的房产（不包括重庆、上海）和经财政部批准免税的其他房产免纳房产税。

（二）资源税

1. 资源税的概念

资源税是指以资源绝对收益和级差收益为征税对象的税收。在我国，资源税主要表现为对占有和开发国有自然资源获取的收入课税。资源税按照课征的不同目的，可以分为一般资源税和级差资源税。一般资源税指对资源开采过程中取得的一般收入课征的税收，是国家以垄断所有者的身份对使用某种公共资源（如矿藏、水流、森林、山岭、滩涂等）的单位和个人收取的补偿。一般资源税具有受益税的性质，是对绝对地租的征收，体现了普遍征收、有偿开采的原则。级差资源税是指对资源开采使用过程取得的级差收入课征的税收。由于各种自然资源在客观上存在着地理位置、开采条件、储存状况等差异，必然导致资源开发者和使用者在收益上的较大差别，占有使用优质资源的开发者将能够获取平均利润以外的级差收入。开征级差资源税的目的是调节资源使用者因资源条件的差异而取得的级差收益。资源税的开征有利于资源开发者在同等水平上展开竞争以及促进资源的合理利用，防止资源开发者盲目追求高利润而造成资源的浪费。

我国的资源税是改革开放后逐步建立起来的。1984年我国开始征收资源税，但仅对煤炭、石油和天然气征税，后逐步扩大到对铁矿石征税。1993年12月国务院修订颁布《中华人民共和国资源税暂行条例》，建立起现行资源税制度的基本框架。2011年9月国务院公布《关于修改〈中华人民共和国资源税暂行条例〉的决定》，对资源税进行了局部完善；2016年5月，财政部和国家税务总局联合发布《关于全面推进资源税改革的通知》，对资源税全面实行从价计征并在河北省开始试点水资源税改革。2019年8月第十三届全国人民代表大会常务委员会第十二次会议通过《中华人民共和国资源税法》（简称《资源税法》），从而将历年资源税改革的成果上升为税收法律。《资源税法》于2020年9月1日正式实施，原由国务院发布的《中华人民共和国资源税暂行条例》同时废止。

2. 资源税的基本内容

根据我国现行税法，资源税的纳税义务人是指在中华人民共和国领域和管辖的其他海域开发应税资源的单位和个人。就征税对象而言，资源税对五种资源课税，即能源矿产、金属矿产、非金属矿产、水气矿产和盐五个税目。其中，能源矿产主要包括原油，天然气、页岩气、天然气水合物，煤，煤成（层）气，铀、钍，油页岩、油砂、天然沥青、石煤，地热七个子目；金属矿产包括黑色金属和有色金属两个子目；非金属矿产包括矿物类、岩石类和宝玉石类三个子目；水气矿产包括二氧化碳气、硫化氢气、氦气、氡气，矿泉水两个子目；盐包括钠盐、钾盐、镁盐、锂盐，天然卤水，海盐三个子目。

我国对资源税早期实行从量定额征税，即按照资源产品的数量采取定额税率进行课征。由于从量定额征税不利于节约使用相关资源，我国于2011年启动资源税从价定率征税改革。其中，2011年11月1日起，原油和天然气由从量定额改为从价定率征收资源税；2014年12月1日起，在全国将煤炭资源税由从量计征改为从价计征。2016年7月，我国对资源税计税方式进行改革，除个别税目仍然实行从量定额征税外，对绝大部分税目实行从价定率征税。2019年《资源税法》除对个别征税对象实行从量定额征收外，绝大部分征税对象实行从价定率征收。

（三）环境保护税

1. 环境保护税的概念

广义地讲，环境保护税是以保护环境为目的，对环境污染行为进行课征的税收。通常认为，环境保护税是由英国经济学家庇古最先提出的，其观点已经被西方发达国家普遍接受。欧美各国的环保政策逐渐减少直接干预手段的运用，越来越多地采用生态税、绿色环保税等多种特定税种来维护生态环境，针对污水、废气、噪声和废弃物等突出的“显性污染”进行强制征税。荷兰是征收环境保护税比较早的国家，为环境保护设计的税收主要包括燃料税、噪声税、水污染税等，其税收政策已被不少发达国家研究和借鉴。此外，法国于1969年开征了森林砍伐税；意大利于1984年开征了废物回收费用，作为地方政府处置废物垃圾的资金来源。

欧美国家征收的环境保护税主要包括：对污染排放行为所征收的税种，包括对工业企业在生产过程中排放的废水、废气、废渣及汽车排放的尾气等行为课税，如二氧化碳税、水污染税、化学品税等；对高耗能、高耗材行为征收的税种，又称固体废物处理税，如润滑油税、旧轮胎税、饮料容器税、电池税等；为减少自然资源开采、保护自然资源与生态资源而征收的税，如开采税、地下水税、森林税、土壤保护税；对城市环境和居住环境造成污染的行为征税，如噪声税、拥挤税、垃圾税等；对农村或农业污染所征收的税，如超额粪便税、化肥税、农药税等；为防止核污染而开征的税，如铀税。

我国历来高度重视环境保护和污染治理。1982年，国务院颁发《征收排污费暂行办法》，试图促进企事业单位节约和综合利用资源、治理污染、改善环境；2003年，国务院颁发《排污费征收使用管理条例》，对排污费的征收和使用做出了更为明确的规定，进一步加大了环境保护和污染治理的力度。同时，我国还在增值税、消费税、资源税、企业所得税等税种中设置了一定的条款，鼓励节约使用资源和保护环境。2016年全国人大常委会通过《中华人民共和国环境保护税法》，将排污费制度升级为税收制度，实现了排污费向环境保护税的转变。相对来说，我国的环境保护税属于狭义的概念，是以纳税人直接向环境排放的特定污染物为征税对象的税收。

2. 环境保护税的基本内容

（1）纳税人

根据我国现行税法，环境保护税的纳税义务人是指在中华人民共和国领域和管辖的其他海域，直接向环境排放应税污染物的企业事业单位和其他生产经营者。

（2）征税对象

就征税对象而言，环境保护税主要对四种污染物课税，分别是大气污染物、水污染物、固体废物和噪声。如有下列情形之一的，不属于直接向环境排放污染物，不缴纳相应污染物的环境保护税：企业事业单位和其他生产经营者向依法设立的污水集中处理、生活垃圾集中处理场所排放应税污染物的；企业事业单位和其他生产经营者在符合国家和地方环境保护标准的设施、场所贮存或者处置固体废物的。反之，依法设立的城乡污水集中处理、生活垃圾集中处理场所超过国家和地方规定的排放标准向环境排放应税污染物的，或企业事业单位和其他生产经营者贮存或者处置固体废物不符合国家和地方环境保护标准的，应当缴纳环境保护税。

应税污染物的计税依据，按照下列方法确定：应税大气污染物按照污染物排放量折合的污染当量数确定；应税水污染物按照污染物排放量折合的污染当量数确定；应税固体废物按照固体废物的排放量确定；应税噪声按照超过国家规定标准的分贝数确定。

（3）应纳税额的计算

环境保护税应纳税额按照下列方法计算：应税大气污染物的应纳税额为污染当量数乘以具体适用税额；应税水污染物的应纳税额为污染当量数乘以具体适用税额；应税固体废物的应纳税额为固体废物排放量乘以具体适用税额；应税噪声的应纳税额为超过国家规定标准的分贝数对应的具体适用税额。

（4）税收优惠

根据我国现行税法，下列情形暂予免征环境保护税：农业生产（不包括规模化养殖）排放应税污染物的；机动车、铁路机车、非道路移动机械、船舶和航空器等流动污染源排放应税污染物的；依法设立的城乡污水集中处理、生活垃圾集中处理场所排放相应应税污染物，不超过国家和地方规定的排放标准的；纳税人综合利用的固体废物，符合国家和地方环境保护标准的；国务院批准免税的其他情形。纳税人排放应税大气污染物或者水污染物的浓度值低于国家和地方规定的污染物排放标准30%的，减按75%征收环境保护税。纳税人排放应税大气污染物或者水污染物的浓度值低于国家和地方规定的污染物排放标准50%的，减按50%征收环境保护税。

（5）征收管理

环境保护主管部门依照规定负责对污染物的监测管理；县级以上地方人民政府应当建立税务机关、环境保护主管部门和其他相关单位分工协作工作机制，加强环境保护税征收管理，保障税款及时足额入库。环境保护主管部门和税务机关应当建立涉税信息共享平台和工作配合机制。环境保护主管部门应当将排污单位的排污许可、污染物排放数据、环境违法和受行政处罚情况等环境保护相关信息，定期交送税务机关。

第四节 智慧税务及其建设

智慧税务是以大数据、云计算、人工智能、移动互联网等现代信息技术为核心，通过整合税务数据、优化管理流程、创新服务模式，实现税收执法、服务与监管的智能化、高效化和精准化的新型税务治理体系。其核心目标是推动税收现代化，提升纳税人体验，降低征纳成本，并通过数据驱动决策支持国家宏观经济治理。具体而言，智慧税务通过发票电子化改革打破传统“以票控税”局限，构建覆盖全领域、全环节的电子发票体系，并依托税收大数据平台实现税费数据的多维度实时归集与智能分析，从而精准识别风险、优化服务、强化监管。这一系统不仅整合了纳税人端、税务人端、决策人端的智能应用，还推动税务与金融、海关、市场监管等部门的数据共享，形成“数据共建、协同共治”的税收治理新格局。

一、智慧税务建设的历史渊源与价值意蕴

我国税收信息化建设发端于 20 世纪 80 年代初，历经“金税一期”“金税二期”“金税三期”建设，从无到有、从小到大、从功能单一到全面覆盖，目前已进入“金税四期”建设的新阶段。“金税四期”作为数字政府建设的重要组成部分，旨在统筹推进技术融合、业务融合、数据融合的基础上，提升跨层级、跨地域、跨系统、跨部门、跨业务的协同管理服务水平，从而全面开启智慧税务建设的新境界。

（一）智慧税务建设的历史渊源

伴随着现代信息技术发展和税收征管应用场景的拓展，我国自 20 世纪 80 年代初就开始探索现代信息技术在税收征管中的应用，开启了现代信息技术与税收征管业务的基因融合。

20 世纪 80 年代中期，税收信息化成为国家重点工程建设，税务机关开始使用微型计算机辅助处理税收工作，重点实现税收计划、统计、会计的“电算化”，着力提高“面对面”公共服务效率。1994 年分税制改革后，国家相继启动金税工程各期建设，“金税一期”聚焦增值税专用发票，部署应用增值税专用发票交叉稽核系统并在全国 50 个城市试点“以票管税”，初步探索电子化发票管理，通过手工采集数据实现发票真伪核查，但受限于技术条件，覆盖范围较窄且错误率较高。2001 年“金税二期”在此基

础上引入防伪税控系统，从开票、认证、报税到稽核等环节对增值税专用发票管理实施全链条监管，全面取消手写版发票，实现发票信息的电子化采集与实时比对，有效遏制虚开发票等违法行为，完善增值税“以票管税”新体系，有效提升了增值税管理质效。2009年开启的“金税三期”建设，基于构建全国统一征管技术基础平台，探索构建覆盖所有税种、所有工作流程、所有税务机关的税收征管体系，特别是2019年4月“金税三期”（并库版）完成全国上线，实现了全国范围税收征管系统的流程统一、数据合流和功能升级。推动税收管理从“以票管税”向“数据管税”转型。三者层层递进，共同构建起从单一发票管理到全税种、全流程、全主体的现代化税收征管体系。

显然，伴随着金税工程各期建设，税收征管流程不断重塑，纳税服务结构流向不断优化，税务部门在优化税务执法、加强税收监管、完善纳税服务方面取得显著成效。但理性分析，与“让百姓少跑腿、数据多跑路”和“政府数字化、智能化运行”的要求相比，金税工程建设正面临前所未有的挑战和机遇。从技术发展趋势看，“大蚂蚁”（BIGANT）为税收征管数字化升级和智能化改造提供了“数字孪生”的无限可能和想象空间；从应用场景看，亟须打造泛在可及、智慧便捷、公平普惠的数字化税收服务体系，为税务人、纳税人、决策人提供数字税收世界的“沉浸体验”，进而通过“以虚强实”，推动构建协同高效的税收治理数字化体系。

（二）智慧税务的价值取向

2021年，中共中央办公厅、国务院办公厅印发的《关于进一步深化税收征管改革的意见》明确提出，要着力建设以服务纳税人缴费人为中心、以发票电子化改革为突破口、以税收大数据为驱动力的具有高集成功能、高安全性能、高应用效能的智慧税务。智慧税务已成为新时期“金税四期”建设的新目标。总结税收信息化应用不同阶段的价值取向，不仅对税收治理方式变革具有重要理论意义，而且对推进智慧税务建设具有重要的实践指导价值。

如果说，20世纪80年代的微机应用主要是提高案头工作效率的话，则其后陆续实施的金税工程，则主要在于提高税务机关工作协同效率。其中：“金税一期”和“金税二期”重点在于防范和打击虚开增值税专用发票的违法行为，提升增值税“以票管税”水平；“金税三期”则开始基于统一技术基础平台和数据分级处理，通过增强工作协同提高税收征管水平，其价值取向已由“以票管税”转为“信息管税”。

我国在总结金税工程建设经验的基础上，借鉴经济合作与发展组织（OECD）税收征管3.0理念正式提出了“金税四期”设想，围绕构建智慧税务着力推进税收征管的数字化升级和智能化改造，以期形成以纳税人、税务人和决策人为主体的智能应用体系，促进税收大数据应用、税收征管效能以及服务纳税人缴费人、服务国家治理现代化的能力和水平得到大幅提升和跨越升级。显然，对标一流谋划推进的金税四期建设，有助于全面推进智慧税务建设，实现税收征管方式从“收税”到“报税”再到“算税”的升级，税收征管流程从“上机”到“上网”再到“上云”的转变，税收征管效能从“经验管税”到“以票控税”再到“以数治税”的提升。其中，税收征管数字化升级和智能化改造的主要任务就是以数字化电子发票改革为突破口，将各类业务标准化、数据化，让全量税费数据能够根据应用需要，多维度实时化地实现可归集、可比较、可连接、可聚合，进而实现“以数治税”。具体而言：一是税务机关通过税收大数据智能归集和智效管理，推动税务执法过程可控、结果可评、违纪可查、责任可追，实现从“以票管税”到“信息管税”再到“以数治税”的转型；二是纳税人缴费人通过“一户式”和“一人式”税务数字账户的智能归集和智能监控，推动税收风险自我监测、自我识别、自我应对、自我防范，实现纳税人缴费人从“被动遵从”到“主动遵从”再到“自动遵从”的转型；三是金融、海关、市场监管、公安、支付平台等其他涉税方通过涉税数据智能归集和智能展现，推动税收治理的数据共建、数据共享、数据协同、数据治理，实现数字政府建设和税收治理体系的现代化。

（三）智慧税务的价值意蕴

在大数据、云计算、人工智能等现代信息技术得到普遍应用的当下，智慧税务正在改变税收信息化发展应用的运行轨迹并逐步形成新的价值意蕴。一是功能应用“立体化”升级，推动税收治理“数据孪生”。“金税一期”重点聚焦增值税发票真伪核查；“金税二期”是“由点及线”，聚焦构建增值税专用发票开具、申报、审核等职能条线管理链；“金税三期”是“由线及面”，面向所有税种、所有环节、所有机构构建信息管税工作体系；而“金税四期”则旨在构建政府部门、金融机构、纳税人、税务机关之间的多元信息共享体系，实现多维化、全方位、全流程的税收共治，通过“数字孪生”进一步拓展智慧税务新场景。二是管理方式“集约化”转型，推动税收治理“以虚强实”。传统工作机制更多依赖纳税人发票或申报表申报数据，而通过“金税四期”建设，推动税收大数据多渠道捕获和流动，进而智能感知税务执法、服务、监管需求并灵敏自动反应，通过税收治理方式集约化实现“以虚强实”，推动构建智慧税务新体系。三是征纳关系“交互化”转变，推动税收治理“沉浸体验”。传统税收信息化应用主体主要是税务部门，金税工程前三期呈现明显的工具理性，而“金税四期”则以纳税人缴费人为中心，以大幅提高税法遵从度和社会满意度为目标，推动税收征纳双方实现智慧税务由“工具理性”向“价值理性”回归，推动构建支撑高质量发展的智慧税务新范式。

二、智慧税务建设的结构逻辑

智慧税务建设要求将现代信息技术与税收业务有机融合，因此在明确智慧税务建设目标的前提下，应厘清智慧税务建设的结构逻辑。本文根据税收业务的实际需求，将智慧税务建设的结构分为三个层面和一个核心。三个层面主要包括基础设施层面、数据驱动层面和应用服务层面。一个核心指的是智慧税务大脑，它是智慧税务建设技术架构的核心，服务于纳税服务、税收分析、风险监控和税收管理。

（一）基础设施层面是智慧税务建设的平台主体

基础设施层面主要提供底层物理设施和先进技术服务，由硬件、软件、网络平台以及相应的技术构成，是智慧税务建设的平台主体。依据当前我国智慧税务建设的实际情况，基础设施层面的硬件、软件和网络平台可以依托现有的税务云平台进行整合完善，同时吸收先进技术包括计算机网络技术、云计算技术、人工智能技术和区块链技术等。

（二）数据驱动层面是智慧税务建设的坚实基础

数据驱动层面负责挖掘数据、处理数据以及共享数据，是智慧税务建设的坚实基础。数据驱动层面建设和应用的好坏直接决定了应用服务层面针对税收管理实际需求进行数据分析的质量。为了向应用服务层面提供优质的数据资料，数据驱动层面建设需要依托数据挖掘技术在税收征管数据、社会保险数据、纳税服务数据以及舆情数据中挖掘出结构化数据和非结构化数据，依托数据传输技术和云计算技术进行数据分配和管理，依托数据存储技术存储历史数据与新增数据。

（三）应用服务层面是智慧税务建设的关键引领

应用服务层面是智慧税务系统中进行人机交互的窗口，是智慧税务建设的关键引领，其建设好坏直接决定了纳税人缴费人的情感体验和税务人员的工作效率。完善的应用服务层面建设包括但不限于针对纳税服务便捷化的建设、针对税收分析主动化的建设、促使风险监控精确化的建设和促使税收管理智能化的建设。

1. 纳税服务便捷化

智慧税务建设要求从纳税人缴费人出发，以便捷友好的方式加强纳税服务系统的顶层设计。因此，应用服务层面首要任务之一便是促使纳税服务便捷化。纳税服务包括税务登记、发票管理和办税服务等。首先，这些业务均应在统一的办税平台进行处理；其次，应该建立纳税人缴费人端的智能化纳税缴费工具。例如，将纳税程序与纳税人的自然生活环境和企业经济环境相联系，包括会计记录软件、网上银行和社会媒体等，自动抓取匹配核实相应的税务数据，以完成智能化纳税申报和税款缴纳。

2. 税收分析主动化

智慧税务建设要求运用智能算法在经济分析和舆情分析的基础上进行税收分析。从微观角度，对一定时期的纳税人缴费人管理任务进行法人“一户式”和自然人“一人式”归集，主动分析纳税人缴费人数量、纳税人缴费人接收任务时间以及纳税人缴费人反馈任务时间，出具纳税人缴费人主动遵从情况分析报告并将纳税人缴费人进行分级。

从宏观角度，主动分析总税收和缴费率，根据分析结果及时调整税收营商环境优化方案，同时，着眼于与税源数据进行对比分析、与经济数据进行补充分析，全面增强税收大数据对经济状况的反应能力。

3. 风险监控精确化

风险监控精确化要求构建涉及多业务的风险模型，在风险识别、风险应对、风险控制和风险评价方面实现智能化处理。要能根据纳税人缴费人税收风险出现的次数和概率，确定管理重点，有针对性地匹配相应的税收知识并分配管理资源。

4. 税收管理智能化

智慧税务的特点是尽量通过大数据和算法进行智能决策，减少人工干预。税收管理智能化正是智慧税务的集中体现。税收管理包括税源监控和税务稽查。要全面考虑税收业务的管理机制，从推送机制、推送路径、任务接收人员和任务完成情况等方面引入人工智能，确保税收管理向全过程智能化转变。

（四）基于算法的智慧税务大脑是智慧税务建设的核心环节

基于算法的智慧税务大脑是智慧税务建设的核心环节。将数据驱动层面数据分析的结果应用于应用服务层面的各项管理服务离不开智慧税务大脑。算法是一系列命令的集合，税务算法则是基于特定税务工作场景的命令的集合。借助税务算法，将税务数据输入，可以形成相应的分析结果、行动对策和预测信息。特定的税务算法针对个别类型的税务场景问题，而集合的税务算法则能够处理多类型的税务场景问题。理论上，税务算法可以覆盖税收管理服务的全流程，基于算法的智慧税务大脑可以将税收业务全方位智能化。基于算法，智慧税务大脑拥有诸多能力，其中，数据处理能力能够助力“集成＋驱动”的数据采集系统，数据分析能力能够支撑“税务＋科技”的智能决策系统，监督反馈能力能够推动“信用＋风险”的税务监管体系，控制调度能力能够优化“精准＋柔性”的税收征管体系。

三、智慧税务建设的路径选择

（一）在基础设施层面，以技术为核心，建设大数据收集和处理平台

一是建设统一的数据搜集和处理平台。统一的数据搜集和处理平台需要具备以下三个特点。第一，强大的承载量。克服传统网络存储系统集中式存放的缺点，采用分布式存储系统，将数据分散存储在多台独立设备上，降低网络压力，提高稳定性。第二，强大的计算能力。采用分布式计算技术如云技术，以实现稀有资源的实时共享和计算资源的平衡。第三，较强的兼容性。海量数据处理、分析和共享需要内外部系统和新旧系统的全方位整合和接入。考虑到接口可能不同，数据收集和处理平台需要有较强的兼容性。

二是完善运维安全保障系统，确保信息安全。加强硬件基础设施、软件基础设施和网络平台的建设与维护，全方位堵住信息漏洞，坚守信息安全的底线。从制度层面约束第三方平台对涉密信息的传递和管理。同时，降低平台的整体运营成本，为深入拓展新功能新应用提供技术保障。

（二）在数据驱动层面，以共享为核心，打造高度聚合的数据海洋

一是整合内外部数据资源，消除数据孤岛。智慧税务建设需要整合诸如税务部门收集的关于税收政策、税费缴纳和服务等内部数据，政府其他各部门财政、金融、住建和国土等收集的涉税数据以及网络舆情、历史地域和行业发展等外部数据。在统一的数据收集和处理平台上，实现对税务数据资源的集中管理和充分利用，促进数据业务化，构建以税资政、以税资商的税收大数据共享应用体系。具体需要分以下三个层次解决：第一，数据纵向集成，电子税务局需要与企业财务软件连通适配；第二，数据横向共享，内外部涉税数据常态化及时传送共享；第三，数据全面融合，突破有形的物理边界，跨平台、跨地区搭建覆盖面广、信息容量大、辐射能力强的智慧税务资源共享体系。

二是制定数据治理规范，高效管理数据。建立完善的数据质量管理机制，从源头上加强数据采集的审核校验，加大系统清理数据的力度，对数据质量进行分析、评价和反馈。引进数据质量管理平台，采用多模型强化税收与经济的关联分析，倒逼数据相关性和可靠性的提升，夯实智慧税务的基础。

（三）在应用服务层面，以需求为核心，建成便捷精准的服务中心

一是建立高效完善的智慧办税中心。第一，构建统一的智慧办税体系。线下，打造“智慧办税服务厅+智慧办税微厅”的服务体系。智慧办税服务厅配置 AI 导税服务，通过智能语音服务精准分流，实现标准事项自助办、特殊事项人工办。智慧办税微厅设置在工业园区及大中型企业旁边，实现就近办、个性办。线上，实现办税缴费在电脑客户端和手机客户端接入同一个系统。同时，线上线下系统融合同步，真正实现“线下服务无死角、线上服务不打烊”。第二，构建“一键式”办税缴费流程。通过跨系统数据抓取功能和同系统不同期数据分析对比，实现预填报申报表功能，一次采集、一次申报、一键领取电子完税凭证。优化纳税服务的界面，拓展人工服务的方式如直接语音或者云桌面操纵，减少语言文字性信息的输入，缩短纳税人缴费人办事时间。第三，构建基于需求的个性化服务模式。利用纳税人画像技术，增强服务的针对性和主动性，从提供单项服务转为实现双向互动，定期推送相关政策，及时提醒涉税风险，多维度进行税收辅导。

二是建立科学前瞻的智慧分析中心。税务总局层面负责统筹税务系统的数据模型，统一组织模型的使用及评价工作，各级税务机关因地制宜、因势利导、因情施策，做好模型的验证与优化。制定统一的数据模型管理办法和实施流程，实现科学规范管理，为

建立科学前瞻的智慧分析中心提供有力保障。首先，利用模型提高税收收入预测的精确度，分地区分行业观察差异动态变化及异常情况；其次，利用模型实现税源监控的前瞻性管理，全面掌握重点税源企业纳税状况；最后，建立经济税收分析指标，跳出税收看经济，综合分析宏观经济走向与微观经济趋势，将数据的分析结果与经济运行的动态相互印证。

三是建立规范精准的智慧风控中心。根据纳税人缴费人基础数据（如注册资本、所在行业）和相关属性（如申报偏好、风险信息）建立并完善“纳税人缴费人特征库”“纳税人缴费人需求库”“税收风险特征库”“税收知识库”等，智能勾勒纳税人缴费人“画像”，对其税收遵从情况进行预判，有针对性地挑选税务检查对象，实现“无风险不打扰，有违法要追究”，最大限度节约征纳双方的资源。

四是建立实用协同的智慧共治中心。智慧税务是智慧共治的基础，智慧共治是智慧税务的保障。在实现智慧税收管理的基础上进一步建立实用协同的智慧共治中心，需要在政府的领导下，各个公共资源平台深度参与，明确各部门责任，将分散的政府数据统筹共享，精准科学以税资政、以税资商。智慧共治中心要有数据比对、数据推送、实时协作、疑点提示等模块。通过该中心，税务部门可以及时向相关部门寻求协助，获取政府层面的涉税信息。

（四）在智慧税务大脑，以深度学习为中心，提升系统自我完善的能力

建立涵盖智慧办税中心、智慧分析中心、智慧风控中心和智慧共治中心各个子系统的机器深度学习模型，对系统的运行结果进行评价从而完成各系统模型的自我纠偏，自动提升办税、分析、风控和共治的能力。具体而言，首先，提升办税服务厅的自我完善能力。对海量纳税人缴费人的办税缴费习惯和办税缴费数据进行分析，不断提升纳税人缴费人画像的精准度。其次，提升风险特征库的自我完善能力。建立分行业、分地区、分税种的多维度风险指标评价模型，完成对已有风险指标的有效性评价，根据评价结果实施优化。最后，加强系统政策转化为风险指标的能力。实时根据最新政策调整风险指标。智慧税务大脑自我完善能力的不断提高，可以助力税收现代化的实现，为推进中国式现代化、建成社会主义现代化强国贡献税收力量。

【课后习题】

一、名词解释

税收　税收负担　起征点　免征额　比例税率　定额税率　累进税率　税负转嫁

二、简答题

1. 什么是税收制度？税收制度的主要类型及主要特点是什么？

2. 如何实现税收的横向公平和纵向公平？

3. 税收转嫁的形式有哪些?

4. 试分析弹性对税收转嫁程度的影响。

三、论述

现代税收体系强调“公平”与“效率”两大基本原则，但在实践中二者常存在矛盾。请结合税收制度设计的具体案例（如累进所得税与消费税的比较），分析公平原则中的“横向公平”与“纵向公平”如何影响税收政策的制定?效率原则下，税收对市场资源配置的扭曲效应可能表现在哪些方面?

第八章　非税收入

学习目标

1. 掌握非税收入的主要内容。
2. 掌握行政事业性收费的特征。
3. 了解我国行政事业性收费的发展脉络。
4. 掌握专项收入的特征。
5. 掌握政府性基金的特征。
6. 了解政府性基金的发展历程及改革方向。
7. 掌握国有资本经营收入的类型。
8. 了解国有资本经营收入的发展历程。
9. 掌握社会保险基金收入的内容。
10. 了解社会保险基金收入的改革方向。

案例导入

靠罚款撑起1/3财力？地方政府岂能“靠路吃路”！

记者在北方某县调研发现，这个山区县一年的一般公共预算收入才1亿多元，令人吃惊的是，当地交通违章罚款一年竟“创收”了3 000多万元。交通罚款竟然“撑起”了地方可用财力的1/3，岂不是咄咄怪事！

这个不通高速的山区县是煤炭运输必经之地，许多运煤车辆进出，都要经过这个县。当地有干部表示，县里工业不发达、企业较少，“领导要钱就找交警等执法部门”。

当地许多司机反映，县内这段仅几十公里的省道上，就有近10个电子违章抓拍设备，在其他道路上，“电子警察”也很多。但同样在这条省道上，临近另外两个县的范围内，路况环境几乎相同，交通违章抓拍设备却很少。有司机说，除了设置的横杆测速设备多之外，该县在道路下坡、拐弯等地方的路边树旁还有安装立杆式测速抓拍设备，这些“电子警察”相对比较“隐蔽”。

一位被罚数次的司机对这个县内省道上某个立杆测速设备颇有微词：“对来车拍车头，对去车拍车尾，道路规定时速60千米，突然限速30千米，不是特别熟悉的当地人，很难避过，一旦超速被拍，经常会被扣12分、罚1 000元。”当地也有老百姓反映，群众对这个立杆式测速设备颇有怨言，这个设备也曾数次被人为破坏。

第一节　政府性收费

政府性收费是指政府部门在向社会提供特定公共产品和服务时，按规定标准向受益者或使用者收取的费用，包括行政事业性收费、专项收入和罚没收入三部分。与税收相比，政府性收费具有自愿性和有偿性。

一、行政事业性收费的概念与特征

（一）概念

行政事业性收费是指国家机关、事业单位、代行政府职能的社会团体及其他组织根据法律法规等有关规定，依照国务院规定程序批准，在实施社会公共管理，以及在向公民、法人和其他组织提供特定公共服务过程中，向特定对象收取的费用。行政事业性收费又可分为行政性收费和事业性收费。

行政性收费是指国家机关及其他单位在履行或代行政府职能过程中，依照法律法规并经有关部门批准，向单位和个人收取的费用，包括管理性收费、特许性收费及证照性收费等。其中，管理性收费是国家行政单位在维护国家权益、保护公民利益、履行政府职权过程中的收费，如诉讼费、工商管理费等，是国家行政司法权力在经济上的体现。特许性收费是指国家行政单位给予企业和公民特别的许可，允许其经营特定行业活动所收取的费用。证照性收费是指国家在行政、司法管理过程中，为保护公民特定的合法权益，向受益人颁发证照而收取的费用，如许可证、执照、证本的收费等。

事业性收费是事业单位向公民、法人和其他组织提供事业性服务时，按照法律法规收取的费用。事业性收费的内容相对比较宽泛，比如教育收费、仲裁收费等。

行政性收费与事业性收费的差异表现为：行政性收费是执收主体在行政管理活动中进行的收费，具有强制性和管理性的特点；而事业性收费是执收主体在事业服务活动中进行的收费，具有自愿性、补偿性和服务性的特点。

（二）特征

1. 收费主体是国家行政事业单位或国家法律法规授权的单位

行政事业性收费的征收主体有国家及政府有关部门，也有事业单位，还有代行政府职能的社会团体。

2. 收费依据由国家法律、行政法规规定

行政事业性收费的征收依据是国家法律、行政法规规定的项目和标准。收费标准实行中央和省两级审批制度，未列入行政事业性收费目录清单的收费项目，一律不得审批收费标准。河南省行政事业性收费目录清单如表 8－1 所示。

表 8－1　　河南省行政事业性收费目录清单

序号	部门	项目序号	项目名称	资金管理方式	政策依据
一	教育部门				
		1	成人教育收费（含学费和住宿费）	缴入地方国库	豫计收费〔2002〕1213 号
		2	义务教育住宿费（不含农村义务教育学校）	缴入地方财政专户	豫价费字〔1996〕21 号，豫发改收费〔2007〕164 号
		3	老干部（老年）大学学费	缴入地方国库	豫财税〔2022〕1 号
二	人社部门				
		4	社会保障卡（IC）卡补（换）卡收费	缴入地方国库	豫财综〔2014〕88 号，豫发改收费〔2015〕1037 号
三	卫生健康部门				
		5	疾控机构新型冠状病毒检测收费	缴入地方国库	豫发改收费〔2021〕94 号，豫发改收费〔2021〕710 号
四	各有关部门				
		6	培训费	缴入地方国库或财政专户	豫财综字〔1992〕41 号，豫计收费〔2003〕2303 号，豫发改收费〔2012〕1257 号
		7	考试考务费	缴入地方国库	见《河南省考试考务费目录清单》

资料来源：中华人民共和国财政部网站（mof. gov. cn）。

3. 收费收入是国家财政性资金

行政事业性收费收入属于国家财政性资金，具体表现为所有权归国家、分配权归政府、管理权归财政部门。

（三）我国行政事业性收费发展的脉络梳理

1. 行政事业性收费管理体系的探索阶段（1978—1997 年）

改革开放之初，各级政府财力严重不足，无力承担各种公共服务的开支，一些地方开始将行政事业性收费作为弥补财政不足的手段之一。现在普遍认为行政事业性收费最早由辽宁省物价局提出，中央层面关于行政事业性收费的最早描述出现在 1987 年的《中华人民共和国价格管理条例》中，并提出要对有关问题加强管理。但在 1997 年《中华人民共和国价格法》中，并未将行政事业性收费作为一项单独的财政收入进行规定。行政事业性收费的相关制度体系未能有效地建立，仍属于探索阶段。

2. 行政事业性收费管理体系的建立阶段（1998—2004 年）

1998—2004 年，国家相继出台相关政策确立了许可管理、收支分离以及目录管理三项基本管理制度，从根本上打破了原有的“自收、自管、自支”的局面，确立了改革的方向。2004 年将收费项目审批权收归中央和省级政府，进一步加强了对地方收费行为的约束。此外政府开始采用取消、费改价、费改税等手段，不仅强调要加强对行政事业性收费的清理和规范，也开始注重税费结构的调整。这标志着我国行政事业性收费管理制度体系已经初步建立起来。

3. 行政事业性收费管理体系的发展阶段（2005—2010 年）

2005 年我国开始通过专项治理加大对各类行政事业性收费的管理力度，并在随后进行了两项主要调整：一是将行政事业性收费收入全部纳入预算管理，通过引入和加强人大监督，进一步规范政府财政收入管理；二是加强对收费许可证的管理，包括核发的范围、依据、变更、注销、审验等流程管理进行细化，加强源头管理。经过这一个阶段的制度建设，我国行政事业性收费管理体系逐渐得到了完善，随后我国制度建设的重点逐渐由规范管理转向质量管理。

4. 行政事业性收费管理体系的完善阶段（2011 年至今）

在对行政事业性收费从收、管、支全过程进行全面规范管理后，行政事业性政策的关注点逐渐转变为服务实体经济的发展，提升收费收入质量，实现可持续化发展。自 2011 年开始，中央政府开始实行普遍性降费政策，不断减轻企业及居民负担，地方各级政府对于优化收费收入进行了各种探索，包括不断减小收费范围、加强收费单位收费情况报告和收费统计制度、收费公示公告制度的建设、加强信息化建设等。

二、专项收入

专项收入是指政府为提供特定专门服务，向特定人群收取的具有专门用途的非税收入。包括教育费附加、文化事业建设费收入、水利建设专项收入、残疾人就业保障金收入等。

与一般的非税收入相比，专项收入具有特定的使用目的和要求，必须依照法律法规或政府规定的方式和用途进行支出。如教育费附加收入，作为教育专项资金，专项用于加快发展地方教育事业，改善中小学教学设施和办学条件，根据“先收后支、列收列支、收支平衡”的原则使用和管理；文化事业建设费旨在引导和调控文化事业发展等。

我国曾经收取的排污费也是专项收费的内容，现在已经转为征收环境保护税；北京、天津、山西、山东、河南等 10 个省份试点将水资源费改征水资源税。

专栏 8－1

“费改税”——环境保护税的由来

费改税，也称税费改革，是指在对现有的政府性收费进行清理整顿的基础上，用税收取代一些具有税收特征的收费，通过进一步深化财税体制改革，初步建立起以税收为主，少量的、必要的政府收费为辅的政府收入体系。其实质是为规范政府收入机制而必须采取的一项重大改革举措。

环境保护税源于排污收费制度。我国于 1979 年开始排污收费试点，通过收费这一经济手段促使企业加强环境治理、减少污染物排放，对防治污染、保护环境起到重要作用。党的十八届三中、四中全会明确提出，“推动环境保护费改税，用严格的法律制度保护生态环境”。2018 年 1 月 1 日起，我国首个以环境保护为目标的绿色税种——环境保护税正式施行，以此取代了施行近 40 年的排污收费制度。《中华人民共和国环境保护税法》第一条明确了立法目的：“为了保护和改善生态环境，减少污染物排放，推进生态文明建设，制定本法。”

实行环境保护费改税，是落实党中央、国务院决策部署的重要举措，有利于提高纳税人的环境意识和遵从度，强化企业治污减排责任；有利于构建促进经济结构调整、发展方式转变的绿色税制体系，强化税收调控作用，提高全社会环境保护意识，推进生态文明建设和绿色发展。实施环境保护费改税不是为了增强财政收入，而是为了促进环境保护。其生态意义、社会意义远大于财政意义。

请结合资料思考：阐述排污收费作为非税收入形式在过去发挥的作用，以及转变为环境保护税的必要性。

三、罚没收入

罚没收入是指国家执法机关依照国家法律法规对违法者实施行政处罚所取得的罚没款和没收物品的变价收入。我国现行罚没收入主要包括三个方面，一般罚没收入、缉私罚没收入和缉毒罚没收入。其中，一般罚没收入反映除缉私、缉毒罚没收入以外的其他罚没收入，包括公安、检察院、法院、税务、交通罚没收入等；缉私罚没收入反映海关、公安、市场监管（包括工商、质量技术监督）等部门取得的缉私罚没收入；缉毒罚没收入反映公安、海关等部门取得的缉毒罚没收入。

罚没收入不同于“乡规民约”罚款收入。罚没收入是国家对违法者收取的收入，是对违法者的经济处罚；“乡规民约”的罚款是对违反道德等的处罚，如城市文明公约中的“随地吐痰，罚款五元”，商场“假一罚十”等。“乡规民约”类罚款不列入政府性罚款的管理范围。罚没收入也不同于滞纳金。滞纳金是对延期缴纳税费所给予的惩罚性措施，加收滞纳金的目的在于弥补延期缴款给国家造成的损失，具有补偿性质，不属于罚没收入的范围。

罚没收费的定价原则主要有：第一，罚没收费必须以相关法律法规为准绳。罚款和没收财物，必须以法律法规确定某种行为是否违规违法为依据，仅能对违法行为罚款和没收财物。第二，罚没的标准必须同违法违规行为所造成的社会危害相联系。总的来看，罚没收费的标准应由法律程序来确定，同个别案例相联系的罚款要通过专门程序来确定，经常发生的违规罚款标准则应写进法律法规和管理条例。

专栏 8－2

减税降费

减税降费是深化供给侧结构性改革的重要举措，也是积极财政政策加力提效的重要内容，具体包括“税收减免”和“取消或停征行政事业性收费”两部分。

2008 年中央经济工作会议首次提出“结构性减税”。推动增值税转型改革，提高个税基本费用扣除标准和调整税率，取消行政事业性收费。自 2009 年 1 月 1 日起，全国取消和停止征收 100 项行政事业性收费，这是我国第一次批量取消行政事业性收费项目。

随着经济发展进入新常态，国家推行以“三去一降一补”为主要任务的供给侧结构性改革。“降成本”需要实行较大规模的减税降费。不同于之前的结构性减税，“降成本”需要全面降低税收成本，这意味着需要实施普惠性减税；此外，由于收费加重企业生产成本，因此需要减税与降费同步推进。2016 全面推开“营改增”后，2017 年的中央经济工作会议中，提出要实施更加积极有效的财政政策，加大减税降费力度，推行增值税留抵退税，推进个人所得税综合改革，加大清理规范行政事业性收费、政府性收费和经营服务性收费的力度，自 2017 年 4 月 1 日起，取消或停征 41 项中央设立的行政事业性收费，其中，涉企行政事业性收费 35 项，将商标注册收费标准降低 50%，切实降低企业税费负担。

2020 年年初新冠疫情暴发以后，为稳定市场预期、保市场主体，我国政府出台了一系列更具针对性的普惠性税费支持政策，这一时期减税降费主要以组合式税费支持政策为主，进一步加大减税降费力度。

2021 年，党中央、国务院围绕提振工业经济运行、支持中小微企业发展等，打出了税费优惠政策“组合拳”，既助力稳住经济增长，又着力增强企业发展后劲。

2022 年我国落实新的组合式税费支持政策，既有增值税留抵退税，又有支持科技创新、扶持小微企业的税收优惠，也有降费缓缴措施，呈现全面发力、多点突破的特点。

2023 年以来，优化实施小规模纳税人减征增值税、小微企业和个体工商户减征所得税等政策，突出对小微企业和个体工商户的支持。

2024 年 2 月 29 日，国家统计局发布《中华人民共和国 2023 年国民经济和社会发展统计公报》，2023 年全年新增减税降费及退税缓费超 2.2 万亿元。

请结合资料思考：阐述 2016 年全面推开“营改增”后，又加大清理规范行政事业性收费力度这一系列举措的协同效应，结合国家宏观调控与市场主体活力的关系谈谈你的理解。

第二节　政府性基金

一、政府性基金的概念与分类

（一）政府性基金的概念

政府性基金是指各级人民政府及其所属部门根据法律、行政法规和国家有关文件规定，为支持公共事业发展和特定基础设施建设，向公民、法人和其他组织无偿征收的具有专项用途的财政资金。目前政府性基金主要是政府通过出让土地、发行彩票等方式取得的专项收入，是仅次于税收的第二大财政收入来源，是国家财政收入体系的重要组成部分，对各级政府筹集资金、加快经济建设和社会事业发展起到了重要和积极的作用。

2023 年，全国政府性基金预算收入 70 704.85 亿元，下降 9.2%，主要是地方国有土地使用权出让收入下降 13.2%。分中央和地方看，中央政府性基金收入为 4 417.54 亿元；地方政府性基金预算本级收入 66 287.31 亿元，下降 10.1%，如表 8 - 2 所示。

表 8 - 2　　2013—2023 年我国政府性基金收入　　单位：亿元

内容	2013 年	2014 年	2015 年	2016 年	2017 年	2018 年	2019 年	2020 年	2021 年	2022 年	2023 年
中央政府性基金收入	4 238.4	4 108.1	4 067.6	4 178.1	3 824.8	4 032.65	4 039.62	3 561.58	4 087.71	4 123.99	4 417.54
地方政府性基金本级收入	48 030.3	50 005.6	38 270.5	42 465.2	57 654.9	71 371.85	80 476.13	89 927.16	93 936	73 755.35	66 287.31
合计	52 268.7	54 113.7	42 338.1	46 643.3	61 479.7	75 404.5	84 515.75	93 488.74	98 023.71	77 879.34	70 704.85

资料来源：根据财政部网站发布的历年财政决算数据整理。

（二）政府性基金的特征

政府性基金收入属于非补偿性的收入，由政府凭借行政管理权力强制、无偿地征收，是比较典型的“准税收”。因此可将政府性基金界定为：政府凭借政治权力强制性无偿征收的、具有特定目的的收入。政府性基金的主要特征包括以下几点：

1. 项目名称、征收范围和征收标准具有统一性

从基金审批权限来看，除极少数基金项目由省级政府审批外，大部分政府性基金由财政部统一审批，重要的报国务院批准。各地和各部门不得扩大征收范围和提高标准。

2. 资金使用具有特定性

政府性基金的资金使用范围明确，规定具体，使用上具有专用性。如国家文件规定民航机场管理建设费，“专款用于民用机场的围栏、消防、安检设备以及其他安全设施的建设”。

3. 项目具有时效性

政府性基金的设立是为解决经济建设急需项目的资金缺口而确立的，如三峡工程建设基金就是为三峡工程建设急需资金而设立的。

（三）政府性基金的分类

按征收对象是否特定划分，我国政府性基金可分为两大类：一类基本面向所有社会成员征收，如民航发展基金、国家电影事业发展专项资金等；另一类面向特定行业或阶层征收，如铁路建设基金。

按收入归属划分，我国政府性基金可分为三类：一是中央政府独有的政府性基金，如铁路建设基金收入、民航发展基金收入、烟草企业上缴专项收入等；二是地方政府独有的政府性基金，如国有土地使用权出让金收入、城市基础设施配套费收入等；三是中央与地方政府分享的政府性基金，如新增建设用地土地有偿使用费收入、彩票公益金收入等。

按支出用途划分，我国政府性基金分为用于公路、铁路、民航、港口等建设的基金；用于水利建设的基金；用于城市维护建设的基金；用于教育、文化、体育等事业发展的基金；用于移民和社会保障的基金；用于生态环境建设的基金；用于其他方面的基金。

二、我国政府性基金的发展沿革及改革方向

（一）发展沿革

政府性基金出现于20世纪90年代，其设立的目的是弥补地方政府财政收支缺口，是一种具有中国特色的财政资金。

1990年以前，国家对政府性基金的管理权限没有明确的规定。1990年之后中央和国务院发布文件，规定把设立各种政府性基金的审批权集中在财政部，由财政部会同有关部门审批，并报国务院批准。

1994年“分税制”改革重新划分了地方与中央的财权，地方政府的财政收入口径被相对收紧，但相对应的地方政府所需的财政开支却并未缩减。因此，为了弥补以税收收入为主的公共预算收入缺口，政府性基金开始进入人们视野。作为一项重要的非税收入，政府性基金在发展初始出现了“乱收费、乱摊派”现象。

1995 年，国家对各种基金进行清理整顿，陆续公布取消了一批不合法、不合理的基金项目。

1996 年国务院发布的《关于加强预算外资金管理的决定》规定，从当年起将养路费、车辆购置附加费和民航机场管理建设费等 13 项数额较大的政府性基金纳入财政预算。

1997 年，中央和国务院再次重申“政府性基金由财政部统一审批，重要的报国务院审批”的规定，之后的多个年份对各种政府性基金进行了清理整顿，陆续取消多达千项“不适应社会主义市场经济发展要求、国务院其他有关部门越权设立，以及省、自治区、直辖市及其所属部门和省级以下人民政府及其所属部门越权设立”的政府性基金项目。

2009 年，财政部制定印发《关于进一步完善政府性基金预算编制的工作方案》，明确了完善基金预算编制的主要目标和任务，正式建立政府性基金预算，将政府性基金纳入制度化规范化的预算管理。

2010 年财政部发布《政府性基金管理暂行办法》，进一步规范基金审批、征收、使用和监管等行为，以切实加强政府性基金管理和保护公民、法人和其他组织的合法权益。

2013 年，党的十八届三中全会提出要深化财政体制改革，随后国家税务总局进一步提出要推行一系列“减税降费”措施，清理并规范行政事业性收费和政府性基金成为企业减负的重要一环。

2016 年 1 月，国务院常务会议决定清理规范一批政府性基金收费项目，持续为企业减负，会议特别明确，“今后一般不再新设政府性基金项目，保留的全部进入目录清单，公开预决算，接受社会监督。”由此“清理规范、不再新设”成为当下我国政府性基金治理的思路。以民航建设基金为例，为支持民航业发展，2019 年 4 月的国务院常务会议决定将民航发展基金征收标准降低一半；2020 年 2 月，财政部、发改委发文，新冠疫情期间免征航空发展基金；2021 年两会期间，国务院政府工作报告中提到，为进一步配合减税降费提振经济，再次将民航发展基金航空公司征收标准降低 20%。

自 2019 年 1 月 1 日起，原由财政部驻地方财政监察专员办事处负责征收的国家重大水利工程建设基金、农网还贷资金、可再生能源发展基金、中央水库移民扶持基金（含大中型水库移民后期扶持基金、三峡水库库区基金、跨省际大中型水库库区基金）、三峡电站水资源费、核电站乏燃料处理处置基金、免税商品特许经营费、油价调控风险准备金、核事故应急准备专项收入，以及国家留成油收入、石油特别收益金，划转至税务部门征收。

2021 年 5 月《财政部　自然资源部　税务总局　人民银行关于将国有土地使用权出让收入、矿产资源专项收入、海域使用金、无居民海岛使用金四项政府非税收入划转税务部门征收有关问题的通知》（财综〔2021〕19 号）规定：“将由自然资源部门负责征收的国有土地使用权出让收入、矿产资源专项收入、海域使用金、无居民海岛使用金四项政府非税收入（以下简称“四项政府非税收入”），全部划转给税务部门负责征收。

自然资源部（本级）按照规定负责征收的矿产资源专项收入、海域使用金、无居民海岛使用金，同步划转税务部门征收”。同年 7 月在河北、内蒙古、上海、浙江、安徽、青岛、云南省（自治区、直辖市、计划单列市）以省（区、市）为单位开展征管职责划转试点，探索完善征缴流程、职责分工等，为全面推开划转工作积累经验。自 2022 年起全面实施征管划转工作。

（二）改革方向

1. 纳入一般公共预算管理

本着“推进全口径政府预算管理，全面反映政府收支总量、结构和管理活动”的改革精神，我国政府日益严格控制政府性基金项目的设立，强化政府性基金预算与一般公共预算的统筹衔接，加快把政府性基金纳入一般公共预算的改革步伐，包括政府性收费在内的政府性基金收入得到控制和减少，政府性基金的征收管理和使用、政府财政收入将更加法治化和规范化。

2. 推进政府性基金预算绩效管理

随着我国预算体制不断健全，政府预算法治从注重预算收支平衡向注重预算绩效转变。2014 年修订的《中华人民共和国预算法》就将“预算绩效”明确列为人大审查监督政府预算的一项内容，2018 年《中共中央　国务院关于全面实施预算绩效管理的意见》中指明了新时期落实预算绩效管理的必要性，明确政府性基金预算要纳入绩效管理，要重点关注基金政策设立延续依据、征收标准、使用效果等情况，地方政府还要关注其对专项债务的支撑能力。2021 年 4 月，全国人大常委会修订了《关于加强中央预算审查监督的决定》，提出要加强对政府预算全口径审查和全过程监管，其中就将“项目绩效和评估调整等情况”作为人大审查政府性基金预算的重点事项之一；同时，也要求编制预算时需说明政府性基金项目的绩效目标情况。政府性基金预算既要按照一般预算绩效评价准则加以规范运行，同时也要从其特定财政资金专款专用、规范政府非税收入的本质特征出发，进一步完善特定基金项目的绩效评价体系以及相应的绩效激励与问责机制。

专栏 8－3

土地出让金

土地出让金，全称国有土地使用权出让金收入，是土地批租时一次性收取的费用，即为土地有效年限的使用价格，所以也可称之为“地价”。土地出让金包括土地开发投资费用和使用期内的土地使用费。前者包括征地、动迁及为地块直接配套的基础设施费，是对开发投资的一次性补偿，后者为土地资源使用的费用，即“地租”，是土地所有权在经济上的体现。如批租 50 年，就要一次性支付包括全部年限的使用费。

在改革开放之前，企业使用国有土地一般采用国家划拨的方式取得，不需缴纳任何费用。1990 年国务院第 55 号令颁行《中华人民共和国城镇国有土地使用权出让和转让暂行条例》，建立国有土地使用权管理制度，要求所有国有土地的使用方需按照相关制度缴纳国有土地使用费，具体来说，就是需要缴纳国有土地使用权出让金。通常而言，企业取得国有土地使用权主要有三种方式即协议、招标、拍卖。自 20 世纪末我国启动住房制度改革以来，房地产市场持续升温，各地土地招标拍卖价格屡创新高，导致各地国有土地出让金收入不断增加，成为地方财政收入的重要来源。

国有土地出让金一般有如下用途：一是国有土地收益基金，一般按照不低于 1.5% 的比例从国有土地使用权出让收入中提取，用于对土地开发和使用进行长远规划。二是农业土地开发资金，一般按照一定比例从国有土地使用权出让收入中提取，用于农业土地开发。三是教育资金。按照国务院规定，从 2011 年 1 月 1 日起，各地区要从当年以招标、拍卖、挂牌或者协议方式出让国家土地使用权取得的土地出让收入中，按照扣除征地和拆迁补偿、土地开发等支出后余额 10% 的比例，计提教育资金。四是水利建设资金。按照规定，各地要从土地出让收益中提取 10% 用于农田水利建设，充分发挥新增建设用地土地有偿使用费等土地整治资金的综合效益。五是廉租住房保障资金。按照国务院规定土地出让净收益用于廉租住房保障资金的比例不得低于 10%，各地还可根据实际情况进一步适当提高比例。六是其他补偿性和业务费支出。

土地出让金通常占地方财政收入的很大比例。自 2003 年以来，土地出让金占地方财税总收入的比重震荡上行，除 2005 年和 2008 年低于 30% 之外，其余年份占比均高于 30%，在 2010 年曾高达 40%，对地方财政收入起着不可或缺的作用，也形成了“土地财政”。

然而，伴随房地产市场供求关系转变，土地市场自 2021 年起热度逐渐退去，土地出让收入从 2020 年的 8.7 万亿元降至 2023 年的 5.8 万亿元。“土地财政难以持续”已成为共识，地方财政如何从土地财政中脱困的难题亟待解决。

请结合资料思考：从财政学非税收入管理角度分析，如何在土地出让金收入减少趋势下，优化地方非税收入结构以保障地方财政可持续？

第三节　国有资本经营收入

一、国有资本经营收入的含义

国有资本经营收入是指国有资本经营、转让、清算等形成的财政收入，它反映的是经营和使用国有财产取得的收入，是政府非税收入的又一个重要组成部分。它包括国有企业、国有独资公司依法上缴的税后净利润，国有控股、参股企业分配的国有股利以及企业国有产权转让收入和企业清算净收益中国家所得的部分。国有资本经营收入之所以能够成为财政收入的一部分，根本依据在于国家（政府）是国有资本（国有资产）的终极所有者，按照“谁投资、谁所有、谁受益”的原则，国家拥有依法取得和通过财政支出形成的国有资产的完整所有权。收入权是所有权的一项重要权能，收入的获取是资产所有权借以实现的经济形式。

国有资本经营收入的具体形式主要取决于国有资产的运作和经营方式，随着国有资产运作和经营方式的多样化，国有资本经营收入的形式也相应多样化。《国务院关于进一步完善国有资本经营预算制度的意见》（国发〔2024〕2号）指出，国有资本收益类型包括国有独资企业和国有独资公司应缴利润、国有控股和参股企业国有股股息红利、国有产权转让收入、企业清算收入等。

二、国有资本经营收入的发展历程

计划经济时期，国有企业的利润全额上缴，实行收支两条线管理。简而言之，企业利润全额上缴，企业支出由政府拨款安排。改革开放初期，我国对企业实行放权让利，规定国有企业缴纳相关税收后，可按照一定比例上缴利润。

1994年我国实施分税制改革，考虑到当时国有企业固定资产投资由拨款改为向银行贷款、还本付息由企业负担，再加上国企承担了大量的社会职能，为了推进国有企业改革，提高国有企业竞争力，国家暂停向国有企业收缴利润。

2007年9月，国务院颁布《关于试行国有资本经营预算的意见》，明确提出试行国有资本经营预算；2007年12月，财政部会同国资委发布了《中央企业国有资本收益收取管理办法》，规定央企国有资本收益将按“适度、从低”原则，分三档上缴财政部。其中，石油石化、电信、煤炭、电力、烟草五个行业的上缴标准为税后利润的10%；科研院所和军工企业3年内暂时不上缴；其余央企均按照5%的标准上缴。

2012年纳入中央国有资本经营预算实施范围的中央企业共计963户，其税后利润的收取比例分为五类：第一类为中国烟草总公司，税后利润收取比例提高至20%；第二类为烟草、石油石化、电力、电信、煤炭等具有资源垄断特征的行业企业，收取比例15%；第三类为钢铁、运输、电子、贸易、施工等一般竞争性行业企业，收取比例10%；第四类为军工企业、转制科研院所、中国邮政集团公司、2011年和2012年新纳入中央国有资本经营预算实施范围的企业，收取比例5%；第五类为政策性公司，包括中国储备粮总公司、中国储备棉总公司，免缴国有资本收益。

2014年，全面深化改革开局之际，国企上缴红利比例再度上调5个百分点，第一类为烟草企业，收取比例25%；第二类为石油石化、电力、电信、煤炭等资源型企业，收取比例20%；第三类为钢铁、运输、电子、贸易、施工等一般竞争型企业，收取比例15%；第四类为军工企业、转制科研院所、中国邮政集团公司、中国国家铁路集团有限公司、中央文化企业、中央部门所属企业，收取比例10%；第五类为政策性企业，免缴当年应交利润。符合小型微型企业规定标准的国有独资企业，应交利润不足 10 万元的，比照第五类政策性企业免缴当年应交利润。

2024 年 1 月，《国务院关于进一步完善国有资本经营预算制度的意见》（国发〔2024〕2 号，以下简称《意见》）发布，这是继《国务院关于试行国有资本经营预算的意见》（国发〔2007〕26 号）之后又一份直接规范国有资本经营预算的制度性文件。《意见》重申了国有资本收益类型，对于国有独资企业和国有独资公司，上交收益以年度归属于母公司所有者的净利润为基础，依法扣除以前年度未弥补亏损、提取的法定公积金等后按一定比例计算，对此比例实行分类分档的动态调整机制。在实践层面，目前中央和地方国有资本收益上交基本实行分类分档规则，但上交比例差异较大。地方国有企业年度利润上交比例通常以中央企业国有资本收益上交比例为参考，由各地政府根据所管辖范围内国有企业功能定位或规模等自行确定。例如，2022 年上海市市级国有资本收益上交比例分为四类，分别为 30%、20%、10% 和免交；安徽省 2022 年国有资本收益上交比例分为三档，分别为 25%、20% 和 10%；吉林省 2023 年国有资本收益统一按 30% 比例计算上交。2023 年 8 月《山东省人民政府办公厅关于印发山东省省级国有资本经营预算管理办法的通知》（鲁政办字〔2023〕115 号）明确，省属国有独资企业、企业化管理事业单位按照不低于 30% 的比例上缴利润收入，其中金融企业、资源类企业上交比例不低于 35%，省政府另有规定的除外，利润收入上交比例实行动态调整。

表 8－3 列出了 2013—2023 年我国国有资本经营收入的具体情况。

表 8－3　　2013—2023 年我国国有资本经营收入　　单位：亿元

内容	2013 年	2014 年	2015 年	2016 年	2017 年	2018 年	2019 年	2020 年	2021 年	2022 年	2023 年
全国国有资本经营收入	1 713.36	2 007.59	2 550.98	2 608.95	2 580.95	2 905.79	3 971.82	4 774.55	5 170.43	5 695.98	6 743.61
其中：利润收入	1 288.08	1 700.15	2 033.89	1 252.65	1 823.78	2 138.49	2 614.81	3 039.58	3 075.25	3 716.31	4 460.11
中央国有资本经营收入	1 058.43	1 410.91	1 613.06	1 613.06	1 244.27	1 326.38	1 635.96	1 785.61	2 007.16	2 343.31	2 263.59

资料来源：根据财政部网站发布的历年财政决算数据整理。

三、国有资本经营收入管理

在理论上和实践中，国有资本经营收入体现的是国家凭借国有财产所有者的身份获得的权益，它构成公共财政收入体系中的重要部分。因此，将国有资本经营收入管理纳入公共财政预算管理体系，建立国有资本经营预算制度，是建设和完善公共财政收入体系的题中应有之义。

国家获得国有资本经营收入并且实行国有资本经营预算管理的客观根据主要在于：国家代表全体社会成员对全民所有制的国有资产和国有资本行使终极所有权；国家承担和履行经济管理（包括国有资产管理）的职能。因此，国家具有的政权行使者与国有资产所有者的“双重身份”，以及国家承担的社会管理职能与经济管理职能的“双重职能”，反映在公共财政预算体系上，就有了“一般公共预算”与“国有资本经营预算”的区别和衔接问题。

国有资本经营收入管理体现的是国家基于财产所有者的身份所从事的对公共收入的管理活动。通过这种管理所要达到的目标是：维护国有资产所有者权益促进国有资本结构调整和优化，引导、促进市场机制的成熟和完善，充实公共财政收入。在中国，国有资本在关系国家安全和国民经济命脉的重点领域和重要行业占据统治和主导地位，作用非凡，且数量巨大、收入丰厚，因此强化对国有资本经营收入管理尤其重要。按照“完善各类国有资产管理体制，改革国有资本授权经营体制，加快国有经济布局优化、结构调整、战略性重组，促进国有资产保值增值，推动国有资本做强做优做大，有效防止国有资产流失”的改革要求和总体部署，中国国有资本经营预算制度逐步趋于完善，国有资本经营收入管理不断改善。

第四节　社会保险基金收入

一、社会保险基金收入的含义

社会保险基金收入是由政府举办的各项社会福利计划取得的筹资收入，具体包括基本养老保险基金收入、失业保险基金收入、基本医疗保险基金收入和工伤保险基金收入四个部分。

在现代国家，社会保障实行国家、企业（用人单位）和个人责任共担的原则，采取社会保险基金征缴方式筹集资金，主要来自参保单位和参保个人的缴纳，资金由政府的社会保障机构统一征缴和管理，并专款用于全体社会成员的社会保障项目。

二、我国社会保险基金收入概况与改革设想

表 8 -4 列出了 2013—2023 年我国社会保险基金总收支情况。财政部数据显示，2023 年全国社会保险基金预算收入 111 499.69 亿元，增长 8.8%。全国社会保险基金预算支出 99 281.29 亿元，增长 9.6%，年末滚存结余 128 782.72 亿元。

表 8-4　　2013—2023 年我国社会保险基金总收支情况

项目	总收入		总支出		当年末累计结余	
	总额/亿元	比上年增长/%	总额/亿元	比上年增长/%	总额/亿元	比上年增长/%
2013 年	35 253	14.7	27 916	19.7	45 588	19.6
2014 年	39 828	13.0	33 003	18.2	52 462	15.1
2015 年	46 012	15.5	38 988	18.1	59 533	13.5
2016 年	53 563	16.4	46 888	20.3	66 350	11.5
2017 年	67 154	25.4	57 145	21.9	77 312	16.5
2018 年	79 003	17.6	67 381	17.9	89 378	15.6
2019 年	83 152	5.3	74 741	10.9	96 545	8.0
2020 年	76 364	-8.2	78 372	4.9	94 537	-2.1
2021 年	96 877	26.9	86 694	10.6	104 720	10.8
2022 年	102 448	5.8	90 603	4.5	116 564	11.3
2023 年	111 500	8.8	99 281	9.6	128 783	10.5

资料来源：根据财政部网站发布的历年财政决算数据整理。

今后我国社会保险基金收入制度改革的基本设想是：降低社会保险缴费率，尤其是养老保险缴费率，切实减轻企业和个人缴费负担；丰富社会保险基金收入来源渠道，拓宽社会保险基金投资渠道，推进基金市场化、多元化、专业化投资运营；逐步提高国有资本收益上缴公共财政的比例，更多用于保障和改善民生；划转部分国有资本充实社会保险基金；积极探索做实社保基金个人账户的途径和方式，实现社会保障事业的可持续发展。

专栏 8-4

平稳推动个人养老金制度全面实施

健全多层次养老保障体系，有利于促进养老保障制度的可持续发展，也是以共同富裕为方向，持续深化社会保障制度改革，建设更加公平、更可持续、更有效率的社会保障体系的必然趋势。

个人养老金制度是多层次养老保障体系的重要组成部分。有利于在基本养老保险和企业年金、职业年金基础上，再增加一份个人养老金融储备，让老年人生活更有保障、更有质量。

着眼未来，推动个人养老金制度全面实施，应及时总结个人养老金试点地区相关经验，完善政策、规范落实，通过个人养老金融投资和储备提高养老保障水平，促进养老保障高质量发展。

2022 年 4 月，国务院办公厅印发的《关于推动个人养老金发展的意见》。这是我国首次制定并出台个人养老金制度的顶层设计，对于建立个人养老金制度具有重要的指导意义。同年 10 月，人力资源和社会保障部等五部门联合发布《个人养老金实施办法》。同时，财政部和税务总局、银保监会、证监会分别就个人养老金税收政策和账户开立、产品投资等方面进行明确或征求意见。11 月 25 日，人力资源和社会保障部等部门宣布启动实施建立个人养老金制度试点。36 个先行试点城市或地区，涵盖了北京等 4 个直辖市、福建全省和其他 31 个城市，其中包括 22 个省会城市，占我国省会城市总数的 81%。试点城市数量虽不多，但阵容强大，可见各级政府对建立个人养老金制度的高度重视和积极支持。

我国养老服务供给与需求矛盾较为突出。第七次全国人口普查结果显示，我国 60 岁及以上人口为 26 402 万人，占 18.70%；其中 65 岁及以上人口数量为 19 064 万人，占 13.5%，正在步入深度老龄化社会。但从国际比较和国内现状看，目前我国多层次养老保障体系存在发展不充分不均衡的问题，主要体现在：对第一支柱依赖程度较高，面临可持续性挑战，呈现“一支独大”的结构特征；第二支柱企业（职业）年金发展缓慢，和发达国家相比明显不足且面临发展瓶颈；以个人养老储蓄投资形成的第三支柱尚在初步探索过程中，未建立起完善的制度安排。因此，亟须健全多层次社会保障体系，在基本养老保险及企业年金、职业年金之外，大力发展第三支柱养老保险。

参照国际成熟经验，从我国国情出发，探索建立个人养老金制度，有利于积极应对人口老龄化，构建功能更加完备的第三支柱养老保险体系，促进养老保险制度可持续发展，满足人民群众多层次、多样化养老保险需求。应该说，从 2022 年 4 月个人养老金制度正式推出，到 11 月《个人养老金实施办法》公布，以及多个配套政策逐步出台，多部门综合施策、协同配合，有力地推动个人养老金制度落地实施。

个人养老金试点工作开局稳健、起步有序。各金融企业开发的个人养老金产品持续扩容，截至 2023 年 10 月，可供选择的个人养老金产品已达 739 只。在试点一周年之际，开户人数已超过 5 000 万。

2024 年 1 月 24 日，人力资源和社会保障部相关负责人在新闻发布会上介绍，个人养老金制度目前运行平稳，先行工作取得积极成效，下一步将推进制度全面实施。

请结合资料思考：如何保障个人养老金相关税收优惠政策落地执行，实现政策目标？

【课后习题】

一、名词解释

非税收入　政府性收费　行政事业性收费　政府性基金　国有资本经营收入
社会保险基金收入

二、简答题

1. 结合现实，你还能举出哪些政府的非税收入？

2. 请说明政府收费不同于税收的性质和特殊作用。

3. 结合我国实际，阐述政府性收费制度改革的基本思路。

4. 作为专项收入的政府性基金为什么要加以适当控制?

5. 请思考我国社会保险基金收入制度改革的基本构想。

三、论述题

1. 结合我国经济发展现状，说明为什么要推进减税降费改革。

2. 某市政府为了提高城市的绿化水平，决定在城市公园和街道两侧种植更多的树木和花草。为此，市政府计划通过非税收入的方式筹集资金。

问题：

(1) 什么是非税收入?

(2) 市政府可以通过哪些方式筹集非税收入?

(3) 为什么市政府选择非税收入方式筹集资金?

(4) 如何管理和监督非税收入的使用?

请根据你所学的知识，简要回答上述问题。

第九章　公　　债

学习目标

1. 掌握公债的概念、功能与分类。
2. 掌握公债规模的衡量指标。
3. 理解公债管理的内涵。
4. 掌握公债发行的主要方式。
5. 掌握公债偿还的主要方式和资金来源。
6. 了解公债绩效管理和评价的主要内容。

案例导入

债台高筑的由来

公元前315年，周慎靓王驾崩。第二年，姬延继位，史称周赧王，即周朝的最后一位天子。当时周天子直接管辖的领地已小得可怜，而且分为东周和西周两部分。东周即今河南巩县一带，西周在河南王城。东西周的实权又分别控制在东周公和西周公的手中。赧王居住在西周，寄人篱下，大小事情均不能做主，仅仅是个名义上的天子。赧王不满自己的处境，几次想重振周朝雄风，无奈手中无钱，身边无兵，一切无从下手，只能独自叹息。

公元前257年，秦昭襄王令大将王龁率秦军三十万伐赵。魏公子信陵君窃得兵符，引精悍魏军十万驰援邯郸。经过几番激战，秦军溃败。楚考烈王十分仇视秦国，得到赵魏联军大败秦兵的消息分外振奋。他决心抓住良机，联合各诸侯国，由自己任主将，一举并吞秦国，为楚国报仇雪耻。他自知威望不足以号令诸侯，就派人请求周赧王以天子的名义命令各诸侯联合起来，由楚考烈王为主将讨伐秦国。周赧王早就觉察到天子宝座的最大威胁来自秦国，也想趁此良机重振天子权威，于是痛快地同意了楚国的请求，并决定集中周朝的军队，由西周公统领参与对秦作战。

周朝衰微，各诸侯国断绝对周天子的朝贡已有很长一段时间了，国库非常拮据。要调兵就需要大备粮秣，周赧王被迫无奈，便向豪门富户借债。富户们经过慎重协商，同意借钱给周赧王，但要求周赧王立下字据，保证在打败秦国之后，将本息一次性付清。周赧王同意了。

很快，周兵集结完毕，由西周公率领，浩浩荡荡从河南向陕西进发，准备沿途与各诸侯国的兵马会合。而最初主意是楚考烈王出的，楚国发兵自然很积极。燕国也很讲信义，派出了部队。待到三方部队会合在一起时，却不见其他国家的动静。他们只好将人马驻扎下来，一直等了三个月，还是不见其他国家的一兵一卒。楚考烈王无计可施，只得下令撤兵，三方各归本土。

周兵虽然没有打仗，但军费却用个精光。周赧王见周兵无功而返，心情十分沉重，不知再从何处筹措款项来还债。而当时借债给周赧王的富户见周兵回朝，便纷纷带上借据向周赧王讨债。周赧王无钱可还，只得严令守宫的卫士将债主们一律挡在宫外。债主不甘心，在门外吵吵闹闹，声音传进深宫，弄得周赧王心神不定，寝食不安。后来，他只好躲进深宫的一座高台上，来躲避讨债声。

这便是成语债台高筑的由来。

第一节　公债概念与分类

一、公债的概念与特征

（一）概念

公债是国家或政府等公共部门以其信用为基础，在向国内外筹集资金的过程中所形成的债权债务关系，即公共部门以债务人的身份，采取信用方式，通过借款或发行债券等方式取得资金的行为。公债有广义和狭义之分，广义的公债是指公共部门的负债，包括政府部门和各公共企事业部门；狭义的公债指政府部门（包括中央政府和各级地方政府）对内对外举借的债务。

公债是政府依据信用原则获取财政收入的一种特定方式，是一种特殊的财政活动。各国大都在法律中规定：当政府在确有必要时，有权以债务人的身份向个人、企业、社会团体、金融机构以及他国政府借款。借款形式的收入是政府的债务收入，同时也是政府的一种负债，政府必须按借款时的约定方式向债权人支付利息和偿还本金。因此，在整个公债活动中，形成了政府与公债持有者之间稳定的债权债务关系。

政府举借公债时与债权人之间形成的借贷关系，主要通过两种方式来建立：一种是通过借款合同向金融机构、外国政府或国际组织直接借款；另一种是通过发行记有固定债务面额的书面凭证向社会公众、企业和社会团体等借款，这种书面凭证大多以公债券的形式出现。由此可见，公债券是公债的一种基本形式。我国在 20 世纪 80 年代发行的国库券就是典型的公债券。随着现代化交易系统的出现，凭证式的有形公债券已逐步被记账式的无形债券所代替。

（二）特征

从债权人的角度出发，公债具有三个特征：安全性、流动性和收益性。安全性是指债券持有者到期能够无条件地收回本金，与风险性相对。公债是以国家信用为前提、以国家财政收入为保证的，国家信用与国家主权同在，国家信誉是最高的信誉，所以公债的安全性是所有债券中最高的，因此公债常被称为“金边债券”“无风险债券”。流动性是指持有者想转让所持债券时能顺利成交的程度，即债券在短时间内出手变现的能力。大多数国家的公债发行量一般都比较大，在证券市场上都具有举足轻重的地位，公债的流通市场也很发达，公债交易十分方便并很容易成交，因而具有较好的流动性。收益性是指公债到期后除了收回本金外，还可以获得一定的利息收入。公债的风险很小，利息率一般低于其他金融债券。我国发行的公债具有无风险、低流动性的特点，公债的利息率一般高于同期银行存款利率水平的1%—2%。此外，我国公债在税收上也享有优惠政策，债权人购买公债取得的利息收入免征个人所得税。

从债务人的角度来看，公债的形式特征是在与税收、私债等收入分配形式的比较中得以显现的，是其区别于其他收入分配的重要表现。

1. 公债与税收

与税收相比较，公债具有鲜明的自愿性、有偿性和灵活性特征。

（1）自愿性。自愿性是指债权债务关系建立在双方自愿交易的基础之上，即政府等公共部门在对内、对外举债筹资时，举债对象（即潜在的债权人）借或不借、借多借少等都是在自愿原则上的自主选择。对举债主体来说，这意味着公债的市场发行或资金筹措必然存在一定的风险。与此相对应，税收具有强制性，即在国家税法规定的范围内，任何单位和个人都必须依法纳税，否则就要受到法律的制裁。显然，公债依据的是公共信用，而税收依据的是政治权力或公共权力。

（2）有偿性。有偿性是指举债主体在公债到期时不仅要偿还本金，而且要支付一定的利息。偿还性是信用活动的本质特征。与此相对应，税收具有无偿性，即政府征税以后纳税人缴纳的实物或货币税款随之就转变为政府所有，不需要付给纳税人以任何报酬，也不再在将来某个时期直接返还给纳税人。

（3）灵活性。灵活性是指举债主体根据财政政策及收支状况灵活确定发行债券的规模、期限及相关事宜，即举债主体在什么时候借债、借多少债、以多少利息为代价借债等债务要素，这些都是不确定的或经常变化的。与此相对，税收具有相对的固定性，即政府在征税以前，就通过法律形式，把每种税的纳税人、课税对象及征收比例等以法律的形式规定或固定下来，以便征纳双方共同遵守。

当然，公债与税收既有上述三大基本面的差异性，也存在一定的关联性。例如，两者往往都是以政府为主体进行的收入分配活动；两者都不同程度地构成财政收入的来源，满足了公共支出的需要；两者在满足政府筹资需要时存在一定的相互替代性；等等。

公债的“三性”特征相互影响，相辅相成。其中：公债的自愿性是前提，有偿性是核心，灵活性是补充。事实上，当公债的发行具有强制性时，公债就已经具有税收的特性或已经是“暗税”或隐性的税收。而正因为公债是自愿性的，所以，公债就必须是有偿性的。由于公债的有偿性是公共信用的本质体现，保障了公债在自愿情况下的吸引力，因此，有偿性就是公债“三性”的核心。但也由此决定了举债主体必然承受一定的偿债负担或偿债风险。当公债满足自愿性和有偿性特征时，公债的灵活性就是自然的和必然的，即举债主体就需要根据社会闲置资金的充裕状况、自身偿债能力的大小、宏观经济运行的景气等因素来灵活运用公债机制。

2. 公债与私债

私人和企业举借的债务通常称为私人债务，即私债。私债通常包括两项内容：贷款及除股票外的证券融资，包括短期非股票证券（如国库券、商业票据、存单等）和长期非股票证券（如不记名债券、次级债、公债等）。

与私债相比，举债主体发行公债的目的通常以国家政策或社会公共需求为导向，具有公共性，而举借私债的目的是营利；公债以国家信用为担保，私债以债务人的资产或收入为担保。但无论是公债还是私债，都必须遵循有借有还的信用原则。

（三）基本功能

1. 弥补财政赤字

发行公债弥补财政赤字是公债最原始和最基本的用途。从历史上看，公债本身就是同财政赤字相联系的经济范畴，是作为弥补财政收支差额的手段而产生的，而公债其他功能大都是随着公债的发展派生出来的。随着政府职能的扩张，财政收不抵支现象成为常态。政府弥补财政赤字的方法有三种：增加税收、增发货币及举借债务。而增加税收的方法在面临经济衰退、国民收入减少的情况下很难实施；增发货币则很容易引发通货膨胀；与之相比，发行公债的副作用较小，一般不会影响经济发展。首先，发行公债只是部分社会资金使用权的暂时转移，社会资金总量并没有因此增加，因而一般不会引起通货膨胀。其次，公债的认购通常遵循自愿原则，如果发行规模得当，吸收的基本上是社会闲置资金，一般不会对经济发展产生不利影响。

当然，也不能把公债视为医治财政赤字的灵丹妙药。第一，如果财政赤字过大，用于弥补赤字的公债发行规模过大，会导致财政收支的恶性循环；第二，社会的闲置资金是有限的，政府集中过多往往会侵蚀经济主体的必要资金，从而降低社会的投资水平和消费水平，即产生“挤出效应”。

2. 筹集建设资金

通过发行公债，筹集国家重点建设项目资金是许多国家通行的做法。我国从 1987 年开始发行的重点建设债券和重点企业建设债券（其中包括电力债券、钢铁债券、石油化工债券和有色金属债券）就是这一用途的体现。1998—2002 年我国为实行积极的财政政策，发行了6 600亿元的特种公债，也主要是为国家重点建设项目筹集建设资金。而另有一些国家则从法律上对公债弥补财政赤字和筹集建设资金这样两种不同用途做出明确规定。如日本在法律上将公债明确分为建设公债和赤字公债两种。

此外，当一个国家面临战争时军费支出会急剧上升，导致政府财政支出的规模可能迅速扩张。战争期间政府仅靠相对稳定的税收来筹集资金，显然难以满足支出需要。因此，根据战时需要向社会发行公债则成为一种较好的选择。公债所具有的有偿性和战争所产生的民族向心力都有助于公债的顺利发行。从西方各国的公债发展史来看，20世纪50年代以前公债的每一次急速增长几乎都与战争和军费的膨胀直接相关。

3. 执行经济政策

政府利用公债可以灵活地执行不同时期的经济政策，以稳定经济。在现代经济条件下，公债的发行常常是政府执行“反衰退”政策的手段。面对经济衰退、私人需求不足的形势，政府要刺激经济发展，就应该或者增加政府支出，或者缩减政府税收，或者两者兼而有之。增支减税的结果，必然伴随着政府财政赤字的产生。一般来说，弥补财政赤字主要靠增加税收、增发货币和发行公债三种方法。增加税收会直接压低私人需求，显然与反衰退政策的初衷相违背；增发货币在现代金融制度下难以办到，并极易引发通货膨胀；发行公债则既同反衰退政策的目标相一致，又能有效弥补财政赤字。正因为如此，当今西方各国政府的反衰退政策主要以公债为后盾。2008年9月，为克服“次贷危机”引起的金融危机，美国政府经国会批准发行7 000亿美元公债购买“不流动”按揭证券，并将公债的法定上限从10.6万亿美元提升至11.3万亿美元，从而成为经济萧条以来美国最大的救市方案。

公债是对GDP的再分配，反映了社会资源的重新配置，是财政调节的一种重要手段。这部分财力用于生产建设，将扩大社会的积累规模，改变既定的积累与消费的比例关系；用于消费，则扩大社会的消费规模，使积累和消费的比例向消费一方偏移；用于弥补财政赤字，就是政府平衡社会总供给和社会总需求关系的过程；短期公债可以作为中央银行进行公开市场操作的重要手段。

4. 调剂季节性资金余缺

许多国家都把发行期限在一年之内（短至几个月，最长不超过52周）的短期公债作为一种季节性的资金调剂手段，以求解决暂时的收支失衡。一般地，政府在公共收入“淡季”，发行短期公债，取得资金，而在公共收入“旺季”，便以盈余资金偿还债务，从而使收入淡季不淡，旺季不旺，与以较为均衡的速率进行的公共支出相适应。例如，以所得税为主体收入的国家如美国，每年的4—6月通常为公共收入的“旺季”，其余月份则是“淡季”。但其公共支出一般是在一年中均匀分布的。由此势必造成整个预算年度中的某些月份收不抵支，某些月份却收大于支。即使以增值税为主要收入的国家，如法国，这种季节性收支不平衡的情况也经常发生。利用公债，政府可以灵活调剂财政收支过程中所发生的季节性资金余缺。

专栏 9－1

抗疫特别国债

2020 年抗疫特别国债是为应对新冠疫情影响，由中央财政统一发行的特殊国债，不计入财政赤字，纳入国债余额限额，通过特殊转移机制资金直达基层，主要用于保就业、保民生、保市场主体。

2020 年 3 月 27 日，中共中央政治局召开会议。会议指出，要加大宏观政策调节和实施力度。要抓紧研究提出积极应对的一揽子宏观政策措施，积极的财政政策要更加积极有为，稳健的货币政策要更加灵活适度，适当提高财政赤字率，发行特别国债，增加地方政府专项债券规模，引导贷款市场利率下行，保持流动性合理充裕。

2020 年 5 月 14 日，时任财政部部长刘昆在《人民日报》发表署名文章《积极的财政政策要更加积极有为》。文中提及，要通过抗疫特别国债、地方政府专项债券等多种渠道，增加政府投资。

2020 年 5 月 22 日，时任国务院总理李克强代表国务院向十三届全国人大三次会议作 2020 年国务院政府工作报告时提出：中央财政发行抗疫特别国债 1 万亿元，不计入财政赤字。李克强强调，这是特殊时期的特殊举措。新增资金全部转给地方，建立特殊转移支付机制，资金直达市县基层，直接惠企利民，主要用于保就业、保基本民生、保市场主体，包括支持减税降费、减租降息、扩大消费和投资等，强化公共财政属性，绝不允许截留挪用。

自 2020 年 6 月 18 日首次招标开始，至 2020 年 7 月 30 日四期第四次续发完毕后收官止，财政部共发行了四期 2020 年抗疫特别国债，各期均多次续发行。期限品种以 10 年期为主，其中 5 年期、7 年期、10 年期的发行规模分别为 2 000 亿元、1 000 亿元、7 000 亿元。利率水平通过国债承销团成员招投标确定，随行就市。

抗疫特别国债向社会公众开放认购。不仅在银行间债券市场上市流通，还在交易所市场、商业银行柜台市场跨市场上市流通。个人可以在交易所市场或商业银行柜台市场开通账户，购买和交易抗疫特别国债。工商银行、农业银行、建设银行、招商银行等开通记账式国债柜台业务的银行，均可进行业务咨询。需要注意的是，抗疫特别国债与一般记账式国债相同，不可提前兑取，但可在二级市场交易，交易价格根据市场情况波动。

请结合资料思考：阐述抗疫特别国债发挥的作用，分析资金实行特殊转移支付机制直达基层的意义。

二、公债的产生与发展

（一）公债产生与发展的条件

公债的产生与发展必须具备三个基本的条件：一是作为债务人的政府要有借债的需求，即政府的经常性财政收入无法抵补必不可少的财政支出，因而必须寻找新的资金来源。二是社会上必须要有可供政府借贷的资金存在。从历史的角度看，正是随着国民财富的增长与积累，政府借债才成为可能。三是信用制度的产生、发展与完善。早期公债是受私人信用（高利贷信用）的启发才得以产生的，而现代公债则无论发行、流通、偿还，还是各种调节功能的发挥，都与现代信用制度和信用体系密切相关。

（二）历史上的公债

公债作为一种特殊的财政范畴，其产生晚于税收。最早的公债可以追溯到奴隶制社会末期，古希腊与古罗马出现过政府向商人、高利贷者和寺院借债的情况。而中国的周代末期则有周天子向诸侯王借债的记录。但早期的公债活动是偶然的，规模也很小。到了封建社会，王国政府在收不抵支的情况下也曾被迫向富商和大臣借债，特别是在封建社会末期，一方面，在日渐衰落的封建经济基础条件下，政府增加税收十分困难，财政收入相对不足；另一方面，为了维持封建统治制度，政府需要大量的财政支出，因此封建社会末期公债有了较大的发展，借债的规模有所扩大。

（三）我国现代公债的产生与发展

我国具有现代意义的公债始于清朝末期，而且外债先于内债。不完全统计资料显示，从 1853 年到 1894 年，清政府共计举借外债 43 次，外债金额折合银元约 6 900 万元。我国正式发行国内公债则是在光绪二十年（1894 年），清政府为筹措中日甲午战争军费，发行的“息借商款”国内公债揭开了国家公债的序幕。光绪二十四年（1898 年）发行了昭信股票。辛亥革命胜利以后的南京临时政府、北洋政府和国民党政府都曾依赖发行公债方式筹集资金，解决财政困难，以维持国家机器运转。

中华人民共和国成立后，我国公债的发展经历了两个阶段。

第一个阶段，从 1950 年到 1958 年。新中国成立后，政府为了保证解放战争的胜利和恢复国民经济，发行了总价值约为 302 亿元的“人民胜利折实公债”，成为新中国历史上的第一种国债。在此后的“一五”计划期间，又于 1954—1958 年间每年发行一期“国家经济建设公债”，发行总额为 35.44 亿元，相当于同期国家预算经济建设支出总额 862.24 亿元的 4.11%。1958 年后，由于历史原因，国债的发行被终止。

第二个阶段，从 1981 年至今。改革开放以来，从理论上矫正了“既无内债又无外债是社会主义的优越性”的错误思想，按照社会主义市场经济的要求积极完善公债制度，为了满足重点建设资金需求以及宏观调控的需要，我国从 1979 年开始举借外债，并于 1981 年开始发行国库券。

随着现代社会经济的发展和政府职能的增强，公债制度也发生了深刻的变化。公债不仅承载着弥补财政赤字的重要功能，而且成为国家调控经济运行的重要杠杆，公债的规模与日俱增，截至 2023 年年底，我国中央政府债务（含内债和外债）余额达到了 30.03 万亿元，其中国内债务余额 29.70 万亿元，国外债务余额 0.33 万亿元。

专栏 9－2

我国最早发行的国家公债——“息借商款”与“昭信股票”

息借商款与昭信股票是由清政府发行的国内公债，旨在筹措款项，以备国用。两次借款从发行到结局都很相似，积极意义与消极影响并存，见证了清朝末年一段社会动荡、经济凋敝的历史。

19 世纪 90 年代，清政府先后以“息借商款”与“昭信股票”的名义发行了两次国内公债，颁布了明确的章程，开启了发行国内公债的先河。这两次借款具有很多相似之处，以下从五个方面稍作分析：

一、发行目的

息借商款与昭信股票的发行皆与甲午战争有关。光绪二十年（1894 年），甲午战争爆发前夕，为了平靖倭寇、“购船募勇”，户部提议效仿息借洋款之法“息借商款”“思中国之大，富商巨贾岂无急公募义之人”，向富商巨贾与京城银号、票号借款以筹措军费。而昭信股票发行于甲午战败后。清政府被迫签订《马关条约》，欠下日本 2.3 亿两巨额赔款。由于国库虚空，清政府只好向外国借款，但是“举借外债，非长久计”，帝国主义国家的借款利息高昂，并以关税、盐税等国家财政收入为担保，加重了中国的财政负担。光绪二十四年（1898 年），到了《马关条约》第四期赔款时限，英、俄争欲抵借，陈兵旅顺口加以威胁。时值康有为准备全面变法之际，光绪帝下诏，允许天下士民上书言事，共同筹划开源之计。时任詹事府右春坊右中允的正六品官员黄思永向光绪帝呈送了《请特造股票筹借华款疏》，他主张“舍己求人，终不可恃”，不如举借内债，共济时艰。提出发行“自强股票”以募集钱款偿还外债的建议，希望“人人晓以休戚相关之理，人人动其忠君爱国之忱”“似乎四万万之众，不难借一二万万之款”。清政府采纳这项提议，取“示昭大信于天下”之意发行昭信股票。

二、发行章程

两项借款的章程中都规定了发行债券的面额、偿付利息、还款方式、担保方式、奖惩措施等内容，尤为强调须“听民自愿”，不得侵商扰民。息借商款拟定的六条章程规定：二年半还本付息，以六个月为一期，定以五年还清，月息七厘。印票面额为一百两，并具小票，商铺字号、本息数目、交兑日期皆于票内注明。借款统一以库平足色纹银缴纳和归还。“集款在一万两以上者给奖”“遴选廉明司员，认真经理，不许扰累商人。如有吏胥在外招摇，立即饬拿严究，商人如遭勒索，准其赴部递呈控告，以凭惩办”。

昭信股票 17 条章程的主要内容为：户部设昭信局，印昭信股票，面额为 100 两、500 两、1 000 两的股票分别印制 50 万张、6 万张、2 万张，预计募集资金 1 亿两。二十年本利还清，年息五厘。以田赋、盐税为担保，可用股票本息与丁、盐课两项税赋作抵。股票可抵押、售卖，须报局立案，各官局认票不认人，倘有遗失，须立即报备。募集债款 10 万两以上者，由各省报请授奖；1 万两以上的应募者授予官位。严禁地方借机勒索，违者一经查实，从重治罪。

三、发行过程

两次借款的主要对象皆为各省官绅商民，虽然户部拟定的章程和光绪帝的上谕中屡次强调“严防弊端”“不准稍有勒索”“不强令捐输”“商民人等愿借与否，各听其便”。但是在实际发行过程中，为追求政绩、从中渔利，两次借款都演变成了对官员的变相捐输，对民众的变相勒索。如江西对“息借商款”章程多有增改，巧立名目，加征捐税，命官吏“威吓刑驱，苛派勒索，捐借并具”，引起官民非议。昭信股票采取“先官后民”、官为民倡的方法，恭亲王奕䜣率先响应，认购昭信股票2万两作为报效，自愿捐赠给朝廷。大小官员纷纷效仿，向光绪帝表忠心，仅江苏一省便认缴60万两。官员报效的热情最终还是变成百姓的负担，如四川、山东、河南等地发生了官府以认购股票为名强行按粮、按亩摊派的现象，对不愿购买者缉拿严押，私设班衙；山东、江苏、湖北等地发生了截留款项、挪作他用的现象。

四、发行结果

两次借款所筹银两皆没达到预计数目，背离了发行目的与拟定章程，暴露出封建社会末期的种种弊端，激化了社会矛盾，加上后期偿还不力，严重损害了清政府的信用。息借商款发行了八个月，共计筹得白银约1 200万两。甲午战败后，清政府下令，“未收者一律饬停，毋庸再行议借”。昭信股票只发行了半年，便使民间怨声载道，弹劾各地官员借机肆意勒索的奏章纷至沓来，光绪帝只得于九月下诏停发：“朝廷轸念民艰，原期因时制宜，与民休息，岂容不肖官吏任意苛派，扰害闾阎，现办昭信股票著即停止，以示体恤，而顺民情。”其时，昭信股票只发出了1 000万两的债券，不到预计发行总额的1/5，大部分款项被挪作他用，对于偿付赔款只是杯水车薪。清政府最终还是再次向英德借款，并以厘金收入为抵押。

五、失败原因

当时国内尚不具备发行公债的各种条件，特别是缺乏必备的经济基础与思想基础。经济方面，息借商款与昭信股票同属我国最早发行的国内公债，是由中央政府推行的一次全新的筹款措施。但是由于当时中国没有专业的金融机构负责设计与发行事项，最低面值100两的国债，普通商民根本无力承购。对富裕官商而言，息借商款月息7厘，昭信股票年息5厘，清政府财政亏空，资不抵债，他们也不愿购买利息低、风险高的公债。清政府只图筹款，无意进行根本的财政改革，借内债无异于剜肉补疮。思想方面，民众对筹款募资心存疑虑，特别是昭信股票伴随《马关条约》而来，以维新派为首的广大士民反对签约，拒绝赔款。在四川起义的余栋臣打出的旗号便是“但诛洋人，非叛国家”，提出“事必有成，则日本兵费之赔款，本年昭信股票六千万之派款，一切免矣”。在这种情况下，两次公债虽已具备现代公债的一些特征，但注定不能取得相应的实效。

请结合资料思考：结合息借商款与昭信股票的发行，从财政学角度探讨近代中国早期公债发行的经验教训对当今政府债务管理的启示。

三、公债的分类

（一）按偿还期限划分，可分为短期公债、中期公债和长期公债

按债务偿还期限（或债务存续期限）划分，公债可分为短期公债、中期公债和长期公债。短期公债是指债务期限在一年以内的公债。短期公债灵活性较大，政府可根据需要随时发行短期债券，弥补财政资金的不足。如果金融市场发展到一定程度，短期公债还是执行货币政策、调节市场货币供应量的一个重要政策工具。

中期公债是债务期限在 1 年以上、10 年以下的公债。与短期公债相比，中期公债从发行到偿还时间较长，政府可在较长时间内使用这笔资金。许多国家将中期公债筹集到的资金用于弥补财政赤字或进行中长期投资。

长期公债是债务期限在 10 年以上的公债。政府发行长期公债，可以在更长时间内使用公债资金，但由于发行期限较长，债权人利益可能会受到币值和物价波动的影响，这会影响长期公债的发行。

（二）按发行地域划分，可分为国内公债和国外公债

国内公债（也称内债）是指政府在本国境内发行的公债。一般来说，内债以本国居民和企事业单位认购为主，内债的发行及还本付息也以本国货币进行，但也不排除外国居民在本国境内购买公债的可能性，同时，政府也可以用外币发行国内公债。因此，只要是本国政府在本国境内发行的公债，不管其发行对象是否为本国居民，也不管其发行的货币单位是否以本国货币计量，都为国内公债。国内公债不会影响国际收支，也不影响国内资源总量，但国内债的发行和偿还会影响一定时期内国内资源的重新配置。

国外公债（也称外债）是指政府在国外的借款及在国外发行的公债。外债的债权人多为外国政府、国际金融组织和外国公民，也不排除本国居民在居住国购买本国在国外发行的公债的可能性。外债的发行及还本付息须以外币支付。外债的发行可以弥补国内资金短缺，加快国内经济的发展速度。

（三）按发债主体划分，可分为中央公债与地方公债

中央公债即国债，是以中央政府作为债务主体的公债；地方公债是由地方政府发行的公债。

国债和地方公债对国民经济的影响不同。国债的发行、对债务收入的使用和还本付息的安排，考虑的是国民经济全局，地方公债决策则立足于本地。地方公债的发行范围可以超出本地，但它对国民经济的影响仍是局部的。

专栏 9 -3

《预算法》（修正案）允许地方政府发行债券

是否允许地方政府举借债务（特别是发行债券）一直是我国预算法修改的难点和焦点。在我国，1994 年通过的《预算法》第 28 条明确规定：“除法律和国务院另有规定外，地方政府不得发行地方政府债券。”这一规定原则上禁止了地方债券的存在。

历经四次审议，2014 年 8 月 3 日第十二届全国人大常委会第十次会议表决通过了关于修改预算法的决定（2015 年 1 月 1 日起施行）。新法将旧法的第 28 条改为第 36 条，修改为：“地方各级预算按照量入为出、收支平衡的原则编制，除本法另有规定外，不列赤字。经国务院批准的省、自治区、直辖市的预算中必需的建设投资的部分资金，可以在国务院确定的限额内，通过发行地方政府债券举借债务的方式筹措。举借债务的规模，由国务院报全国人民代表大会或者全国人民代表大会常务委员会批准。省、自治区、直辖市依照国务院下达的限额举借的债务，列入本级预算调整方案，报本级人民代表大会常务委员会批准。举借的债务应当有偿还计划和稳定的偿还资金来源，只能用于公益性资本支出，不得用于经常性支出。”法律还规定，国务院建立地方政府债务风险评估和预警机制、应急处置机制以及责任追究制度。

可见，修改后的《预算法》确立了地方政府直接发行债券的法律依据，而在此之前地方政府并无此权力（但很多地方政府都在通过投资工具以及影子银行借贷等方式来规避这项禁令）。

总体来看，新《预算法》进一步规范了地方政府债务管理的有关问题（如明确举债主体，对举债的方式、用途、偿债资金等作出规定，明确债务规模和管理方式，明确地方政府不得在法律规定之外以其他任何方式举借债务等），为地方政府提供了另一条公开直接但须严格监管的融资渠道，从而使地方政府债务风险更加可控，从长期来看有利于解决中国地方政府的债务问题。

请结合资料思考：1994 年《预算法》禁止地方政府发行债券，而 2014 年修改后的《预算法》允许地方政府在一定条件下发行债券。请分析这一变化的背景和原因。

（四）按流动性划分，可分为自由流通公债和非自由流通公债

自由流通公债是指可在金融市场上买卖或转让的公债。自由流通公债一般不记名，并有期限、利率和票面价值的规定。自由流通公债既受金融市场影响，又反过来影响金融市场态势。其市场价格取决于金融市场供求状况，并随着市场利率和币值变化而变动。

非自由流通公债是指按规定不允许在市场上公开买卖、转让的公债。一般来说，非自由流通公债的偿还期较长，利率较高，但变现能力较差。在一国的公债结构中，既有自由流通公债，也有非自由流通公债。在发达的市场经济国家，公债多数为自由流通公债。1988 年之前，中国公债基本上是非自由流通公债，但目前这种状况已经改变。

（五）按票面利率划分，可分为固定利率公债和浮动利率公债

固定利率公债的票面利率在发行时确定，在公债的整个存续期内保持不变。浮动利率公债的票面利率随市场利率的变化而浮动，付息利率为付息期起息日当日相同期限市场利率（基准利率）加固定利差确定。由于票面利率可以浮动，因此浮动利率公债能在较大程度上帮助发行人和投资者规避未来由于利率变动带来的风险。

国际上浮动利率债券产生于20世纪70年代前半期。80年代末90年代初，在公债利率水平不断降低的情况下，浮动利率公债得到了较大发展。2000年5月22日我国财政部首次在交易所成功发行浮动利率公债。

（六）按付息方式划分，可分为零息公债和附息公债

零息公债在存续期内不支付利息，到期一次还本付息。附息公债的利息一般按年支付，到期还本并支付最后一期利息。我国于1996年6月14日首次发行了十年期附息公债（000696）。2001年6月4日财政部招标发行的15年期公债是我国第一只每年付息两次的附息债券。

（七）按发行本位划分，可分为货币公债和实物公债

货币公债是指以货币为债务本位发行的公债，债权债务关系以货币计值来表示。现代各国发行的公债基本上都是货币公债。其中，内债一般以本国货币计值，而外债则一般以外国货币计值。

实物公债是指以实物为债务本位发行的公债。其中，直接借实物还实物的公债称为直接实物本位公债，以一定的实物购买量作为依据进行货币折算的公债称为折实公债。直接实物本位公债的代表是我国解放战争时期革命根据地发行的以稻谷为本位的“胜利公债”，而折实公债的代表是我国政府在1950年发行的“人民胜利折实公债”。实物公债可以避免货币贬值给债权人带来的损失，一般在通货膨胀率较高的情况下采用。

（八）按公债的特定目标和用途划分，可分为一般公债和特种公债

一般公债是指对认购对象、发行方式及用途没有特别规定的公债。特种公债是指具有特定的认购对象、发行方式及专门用途的公债。我国曾经发行四次特种公债：第一次是1998年财政部发行的2 700亿特别国债，所筹集的资金全部用于补充国有独资商业银行资本金；第二次是2007年财政部发行的1.55万亿元特别国债，所筹资金用于购买约2 000亿美元外汇，作为国家外汇投资公司的资本金；第三次是2020年财政部发行1万亿元抗疫特别国债，主要用于公共卫生基础设施投资和抗疫支出需求；第四次是2022年，为筹集财政资金，支持国民经济和社会事业发展，发行7 500亿元特别国债。2024年政府工作报告指出，从2024年开始拟连续几年发行超长期特别国债，专项用于国家重大战略实施和重点领域安全能力建设。

第二节　公债规模与管理

一、公债规模

（一）公债负担

公债负担是指因公债的发行、流通、使用及偿还对社会经济造成的损失及其他负面影响。理论上，公债规模越小，公债负担就越小；公债规模越大，公债负担就越大。事实上，许多发展中国家的沉重公债负担已经成为解释投资与经济增长崩溃的重要变量。公债负担既包括国民经济的负担，也包括不同利益主体的负担。

1. 国民经济的公债负担

国民经济的公债负担是指政府负债给国民经济发展带来的损失。这种负担是否形成，关键在于公债的使用方向和使用效益。如果公债用于经济发展并发挥良好效果，它并不减少社会积累的总规模，并且形成了良好的宏观经济环境，对国民经济发展产生推动作用，发行公债不会给经济发展带来损失，也不形成对国民经济的负担。反之，如果发行公债仅仅是为了满足政府的纯消费性开支，它减少了社会积累的总规模，影响经济发展，则会构成公债的经济负担。

2. 政府的公债负担

政府的公债负担是指政府作为债务人因负债所承受的经济压力。政府的公债负担往往体现在政府对公债还本付息的能力上。如果公债增长推动了经济增长，并且产生出足够的偿还能力或者具备借新债还旧债的经济条件，那么公债的增长并不会形成政府的公债负担。反之，如果公债的偿还是通过增加税负或压缩正常的支出来实现的，则可能干扰正常的财政活动，形成政府财政的拖累，构成政府作为债务人的公债负担。

3. 认购者的公债负担

认购者的公债负担是指认购者作为债权人因认购公债所承担的利益损失。认购公债作为公民投资的一种方式，具有风险低、收益高等特点，通常能给投资者带来收益而不是带来损失。因此，投资公债往往并不构成认购者的负担。但在被强制购买影响资金使用或福利以及公债利率低于通货膨胀率等情况下，这种负担却是客观存在的。

4. 纳税人的公债负担

纳税人的公债负担是指因偿还公债而增加税负给纳税人造成的利益损失。公债发行可以增加财政收入，但在偿还期则会增加财政支出。而国家偿债资金的重要来源是税收收入。如果公债的增加推动了经济发展，使税源得以扩大，则偿债增加的税收本应是公债效益的一部分，是公债再投资所产生的偿债能力，只不过以税收形式征集而已。在这种条件下，公债偿还并不构成纳税人的负担。反之如果公债的使用并未增加社会的或宏观的经济利益，也没有引起税源的相应扩大，而是靠减少微观利益主体的利益来增加税收，以满足偿债的需要，则实质上便构成了纳税人的公债负担。马克思所说的公债是一种延期的税收，就是指公债与税收的这种关系。

（二）公债适度规模

显然，对特定的经济主体来说，公债负担应有个合理的限度。

公债对政府和社会都会产生一种负担，而任何负担都存在一个限度或适度性问题。因此，理论上必然存在一个最优或最适度的公债规模。通俗地说，公债适度规模主要是指既能保证政府按期还本付息，又能促进社会经济又好又快发展的公债规模。严格地说，公债适度规模是指边际债务负担（成本）与边际债务收益相一致时所决定的公债规模。

从根本上说，公债规模主要受制于经济发展水平、社会闲置资源存量、国家资产总量、国际收支情况、政府宏观调控能力、债务资金的使用效益、公债的发行与可能以及公众牺牲程度等诸多因素。根据历史经济数据以及有关研究资料，经济发达国家的负债总额占国家有形资产总量的比率为 50%—70%；经济发展处于中等水平国家的负债总额占国家有形资产总量的比率为 30%—50%；经济发展处于较低水平的国家负债总额占其有形资产总量的比率约为 30% 或略低。

总的来说，影响公债规模的因素可划分为三种类型：认购者的承受能力、政府的偿债能力及其他因素。认购者的承受能力是指居民和各经济实体的承受能力。政府的偿债能力是指政府作为债务主体对其所借债务还本付息的能力，通常由财政收入增长速度和国民收入增长速度两个因素决定。认购者的承受能力和政府的偿债能力是制约公债规模的主要因素，此外，公债的使用效益、公债期限长短、社会总供给的结构、外贸出口创汇能力等因素也是控制公债规模时应该予以考虑的。

（三）公债规模的衡量指标

目前，衡量公债规模的指标主要分为微观指标和宏观指标两种类型。微观指标用于衡量政府债务与政府财政收支之间的关系，包括公债依存度、公债偿债率两个指标。宏观指标用于衡量政府债务与国民经济增长之间的关系，包括公债负担率、赤字率、国民应债率和公债借债率四个指标。此外，学界还采用外债风险指标来衡量外债负担，主要有外债偿债率、外债负债率和外债债务率三个指标。

1. 衡量公债规模的微观指标

（1）公债依存度

公债依存度是指当年的债务收入与财政支出的比例关系，反映当年财政支出对公债的依赖程度，是控制公债规模的重要指标。从中国的财政体制来看，这一指标有两种不同的口径，即国家财政依存度和中央财政依存度。计算公式为：

公债依存度＝当年公债发行额/当年财政支出额×100%

当公债发行量过大，债务依存度过高，表明财政支出过分依靠债务收入，国家财政处于脆弱状态，就会对将来的还本付息构成潜在的威胁，公债风险加大。国际上一般公认15%—20%是国家财政公债依存度的警戒线，25%—35%是中央财政公债依存度的警戒线。

（2）公债偿债率

公债的偿债率就是指当年的公债还本付息额与当年的财政收入的比率，即当年财政收入中有多大比例是用于偿还公债的，反映了政府财政的债务清偿能力。计算公式为：

公债偿债率＝当年的公债还本付息额/当年的财政收入额×100%

公债的有偿性决定公债的规模必然受到国家财政资金状况的制约，必须把公债规模控制在与财政收入相适应的水平上，以免导致政府债务危机。国外的经验表明，公债的偿债率一般控制在10%以内较为安全。

2. 衡量公债规模的宏观指标

（1）公债负担率

公债的负担率是指一定时期的公债余额与同期国民生产总值的比率，是衡量经济总规模对公债的承受能力的重要指标，也是反映公债规模的主要指标之一。计算公式为：

公债负担率＝当年的公债余额/当年的国民生产总值×100%

根据各国的经济发展状况和财政政策的需要，各国的公债负担率是存在差异的，即使是统一国家在不同时期，公债的负担率也不同。欧盟提出政府的债务占国内生产总值的比重在60%以内作为欧盟国家的内控标准。

（2）赤字率

赤字率即当年财政赤字额与当年国内生产总值的比率。赤字率越低，表明一国经济对公债的承受余地越大。计算公式为：

赤字率＝当年财政赤字额/当年国内生产总值×100%

按照国际上通行的《马斯特里赫特条约》标准，赤字率3%一般设为国际安全线。

（3）国民应债率

国民应债率是指当年公债余额占当年居民储蓄存款余额的比率，或者当年公债发行额与当年居民储蓄存款增加额的比率，该指标反映应债主体对债务的承受能力，一般认为该指标小于100%即可。计算公式为：

国民应债率＝当年公债余额/当年居民储蓄存款余额×100%

或国民应债率＝当年公债发行额/当年居民储蓄存款增加额×100%

（4）公债借债率

公债借债率是指当年公债的发行额与当年国内生产总值的比率。计算公式为：

公债借债率＝当年公债发行额/当年国内生产总值×100%

专栏 9 - 4

债务规模与债务结构优化

我国的债务规模和债务率在过去十多年中快速上升。根据国际清算银行的统计，截至 2023 年，我国企业、政府和居民三个部门合计债务规模 363 万亿元人民币，债务与 GDP 之比达到 288%。我国的债务中超过 98% 是内债，而外债很少。如何看待快速上升的债务，以及应该采取什么样的应对措施，成为政策制定者和学术界高度关注的话题。

过去 20 年，我国举债主体和举债用途发生了很大变化，大致可分为三个阶段。

第一个阶段是 2004—2011 年。这一时期是工业化高峰期，突出特点是钢铁、化工、煤炭、装备制造等资本密集型行业发展迅速，资本密集型工业企业成为举债的主力，政府和居民举债不多。

第二个阶段是 2012—2019 年。随着工业化高峰期过去，资本密集型行业企业不再大规模举债，地方融资平台和居民成为新增债务的主力。地方融资平台举债主要是进行基础设施投资，但并非主要投向电、热、公共交通运输等领域，而是大量投资于城市公共设施建设，包括地下管网、城市绿化、环保等。这期间我国的城市格局发生了很大变化，居民部门也开始大量新增举债，主要用于购房，也有部分举债用于消费。

第三个阶段是 2019 年以后。在化解地方政府隐性债务的政策作用下，地方融资平台举债规模逐渐下降。我国采取更多的政府专项债和国债，替代此前地方政府从商业金融机构举债，以此降低债务利息成本，拉长债务期限结构。受近几年房地产市场变化的影响，居民房贷下降。决策层高度强调为小微企业、绿色金融以及制造业创造更友好的信贷环境，因此这些领域的信贷近年来有了更快的增长。

我国债务扩张背后的举债主体和举债用途，与高收入国家和地区在类似发展阶段大致相同。在工业化高峰期，德国、日本、韩国、中国台湾等增长较好的经济体，举债主体更多是企业，特别是工业企业。工业化高峰期过后，举债主体则更多转向政府部门和居民部门，特别是政府举债规模在全社会举债规模中的占比越来越高。

从总量上看，我国没有过度举债。债务的功能是把储蓄转化成投资，实现消费平滑，创造金融资产。所有这些功能表明，如果创造了过多债务，会导致投资和消费很多，购买力很强，进而带来通货膨胀和货币贬值。然而中国的事实并非如此。中国近十年来没有通胀压力，近年来更频繁遭遇的是需求不足压力。

过去十年，我国平均每年的 CPI 涨幅不足 2%，人民币对一篮子货币的名义有效汇率升值 15%。这说明我国没有创造出过度的金融资产和购买力。我国的金融资产主要是债权类金融资产，而发达国家的金融资产当中，权益类金融资产占比更高。把债务类金融资产和权益类金融资产加总来看，我国创造的金融资产相对于 GDP 而言并不算高。美国、日本、中国、德国几个样本国家的全部金融资产，分别是各自 GDP 的 13.4 倍、15.7 倍、3.6 倍和 3.7 倍，我国金融资产相对 GDP 的数量并不突出。

然而从结构上看，我国需要进一步优化债务结构。我国有两方面的举债主体面临较大的债务压力。一是地方政府融资平台债务。过去十多年，地方政府融资平台大量举债，投资于改善城市道路和公共基础设施等公益类或准公益类投资项目，商业投资回报率较低，很多地方政府融资平台公司的收入难以覆盖债务成本。二是房地产企业债务。我国房地产企业负债率很高，近年来突然遭遇房地产销售大幅下降，金融机构对房地产企业的融资也大幅下降，这使得很多房地产企业无力偿还债务。

幸运的是，我国有充分的政策空间应对结构性债务问题。无论是解决地方政府隐性债务问题，还是房地产债务问题，都需要宏观经济管理部门出面，需要政府信用的支撑。政府能不能扩张信用，不取决于政府已经有了多高的债务，也不取决于政府债务率，而取决于私人部门储蓄和投资力量的对比。当私人部门储蓄大于投资时，政府增加举债，增加支出，就不会带来通货膨胀，也不会威胁货币信用，政府可以扩张信用。当私人部门储蓄需求远低于投资，经济过热，面临通货膨胀压力时，政府就绝对不能再扩张信用，否则货币信用、政府信用都会受到损害。从我国目前情况来看，私人部门储蓄远大于投资，没有经济过热和通货膨胀的压力，这给了政府扩张信用充分的政策空间。

我国需要采取更积极的措施扩张债务。当前我国宏观经济面临的最突出问题是需求不足，以及由此引来的一系列问题，比如企业盈利水平低、新增就业机会少、投资者预期偏弱、对经济增长的获得感偏少等等。阻断需求不足，最普遍使用，也最有效的政策工具是逆周期政策，通过更低的利率和政府举债增加支出，带动全社会信贷增长和支出增长。这些政策工具对于减少债务压力和化解债务风险非常有帮助。

国际经验和我国自身的经验都表明，越是压降债务规模，债务率反而越是上升，举债主体越是难以偿还债务，这是因为压降债务规模在减少债务的同时更大幅度地减少了收入，使得债务率上升。更充分地降低利率和扩张政府支出，一方面可降低债务利息成本，另一方面也可提高收入水平，这更有利于提高偿债能力，化解债务风险，降低债务杠杆率。

请结合资料思考：结合案例，分析我国2004—2023年举债主体和举债用途发生了哪些变化？这种变化与我国经济发展阶段有怎样的联系？

二、公债管理

公债能否真正为政府筹集财政资金服务，并促进国民经济的协调发展，很大程度上取决于政府部门能否有效地管理公债。因为公债如若管理不当，不但不能发挥公债的积极作用，反而会酿成债务危机。所以当今世界各国都十分重视公债管理，并把它看作整个国民经济管理的重要组成部分。

从广义上讲，凡是与举借公债有关的经济活动都可列入公债管理的范围，即政府对公债的运行过程所进行的决策、组织、规划、指导、监督和调节等一系列经济活动的总称。而从狭义上讲，所谓公债管理，是指政府部门为达到举债的预期目标，对公债的发行和流通、公债资金的投入使用和偿还等活动中进行的一系列操作。因而，公债管理的范围包括公债发行、流通、使用和偿还的全过程，并以结构调整为其主要内容。

（一）公债的发行管理

公债的发行是指中央财政部门根据法律和国家预算的规定，在确定公债发行对象、发行数量、发行种类、发行方式、利率水平、期限结构的基础上，发行以国家为债务人的债券行为。公债发行是公债售出或被投资者认购的过程，是公债运行的起点和基础环节。

公债发行管理，是指公债如何发行、用什么方式发行和通过什么渠道发行等管理问题，或者说解决的是一级市场的问题。

1. 公债的发行条件

公债的发行条件涉及的问题较多，如公债的票面额、期限、利息率、发行价格、偿还方式、能否转让，都属于公债发行的基本条件。相对重要、牵扯面较广的主要是公债的发行价格和利息率的确定。

（1）发行价格

公债发行价格，是指政府债券出售的价格。政府债券的发行价格不一定是票面值，可能低于票面值，也可能高于票面值。按照公债发行价格与其票面值的关系，公债发行可以分为平价发行、折价发行和溢价发行三种。

平价发行。平价发行就是公债按其票面值出售。认购者按公债票面值支付购金，政府按票面值取得收入，到期亦按票面值还本。通常适用于公债利息率与市场利息率相当、政府信誉良好的环境。

折价发行。折价发行（亦称减价发行）就是公债以低于票面值的价格出售。即认购者以低于票面值的价格支付购金，政府按这一折价取得收入，到期仍按票面值还本。通常适于公债利息率低于市场利息率、财政拮据、发行任务重的环境。

溢价发行。溢价发行（亦称增价发行）就是公债以超过票面值的价格出售。认购者按高于票面值的价格支付购金，政府按这一溢价取得收入，到期则按票面价值还本。通常适于公债利息率高于市场利息率的环境。

（2）公债利息率

公债利息率是政府因举债所应支付的利息额与借入本金额之间的比率。公债利息率的高低，主要参照金融市场利率水平、政府信用状况和社会资金供给量三个因素确定。

金融市场利率水平。公债利率应参照金融市场的利率而定。金融市场利率高，公债利率必须相应提高；金融市场利率低，公债利率可相应降低。否则如果公债利率与金融市场利率相差甚远，或者公债利率低于金融市场利率致使公债找不到认购者，或者公债利率高于金融市场利率致使政府蒙受不必要的损失。

政府信用状况。公债利率也应按照政府信用的状况而决定。政府信用良好，公债利率可相应较低；政府信用不佳，公债利息只能较高。否则，不是加重财政负担，就是公债的发行受阻。

社会资金供给量。公债利率还应根据社会资金供给量的大小而决定。社会资金供给量充足，公债利率可相应下调；社会资金供给量匮乏，公债利率便需相应上调。否则可能或者使国库承受额外的债息支出，或者使公债的发行不畅。

此外，政府为了实现特定的经济政策，选择较高或较低的公债利率，以诱导社会资金流向，刺激或抑制生产与消费，也是十分必要的。在现代社会中，利用公债利率升降调节证券市场运行和资金运转是政府实现宏观经济管理的重要手段之一。

2. 公债的发行方式

公债的发行方式是指作为公债发行主体的中央财政代表国家与广大公债投资者之间推销与购买公债的方式。公债发行方式直接体现了公债是否符合公债商品属性的要求，决定了投资者以何种方式进行公债投资，也是公债市场现代化程度的标志。一般来说，公债的发行方式主要包括以下三种。

（1）公募法。指政府或受政府委托的部门向社会公众募集公债的发行方法。公募法又可进一步分为直接公募法和间接公募法两种。

直接公募法，即直接面向全国公众募集公债、发行成本全部由政府承担的方法。直接公募法的优点是政府能直接控制公债发行权和发行过程，但缺点是发行对象过于分散，销售时间长，发行成本较高。

间接公募法，是由政府委托银行或其他金融机构发行公债，通过金融系统向社会公开募集公债的方法。在发行规模确定后，募集额未达到发行额的差额，将由受托的金融机构承购。间接公募法将公债发行权及发行事务交由金融机构代理，公债推销较方便，收入较及时，筹资成本相对较低，且由金融机构发行政府公债能较好地适应社会资金结构，较灵活地调节市场货币流量和流向。间接公募法下政府对公债发行及发行管理的影响力不如直接公募法，但该方法可以很好地发挥金融部门在债券推销上的比较优势，从而促进发行成本的下降。

（2）包销法。又称承受法，是指政府将发行的债券统一售予金融机构，再由金融机构自行发售的方法。包销法与间接公募法形式相似，但也有较大的区别。实行间接公募法，金融机构只是代理公债的发行权和发行事务，最终应向政府负责并受政府的指导和监督；实行包销法则是公债发行权的转让，在通常情况下，政府不再干预，金融机构可自主行使发行权并决定发行事务。包销法有中央银行、商业银行和金融集团承受三种具体方法。从 20 世纪 90 年代开始，中国部分公债的发行采用金融集团承受包销的方法。

（3）公卖法。又称出售法，是指政府在证券市场以公开出售的方式发行公债的方法。以公卖法发行公债，公债价格随行就市，随市场资金供求情况波动。这种方法的优点是能在金融市场上筹集大量资金，也可以为国家调节货币流通量、金融市场供求状况及利率水平提供操作工具；缺点是公债发行受资金市场影响较大。

各国在实践中通常根据本国的经济社会条件以及各种公债发行方法的优缺点，选择一种或几种方法来发行公债。一般来说，银行信用制度比较发达、证券市场比较健全的发达国家大多采取公卖法和公募法；而信用体系不健全、证券市场不够发达的发展中国家，通常采用的是包销法和其他不常用的方法。

3. 我国改革开放以来国债发行方式的演变

我国从 1981 年开始发行国库券以来，具体的发行方式有过多种，但是从总体上来说，其演变可以分为三个阶段。

第一阶段是 1981—1990 年，主要是行政性摊派方式发行。这一时期，我国国债发行基本上是在行政动员基础上的计划分配和派购。财政部将每年的国债发行任务按一定标准分配到各地，各地财政部门再将本地区的国债发行额层层分配到企事业单位，甚至分配到农村，然后各单位再具体对每位职工落实认购指标，从职工工资中扣款。

第二阶段是 1991—1994 年，主要是承购包销的方式。1991 年 4 月，财政部和当时的承购包销团主干事中国工商银行信托投资公司举行了国债承购包销签字仪式，承销当时的国库券 25 亿元，占计划发行量的 25%。随之地方财政部门和人民银行系统也组织承购包销，结果以承购包销方式发行的国库券占总发行量的 65%。在以后的几年内，国债承购包销得到了进一步的扩大和发展。

第三阶段是 1995 年至今，主要是招标发行的方式。1995 年 8 月，财政部对 1995 年一年期记账式国债首次进行招标式发行，这是我国国债发行方式的重大突破。1996 年 1 月，财政部在发行 1996 年记账式（一期）国债时，第一次采用了价格招标的形式。1996 年 6 月，财政部在发行 1996 年记账式（五期）国债时，首次采用了收益率招标形式。记账式国债基本上都采用招标方式发行。采用招标方式发行国债使我国的国债发行条件能够比较准确地反映金融市场上的资金供求状况，也缩短了国债发行期，减少了发行成本，提高了发行效率。

4. 我国国债发行管理方式的转变

自 1981 年恢复发行国债以来，我国一直采取年度发行额管理的方式（见表 9-1）。按照这种管理模式，每年的国债发行规模将视当年国债还本付息数额以及当年财政赤字数额而定，即国债发行额度等于当年国债还本付息数额加上当年财政赤字数额。发行额度一经全国人民代表大会批准，就成为刚性指标，不得突破也不得减少。这种管理模式相对简单，基本可以保证弥补当年的财政赤字。但也存在一定缺陷：国债政策目标比较单一，仅仅是为弥补财政赤字；在额度内财政部门倾向于多发长期国债，少发短期国债，使得债券存量每年滚动增加数量较大，不利于合理安排和优化国债的期限结构；年度发行规模管理制度也扭曲了金融市场，降低了货币政策的效率。

表 9-1　　1985—2005 年国家财政债务发行情况　　单位：亿元

年份	合计	国内债务	国外借款	国内其他债务
1985	89.85	60.61	29.24	—
1986	138.25	62.51	75.74	—
1987	223.55	63.07	106.48	54.00
1988	270.78	92.17	138.61	40.00
1989	407.97	56.07	144.06	207.84
1990	375.45	93.46	178.21	103.78
1991	461.40	199.30	180.13	81.97
1992	669.68	395.64	208.91	65.13
1993	739.22	314.78	357.90	66.54
1994	1 175.25	1 028.57	146.68	—
1995	1 549.76	1 510.86	38.90	—
1996	1 967.28	1 847.77	119.51	—
1997	2 476.82	2 412.03	64.79	—
1998	3 310.93	3 228.77	82.16	
1999	3 715.03	3 702.13	—	12.90
2000	4 180.10	4 153.59	23.10	3.41
2001	4 604.00	4 483.53	120.47	—
2002	5 679.00	5 660.00	—	19.00
2003	6 153.53	6 029.24	120.68	3.61
2004	6 879.34	6 726.28	145.07	7.99
2005	6 922.87	6 922.87	—	—

注：从 1999 年开始，国内其他债务项目为债务收入大于支出部分增列的偿债基金。

资料来源：《中国统计年鉴 2006》。

从 2006 年起，我国改进国债管理办法，参照国际通行做法，采取国债余额管理方式管理国债发行活动（见表 9-2）。所谓国债余额管理是指每年全国人民代表大会批准一个国债余额上限，这个指标等于上一年的国债余额加上本年度财政预算的赤字。国债发行只要不突破这个余额，发行规模和期限品种就可由政府视财政收入状况和市场情况灵活掌握。这既规范了发债行为，又增加了主动性和灵活性，符合国债管理的客观需要，并有利于有效防范财政风险。同时，在余额管理制度之下一年期以内的国债，由于它当年发行当年兑付，不会增加下一年度国债市场的余额负担，因此也就为健全国债品种、完善基准利率体系创造了基本的制度条件，为金融市场化改革尤其是利率的市场化改革打下了坚实的基础。这也是我国 2007 年后国债发行额大幅上升的主要原因。

表 9-2　　2005—2023 年国家财政债务余额情况　　单位：亿元

年份	合计	国内债务	国外债务
2005	32 614. 11	31 848. 59	765. 52
2006	35 015. 26	34 380. 24	635. 02
2007	52 074. 65	51 467. 39	607. 26
2008	53 271. 54	52 799. 32	472. 22
2009	60 237. 68	59 736. 95	500. 73
2010	67 548. 11	66 987. 97	560. 14
2011	72 044. 51	71 410. 80	633. 71
2012	77 565. 70	76 747. 91	817. 79
2013	86 746. 91	85 836. 05	910. 86
2014	95 655. 45	94 676. 31	979. 14
2015	106 599. 59	105 467. 48	1 132. 11
2016	120 066. 75	118 811. 24	1 255. 51
2017	134 770. 15	133 447. 43	1 322. 72
2018	149 607. 41	148 208. 62	1 398. 79
2019	168 038. 04	166 032. 13	2 005. 91
2020	208 905. 87	206 290. 31	2 615. 56
2021	232 697. 29	229 643. 71	3 053. 58
2022	258 692. 76	255 591. 55	3 101. 21
2023	300 325. 50	296 979. 22	3 346. 28

注：从 2006 年起实行债务余额管理。

资料来源：《中国统计年鉴 2023》《中国统计年鉴 2024》，国家统计局网站。

（二）公债的流通管理

1. 公债发行和流通的关系

公债的发行和流通相辅相成，是相互依存的整体。公债发行是公债流通的基础，没有公债发行，公债流通就失去了客观存在的必要性，而公债流通确保了外部投资者愿意向政府提供新的资金来源，为公债顺利发行和平衡财政收支创造了良好条件。公债发行市场又称一级市场，是政府出售新债券的市场。公债发行市场的作用是将政府为筹集资金向社会发行的债券，分散发行到投资者的手中。公债流通市场又称二级市场，是指对已发行债券进行买卖、转让的市场。债券一经认购，即确立了一定期限的债权债务关系。通过债券流通市场，投资者可以转让债权，把债券变现。发行市场是整个债券市场的源头，是债券流通市场的前提和基础。发达的流通市场是发行市场的重要支撑，流通市场的发达是发行市场扩大的必要条件。

2. 公债流通市场的构成

公债流通市场可分为场内交易市场和场外交易市场。

在证券交易所内买卖债券所形成的市场，就是场内交易市场，这种市场组织形式是债券流通市场较为规范的形式。证券交易所是专门进行证券买卖的场所，如我国的上海证券交易所和深圳证券交易所。证券交易所作为债券交易的组织者，本身不参加债券的买卖和价格的决定，只是为债券买卖双方创造条件，提供服务并进行监管。

场外交易市场又称“店头市场”或柜台交易市场，是指证券经纪商和证券自营商不通过证券交易所，而是在证券商之间或证券商与客户之间直接进行的证券分散买卖市场。柜台市场为场外交易市场的主体。许多证券经营机构都设有专门的证券柜台，通过柜台进行债券买卖。在柜台交易市场中，证券经营机构既是交易的组织者，又是交易的参与者。此外，场外交易市场还包括银行间交易市场，以及一些机构投资者通过电话、计算机网络等通信手段形成的市场等。

目前，我国债券流通市场由三部分组成，即沪深证券交易所市场、银行间交易市场和证券经营机构柜台交易市场。场外交易的方式主要有两种：一种是自营买卖公债，即投资者根据证券商挂牌上市公布的买卖价格，直接与证券商自由洽谈买卖公债，如达成协议，即可成交。另一种是委托买卖公债，即投资者委托证券商代其买卖公债，证券商仅作为中介不参与买卖业务，交易价格由委托买卖双方分别挂牌，双方价格达成一致后形成。

3. 公债流通市场的交易方式

公债流通市场的交易方式有现货交易、期货交易、回购交易和期权交易。

（1）现货交易

现货交易是指交易双方在成交后即时清算交割其债券和价款的方式。现货交易在公债流通市场初期对公债市场的发展起到了重要作用，但随着经济的发展和改革的深入，单纯用此方式已行不通，因为公债现货交易方式限制了个人信用的发挥，同时也不利于投资者稳定收益，减少投资风险。

（2）期货交易

期货交易是指公债买卖双方成交后按契约中规定的价格、数量进行远期交割的一种债券交易方式。我国于 1993 年开放国债期货市场，首先在上海证券交易所试点。由于期货交易的杠杆性以及过度的投机，造成市场的混乱和不成熟，1995 年 5 月，中国政府宣布暂停国债期货交易。然而国债的期货交易不仅作为金融期货交易的一种特殊交易形式，是金融市场的重要组成部分，而且是我国加入 WTO 融入经济全球化的需要。经过多年准备，2013 年 9 月 6 日，五年期国债期货正式在中国金融期货交易所上市交易，国债期货交易得以恢复。

（3）回购交易

公债的回购交易是指公债交易商或投资者在卖出某种公债的同时，约定于未来某一时间以事先确定的价格再买回同一品名、同等数量的公债的一种交易方式，其实质是证券的卖出者借入资金。与此相反，如果公债的交易商或投资者买进公债，并约定于未来某一时间按事先确定的价格再将等量的同一品名的公债卖给最初出售者，则这种交易被称为公债的逆回购交易，其实质是证券买入者向交易对象贷出资金。

公债回购市场是公债流通市场的重要组成部分。公债回购和逆回购具有以下作用：①作为一种融资与融券相结合的交易方式，将证券市场与货币市场相连接，扩大了经纪商承销公债的能力，增大了公债一级市场的容量，从而有助于公债顺利发行以及公债运行机制的市场化改革。②是中央银行在公债市场开展公开市场业务操作的基本方式，是实现货币政策的重要工具。③公债回购率是公债期货价格确定的依据。④公债回购业务不仅给短期资金富余者提供了投资机会，也直接增加了市场对公债的需求，从而直接增加了公债的流通性。目前我国国债回购业务发展速度快，交易量大，逐渐成为重要的交易工具。

（4）期权交易

公债的期权交易是指公债交易双方为限制损失或保障利益而签订的，同意在约定时间内按协定价格买进或卖出契约中指定的债券，也可以放弃买进或卖出这种债券的交易方式。目前我国尚未开展国债的期权交易。

（三）公债的收入使用管理

对公债发行收入的使用进行管理，是公债管理中的一个重要环节，因为公债收入利用不当，就不利于国民经济的持续、稳定和快速发展，那么，最终政府新发公债就很难顺利销售，无法建立真正的流通市场，同时，也影响公债到期的还本付息，造成信用危机。在对公债的收入使用进行管理过程中，需要从确定公债收入的使用方向和加强公债收入使用的财务管理两方面进行。

1. 确定公债收入的使用方向

公债收入虽然也属财政资金，但它的取得是以偿还为条件的，这就要求公债管理部门督促有关部门合理安排公债收入的使用方向。一般来说，政府发行公债总是有特定目的的，如加快发展原材料、能源、交通等基础产业而发行，或弥补生产性重点建设投资不足而发行等等，这就必须保证专款专用，不准在使用过程中改变债务收入的既定用途。如果确有必要改变用途，也必须经公债管理部门严格审查批准。特别是将公债收入由原定用于生产性的投资改为非生产性投资时，更应有足够的重视，因为这种使用方向的改变会增加财政偿还的负担。

2. 加强公债收入使用的财务管理

加强对公债收入使用的财务管理目的是充分发挥公债对国民经济的促进作用，提高公债收入使用的效率。加强财务管理主要应做好以下两项工作。

一是将公债收入与支出编成独立的预算，单独管理。这是保证公债收入使用方向的重要措施。若将公债收入与其他财政收入混在一起统一安排，就可能引起既定用途的改变。这就较难进行经济效益的评估，也不利于协调财政支出的各项比例关系。所以，对公债收入实行单独管理、专项使用是十分必要的。

二是积极回收公债资金的投资收益。由于公债收入是有偿性的，因而公债资金的投入使用也应尽可能采取还本付息的贷款方式，这就要求公债管理部门按照国家规定的利率政策和收费标准，及时做好投资收益的回收工作。公债资金的用途不同，投资收益的内容及其回收方式也就不同，生产性投资项目的收益包括利润和税收，回收主要依靠贷款的还本付息。而用于公共事业和基础设施的资金并不创造税利，其利益是间接的，因而只能采取一定的收费方式。

（四）公债的偿付管理

公债偿付管理，是指公债用什么资金偿付、用什么方式偿付等管理问题。公债偿付是公债管理中的最后一个环节，同时也是很重要的环节。

1. 公债的偿还方法

公债偿还时，虽然偿还的本金和利息都是固定的，但作为政府来讲，何时偿还、采用何种方式是可以选择的。

（1）买销法。买销法也称收买偿还法、市场偿还法，是政府按照市场价格在证券市场上买进政府所发行的公债，公债的偿还通过市场交易完成。买销法是一种间接偿还方式。这种方法对政府来说，偿还成本低，操作简单，且可以体现政府的经济政策。买销法通常与公债发行上的公卖法相对应。

（2）比例偿还法。比例偿还法是指政府按照公债的数额，分期按比例偿还。由于这种偿还方法是政府不通过市场，而直接向公债持有者偿还公债的本息，所以又称直接偿还法。偿还比例的确定包括平均比例偿还、逐年递增比例偿还、逐年递减比例偿还等具体的做法。比例偿还法的优点是有利于政府安排偿债基金，使公债的偿还有稳定的资金来源。20 世纪 50 年代中国发行的公债大都采用逐年递增比例偿还法。

（3）抽签偿还法。抽签偿还法是指政府通过定期抽签确定应清偿的公债的方法。一般是以公债的号码为抽签依据，一旦公开抽签确定应清偿公债的号码之后，所有相同号码的公债都同时予以偿还。抽签偿还法也是一种直接偿还法。1981—1984 年中国发行的国库券，就采用抽签比例偿还法。

（4）一次偿还法。一次偿还法是指国家定期发行公债，在公债到期后，一次还清本息。自 1985 年以来中国发行的国库券就是规定发行期限到期后一次还本付息完毕。

2. 公债偿还的资金来源

政府公债偿还的资金来源主要依靠预算盈余、偿债基金、预算列支以及发行新债还旧债等。

预算盈余偿还，是指政府以预算盈余资金作为偿债资金来源的做法。从理论上说，用预算盈余资金偿还公债是预算周期平衡政策的具体运用。但这种方法实施的前提是政府预算必须有盈余。从目前世界各国的财政收支状况看，这个前提条件并不具备，因而这种方法一般不具有实践价值。

建立偿债基金，以备偿债之用，也是筹集公债偿还资金的一种方法。偿债基金，是在政府预算中专门设立并规定来源和用于公债还本付息的专门准备基金。其来源包括预算定额拨款、公债发行收入的定额缴纳、部分超计划发行公债、公债还本付息结余、部分预算结余以及偿债基金经营收益等。建立偿债基金制度为偿还债务提供了一个稳定的资金来源，能保证公债的及时偿还，提高公债信誉、减轻债务成本，顺利度过偿债高峰。从长远看，还可以平衡各年度的还债负担。设置偿债基金可以把政府的正常预算收支和债务收入、使用和偿还分离开来，有利于掌握各类不同来源的资金结构、投向和使用效果。

预算列支方法，指公债偿债期到时，政府将当年到期的公债本息直接列入本年预算支出中，以预算资金抵偿公债，从而使预算资金成为政府偿债的资金来源之一。这种方式在正常情况下可以保证债权安全，增强公债信誉，但在公债运用低效或无效时，只能靠提高税收负担的办法来筹资偿债，这就可能给社会生产带来不利影响。

政府发行新债还旧债，是当前世界各国政府筹集偿债资金的常用方法。这种方法就是从每年新发行的公债收入中，提取一部分来偿还公债的本金。从本质上说，这并不是一种偿还方式，其副作用较大，必须严格控制。但在实践中，长期实行赤字财政政策的国家，往往不得不依靠借新还旧的办法来偿付到期的债务本金。

从实践角度看，出于信用体系和金融市场的发展程度等方面的原因，发达国家偿还公债一般以买销法为主，而发展中国家较多地采用直接偿还法。过去，一些发达国家曾建立偿债基金制度，但由于奉行赤字财政政策，赤字连年不断，不仅原有偿债基金被挪用，还不得不发行大量新债，现在除少数国家仍坚持偿债基金制度外，大都已转向预算拨款和调换公债的办法。少数发展中国家，尽管有各种各样建立偿债基金的计划，但苦于资金匮乏和财政制度的不完善，真正付诸实施的并不多见，大多数国家现在实行的是预算列支偿还制度和新债换旧债的方法。

中国目前大多数公债实行一次偿还法，其资金来源多靠举借新债。随着证券市场的完善和公卖法的采用，其他方法也会得到更多的运用。

第三节 公债绩效评价

一、公债绩效评价的概念与分类

（一）概念

公债绩效评价是指通过系统性方法，对政府发行公债（如国债、地方债等）的筹集、使用、偿还全过程的效率、效果和经济性进行综合评估的活动。其核心目标是判断公债资金是否实现预期政策目标、是否优化资源配置、是否控制风险并促进可持续发展。

2018年，《中共中央国务院关于全面实施预算绩效管理的意见》（中发〔2018〕34号）提出要构建全方位、全过程、全覆盖的预算绩效管理体系，将政府预算全部纳入绩效管理，要求积极开展政府债务项目绩效管理。2020年，《项目支出绩效评价管理办法》（财预〔2020〕10号）针对预算项目支出，健全了绩效评价体系，完善了绩效评价指标、标准和方法，增强了绩效评价结果的约束力，并明确政府债务项目等绩效评价可参照执行。

（二）分类

公债绩效评价按照公债类型的不同，可分为一般债券绩效评价和专项债券绩效评价两种。

1. 一般债券绩效评价

一般债券是指政府（含经省级政府批准自办债券发行的计划单列市政府）为没有收益的公益性项目发行的、约定一定期限内主要以一般公共预算收入还本付息的债券。

一般债券资金使用绩效评价主要依据《财政部关于印发〈财政支出绩效评价管理办法〉的通知》（财预〔2020〕10号），遵循债券资金安排按照“资金跟着项目走”的原则对债券资金使用绩效进行评价。

2. 专项债券绩效评价

专项债券是指政府为有一定收益的公益性项目发行的、约定一定期限内以公益性项目对应的政府性基金或专项收入还本付息的政府债券。

2021年，为加强地方政府专项债券项目资金绩效管理，提高专项债券资金使用效益，有效防范政府债务风险，财政部印发《地方政府专项债券项目资金绩效管理办法》，为对省级政府为获得一定收益的公益性项目发行的、以公益性项目对应的政府性基金收入或专项收入作为还本付息资金来源的政府债券（包括新增专项债券和再融资专项债券）实施绩效管理提供依据。坚持“举债必问效、无效必问责”原则，地方政府专项债券绩效管理贯穿“借、用、管、还”的全过程。

二、公债绩效评价的原则

在公债绩效评价过程中，应遵循科学规范原则、协同配合原则、公开透明原则和激励约束原则，确保公债绩效评价结果内容完整、权重合理、数据真实、结果客观，推动提升债券资金配置效率和使用效益。

（一）科学规范原则

绩效评价应当运用科学合理的方法，按照规范的程序，对公债支出绩效进行客观、公正的反映。坚持“举债必问效、无效必问责”，遵循项目支出绩效管理的基本要求，注重融资收益平衡与偿债风险。建立规范的工作流程和指标体系，推动绩效管理工作有序开展。

（二）协同配合原则

各级财政部门牵头组织债券项目资金绩效管理工作，督促指导项目主管部门和项目单位具体实施各项管理工作。上级财政部门加强工作指导和检查。

（三）公开透明原则

绩效信息是债券项目信息的重要组成部分，应当依法依规公开，自觉接受社会监督，通过公开推动提高债券资金使用绩效。

（四）激励约束原则

公债绩效评价结果应与公债资金安排、财政政策调整、改进管理实质性挂钩，体现奖优罚劣和激励相容导向，有效要安排、低效要压减、无效要问责。

三、实施公债绩效评价的意义

通过实施公债绩效评价，有利于确保公共资金精准投向高效益领域，平衡债务规模与偿债能力，推动财政透明化与决策科学化，提高政府公信力，增强国家财政政策的灵活性。

（一）优化资源配置

通过公债绩效评价，能够以量化指标和科学分析，精准衡量公债资金在不同领域的投入产出比，避免因盲目决策导致的低效投资与重复建设。在基础设施建设领域，某地曾计划建设多条相似功能的交通线路，通过绩效评价发现区域内交通网络已有冗余，及时调整资金投向智慧交通系统升级，不仅减少了无效投资，还提升了交通运行效率。这种评价机制如同公共资金的“导航仪”，确保每一笔资金都能流向具有高效益、高回报的领域，如科技创新、教育医疗等关键公共服务，推动资源的合理配置，从而激活经济发展的内生动力，实现经济的可持续增长。

（二）防范债务风险

公债绩效评价如同债务管理的“预警雷达”，持续监测债务规模与政府偿债能力之间的匹配度。它不仅关注当前债务的规模和结构，还对未来的偿债能力进行前瞻性预测。通过建立债务风险评估模型，对财政收入、经济增长趋势等因素进行综合分析，能够提前识别潜在的债务风险。当评价发现债务规模过大或偿债能力不足时，政府可以及时采取措施，如调整债务发行计划、优化债务结构，避免过度负债引发的财政危机或系统性金融风险，为经济社会的稳定发展筑牢坚实的安全防线。

（三）提升政府治理能力

公债绩效评价推动政府决策从经验驱动向数据驱动转变，促使政府在制定财政政策和投资计划时，更加注重数据支撑和科学论证。同时，评价过程和结果的公开透明，将政府的财政活动置于公众监督之下，增强了财政政策的透明度和公信力。当政府将绩效评价结果作为决策依据，并向公众详细说明资金使用情况和预期效果时，能够有效提升公众对政府的信任度。这种机制倒逼政府不断提升自身治理能力，强化责任意识，朝着建设更加透明、科学、高效的责任政府目标迈进。

（四）增强政策调控效能

公债绩效评价为政府制定公债政策提供了全面、准确的参考依据。通过对以往公债发行和使用情况的深入分析，能够总结经验教训，为未来公债发行的规模、结构和投向提供科学指导。当经济处于下行周期时，绩效评价结果显示加大对基础设施建设领域的公债投入能够有效拉动经济增长，政府便可据此调整公债发行策略，增加相关领域的资金投入。这种基于绩效评价的动态政策调整，使宏观经济政策能够更好地适应经济形势的变化，增强政策的针对性和有效性，提升政府对宏观经济的调控能力。

（五）促进可持续发展

公债绩效评价不仅关注项目的短期经济效益，更注重评估其长期社会效益。在环保领域，对生态修复公债项目的绩效评价会综合考量生态环境改善、生物多样性保护等长期效益；在民生领域，对教育、医疗公债项目的评价会关注居民生活质量提升、人口素质提高等长远影响。这种全面的评价方式，能够确保公债资金支持的项目在满足当前发展需求的同时，不损害未来发展的基础，实现经济、社会与环境的协调发展，推动社会朝着可持续发展的目标稳步前行。

四、公债绩效评价管理

公债绩效评价要反映公债资金支出项目决策、管理、产出和效益。绩效评价指标框架和绩效评价提纲参考《项目支出绩效评价管理办法》有关范例，并突出债券项目资金绩效评价特点。表 9 - 3 为公债绩效评价体系指标示例。

表 9-3　　某地方政府专项债券评价指标体系

一级指标	二级指标	三级指标
决策	项目立项批复情况	立项依据充分性
		立项程序合规性
	项目完成勘察、设计、用地、环评、开工许可等前期工作情况	前期工作准备充分性
		前期工作开展规范性
	项目符合专项债券支持领域和方向情况	项目与专项债券支持领域和方向匹配性
		项目申请专项债券额度与实际需要匹配性
管理	专项债券管理	专项债券预算管理情况
		债券资金按规定用途使用情况
		资金拨付和支出进度与项目建设进度匹配性
		专项债券本息偿还计划执行情况
		项目收入、成本及预期收益合理性
		专项债券期限与项目前期限匹配情况
	资产管理	项目竣工后资产备案和产权登记情况
	问题整改	外部监督发现问题整改情况
	专项债券项目信息管理	专项债券项目信息公开情况
	其他财务、采购和管理情况	信息系统管理使用情况
		财务制度健全性
		财务管理有效性
		管理制度健全性
		管理规范性
产出	项目阶段性实际完成率	阶段性实际产出完成情况
	项目建设质量达标情况	阶段性产出完成项目验收合格率
	项目建设进度情况	完成及时性
	项目建设成本情况	成本节约率
	考虑闲置因素后债券资金实际成本情况	专项债券资金实际成本
	项目建成后提供公共产品和服务情况	提供的公共产品和服务实际完成率
		提供的公共产品和服务质量达标率
		提供的公共产品和服务及时性
	运营成本情况	运营成本节约率
效益	项目综合效益实现情况	项目综合效益
	项目带动社会有效投资情况	社会有效投资带动力度
	项目支持国家及本地区重大区域发展战略情况	国家及本地区重大区域发展战略支持度
	项目直接服务对象满意度	利益相关方满意度

（一）决策方面

债券绩效评价体系决策方面一般包括：项目立项批复情况；项目完成勘察、设计、用地、环评、开工许可等前期工作情况；项目符合专项债券支持领域和方向情况；项目绩效目标设定情况；项目申请专项债券额度与实际需要匹配情况等内容。

（二）管理方面

债券绩效评价体系管理方面一般包括：专项债券收支、还本付息及专项收入纳入政府性基金预算管理情况；债券资金按规定用途使用情况；资金拨付和支出进度与项目建设进度匹配情况；项目竣工后资产备案和产权登记情况；专项债券本息偿还计划执行情况；项目收入、成本及预期收益的合理性；项目年度收支平衡或项目全生命周期预期收益与专项债券规模匹配情况；专项债券期限与项目期限匹配情况等；专项债券项目信息公开情况；外部监督发现问题整改情况；信息系统管理使用情况；其他财务、采购和管理情况等内容。

（三）产出方面

债券绩效评价体系产出方面一般包括：项目形成资产情况；项目建设质量达标情况；项目建设进度情况；项目建设成本情况；考虑闲置因素后债券资金实际成本情况；项目建成后提供公共产品和服务情况；项目运营成本情况等内容。

（四）效益方面

债券绩效评价体系效益方面一般包括：项目综合效益实现情况；项目带动社会有效投资情况；项目支持国家重大区域发展战略情况；项目直接服务对象满意程度等内容。

五、公债绩效评价现状及未来展望

（一）公债绩效评价现状

随着全面实施预算绩效管理的持续推进，公债绩效评价也取得持续进展，制度体系逐步完善，创新实践不断涌现。

1. 制度体系逐步完善

目前，多地已构建“事前评估、事中监控、事后评价”的全周期绩效管理体系，全过程管理机制基本形成。山东省龙口市通过 21 项政策文件实现“三全”（全方位、全过程、全覆盖）预算绩效管理，并实现事前评估、目标管理、绩效自评等环节“五个百分百”全覆盖。财政部出台的《地方政府专项债券项目资金绩效管理办法》进一步明确专项债项目需实施“双监控”（预算执行进度和绩效目标实现情况监控），推动绩效管理规范化。同时，越来越多的地区开始重视绩效评价结果的应用，将其与预算安排、政策调整紧密挂钩。如，深圳市通过绩效评价精准识别低效预算资金，及时进行压减，优化财政资源配置；乌海市则采取更为严格的措施，对绩效评价为“差”的项目直接取消预算支持，这种“刚性约束”促使项目单位更加注重资金使用效益，有效避免了财政资金的浪费。评价结果应用的强化，不仅提升了财政资金的使用效率，也增强了政府部门的责任意识。

2. 创新实践不断涌现

随着数字化技术的发展，大数据分析、人工智能等先进技术逐渐应用于公债绩效评价领域。这些技术工具的应用，打破了传统评价方式的局限，提高了评价的精准度和效率。为保证绩效评价的客观性和公正性，多地委托专业第三方机构参与评价工作。浙江省明确要求重大项目必须引入第三方独立评估，并将评估结果作为债券资金分配的重要依据。第三方机构凭借其专业知识和独立立场，能够对项目进行全面、客观的评价，避免了政府部门自我评价可能存在的主观性和局限性，提升了绩效评价的公信力。

（二）公债绩效评价管理中现存的问题与挑战

1. 覆盖范围不均衡

目前，公债绩效评价主要集中在一般公共预算领域，而专项债、PPP 等项目的评价覆盖率相对较低。以龙口市为例，尽管在预算绩效管理方面取得显著成效，但专项债绩效评价尚未实现全流程覆盖，部分领域的评价工作流于形式，未能真正发挥绩效评价的监督和指导作用。这种覆盖范围的不均衡，导致部分财政资金使用情况无法得到有效监管，存在一定的风险隐患。

2. 数据与指标短板

数据质量和指标体系是绩效评价的关键要素，但当前仍存在诸多问题。数据准确性不足，部分项目单位报送的数据存在虚报、瞒报现象，影响了评价结果的真实性。指标权重设定不科学，未能充分反映不同项目的特点和需求，导致评价结果缺乏针对性和可比性。此外，专项债项目周期长、涉及环节多，动态调整评价标准难度较大，难以适应项目实施过程中的变化。

3. 目标偏离与形式化

在实际工作中，部分绩效评价工作仅为应付考核，忽视了资源配置优化的初衷。基层单位存在“材料主义”倾向，过于注重评价材料的准备，而对项目实际效益关注不足。这种形式化的评价方式，无法发现项目实施过程中的问题，也无法为后续决策提供有价值的参考，使得绩效评价失去了应有的意义。

（三）公债绩效评价发展的未来展望

1. 深化全过程绩效管理

强化事前绩效评估是提升公债绩效的重要举措。未来应将必要性、公益性、收益性论证作为项目入库的“红绿灯”，从源头上把控项目质量。通过严格的事前评估，能够筛选出真正具有社会经济效益的项目，避免无效投资，提高财政资金使用的精准性。推广绩效管理信息平台建设，实现数据的实时采集与可视化分析。利用大数据、物联网等技术，对项目实施过程中的资金使用、进度情况、绩效目标完成情况等进行动态监测，确保项目按照预定目标顺利推进。

2. 完善分领域评价体系

针对专项债、PPP 等不同类型项目的特点，建立行业化指标库。例如，对于交通基建项目，可纳入“投资完成率”“拥堵指数”等指标，以反映项目的建设进度和实际效益；对于环保项目，则侧重“碳减排量”“污染物处理率”等指标，突出项目的生态效益。差异化指标设计能够使绩效评价更加贴合项目实际，提高评价结果的科学性和有效性。在评价体系中增加债务偿还能力、财务风险等评价维度，加强对财政可持续性的评估。通过建立风险预警模型，对项目的债务规模、偿债能力、现金流状况等进行分析，提前识别潜在风险。强化经济与风险指标的评价，有助于防范财政风险，确保公债资金的安全和可持续使用。

3. 推动结果应用刚性化

建立严格的奖惩机制，对绩效评价优秀的项目给予奖励，优先安排预算资金；对绩效不达标或存在问题的项目，削减或取消预算支持。通过这种方式，倒逼项目单位提高资金使用效益，推动财政资源向优质项目集中。加强财政、人大、审计、纪检等部门的联动，形成绩效管理合力，未来应进一步完善跨部门协同机制，明确各部门职责，加强信息共享和沟通协作，实现对绩效评价工作的全方位监督，确保评价结果真实、可靠。

4. 提升技术赋能与透明度

利用大数据和 AI 技术，构建预测模型，分析专项债对宏观经济的影响，识别潜在风险信号，通过大数据与 AI 应用，能够更加准确地评估公债项目的经济效益和社会效益，提高政府决策的科学性和前瞻性。依托全国债务信息公开平台，及时、全面地公开绩效评价结果，增强公众参与度。建立健全社会监督机制，鼓励公众、媒体和社会组织对公债项目进行监督。信息公开和社会监督能够提高财政资金使用的透明度，保障公众的知情权和监督权，促进政府部门提高绩效管理水平。

当前，我国公债绩效评价工作已取得阶段性成果，从制度构建逐步迈向深化应用阶段。但在实际工作中，仍面临覆盖范围不均衡、数据与指标短板、评价形式化等问题。未来，需以技术赋能、结果应用、风险防控为核心，进一步深化全过程绩效管理，完善分领域评价体系，推动绩效评价从“合规性”向“效益性”转型。通过不断优化和完善公债绩效评价体系，使公债真正成为推动经济社会高质量发展的有力杠杆，实现财政资源的优化配置和可持续利用。

【课后习题】

一、名词解释

公债　公债负担　公债依存度　公债偿债率　公债负担率　赤字率

二、简答题

1. 简述公债的概念、特点及其基本功能。

2. 简述公债的发行价格、发行方式及其还本付息方法。

3. 某国2023年财政收入额为2 800亿美元，财政支出额为3 200亿美元，公债发行额为400亿美元，请计算该国的公债依存度，并判断其是否属于正常范围。（结果保留至两位小数）

三、论述题

1. 结合相关衡量指标，分析当前我国的公债风险。

2. 结合所学知识，分析你所在的省份公债现状，并分析如何化解地方公债存在的问题。

第十章　政府预算管理

学习目标

1. 理解政府预算的含义、特征与分类。
2. 掌握政府预算的体系构成与基本程序。
3. 掌握政府预算绩效管理的内涵、特征与主要内容。
4. 了解财政预算管理一体化的任务与内容。

案例导入

政府预算不仅仅是“国家账本”

预算不仅仅是一般意义上的“账本”，更是国家治理体系的重要组成部分。标准科学、规范透明、约束有力的预算制度，将在推进国家治理体系和治理能力现代化中发挥越来越大的作用。

近年来，政府预算日益走进社会公众的视野，每年全国人大会议审查预算报告更是受到高度关注。由于明确了政府各项收支，预算经常被形象地称为“国家账本”或“政府账本”。实际上，预算不仅仅是一般意义上的“账本”。它是对财政政策实施作出具体安排，明确政府这一年要干些什么，是国家治理体系的重要组成部分。

在预算中，“钱花到哪里去”是社会十分关心的问题，这实际上是对资源的配置和政府行为的安排。在预算中，支出政策全面体现了如何把财政资金用好花好，特别是重点支持科技攻关、生态环保、基本民生、区域重大战略、现代农业等方面，推动国家重大战略、重点改革和重要政策落实落地。比如，在基本民生保障方面，采取落实就业优先政策、提高社会保障水平、强化卫生健康投入等措施，并明确具体支出安排。相关数字的背后，是“真金白银”的投入，也是百姓获得感、幸福感、安全感的提升。

我国实行一级政府一级预算，从中央到乡镇一共有五级预算。同时，预算包括一般公共预算、政府性基金预算、国有资本经营预算、社会保险基金预算四本预算。如何让社会“看得懂、能监督”是一个重要的课题，近年来预算管理制度改革持续深化，预算也越来越详尽、易懂。标准科学、规范透明、约束有力的预算制度，将在推进国家治理体系和治理能力现代化中发挥越来越大的作用。

第一节 政府预算概念与分类

一、政府预算的概念

预算是对未来一定时期内收支的预测、计划和安排。作为一种管理工具，预算在日常生活乃至国家行政管理中被广泛采用。政府预算是政府为实现其职能和一定的经济社会发展目标而编制的，经立法机关审批的，反映一个预算年度内基本财政收支计划的法律性文件。

政府预算是公共财政体系的重要组成部分。从财政收支的内容上看，政府预算是财政的核心，政府预算规定了财政的收支总额及结构状况。但从起源看，两者不具有一致性。财政随国家的产生而产生，而现代政府预算是社会发展到一定阶段的产物。

（一）政府预算是政府活动计划的一个财务反映

从形式上看，它是按照一定标准将政府财政收支计划分门别类地反映在一个收支对照表中；从内容上看，它是对政府年度财政收支的规模和结构所做的安排，表明政府在财政年度内计划从事的主要工作及其成本，政府又如何为这些成本筹集资金。因此，如同企业会计报告是企业经营活动的财务反映一样，财政预算是政府活动计划的一个财务反映。

（二）财政预算是具有法律约束力的文件

与一般预算不同的是，财政预算是具有法律效力的文件。一方面，政府编制的预算只有经过立法机关的批准才能成为正式预算（批准之前只能称为预算草案），另一方面，批准后的财政预算必须交由政府公布并组织实施，在预算执行的过程中，不经法定程序，任何人无权改变预算规定的收支指标。事实上，在民主政治下，财政预算是公众通过立法机关约束政府收支行为的一个工具。因此，财政预算可以说是政治民主化、社会法治化在财政领域的一种体现。

（三）财政预算是政府科学管理经济社会发展的一个工具

政府要想实现其职能，对经济社会发展进行科学管理，必须制定一定的发展目标并掌握相应的手段。财政预算就是其中的一种经济手段。随着经济社会发展条件的变化，一定时期内政府的政策目标会做出相应的调整，作为实现这些目标的手段的财政预算，其收支的规模与结构也会做出相应的调整，其他经济主体的行为会因这些调整而有所变化，经济与社会发展就会呈现出一种新的格局。在这种不断的刺激—反应循环中，政府可以不断地总结经验教训，制定出更为科学的发展目标，采取更为有效的预算政策手段。因此，财政预算也是管理科学化在财政领域的一种体现。

二、政府预算的基本特征

政府预算作为一个独立的财政范畴，是财政发展到一定历史阶段的产物。从萌芽到发展为现代预算制度，政府预算形成了区别于其他政治经济范畴和财政范畴的特征，且这些特征随着其内涵的不断丰富而得到完善和充实。

（一）计划性

“预算”就是预先的计算，是事先对活动进程所安排的计划。因此，“政府预算”就是一种事先确立的收支计划，就是政府开展收支活动必须遵循的计划。换言之，政府预算的直接表现形式就是“计划”，就是政府为下一年度财政收支编制的计划，而计划具有预测性，预测性是指政府通过编制预算可以对预算收支规模、收入来源和支出用途做出事前的设想及预计。各级政府及有关部门一般在本预算年度结束以前，需要对下一年度的预算收支做出预测，编制出预算收支计划，进行收支对比，进而研究对策。预测与实际是否相符以及能否实现，取决于预测的科学性和民主化程度，也受预算执行中客观条件变化以及预算管理水平和预算管理手段的影响，但提高预测的准确度是第一位的。

（二）完整性

所有的政府收入和支出，除了某些特殊的例外，都应当纳入政府预算，都必须处于政府预算的约束和规范下。预算内容应包含政府的一切事务所形成的预算收支，体现预算的完整性。政府正是通过预算进行集中性分配以满足社会共同需要，反映国家方针政策，全面体现政府年度整体工作安排和计划，使预算成为政府各项收支的汇集点和枢纽。

（三）公开性

政府预算的公开性是指政府收支活动的透明性，政府所有的收支计划和活动过程，除了某些特殊的例外，都必须向立法机构和社会公众公开，都必须接受立法机构、社会公众和社会舆论的监督。市场经济下的财政活动，其收入取自纳税人的私人腰包，其支出必须为纳税人的利益服务。社会公众要想真正决定和支配政府的收支活动，就必须将政府的收支计划及活动全过程公开。预算作为公开性的法律文件，其内容必须明确，以便全社会公众及其代表能理解、审查；同时，政府预算收支计划的制订、执行以及决算的全过程也必须向公众全面公开。政府预算公开性所采用的形式是向社会公布其预（决）算报告。

（四）法治性

立法机构通过的政府预算具有法律效力，体现出了以法律来约束和规范政府财政活动及行为的内容，而预算计划的制定和执行过程本身就是法律的制定和执行过程。法治性是政府预算活动的灵魂。违背政府预算就是违法行为，任何人违背政府预算都必须受到法律的追究和制裁。政府预算与一般的财政经济计划不同，它必须经过规定的合法程序，并最终成为一项法律性文件。各国的宪法和预算法都明确规定了立法机构在预算审批方面的权限及职责。

（五）年度性

预算年度是指预算收支的起讫时间，通常为一年。预算年度是各国政府编制和执行预算所依据的法定期限。预算年度有历年制和跨年制两种形式：历年制是按公历年，如我国预算年度自公历 1 月 1 日起，至 12 月 31 日止。跨年制是从当年某月某日起至翌年某月某日止。跨年制大致可分为以下三种主要形式：从当年 4 月 1 日起至次年 3 月 31 日止，英国、加拿大和日本等国采用这一财政年度；从当年 7 月 1 日起至次年 6 月 30 日止，瑞典、澳大利亚等国采用这一财政年度；从当年 10 月 1 日起至次年 9 月 30 日止，这种财政年度以美国为代表。

专栏 10－1

我国现代政府预算制度的产生及发展脉络

中国是一个具有悠久历史的国家，中国的预算制度产生于何时？历史学界和经济学界的看法并不一致，有炎黄时期论、夏代论、周代论、战国论等，但主流观点较为认同以下说法：中国现代政府预算思想和制度不是从中国社会内部自发产生的，而是伴随着近代西方思想潮流的涌入而进入中国的，是从西方舶来的，立足于我国古代农耕文明和封建专制制度之上的中国古代政府预算思想和制度都只能算是政府预算的萌芽，没有近代民主政体是不可能有严格意义上的现代政府预算思想和制度的。一般认为，中国具有现代政府预算制度特点的政府预算思想萌芽于清朝末年。

清朝末年，当时的中国面临内忧外患，亟须变革救国，一些有识之士提出“西学中用”的口号，郑观应、梁启超等在其著作中介绍了西方国家的财政预算知识，并建议学习西方建立中国的政府预算制度。1898 年，光绪帝颁布上谕，即我们通常所说的《明定国是》（亦称《定国是诏》），明令改革财政，编制预决算，但此诏因戊戌变法失败而未能实施。20 世纪初，清政府迫于内外压力推行政治体制改革，在财政上也相应地推进和完善政府预算制度。1905 年，清政府派载泽等“五大臣”出洋考察，他们重点考察了美国、德国、俄国、日本、英国、法国等国家，特别是日本和德国的君主立宪政体，并对西方近代财政制度进行了考察，依照西方的经验提供了我国政府预算制度的蓝本。1911 年，清政府颁布了中国历史上第一份全国政府预算案，指出“岁出共二九八四四八三六五两，岁入共三零一九一零二九六两”。但由于清末政局动荡，各省形成割据状态且财政混乱，该预算只是各省情况的简单汇总。中华民国成立后，北洋政府着手梳理、检讨清政府在政府预算制度方面的规定，1914 年编成《国家预算简章》作为办理政府预算的基础，奠定了北洋时期政府预算制度的框架。随后，国民政府为准备实施政府预算制度相继颁布了多部法律。1932 年，国民政府颁布《预算法》，确立了一整套预算、主计及审计制度，标志着近代中国政府预算制度已基本成型。但由于内战爆发，这部《预算法》最终未能得以施行。

1949 年，中华人民共和国成立后就公布了第一个政府预算文件——《1950 年财政收支预算》。同年 12 月，颁布实施《关于 1949 年财政决算及 1950 年财政预算编制的指示》，规定了政府预算编制的具体要求和方法。1951 年，又颁布《预算决算暂行条例》。至此，我国的政府预算制度初步建立起来了。1992 年，我国改革开放进入新阶段，政府预算的改革也随之进入发展的快车道：1992 年颁布《国家预算管理条例》，规定实施复式预算；1993 年进行分税制改革，改进和规范复式预算，决定建立政府公共预算和国有资产经营预算；1998 年调整预算收支分类科目。之后，我国自上而下地进行了诸多改革，如部门预算改革、国库集中收付制度改革、绩效预算改革等，不断推动中国现代政府预算制度的发展。

请思考：我国现代政府预算制度成长的驱动因素有哪些？

三、政府预算体系

（一）按照行政级次划分

预算管理体系是指政府预算管理各部分的构成。由于预算是政府的基本收支计划，为政府履行职责、提供公共服务、提供财力保障，因而预算管理体系必然与财政管理体制相一致，即一级政府，一级财政，一级预算。根据宪法，我国目前从中央到地方共有五级政府，即中央、省（自治区、直辖市）、市（自治州）、县（自治县、旗、不设区的市、市辖区）、乡（民族乡和镇）五级政府。与之相适应，我国预算管理体系也包括中央预算，省、自治区、直辖市预算，设区的市、自治州预算，县、自治县、旗、不设区的市、市辖区预算，乡、民族乡和镇预算，共五级预算。

中央预算是经法定程序批准的中央政府的财政收支计划，它由中央各部门预算组成，预算收入包括地方向中央上解的收入数额和中央对地方返还或者给予补助的数额，中央各部门预算由部门所属各单位预算组成。地方预算是经法定程序批准的地方各级政府的财政收支计划的统称，由省、自治区、直辖市总预算组成。地方各级总预算由本级政府预算（简称本级预算）和汇总下一级总预算组成，下一级只有总预算的，下一级总预算即指下一级的本级预算。另外，我国预算法规定，不具备设立预算条件的乡、民族乡、镇，经省、自治区、直辖市政府确定，可以暂不设立预算。

各级政府预算管理级次如图 10 - 1 所示。

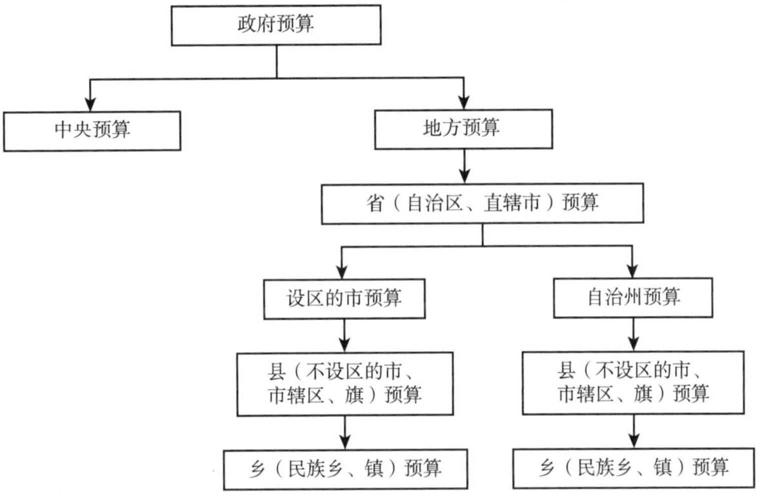

图 10 - 1　各级政府预算管理级次

（二）按照预算构成体系划分

从预算构成体系来看，目前我国各级政府预算由一般公共预算、政府性基金预算、国有资本经营预算、社会保险基金预算共同构成。政府各类收入反映政府以行政权力和国有资产所有者身份集中社会资源的规模和份额，都应纳入政府预算体系管理。

第一，一般公共预算。一般公共预算是指政府凭借国家政治权力，以社会管理者身份筹集以税收为主体的财政收入，用于保障和改善民生、维持国家行政职能正常运转、保障国家安全等方面的收支预算。在预算体系中，一般公共预算的收支内容相对于其他预算来说是最基本的预算，居于本源的、核心的地位，因而被称为一般公共预算。

第二，政府性基金预算。政府性基金预算是对依照法律、行政法规的规定在一定期限内向特定对象征收、收取或者以其他方式筹集的资金，专项用于特定公共事业发展的收支预算，包括参照政府性基金管理或列入基金预算、具有特定用途的专项债券等财政资金。政府性基金一般具有设定程序规范、来源特定、专款专用等特点，具有强烈的筹资特性，是政府运用政治权力快速集中筹集资金的一种形式。

第三，国有资本经营预算。国有资本经营预算是国家以所有者身份依法取得国有资本收益，并对所得收益进行分配而发生的各项收支预算，是政府预算的重要组成部分。国有资本经营预算收入主要包括从国家出资企业取得的利润、股利、股息和国有产权（股权）转让收入、清算收入等，支出主要用于支持国有经济和产业结构调整以及弥补国有企业的改革成本等。

第四，社会保险基金预算。社会保险基金预算是对社会保险缴款、一般公共预算安排和通过其他方式筹集的资金专项用于社会保险的收支预算。社会保险基金预算属于“只进不出”，基于社会保险缴费资金的特殊性质以及我国社会保险基金的支出趋势，社会保险基金预算的资金不能用于平衡其他三本预算。

上述四类预算并非完全独立，而是有机衔接的整体。《预算法》第五条第二款规定：“一般公共预算、政府性基金预算、国有资本经营预算和社会保险基金预算应当保持完整、独立。政府性基金预算、国有资本经营预算、社会保险基金预算应当与一般公共预算相衔接。”这表明各预算自身应当按照有关法律法规的要求保持预算内容完整、独立，同时也要保持与一般公共预算的衔接，既反映了在公共财政下一般公共预算的主体地位，又要求在这一预算报告体系内的各项预算之间建立起规范、明确透明的资金界限及往来渠道。

四、政府预算基本程序

一个完整的政府预算过程包括预算编制、预算审批、预算执行和政府决算四个阶段。

（一）预算编制

编制预算是预算计划管理的起点，正确编制预算必须以有关法律法规为准绳，以国家一定时期发展规划和财政经济方针政策为指导，以国民经济和社会发展计划的主要指标为依据，参考上一年预算执行情况和收支预测进行编制。编制完成的政府预算草案要经过法定的程序，经立法机关审查批准后方可执行。

（二）预算审批

政府预算审查与批准简称政府预算审批，主要是指立法机关依法对政府预算草案进行审查和批准的过程，是使政府预算产生法律效力的必经步骤。这一过程在我国表现为各级人民代表大会对政府预算的审查与批准。

（三）预算执行

政府预算经过审批后即进入执行阶段，预算的执行既是实现预算安排的收支计划指标的过程，又是决定各项预算决策是否能够落实到位的关键环节。这一阶段财政部门要通过合理组织收入和有序安排支出实现既定目标。如需改变经批准的预算，则需要经过法定的调整程序。

（四）政府决算

政府决算是整个预算工作过程的总结，政府要对年度预算执行结果进行总结，决算报告也需经过法定程序批准。决算与预算相对应，有一级预算，就应当有一级决算。编制决算有助于评估预算的执行情况，总结预算执行的经验，为政府部门未来决策提供重要的参考依据。

五、政府预算的类型

随着经济的发展与社会的进步，政府职能相应拓展，需要政府提供的公共产品与服务的规模不断增大、质量要求不断提高、结构日趋复杂，政府预算的模式也经历了由简单到复杂、由低级向高级发展的过程，特别是在现代信息技术的推动下，预算模式得到了拓展。

（一）按预算编制结构划分

1. 单式预算

单式预算，是指将所有财政收入和支出汇编在一个预算内，形成一个收支项目安排对照表，而不区分各项收支性质的预算组织形式。单式预算有利于反映预算的整体性、统一性；可以明确体现政府财政收支规模和基本结构，便于立法机关审议和公众监督，可满足政府预算管理的需要。

但是，随着政府职能的扩大和收支类别的增加，单式预算不能清晰反映各项预算收支的性质，不利于分类进行预算管理和监督，也不利于体现政府在不同领域活动的性质与特点。

2. 复式预算

复式预算是根据政府预算收支的不同性质，将全部收支在两个或两个以上的预算中反映。我国现行的“四位一体”政府预算体系就是典型的复式预算。

复式预算体现了不同预算收支的性质和特点。政府按收支性质编制两个或两个以上的预算，分别进行管理，既能反映财政预算资金的流向和流量，又能全面反映资金性质和收支结构，有利于提高预算编制质量，有利于分类进行预算资金监督与管理，满足不同类型的社会公共需要。复式预算也存在不足之处，由于全部政府收支分别在不同的预算中反映，因此在反映政府预算的整体性、统一性方面不如单式预算，为有效管理和监督增加了一些难度。

（二）按预算编制方法划分

1. 基数预算

基数预算是指在安排预算年度收支时，以上年度或基期的收支为基数，综合考虑预算年度国家政策变化、财力增加额及支出实际需要量等因素，确定一个增减调整比例以测算预算年度有关收支指标，并据以编制预算的方法。其基本公式可表示为：**预算年度某项收支数额 = 上年度或基期该项收支的基数 ×（1 ± 增减率）**。

基数预算的优点在于简便易行，编制效率高。但是收支基数的科学性、合理性难以界定。在实际工作中，往往以上年度实际数或以前若干年度平均数为预算收支基数，实际上是以承认既得利益为前提，使以前年度不合理的收支因素得以延续。此外，编制方法显得简单，主观随意性较大，缺乏准确的科学依据。

2. 零基预算

零基预算是对新的预算年度财政收支计划指标的确定，不考虑以前年度的收支执行情况，是以零为基础，结合经济发展情况及财力可能，从根本上重新评估各项收支的必要性及其所需金额的一种预算形式。

根据零基预算的要求，预算基数不再自动地成为下一年预算决策或者预算拨款的依据和基础，预算收支安排不受以往年度预算收支的约束。同时预算决策有较大回旋余地，可突出当年政府经济社会政策重点。

然而零基预算的执行存在一定难度。一是决策单位及目标难以确定，即不是所有的预算收支项目都能采用零基预算法，有些收支在一定时期内具有刚性，如国债还本付息支出、公务员的工资福利支出等。二是决策成本较高。每年对所有的收支都进行审核，是一项需要消耗大量人力、物力和财力的工作，并会受到利益博弈的干扰，决策成本大幅提高。

（三）按预算编制的导向划分

1. 投入预算

投入预算是指只反映投入项目的用途和支出金额，而不考虑其支出的经济效果的预算。因此，投入预算只能用来控制各项支出的用途和金额，而无法根据各项支出的经济效果来进行经济分析和选择。

投入预算有利于预算管理的规范化、制度化，也便于立法机关审议。但是这种预算方式不重视产出和结果，不能有效控制行政机构和人员膨胀，预算支出效率低下等，会使得预算管理规则的实际意义大打折扣。

2. 绩效预算

绩效预算是指在预算编制、执行和监督过程中，融入绩效管理理念和方法，以提高财政资金使用效率和政府绩效的管理模式。绩效预算强调投入与产出及结果的关系，其宗旨在于有效降低政府提供公共产品和服务的成本，提高财政支出的效率和效益，从而约束政府支出的扩张，因此又被称为以结果为导向的预算。

（四）按预算作用的时限划分

1. 年度预算

年度预算是指预算有效期为一年的财政收支预算，全面反映该年度内的财政收支活动。通过限定时间范围，确保财政活动的时效性与计划性。

2. 多年预算

多年预算是指对预算收支安排时间在2年期以上的预算。这种预算实际上是一种对年度预算具有指导功能的财政发展规划。从预算收支的特点分析，有些支出项目需要连续跨年度拨款才能完成，如大型公共设施建设、重大科技攻关项目等；而税收等预算收入的增长在经济运行周期内具有一定稳定性，因而预算安排在各年度之间需要保持连续性、稳定性，仅通过编制年度预算则难以达到这一要求。从各国编制多年预算的实践看，主要形式为3—5年的中期财政规划或中期预算。

（五）按预算收支平衡状况划分

1. 平衡预算

平衡预算是指在预算编制、执行过程中保持收入与支出基本相等。仅从账面上来说，不论何种形式的预算都是要平衡的。这里的平衡预算通常是指政府支出以正常税收收入为基本保障，而非借债满足支出需要。

政府预算收支平衡，减少财政赤字和公债发行，固然对加强财政管理、防范财政风险等有益，但从根本上讲，还要看预算平衡是否有利于宏观经济的稳定与增长，是否有利于各项社会事业的发展。因此，随着经济社会发展、预算管理理念及管理模式的变化，从平衡方法来看，平衡预算由简单的基于税收与支出比较的年度平衡发展到加入债务因素的平衡，直至发展到基于一个周期的预算平衡。

2. 差额预算

差额预算是指在预算编制过程中，为了实现一定的政策目标，使预算支出大于收入而有赤字，或者收入大于支出而有结余。赤字预算是差额预算的典型形式，一般以政府债务来弥补。

专栏10－2

中期财政规划

当前，我国经济社会发展面临的国内外环境错综复杂，财政可持续发展面临较多挑战，财政收入增速下降，与支出刚性增长之间的矛盾进一步加剧；现行支出政策考虑当前问题较多，支出结构固化僵化；地方政府债务存在一定风险隐患；专项规划、区域规划与财政规划衔接不够，不利于预算统筹安排。为加快建立现代财政制度、改进预算管理和控制，根据《预算法》及《国务院关于实行中期财政规划管理的意见》（国发〔2015〕3号）等文件规定，我国实行中期财政规划管理。

中期财政规划是指财政部门会同政府各部门在分析预测未来3—5年重大财政收支情况，对规划期内一些重大改革、重要政策和重大项目研究政策目标、运行机制和评价办法的基础上，编制形成的跨年度财政收支方案。实行中长期财政规划管理是工业化国家预算制度的一个共同特征。OECD 国家的中期预算一般为 3—5 年。国际上，中期财政规划有三种常见的形式，根据对年度预算约束的详细程度不同，分别为中期支出框架（MTEF）、中期预算框架（MTBF）和中期绩效框架（MTPF）。

通过实行中期财政规划管理，强化财政规划对年度预算的约束性，有利于解决影响财政可持续发展的体制机制问题，有利于提高财政政策的前瞻性和有效性，也有利于增强财政对稳增长、调结构、促改革的作用，为实现经济社会可持续发展打下良好的基础。

请思考：中期财政规划在我国实施的预期效应是什么？

第二节　政府预算制度与改革

一、中国政府预算管理制度改革的内容及成效

（一）部门预算改革

新中国成立以来，我国政府向全国人民代表大会提交的预算是收入按类别、支出按功能的汇总预算。功能预算不分组织单位和开支对象，按照政府的概括目标或职能对支出加以分类，便于了解政府的职能运作，但也存在缺陷，如预算碎片化、预算编制粗糙、预算资金分配权分散、预算约束软化等，机动财力过大，执行中追加追减的情况时常发生。

部门预算是指与财政部门直接发生预算缴款、拨款关系的国家机关、社会团体和其他单位，依据国家有关法律法规规定及其履行职能的需要编制的本部门年度收支计划。部门预算保证了预算的完整性，预算编制更为细化科学，而且要求预算编制、执行与监督相分离，有助于消除预算分配权分散化、部门收支行为不规范、预算约束软化等种种弊端，提高财政资金分配和使用的规范性、安全性和有效性。

从编制 2000 年预算起，中央本级开始实行部门预算编制管理模式，由中央政府的四个直属部委进行部门预算改革试点，此后逐步推广到所有的政府部门。我国部门预算改革的内容主要包括：（1）编制范围涵盖部门或单位所有的收入和支出，不仅包括财政预算内资金收支，也包括各项预算外资金收支、经营收支以及其他收支；既包括一般预算收支，还包括政府性基金收支。（2）编制程序由基层单位开始，自下而上逐级审核汇总。（3）延长编制时间。（4）编制内容包括部门收入预算和部门支出预算。部门各类收入要按照不同来源分别编制预算，汇总后形成部门收入预算。部门支出预算包括基本支出预算和项目支出预算两部分。

近年来，我国部门预算改革不断深化，报送人大审议的政府部门越来越多，内容不断细化，与现代财政制度相适应的预算编制、管理体系已经初步确立。预算编制工作逐

步走向规范化、制度化和科学化，预算编制责任主体更为明确，预算内容完整涵盖所有政府收支活动，初步建立起与国家宏观政策及部门履行职能紧密结合的现代预算分配机制，预算的计划性和严肃性得到增强，预算透明度进一步提高，人大对预算的监督和约束显著增强。

（二）政府收支分类改革

政府收支分类，是指在政府预算管理中，按照一定的标准，将庞杂的政府收支项目进行划分和归类，以准确体现各类收支的性质、运行规律，反映国家一定时期内的公共政策取向，为政府预算的编制、执行和决算服务。如何对政府收支进行科学分类，涉及政府预算管理的各个环节、层次，关系预算管理的水平与质量。

政府收支的具体分类通过政府收支分类科目反映。政府收支分类科目是反映政府收支活动的分类体系，它是各级政府预算和部门预算编制、执行、决算的基础和重要工具，是政府反映和说明自己的公共受托责任的基础性制度，也是反映政府预算透明度、便于立法机关和社会公众了解政府具体收支活动和内容的重要窗口。

我国原政府预算收支科目的分类方法是计划经济时期参照苏联财政管理模式确定的，随着社会主义市场经济体制和公共财政管理框架的逐步确立，部门预算、国库集中收付等各项财政改革的逐步深入，以及对外开放和国际交流的不断发展，原收支分类体系越来越不能适应现代财政管理与改革的需要，弱化了政府预算管理基础。主要表现在：原收支分类沿用计划经济体制要求的基本分类框架，难以适应市场化进程的需要；涵盖范围偏窄，不能准确反映政府收支活动全貌；科目粗，给审查和批复预算造成困难；收支分类体系混乱，口径复杂而不够规范，科目内容重复交叉多。这些不适应性和弊端，难以适应政府各项预算改革的需要，弱化了财政预算管理和监督职能，并与国民经济核算体系和国际通行做法不相适应。

为完整、准确地反映政府收支活动，并为进一步深化各项财政管理改革，防止腐败，建立健全公共财政体系创造有利条件，在前期广泛试点并征求意见的基础上，从2007年起我国开始全面实施政府收支分类改革。此次政府收支分类改革，建立了一套包括收入分类、支出功能分类和支出经济分类在内的完整规范的政府收支分类体系，奠定了我国政府收支分类体系的基本框架，并保持相对稳定。2015年新修订的《预算法》实施后，法律要求各级政府和各部门（单位）在按功能分类编制预算的基础上，按支出经济分类编制预算。

（三）国库集中收付制度改革

国库管理是政府预算制度的一个重要组成部分，在财政资金运行过程中居于总枢纽地位。我国传统的财政性资金缴库和拨付方式，是通过征收机关和预算单位设立多重账户分散进行的，财政资金逐级层层经收、上解和下拨。这种分散的财政资金收付制度，重复和分散设置账户、政府财政资金分散脱离监督、财政收支不规范、预算信息管理落后，越来越不适应社会主义市场经济体制下公共财政的发展要求。

进入新世纪后，我国启动的国库集中收付制度改革，是我国自改革开放以来，继分税制改革后对预算管理制度进行的一项根本性重大变革，改变了我国传统的计划经济体制下的国库管理制度，建立了适应我国公共财政发展的国库管理制度。自2001年开始，我国在一些地区进行国库集中收付制度的改革试点。主要内容包括：建立国库单一账户体系，所有财政性资金通过国库单一账户体系存储、支付和清算；规范收入收缴程序，适应财政国库管理制度的改革要求，将财政收入的收缴分为直接缴库和集中汇缴；规范支出拨付程序，按照不同的支付主体，对不同类型的支出，分别实行财政直接支付和财政授权支付。

近年来，国库集中收付制度改革不断深化，财政资金运行的安全性、规范性、有效性进一步增强。国库集中收付制度规范了预算执行程序，方便了预算单位及时用款；促进了预算编制细化，提高了支出透明度；建立了财政资金支付全过程监督机制，有助于从源头上预防腐败；有利于合理调度资金，增强政府对经济的宏观调控能力。按照国库管理改革的发展要求，要不断推进国库管理信息系统建设，进一步提高财政国库现代化信息管理水平。要实现国库、银行、预算单位之间信息传输的快速、安全、高效，必须要及时升级改造相关硬件软件设施，并在此基础上，尽快实现国库支付系统信息化软件的开发和各部门之间的联网。推进财政、央行、税务、国库之间的横向联网，实现财税库银的信息共享是我国进行财税体制改革、发展国库业务、实现国库职能的迫切要求。因此，要推进财政国库管理系统的一体化、标准化建设，保证国库集中收付改革的信息化建设真正实现。

专栏10-3

国库类型

现代意义上的国库已不仅仅是政府资金的托管者，而且是政府现金和财务的一个主动管理者。在此基础上，国库凭借全面及时的信息优势，成为对政府财政收支活动进行全方位管理的管理机构。从世界范围看，国库主要有三种类型。

一是独立国库制，即国家专设独立的机构来办理预算收支的保管和出纳国库业务。其优点是便于对预算执行的监督管理，缺点是容易导致预算资金的闲置，而且专设国库的成本较高。目前采用这种体制的国家较少，如芬兰的国库董事会制度。

二是委托国库制，即国家委托中央银行经理或代理国库业务，目前很多国家采用这种体制。在这种体制下，由于预算执行和金融管理都由中央银行负责，因此能够有力地加强财政政策与货币政策的配合，但它同时也增加了中央银行的负担。我国实行的是委托国库制。

三是银行制，即国家既不独立设置国库，也不直接委托中央银行代理，而是由财政部门在商业银行开立账户办理预算收支业务，财政账户的性质与一般存款账户相同，实行存款有息，结算付费。美国的州和地方财政及蒙古等国实行银行制。其优点是能够充分利用银行体系进行预算收支，有利于提高效率。

请思考：现代意义上的国家金库在政府预算执行当中扮演什么样的角色？

（四）政府采购改革

政府采购是提高预算资金使用效率的重要方式。传统的预算管理重拨款轻使用，政府购买支出多采用分散方式进行，采购资金由各使用单位自行支配，政府采购缺乏法律、规章制度的规范与监督，容易出现盲目随意采购、重复采购、本地化采购、高价采购、工程和货物验收不严格等现象，缺乏制度约束和有效监督助长寻租现象，导致政府采购资金浪费、使用效率不高，阻碍预算目标的实现。

政府采购是指各级政府及其所属机构为了开展日常政务活动或为公众提供服务的需要，在财政的监督下，以法定的方式、方法、程序，对货物、工程或服务的购买行为，以及包括采购政策、采购程序、采购过程及采购管理等内容的公共采购管理制度。政府采购实质上是通过政府支付和使用资金的行为促使政府采购行为规范化，实现政策目标，具有集中性、公开性、计划性和规范性的特点。因此，政府采购有一套规范化、程序化的法律制度和规则。

1999 年 4 月，财政部制定发布了《政府采购管理暂行办法》，这是我国有关政府采购的第一部规章，明确了我国政府采购试点的框架体系。2003 年，《中华人民共和国政府采购法》颁布实施，标志着我国政府采购由试点阶段转向全面推行阶段。政府采购制度建立以来，政府采购的法治化和规范化水平显著提升，政府采购规模持续扩大，经济效益显著提高，政府采购政策功能不断拓展，宏观调控能力明显增强。政府采购在发挥财政政策功能、规范财政支出行为、提高财政资金使用效益，以及促进国家经济社会发展目标实现等方面取得了突出成效。

（五）全口径预算改革

我国对于全口径预算的研究源于预算外、制度外资金的存在。在特定时期，预算外资金的存在对于弥补预算内资金不足、保障专项事业的发展、对社会财力的综合平衡以及调动地区、部门、单位的积极性发挥了其积极的作用。但是，由于在预算外资金的管理使用上各预算部门单位有着较大的自主权，实践中衍生出了与地区、部门、单位利益相关的种种问题，对此，国务院、财政部出台了相应的管理制度加以规范。从现代预算制度来说，预算外资金的存在违背了预算的全面完整性，使一部分预算资金脱离了监管，为各种违法违规行为提供了经济基础，同时妨碍了预算的宏观调控作用的发挥。

政府的收入和支出全部纳入预算，实行全口径预算，是建立现代预算制度的基本要求之一。2003年，党的十六届三中全会提出了全口径预算管理的概念。1998年，我国提出了构建公共财政体制框架目标，要求规范政府收支，将政府所有收支都纳入预算管理，接受全体社会成员的监督。2003年10月，党的十六届三中全会通过了《中共中央关于完善社会主义市场经济体制若干问题的决定》，首次提出“实行全口径预算”，积极构建公共财政框架并致力于将所有政府收支纳入预算管理。《国务院关于2005年深化经济体制改革的意见》中指出，改革和完善非税收入收缴管理制度，逐步实行全口径预算管理。2010年，财政部《关于将按预算外资金管理的收入纳入预算管理的通知》（财预〔2010〕88号）规定，自2011年1月1日起，将按预算外资金管理的收入全部纳入预算管理。党的十八大进一步提出加强对政府全口径预算决算的审查和监督。2014年修订的《预算法》以及2021年修订的《全国人民代表大会常务委员会关于加强中央预算审查监督的决定》都删除了有关预算外资金的内容，意味着从法律层面，预算外资金的概念被正式取消。这一系列规定和实践顺应了现代预算制度关于预算的全面完整性的要求，体现了建立全口径预算的改革方向。

就我国现实来说，全口径预算管理是财政管理与监督的一场革命，其发生既有发展阶段的原因，也有制度基础的原因；既对管理能力提出了更高的要求，也对管理效率提出了更高的要求；既涉及观念的转变，也涉及各方面关系的衔接及技术。例如，政府预算的全口径首先应建立在政府范围边界的口径及政府职能边界的口径比较清晰明确的基础之上，而这又将伴随体制改革的深化，要求政府转型、机构调整、事权厘清、监督能力提升、立法保障等逐步实现。因此，标准意义上的全口径预算应是一个逐步改善的过程，既有整体的目标顶层设计，又有具体的实现路径，同时还应根据实际管理需要及管理效率动态确定。

专栏10－4

大数据技术应用是加强全口径预算审查监督的必然要求

大数据技术的引入和应用，无疑为全口径预算审查监督找到了新的方法和手段。大数据应用是指用大数据集和大数据技术来支持决策活动，是一种全新的决策方法。大数据集是指一个决策问题所用到的所有可能的数据，通常数据“海量”、来源复杂、类型多样；大数据技术是指大数据资源获取、存储管理、挖掘分析、可视化展现等技术。大数据在政府预算管理领域的应用已非常广泛，如部分审计机关充分运用大数据分析技术，创新审计方法，通过对预算单位的电子数据的采集汇总和分析处理，从预算支出的合规性、预算管理的规范性等方面进行全面分析核查并自动发现问题，实现数据审计全覆盖。

习近平总书记指出“没有信息化就没有现代化”“要以信息化推动国家治理体系和治理能力现代化”。2015 年国务院印发了《促进大数据发展行动纲要》，一些地方政府机构改革也新设立了大数据中心。大数据正在给国家治理方式带来深刻变革，将大力促进人类社会高效快速发展。大数据的广泛应用，为人大预算审查监督信息化提供了借鉴，通过研究大数据技术在人大预算审查监督领域的运用，可以有效解决长期以来人大预算审查监督工作面临的审查做不实、监督不到位、代表看不懂、百姓不满意的尴尬局面，必将起到“激活一池春水”般的作用。面对数据量大、专业性强、时效性高的全口径预算审查监督工作，信息化将是坚强有力的技术支撑。2017 年，全国人大常委会提出“推进地方人大预算联网监督”并印发了指导意见，要求争取用三年时间，建成“横向联通、纵向贯通”的联网监督网络，提供查询分析、智能预警、服务代表等功能。预算联网监督系统是大数据技术在全口径预算审查监督中的初步应用，是“智慧人大”建设的基础和开端。

请思考：大数据时代给人大预算联网监督工作带来了哪些机遇？

（六）中期财政规划管理改革

2015 年，国务院发布《关于实行中期财政规划管理的意见》。意见指出，我国经济社会发展面临的国内外环境错综复杂，财政可持续发展面临较多挑战；现行支出政策考虑当前问题较多，支出结构固化僵化；地方政府性债务存在一定风险隐患；专项规划、区域规划与财政规划衔接不够，不利于预算统筹安排。为此，我国于 2015 年起，实施中期财政规划管理改革。

中期财政规划是中期预算的过渡形态，是在科学预判未来三年财政收支情况的基础上，合理确定财政收支政策和重大项目资金安排，逐年滚动管理，实现规划期内跨年度平衡的预算收支框架。中期财政规划涵盖一般公共预算、政府性基金预算、国有资本经营预算和社会保险基金预算。主要改革内容包括：（1）根据国民经济和社会发展五年规划纲要及年度计划，考虑国际国内发展环境重大变化，结合基期年的经济社会发展情况，预测未来三年经济社会发展状况、主要经济指标及未来财政收支情况。（2）根据对现行政策下财政收支的预测和对现行财政收支政策实施效果的分析，深入分析财政收入、支出政策及债务风险方面的问题。（3）制定财政收支政策改革方案。（4）根据财政收支政策改革方案，测算未来三年财政收支情况，并进行综合平衡。

为进一步加强中期财政规划管理，进一步增强与国家发展规划的衔接，强化中期财政规划对年度预算的约束。对各类合规确定的中长期支出事项和跨年度项目，要根据项目预算管理等要求，将全生命周期内对财政支出的影响纳入中期财政规划。地方政府举借债务应当严格落实偿债资金来源，科学测算评估预期偿债收入，合理制定偿债计划，并在中期财政规划中如实反映。鼓励地方结合项目偿债收入情况，建立政府偿债备付金制度。

二、中国政府预算管理制度改革的方向和要求

党的十八大以来，预算制度改革作为现代财政制度建设的重要内容率先启动、率先突破，在全面实施预算绩效管理、推进预决算公开、实施中期财政规划、完善转移支付制度、加强地方政府债务管理、深化政府采购制度改革、建立政府综合财务报告制度等方面，密集推出一系列重大改革举措，取得了阶段性成效。党的二十大报告进一步就“健全现代预算制度”作出具体部署。立足新发展阶段，加快构建新发展格局，着力推动高质量发展，必须注重改革的系统性、整体性和协调性，多方同步发力进一步健全我国的现代预算制度，牵引带动政府治理效能持续提升。

中国政府预算管理制度改革的总体方向是，建立全面规范透明、标准科学、约束有力的预算制度，全面实施绩效管理。

（一）全面规范透明

一是推进全口径政府预算管理，全面反映政府收支总量、结构和管理活动。强化政府性基金预算、国有资本经营预算、社会保险基金预算与一般公共预算的统筹衔接，严控政府性基金项目设立，加大国有资本经营预算调入一般公共预算力度，加快推进统一预算分配权。二是深入实施中期财政规划管理，提高中期财政规划的科学性，增强对年度预算编制的指导作用。进一步完善跨年度预算平衡机制，严格规范超收收入的使用管理。三是不断拓展预算公开的内容和范围，坚持以公开为常态、不公开为例外，完善预算公开的方式方法，加强预算决算公开情况检查，全面提高预算透明度，强化社会监督。

（二）约束有力

严格落实预算法，切实硬化预算约束。坚持先预算后支出，年度预算执行中严格执行人民代表大会批准的预算，严控预算调整和调剂事项，强化预算单位的主体责任。严格依法依规征收财政收入。构建管理规范、风险可控的政府举债融资机制，明确各级政府对本级债务负责，增强财政可持续性。地方政府一律采取发行政府债券方式规范举债，强化地方政府债务预算管理和限额管理。层层落实各级地方政府主体责任，加大问责追责和查处力度，完善政绩考核体系，做到终身问责，倒查责任。

（三）全面实施绩效管理

紧紧围绕提升财政资金使用效益，将绩效理念和方法深度融入预算编制、执行和监督的全过程，注重成本效益分析，关注支出结果和政策目标实现程度。绩效管理覆盖所有财政资金，体现权责对等，放权和问责相结合。强化绩效目标管理，建立预算安排与绩效目标、资金使用效果挂钩的激励约束机制。加强绩效目标执行动态监控，推动绩效评价提质扩围，提升公共服务质量和水平，提高人民满意度。

第三节　政府预算绩效管理

一、绩效管理理念的发展

“绩效”一词最初来自企业管理，早期被称为“3E”标准：“Economic”（经济）、“Efficient”（效率）、“Effective”（效果）。其中，“经济”指成本的降低程度，“效率”指一种活动或一个组织的产出及它与投入之间的关系，“效果（有效）”指产出对最终目标所做贡献的大小。20 世纪 80 年代，“绩效”替代了“3E”，成为公认的词汇。

从 20 世纪中叶开始，伴随着经济压力和财政收支矛盾加剧、政府信任出现危机以及新公共管理运动的兴起，西方主要国家纷纷寻求以提高效率为中心的政府改革，在财政政策上更加关注资金使用效益。在这种背景下，推进政府和财政改革，强化绩效理念，改进预算管理方式，就成为政府预算管理转型的必然选择，许多国家探索将企业的绩效管理理念融入政府的预算管理之中。例如 1949 年，美国第一届胡佛委员会的报告就建议消除机构臃肿的现象，提出政府办公用品的供给必须依据商业原则，并要求在基本目标和工作实际的基础上对政府进行考核，重点是寻求衡量手段，以确定政府是否按照事先预定的标准开展工作。这一报告的许多内容后来被纳入美国《1950 年预算和会计程序法》中，该法吸收了绩效预算的一些要素，吸收了能使会计和采购活动更加商业化的一些原则要求。英国在 1980 年率先进行了公共支出评价（雷纳评估），1982 年起该评价被列为财政部的经常性工作。澳大利亚和新西兰分别于 1984 年、1985 年引入该制度。

与传统预算相比，现代预算的一个重要特征就是强调预算支出的责任和绩效。绩效预算强调预算投入与产出及结果的关系，其宗旨在于有效降低政府提供公共产品和服务的成本，提高财政支出的效率和效益，从而约束政府支出的扩张，因此又被称为以结果为导向的预算。它主要涉及以下问题：政府花钱购买和提供的产品、服务是否符合社会需要？以什么价格或成本购买和提供？与花钱相比，购买的公共产品及服务是否值得？这种绩效理念用于预算管理的实践主要是通过绩效预算和预算的绩效评价来实现的。预算的绩效管理更加强调财政支出活动所取得的成绩及产生的效果，它更加重视预算的外部关系，即政府与社会、政府与公众的关系，更加重视公众利益和公民的反馈，即公共支出所提供与获得的有效公共服务。

二、预算绩效管理的内涵

预算绩效管理是以预算为对象开展的绩效管理，它将绩效理念和管理方法融入预算过程中，使之与预算编制、预算执行、预算监督一起成为预算管理的有机组成部分，是一种以绩效目标为导向、以绩效监控为保障、以绩效评价为手段、以评价结果应用为关键的全过程预算管理模式，其根本目的是改进预算管理，优化资源配置，控制节约成本，提高公共产品质量和公共服务水平。

预算绩效管理是一种先进的预算理念。它强调绩效思想，强化支出责任和效率意识，树立产出和结果的导向，注重提高资金的使用效益，要求提高公共产品和服务的数量与质量。

预算绩效管理是一种有效的技术工具。它是借鉴绩效管理的手段和方法，用于改进和完善预算管理的一种工具，主要侧重于将基于绩效的技术方法应用到现行预算管理中。

预算绩效管理是一种完善的全过程机制。它是在结果导向的基础上实现对预算过程的管理，将预算作为一个管理的闭环，贯穿于预算编制、预算执行、预算监督之中，侧重于机制上的控制与改善，每一个环节是下一个环节的续接，体现了全过程的特征。

预算绩效管理是一种创新的预算管理模式。它在本质上仍是预算管理，其服务服从于预算管理，是对现有预算管理模式的改革和完善，并不是与预算管理割裂、并行的一个单独的体系，而是利用绩效管理理念、绩效管理方法等对现有的预算管理模式的创新与提升，形成了一个有机融合、全面衔接的全新的预算管理模式，以强调资金使用效益，增强预算支出效率，实现资源的优化配置，提高财政管理水平。

专栏 10－5

米尔顿·弗里德曼花钱办事的四种模式

花自己的钱办自己的事，最为经济；
花自己的钱给别人办事，最有效率；
花别人的钱为自己办事，最为浪费；
花别人的钱为别人办事，最不负责任。

——米尔顿·弗里德曼

请思考：花钱办事的四种模式分别有什么典型案例？

公共财政又称为“集众人之财、办众人之事”，干的就是“花别人的钱、给别人办事”的事情，其成本和效用都是外在的。如果没有预算约束，或预算没有法律约束效力，就存在政府对公共资金的使用及效果不承担责任的可能，不可避免地会出现效率低下、贪污腐败、挥霍滥用的情况。因此，公共财政资金如何使用，需要经过立法机构的审查批准通过后，方可决定。并且在预算执行过程中，公共部门需要严格按照立法机构批复的预算，合规地使用纳税人的资金，不能随意地调整预算。而合规使用纳税人资金只是改革的第一步，公共部门还需要花好纳税人的钱，提高纳税人资金的使用产出与效果。

三、预算绩效管理的主要内容

政府预算绩效管理是一种现代财政管理方式，其核心在于通过对预算执行过程和结果的跟踪评价，实现资源配置的优化和财政资金使用效率的提高。通过以支出结果为导向的预算管理模式，强化政府预算为公众服务的理念，强调预算支出的责任、效率和效果。在我国实践中，预算绩效管理是一个由绩效目标管理、绩效运行跟踪监控管理、绩效评价实施管理、绩效评价结果反馈和应用管理共同组成的综合系统。

（一）事前绩效评估管理

事前绩效评估，是指财政部门及各部门、单位根据部门战略规划、事业发展规划、项目申报理由等内容，运用科学、合理的评估方法，对重大政策、项目实施的必要性、投入的经济性、投入的可行性、绩效目标的合理性、筹资的合规性等方面进行客观、公正的评估。事前绩效评估结果作为申请预算的必备条件。各级财政部门要加强新增重大政策和项目预算审核，必要时可以组织第三方机构独立开展绩效评估，审核和评估结果作为预算安排的重要参考依据。

（二）绩效目标管理

绩效目标是指财政预算资金计划在一定期限内达到的产出和效果，是建设项目库、编制部门预算、编制和分配专项转移支付预算、实施绩效监控、开展绩效评价等的重要基础和依据。绩效目标的设定是编制预算的起点。

绩效目标管理是指财政部门、各部门及其所属单位以绩效目标为对象，以绩效目标的设定、审核、批复等为主要内容所开展的预算管理活动。财政部门和各部门及其所属单位是绩效目标管理的主体。绩效目标管理的对象是纳入各部门预算管理的全部资金，而不仅仅是财政性资金。

1. 绩效目标设置

绩效目标的设定，是指各部门或其所属单位按照部门预算管理和绩效目标管理的要求，编制绩效目标并向财政部门或各部门报送绩效目标的过程。按照“谁申请资金，谁设定目标”的原则，绩效目标由各部门及其所属单位设定。

绩效目标的设定要求能清晰反映预算资金的预期产出和效果，并借助相应的绩效指标予以细化、量化描述。主要包括：（1）预期产出。它是指预算资金在一定期限内预期提供的公共产品和服务情况。（2）预期效果。它是指上述产出可能对经济、社会、环境等造成的影响，以及服务对象或项目受益人对该项产出和影响的满意程度等。

各部门设定绩效目标的依据：（1）国家相关法律法规和规章制度，国民经济和社会发展规划；（2）部门职能、中长期发展规划、年度工作计划或项目规划；（3）部门中期财政规划；（4）财政部门中期和年度预算管理要求；（5）相关历史数据、行业标准、计划标准等；（6）符合财政部门要求的其他依据。

2. 绩效目标审核

绩效目标审核是指财政部门或各部门对相关部门或单位报送的绩效目标或专项转移支付绩效目标进行审查核实，并将审核意见反馈给相关部门或单位，指导其修改完善绩效目标的过程。按照“谁分配资金，谁审核目标”的原则，绩效目标由财政部门或各部门按照预算管理级次进行审核。根据工作需要，绩效目标可委托第三方予以审核。绩效目标审核是部门预算审核或专项转移支付预算审核的有机组成部分和必要环节，部门预算绩效目标审核符合要求后，方可进入项目库，并进入下一步的预算编审流程；专项转移支付绩效目标审核结果作为专项转移支付预算安排和资金分配的重要依据。

3. 绩效目标批复

财政预算经各级人民代表大会审查批准后，财政部门应在单位预算批复中同时批复绩效目标。批复的绩效目标应当清晰、可量化，以便在预算执行过程中进行监控和预算完成后实施绩效评价时对照比较。

（三）绩效运行监控管理

预算绩效运行监控管理是预算绩效管理的重要环节。财政部门和预算部门及其所属单位依照职责，运用科学、合理的绩效信息汇总分析方法，对预算执行情况和绩效目标实现程度开展的监督、控制和管理活动。通过对预算过程和结果的绩效监控，可以有效地监测项目的进展情况、完成情况和产生的社会效益。这些监测信息有助于及时发现实施情况与预定目标之间的差距，从而为预算的控制、调适和修正提供依据。

预算绩效管理将绩效管理理念和方法引入预算全过程，实现预算与绩效管理的一体化，因此，绩效运行监控应该同时监控预算执行情况和绩效目标实现情况，实施“双监控”。

（四）绩效评价管理

预算绩效评价是预算绩效管理的核心。预算执行结束后，要及时对预算资金的产出和结果进行绩效评价，重点评价产出和结果的经济性、效率性、效益性和公平性。实施绩效评价需要编制绩效评价方案，拟定评价计划，选择评价工具，确定评价方法，设计评价指标。

预算具体执行单位要对预算执行情况进行自我评价，提交预算绩效报告，要将实际取得的绩效与绩效目标进行对比，如未实现绩效目标，须说明理由。组织开展预算支出绩效评价工作的单位要提交绩效评价报告，认真分析研究评价结果所反映的问题，努力查找资金使用和管理中的薄弱环节，制定改进和提高工作的措施。财政部门对预算单位的绩效评价工作进行指导、监督和检查，并对其报送的绩效评价报告进行审核，提出进一步改进预算管理、提高预算支出绩效的意见和建议。

（五）绩效评价结果反馈和应用管理

建立预算绩效评价结果反馈和应用制度，将绩效评价结果及时反馈给预算具体执行单位，要求其根据绩效评价结果，完善管理制度，改进管理措施，提高管理水平，降低支出成本，增强支出责任。财政部门和预算部门及时整理、归纳、分析、反馈绩效评价结果，并将其作为改进预算管理和安排以后年度预算的重要依据。

具体而言，绩效评价结果的应用方式包括绩效评价结果反馈及整改、绩效评价结果报告或通报、绩效评价结果与部门预算安排挂钩、实施预算绩效管理考核和绩效评价结果问责。

专栏 10 - 6

我国全面实施预算绩效管理的路径选择

进入新世纪以来，随着绩效预算理念的传入，我国也积极探索绩效与预算融合的预算制度改革：2003 年党的十六届三中全会首次提出“建立预算绩效评价体系”；2009 年财政部印发了《财政支出绩效评价管理暂行办法》。但财政支出绩效评价只是事后评价，如果不能与绩效目标设置、预算分配等紧密挂钩，就无法真正发挥作用。缘此，财政部又先后出台了《关于推进预算绩效管理的指导意见》（2011）、《中央部门预算绩效目标管理办法》（2014）、《中华人民共和国预算法》（2015），均对预算全过程中的绩效目标管理、绩效评价和绩效结果应用作出了明确规定。在总结多年探索经验的基础上，2018 年 9 月中共中央、国务院正式印发了《关于全面实施预算绩效管理的意见》，预算绩效管理改革由此走上快车道。《中华人民共和国预算法实施条例》（2020）的出台进一步明确了预算管理中“绩效导向”的理念。

（一）全面实施预算绩效管理的必要性

党的十八大以来，在以习近平同志为核心的党中央坚强领导下，各地区各部门认真贯彻落实党中央、国务院决策部署，财税体制改革加快推进，预算管理制度持续完善，财政资金使用绩效不断提升，对我国经济社会发展发挥了重要支持作用。但也要看到，现行预算绩效管理仍然存在一些突出问题，主要是：绩效理念尚未牢固树立，一些地方和部门存在重投入轻管理、重支出轻绩效的意识；绩效管理的广度和深度不足，尚未覆盖所有财政资金，一些领域财政资金低效无效、闲置沉淀、损失浪费的问题较为突出，克扣挪用、截留私分、虚报冒领的问题时有发生；绩效激励约束作用不强，绩效评价结果与预算安排和政策调整的挂钩机制尚未建立。

当前，我国经济已由高速增长阶段转向高质量发展阶段，正处在转变发展方式、优化经济结构、转换增长动力的攻关期，建设现代化经济体系是跨越关口的迫切要求和我国发展的战略目标。发挥好财政职能作用，必须按照全面深化改革的要求，加快建立现代财政制度，建立全面规范透明、标准科学、约束有力的预算制度，以全面实施预算绩效管理为关键点和突破口，解决好绩效管理中存在的突出问题，推动财政资金聚力增效，提高公共服务供给质量，增强政府公信力和执行力。

（二）全面实施预算绩效管理的主要内容

党的十九大报告提出，要深化预算改革，全面实施预算绩效管理，将我国预算绩效管理提到了一个新的高度。全面实施预算绩效管理的核心特征可从以下几个维度体现出来：构建全方位的预算绩效管理体系、将预算绩效管理融入预算管理全过程、预算绩效管理覆盖各级政府和所有财政资金、加强预算绩效管理制度建设、硬化预算绩效责任约束。

1. 构建全方位的预算绩效管理体系

将预算绩效管理的实施对象从以项目为主向政策、部门整体拓展，从以转移支付为主向政府财政运行拓展，形成囊括政府预算、部门预算、政策和项目预算等的全方位的绩效管理格局。各级政府预算收支全面实施绩效管理，预算收入应当讲求质量，预算支出应当符合统筹兼顾、勤俭节约、量力而行、讲求绩效、收支平衡的原则。加强部门和单位预算绩效管理，赋予部门和资金使用单位更多的管理自主权，推动提高整体绩效水平。深化政策和项目预算绩效管理，对中长期重大政策和项目实行全周期跟踪问效，建立动态调整、清理和退出机制。

2. 将预算绩效管理深度融入预算管理全过程

即要将绩效理念和方法深度融入预算编制、执行、决算、监督全过程，构建事前、事中、事后“三位一体”的绩效管理闭环系统。一是建立事前绩效评估机制。对新增重大政策、项目及转移支付开展事前绩效评估，重点论证与党中央决策部署的关联性及立项必要性、投入经济性、绩效目标合理性、实施方案可行性和筹资合规性等。二是强化绩效目标管理。提高绩效目标编制质量，加强绩效目标审核，绩效目标与预算同步批复下达，并逐步公开。三是做好绩效运行监控。对绩效目标实现程度和预算执行进度实行“双监控”，发现问题及时纠正，确保绩效目标按期保质实现。四是开展多维度绩效评价提高绩效自评质量，完善重点民生政策和重大专项绩效评价常态机制，健全绩效评价结果反馈制度和绩效问题整改责任制，加强绩效评价结果应用。

3. 预算绩效管理覆盖各级政府和所有财政资金

要推动各级政府、各部门、各单位全面实施预算绩效管理，将绩效管理责任层层传导和落实到基层政府及部门，延伸至资金使用终端；将一般公共预算、政府性基金预算、国有资本经营预算、社会保险基金预算全部纳入绩效管理范围，积极开展政府投资基金、政府和社会资本合作（PPP）、政府采购、政府购买服务、政府债务项目绩效管理。

4. 加强预算绩效管理制度建设

要完善预算绩效管理制度，建立健全各环节管理办法，制定预算绩效管理工作流程和实施细则，增强实用性和可操作性；建立专家咨询机制，引导并规范第三方机构参与预算绩效管理，严格执业质量监督管理；健全绩效指标和标准体系，实现细化量化、科学合理、可比可测、动态调整、共建共享；创新绩效评估评价方法，提高绩效评价结果的客观性和准确性。

5. 硬化预算绩效责任约束

要压实绩效管理责任，强化各部门、各单位的预算绩效管理主体责任，实现“谁使用、谁负责”；实施绩效激励约束，建立绩效结果与预算安排政策调整的挂钩机制，鼓励高绩效行为；推进绩效信息公开，建立预算绩效信息向同级政府和人大报告制度，并与预算草案、决算草案一同向社会公开，促使部门和单位从“要我有绩效”转变为“我要有绩效”。加强绩效监督问责，充分发挥人大、审计等机关的职能作用，对预算绩效目标的实现程度及绩效管理情况进行监督，建立“花钱必问效、无效必问责”的机制。

在《中华人民共和国预算法》修订，国家颁布全面预算绩效管理指导意见的制度背景下，中国预算改革向纵深推进，全面实施预算绩效管理既是贯彻政策要求，也是中国的现实选择。全面预算绩效管理服务于国家治理，预算绩效管理责任主体通过执行预算绩效信息获取、流程控制与效果监督等程序对管理对象实施预算绩效管理，并依靠政府会计改革、政府内部控制建设以及国家审计监督为预算绩效管理提供更多、更好的预算信息，层层嵌套、环环衔接的预算控制流程、独立的预算审计监督和问责环境从而全面推进预算绩效管理，提高预算资金的配置效率和使用效益，推动国家治理体系现代化。

请思考：全面实施预算绩效管理对提高政府治理水平有什么作用？

第四节　预算管理一体化改革

当今世界正在经历一场更大范围、更深层次的科技革命和产业变革。数字经济、数字政务的蓬勃发展对财政管理的数字化、信息化水平提出更高要求。在预算制度改革进入深水区、攻坚期的背景下，财政部以信息化手段为突破口，启动预算管理一体化改革，构建现代信息技术条件下“制度 + 技术”的管理机制，全面提高各级预算管理的规范化、标准化和自动化水平。

一、预算管理一体化的内涵

预算管理一体化建设以习近平新时代中国特色社会主义思想为指导，全面贯彻落实党的十九大和十九届四中全会关于预算制度建设的新要求和习近平总书记关于以信息化推进国家治理体系和治理能力现代化的重要讲话精神，统一规范各级财政预算管理，将制度规范与信息系统建设紧密结合，用系统化思维全流程整合预算管理各环节业务规范，通过将规则嵌入系统强化制度执行力，为深化预算制度改革提供基础保障，推动加快建立现代财政制度。

二、预算管理一体化的建设思路和主要任务

为了加强预算管理一体化建设的顶层设计，实现各级财政预算管理在总体目标、基本规则、数据标准等方面保持一致，预算管理一体化建设必须坚持四个“统一”。财政部组织制定全国统一的《预算管理一体化规范》（以下简称《规范》），将预算管理主要环节按一个整体进行综合与规范，并依据《规范》制定全国统一的《预算管理一体化系统技术标准》（以下简称《技术标准》）。具体实施上，各地统一对标《规范》和《技术标准》建设本地区的预算管理一体化系统，并与财政部联网对接，通过嵌入系统的管理规则，规范预算管理和硬化预算约束，同时实现各级预算数据的集中统一管理和上下贯通。

（一）统一全国预算管理一体化规范

《规范》按照预算管理主体流程，分为基础信息管理、项目库管理、预算编制、预算批复、预算调整和调剂、预算执行、会计核算、决算和报告 8 个主要环节，统一规定了各级预算管理的管理流程、管理规则和管理要素。《规范》起草过程中坚持了四项基本原则：一是坚持依法规范管理，严格落实预算法，相关规定均符合预算法要求，是预算法在管理操作层面的贯彻落实。二是坚持问题导向、目标导向、结果导向。紧紧围绕完善标准科学、规范透明、约束有力的预算制度的目标要求，在目前基本确立的现代预算制度框架基础上，结合一些地方探索预算管理一体化的成功经验，将预算制度相关规定按预算管理主流程进行梳理，对现行制度尚未明确的予以细化规定，对与一体化原则不一致的进行流程再造，解决制约深化预算制度改革的主要问题。三是坚持预算管理主体责任不变。主要实现各级预算管理目标、规则、信息的统一，不改变地方财政部门以及部门和单位的预算管理主体地位，较好地平衡各方利益关系。四是坚持对标现代预算制度建设目标，统筹谋划、分步建设，根据预算制度改革实际，持续拓展完善。

（二）统一全国预算管理一体化系统技术标准

预算管理一体化建设坚持统一标准而不是统一软件，为地方进行个性化功能开发和发挥不同软件公司专业特长留下空间。为此，财政部严格依据《规范》制定了《技术标准》。《技术标准》主要内容包括概述、系统描述、数据描述、数据技术标准、其他技术标准 5 章以及预算管理一体化系统外部接口标准、全国数据汇总标准等附录，主要就预算管理一体化系统建设有关的数据结构进行规范，对系统的数据描述、接口标准、逻辑库表、系统软件质量标准等技术标准做出规定，用于预算管理一体化系统的设计和

开发、与其他系统的对接以及数据交换与共享等，保证《规范》规定的管理流程、管理规则和管理要素贯彻落实到预算管理一体化系统中。

（三）统一对标规范和技术标准推进系统建设改造

严格对标《规范》和《技术标准》开展预算管理一体化系统建设，是实现预算管理一体化建设目标，推动深化预算制度改革的核心基础。各地在进行预算管理一体化系统的设计和开发中，要严格按照《规范》规定的管理流程、管理规则和管理要素拟定业务需求，保障《规范》的全面贯彻落实；要严格依据《技术标准》规定的数据结构、逻辑库表、数据要素等设计开发预算管理一体化系统。财政部将对各地建设的预算管理一体化系统进行严格评估，确保系统符合《规范》和《技术标准》。

（四）实现预算数据的集中统一管理和上下贯通

省级财政部门通过预算管理一体化系统，在数据标准规范统一的基础上，实现对本地区各级预算数据的集中管理，并按日上传财政部全国预算管理数据汇总系统，实现全国预算数据的集中和动态汇总分析。随着各地预算管理一体化系统的全面推广实施，财政部逐步将此前下发地方的预算管理软件整合，实现各地统一通过预算管理一体化系统与全国预算管理数据汇总系统对接，向财政部报送预算数据。财政部也将统一通过全国预算管理数据汇总系统对地方下发有关基础信息和下达转移支付预算指标。

三、预算管理一体化的主要内容

（一）全国政府预算管理的一体化

统一全国各级财政预算管理规则和管理要素，建立健全上下级预算的衔接机制，实现逐级汇总编制真实完整的全国预算，动态实时反映全国预算资源的分配、拨付、使用情况，并对非财力性转移支付项目跟踪问效，及时掌握各级预算落实党中央、国务院决策部署情况，增强政府宏观调控能力。

（二）各部门预算管理的一体化

各部门及所属单位依法依规将取得的各类收入纳入部门和单位预算，执行统一的预算管理制度。各部门统筹使用好本部门非财政拨款收入等各项收入和各类存量资金资产，突出保障重点支出需求，提高资金使用效益和资产配置效率。

（三）预算全过程管理的一体化

整合预算编制、预算执行、决算和报告、政府采购、资产管理等预算管理环节，强化顺向环环相扣的控制机制和逆向动态可溯的反馈机制，预算执行结果及形成资产情况作用于以后年度预算编制，同时推进绩效管理与预算管理各环节深度融合，形成预算全过程的管理闭环。

（四）预算项目全生命周期管理的一体化

预算管理各环节以预算项目为基本单元，依托项目库对预算项目全生命周期实施管理。预算支出以预算项目形式全部纳入项目库，加强跨年度项目支出、政府偿债支出、政府承诺或做出的各类中长期支出事项等与各年度预算的衔接，更好地统筹未来财政收支，增强中期财政规划对年度预算的约束，加强跨年度预算平衡。

（五）全国预算数据管理的一体化

实现各级财政预算数据生产和对接传输的标准化。在坚持部门和单位财务管理主体责任的基础上，集中单位会计核算、资产管理、账户余额等预算数据，实现财政部门与单位主管部门共享共用。各省预算管理一体化系统集中地方各级财政预算数据，并与中央财政系统对接，实现全国预算数据的集中管理。

四、预算管理一体化的主要管理机制

为了实现上述五个“一体化”，《规范》建立健全了一系列预算管理机制。这些管理机制，是在系统梳理当前预算制度基础上，针对当前预算管理存在的主要问题，应用系统化思维提出的解决方案，也是《规范》制度机制创新的集中体现，主要包括十个方面。

（一）建立健全预算项目全生命周期管理机制

《规范》提出将预算项目作为预算管理的基本单元，对预算项目前期谋划、项目储备、预算编制、项目实施、项目结束和终止等各阶段的预算管理流程和规则作出明确规定，加强预算项目全生命周期与预算管理的衔接。

（二）建立健全统一的财政预算管理要素管理机制

预算管理要素反映预算管理中涉及的业务主体和对象（例如单位、项目、资金等）和管理活动（例如项目库管理、预算编制、预算执行等）的特征、行为、状态等内容（例如项目类别、资金性质等），是各级财政预算管理业务协同和数据共享的基础。当前，各级财政预算管理要素的含义和适用范围不一致，分类标准不统一，不利于统一规范各级预算管理。《规范》基于《财政业务基础数据规范3.0》《国库集中支付电子化管理接口报文规范》等现行制度规定，根据一体化的管理流程和规则，对现行管理要素筛选、整合与补充，统一设置了400个业务管理要素，并且对要素进行了精准设置，明确了相关要素的含义、适用范围和分类标准，保证预算管理要素是该业务场景中最小数据单元，避免要素间的交叉重复。

（三）建立健全上下级财政间预算管理衔接机制

为保证上下级预算衔接，实现自动汇总全国预算、动态掌握各级预算编制和执行情况，《规范》健全了转移支付预算控制规则和动态追踪机制。

（四）建立健全政府预算、部门预算、单位预算衔接机制

为明确政府预算、部门预算、单位预算的预算管理职责和衔接控制关系，《规范》厘清了政府预算、部门预算、单位预算的概念和相互关系，突出了政府预算在收支总额控制中的地位和作用。

（五）建立健全预算指标账管理机制

目前各级财政预算指标管理方式无法全面、准确反映预算指标的增减、来源及状态，《规范》引入管理会计理念，采用会计复式记账法核算预算指标管理业务或事项，强化财政部门对预算指标管理全流程的追踪和控制，实时掌握预算分配和执行进度，加强对预算执行的监督。

（六）建立健全国库集中支付管理机制

《规范》根据预算管理一体化对项目预算执行控制的细化要求，以及现代信息技术发展情况，进一步优化了国库集中支付制度的运行机制。

（七）建立健全结转结余资金预算管理机制

为严格执行预算法关于“连续两年未用完的结转资金，应当作为结余资金管理”的要求，加强结转结余资金回收效率和统筹使用，《规范》依据预算法明确了结转结余资金计算和管理的规定，建立结余资金自动收回的机制。

（八）建立健全单位资金管理机制

为严格落实预算法规定，依法加强单位财政拨款收入以外的事业收入、事业单位经营收入、其他收入等各类单位资金的预算管理，《规范》从预算编制、支出控制、核算管理等方面，对单位资金管理作出了明确要求。

（九）建立健全预算管理与资产管理的衔接机制

《规范》将资产管理嵌入预算编制、预算执行、会计核算、决算和报告等业务环节

进行一体化设计，建立财政资金形成实物资产的全链条管理机制，准确核算和动态反映资产配置、价值变动、存量等情况，为强化资产预算约束、摸清政府的资产家底提供基础支撑。

（十）建立健全预算管理与债务管理的衔接机制

《规范》将债务管理涉及预算管理的流程和规则按照一体化的要求进行了整合规范，加强了债务管理与预算管理的衔接，有利于加强对地方政府举债融资的预算约束和风险防范。

新时代，深化财政体制改革必须更加注重各项改革措施的互相协同配合，以“积极的财政政策提升效能”为目标，采用系统化思维进行制度设计创新制度执行机制，增强预算管理制度的规范性，协调性和约束力。通过预算管理一体化系统，整合完善预算管理流程和规则，并实现业务管理与信息系统紧密结合，将规则嵌入信息系统以提高制度行动力，为深化预算管理制度改革打下坚实基础。

专栏 10－7

如何解读预算管理一体化 2.0

预算管理是国家治理的重要组成部分，关系到国家财政的安全和效益，以及国家发展战略目标的实现。为了适应新时代的发展要求，财政部在 2023 年印发了《预算管理一体化规范（2.0 版）》和《预算管理一体化系统技术标准 V2.0》，对《预算管理一体化规范（试行）》和《预算管理一体化系统技术标准 V1.0》进行了修订和完善，明确了预算管理一体化下一阶段的建设目标和技术要求。这是财政部深入推进预算管理制度改革，健全现代预算制度，以信息化推动预算管理现代化的重要举措。本专栏将对预算管理一体化 2.0 的主要特点和内容以及创新之处进行解读。

一、预算管理一体化 2.0 的主要特点和内容

拓展了预算管理一体化的业务范围，将政府债务管理、资产管理、绩效管理等业务纳入一体化，涵盖了预算管理全流程各环节，实现了预算编制、执行、调整、决算、监督等各个环节的信息共享和数据互联。

细化完善了预算管理一体化的工作流程，明确了各级财政部门在预算管理中的职责和权限，规范了各个环节的操作步骤和时间节点，简化了审批流程和手续，提高了工作效率和质量。

强化了预算管理一体化的控制规则，建立了以项目为核心的财政支出管理机制，实现了财政支出的项目化、绩效化、信息化、法治化管理，提高了财政支出的目标导向、结果导向、问题导向和风险导向。

统一了预算管理一体化的管理要素，规定了全国统一的预算分类科目、项目库、资金库、

债务库等核心要素，实现了各级财政部门对预算管理要素的统一编码和标准化处理，提高了数据的准确性和可比性。

二、预算管理一体化 2.0 的创新之处

（一）预算管理一体化 2.0 的业务范围

预算管理一体化是指通过信息化手段，将预算管理的各个环节、各个层级、各个部门、各个业务领域有机地整合起来，实现预算管理的全面、协调、高效、规范。预算管理一体化 2.0 拓展了预算管理一体化的业务范围，将政府债务管理、资产管理、绩效管理等业务纳入一体化，涵盖了预算管理全流程各环节。

政府债务管理是指政府及其部门为筹措资金而发行或承担的债务及其相关活动的管理。债务管理是财政金融工作的重要内容，关系到国家信用和财政可持续性。预算管理一体化 2.0 将债务管理纳入一体化，实现了债务编制、执行、核销、分析等业务的信息化管理，提高了债务风险监测和控制能力。

资产管理是指政府及其部门对其所拥有或使用的资产进行规划、配置、保护、使用、处置等活动的管理。资产管理是财政工作的重要内容，关系到国家财富的保值增值。预算管理一体化 2.0 将资产管理纳入一体化，实现了资产登记、盘点、评估、核销等业务的信息化管理，提高了资产使用效率和价值。

绩效管理是指政府及其部门对其所承担的公共服务项目或任务进行目标设定、过程监控、结果评价等活动的管理。绩效管理是财政工作的重要内容，关系到国家治理效能和公共满意度。预算管理一体化 2.0 将绩效管理纳入一体化，实现了绩效目标、指标、合同等业务的信息化管理，提高了绩效评价和监督能力。

（二）预算管理一体化 2.0 的业务规范

预算管理一体化 2.0 细化了全国各级预算管理的主要工作流程、基本控制规则、核心管理要素，统一了业务规范和数据标准，提高了业务办理的效率和质量。

工作流程是指预算单位在预算管理过程中所需遵循的业务操作步骤和顺序。预算管理一体化 2.0 明确了预算编制、执行、决算、分析等业务的主要工作流程，规范了预算单位的业务职责和权限，提高了业务办理的规范性和便捷性。

控制规则是指预算单位在预算管理过程中所需遵守的业务约束和限制。预算管理一体化 2.0 明确了预算编制、执行、决算、分析等业务的基本控制规则，规范了预算单位的业务行为和结果，提高了业务办理的合法性和合理性。

管理要素是指预算单位在预算管理过程中所需使用的业务数据和信息。预算管理一体化 2.0 明确了预算编制、执行、决算、分析等业务的核心管理要素，规范了预算单位的业务内容和形式，提高了业务办理的准确性和一致性。

（三）预算管理一体化 2.0 的资金支付

预算管理一体化 2.0 建立了中央财政预算管理一体化资金支付管理办法，实现了中央财政资金支付的全程监控和全面控制，提升了资金使用的安全性和效益性。

资金支付是指政府及其部门根据预算安排，向相关主体或项目支付财政资金的活动。资金支付是财政工作的重要内容，关系到国家财政的运行和效果。预算管理一体化2.0实现了中央财政资金支付的信息化管理，提高了资金支付的时效性和准确性。

全程监控是指对中央财政资金支付从申请到到账的全过程进行实时跟踪和监测。全程监控是财政工作的重要手段，关系到国家财政的透明度和公信力。预算管理一体化2.0实现了中央财政资金支付的全程监控，提高了资金支付的可视化和可追溯性。

全面控制是指对中央财政资金支付进行有效的规范和约束，防止出现超额、超标、超期等问题。全面控制是财政工作的重要目标，关系到国家财政的稳定性和责任性。预算管理一体化2.0实现了中央财政资金支付的全面控制，提高了资金支付的合规性和合法性。

（四）预算管理一体化2.0的数据共享

预算管理一体化2.0强化了预算管理一体化系统的数据共享和信息交换，实现了与国库集中支付系统、政府采购系统、政府绩效评价系统等相关系统的数据互联互通，构建了财政信息化的整体架构。

数据共享是指不同系统之间实现数据资源的共享和利用。数据共享是信息化工作的重要内容，关系到信息资源的开发和利用。预算管理一体化2.0实现了不同系统之间的数据共享，提高了数据资源的价值和效益。

信息交换是指不同系统之间实现信息内容的交流和沟通。信息交换是信息化工作的重要内容，关系到信息服务的水平和质量。预算管理一体化2.0实现了不同系统之间的信息交换，提高了信息服务的便捷性和满意度。

整体架构是指不同系统之间形成统一协调的信息化体系。整体架构是信息化工作的重要内容，关系到信息化的规划和建设。预算管理一体化2.0实现了不同系统之间的整体架构，提高了信息化的水平和质量。

以上就是预算管理一体化2.0的主要特点和内容以及创新之处，它是财政部深入推进预算管理制度改革，健全现代预算制度，以信息化推动预算管理现代化的重要举措。它将有力支撑国家治理体系和治理能力现代化，为实现国家发展战略目标提供坚强的财政保障。

总结：预算管理一体化2.0是财政部在2023年印发的《预算管理一体化规范（2.0版）》和《预算管理一体化系统技术标准V2.0》，对《预算管理一体化规范（试行）》和《预算管理一体化系统技术标准V1.0》进行了修订和完善，明确了预算管理一体化下一阶段的建设目标和技术要求。它拓展了预算管理一体化的业务范围，细化了预算管理一体化的业务规范，建立了中央财政预算管理一体化资金支付管理办法，强化了预算管理一体化系统的数据共享和信息交换，构建了财政信息化的整体架构。它将有力支撑国家治理体系和治理能力现代化，为实现国家发展战略目标提供坚强的财政保障。

请思考：如何利用预算管理一体化系统进行管理及分析？

【课后习题】

一、名词解释

政府预算　全口径预算　零基预算　绩效预算

二、简答题

1. 政府预算的基本特征有哪些?
2. 简述单式预算与复式预算的区别。

三、论述题

1. 梳理我国全面实施预算绩效管理的背景与主要内容。
2. 我国全口径预算体系建设的深层意义与完善思路。

第十一章　财政管理体制

学习目标

1. 了解财政分权理论和政府支出职责划分。
2. 掌握政府间转移支付制度的含义、目标。
3. 理解分税制财政体制的内涵及其改革思路。

案例导入

纵观中国历史，央地关系始终是关乎国家统一、社会稳定、经济发展的重大命题。自公元前221年秦统一中国之后，在全国范围内推行郡县制，其后汉承秦制，其制未变，“百代都行秦法政”，奠定了2000多年来中国传统社会的央地组织结构的基本格局。在此基础之上，历代统治者不断进行调整和改革，试图找到一种更为合适的央地格局，其中汉初的“推恩令”、元代行省制度的建立，都较为成功地处理了央地关系，也为这些朝代的兴盛奠定了重要基础。然而这样的和谐治世往往并不长久，在大部分中国历史时间里，央地之间总是充满了矛盾与冲突，若奉行守外虚内，地方势力过于强盛，中央控制力削弱，如汉唐藩镇之乱为祸深远。若中央过度集权，强干弱枝，则地方积极性受挫，宋之积贫积弱殷鉴不远。

在我国这样一个大国，如何通过构建中央与地方政府间合理的财政关系（也称财政分权），以充分发挥中央和地方两个积极性，就显得尤为关键和重要。在经济方面，我国由中央集权不断向地方分权，以利于发挥各地比较优势、激活地方经济活力和创造力；在政治方面，我国逐步推进制度化的中央集权过程，以利于加强政治上的领导力和凝聚力，因而有效解决了中央与地方关系上的各种弊端，在民主与集中、分权与集权、离心力与向心力、地方活力与全国大局之间找到某种平衡。总的趋势是，我国中央与地方关系越来越制度化、规范化和程序化，进而也越来越具有透明性、预期性和稳定性，确保中国“天下大治”、长治久安。这是中国特有的政治之道和政治经济学。

第一节　财政管理体制概述

一、财政体制的概念与分类

（一）财政体制的概念

在现代经济社会条件下，国家的各项职能是由各级政府共同承担的。为了保证各级政府有效地行使职能，就需要在中央与地方政府以及地方上下级政府之间明确、合理地划分财政收支范围和财政权限，实现政府间财政关系的良性互动和运转。

财政体制，是确定中央与地方政府以及地方上下级政府之间分配关系的一项基本制度，是政府安排财政收支、制定和实施财政政策的重要依托，它承担处理财政分配中各种责、权、利关系的职责，规定协调各级政府间财政关系的原则和各级政权在财政管理方面的权限、财力和收支范围划分，并对政府职能的有效行使、政府运作效率乃至整个经济社会产生深刻的影响。从本质上讲，财政体制是划分各级政府事权和财权、加强中央宏观调控、协调地区发展的一项重要制度安排。财政体制的核心是正确处理国家在权责划分、财政资金分配及管理上的集中与分散的关系问题。

财政体制也有狭义和广义的区分。狭义的财政体制，便是上述关于处理各级政府间分配关系和责权安排的基本制度，这也是通常意义上的财政体制；广义的财政体制，除包含狭义财政体制的内容之外，还包含了政府预算管理制度、税收和非税收入管理体制以及政府财务管理体制等多项内容。

事权、财政事权、财权和财力等概念，是财政体制中的重要术语。事权，通常是指一级政府应该承担的提供基本公共服务的任务和职责。各级政府事权的明确划分和科学调整，是财政体制安排的逻辑起点。与事权相关联，财政事权是指一级政府应担负的运用财政资金提供基本公共服务的任务和职责。财权和财力，是履行事权和承担相应支出责任的重要手段。这里的财权，往往是指各级政府为履行提供公共服务职责而拥有的财政资金筹集权和支配权，包括征税权、收费权、国有资产收益权和发债权等，其中以征税权为财权的基础。相应地，财力就是一级政府一定时期内为履行职责而拥有和支配的财政资金，是政府间财政资源分配的结果。

从财政体制与经济管理体制之间的关系看，二者是局部与全局的关系。其中，经济管理体制包含财政体制，财政体制是一个国家经济管理体制中的重要组成部分。经济社会各项事业的发展离不开政府财力的支持，而财政体制安排和财政体制的改革也必须与经济管理体制的要求相适应。

（二）财政体制的分类

受经济社会发展程度及传统文化等因素的影响，各个国家的财政体制均存在一定的差别。即使在同一国家内部的不同历史发展阶段，其财政体制安排也会有所不同。通常情况下，按照事权和支出责任、财权、财力集中与分散程度的不同，大体上可以将财政体制划分为集权型和分权型两种。不同类型的财政体制在事权和支出责任划分、收入划分和政府间转移支付制度安排等方面均存在着明显的差异。

集权型财政体制，是指政府间财政关系中的各种权限高度集中在中央。集权型财政体制的突出特点是，国家财政的管理权和财权财力主要由中央集中统一。相比较之下，各级地方的权限和机动财力很小，甚至并无严格意义上的财权财力。地方组织的财政收入大都统一上缴中央，地方支出统一由中央层层下拨，地方收入和支出之间基本上没有关联性，地方财政往往是中央财政及其职能的延伸，地方财政对中央财政的依赖性很强，且政府间财政关系的随意性很强。

相对于集权型财政体制而言，分权型财政体制是指政府间财政关系中的责权大致分散在中央和各级政权当中。分权型财政体制往往存在于现代市场经济条件下，主要特点是，在维持中央政府调控能力的同时，各级地方政府拥有相对自主的财政收支权限与调剂权限，且通常以法律的形式规定中央与地方政府之间的财政收支划分和收支往来关系，政府间财政关系的稳定性较强。

实际上，所谓集权型和分权型财政体制的划分并非绝对，而是相对的。在各国的财政体制实践中，有的分权型财政体制条件下，中央的集中程度可能稍高一些，而有的集权型财政体制下，地方财政也可能具有一定程度的自主权限，包括或大或小的调剂权限和机动财力。此外，单一制和联邦制的政体形式也会对财政体制的集权和分权程度产生影响。其中，联邦制条件下的各级政府均具有一定程度的自主权限，因而其财政体制也往往呈现出分权型的特征；在单一制条件下，往往强调国家权力的集中，也强调居民对公共产品的同等享用权，各级地方财政对中央常常有着较多的依存关系。当然，实施单一制和联邦制，并非划分财政体制类型的主要依据或标准。

专栏 11－1

财政分权度量

从概念上，财政分权是指中央政府向地方政府下放一部分财政管理与决策权的过程，因此，一定程度的财政分权总是对应于某级政府实际拥有的财政自主度。关于财政分权的度量，经常采用以下三个指标：支出指标、收入指标、财政自主度指标。前两个指标可以用地方财政收入（支出）占整个国家财政收入（支出）的比重来描述。第三个指标也叫作财政自给率，表示地方政府自有收入占本级政府总支出的比重，该比率衡量地方政府依靠自有收入为其支出融资的能力。

请思考：如何理解测算政府间财政收入分配的重要性？

二、财政分权理论

以下理论从一些假定前提出发进行分析，得出了不同的财政分权结论。尽管这些理论在解释现实问题上均存在一定的局限性，但它们都从特定角度说明了实行地方财政分权的必要性。

（一）马斯格雷夫的分权理论

马斯格雷夫在肯定多级政府必要性的基础上，运用数理模型分别分析了财政的资源配置职能、收入再分配职能与经济稳定发展职能各自应由哪级政府承担的问题。在分析资源配置职能的履行问题时，他运用最佳社会结构模型对政府间财政权限问题做了分析，最终得出的结论是：一个国家必须有在规模与地区范围上都不同的多级财政单位。有些公共产品必须由中央政府提供（如国防设施），而另一些则必须由地方政府提供（如路灯）。换句话说，全国性的资源配置应由中央政府负责，而区域性的资源配置则应由地方政府负责。在分析收入再分配职能的归属问题时，马斯格雷夫将分配划分为个人之间的分配与辖区间的分配两个层次。他认为，两个层次的分配均需由中央政府来完成。至于经济稳定发展职能，马斯格雷夫则认为应由中央政府承担，因为地方政府无法成功地自行执行稳定政策。

（二）施蒂格勒的最优分权模式

施蒂格勒的理论贡献在于提出了地方政府存在必要性的两条基本原则，进而说明由地方政府来进行资源配置比中央政府更有效率，他在《地方政府功能的有理范围》中提出了这两条原则：一是与中央政府相比，地方政府更接近于自己的民众，地方政府更了解它所管辖公民的效用与需求；二是一国国内不同的人们有权对不同种类和不同数量的公共服务进行投票表决。这就说明了地方政府的存在是为了更有效地配置资源，进而实现社会福利的最大化。同时施蒂格勒并不否认中央政府的作用。他指出行政级别高的政府对于实现配置的有效性和分配的公平性目标来说也是必要的。尤其是对于解决分配上的不公平和地方政府之间的竞争与摩擦这类问题而言，中央政府更为有效。

（三）奥茨的分权理论

奥茨在《财政联邦主义》一书中，将全部人口分为两个子集，每个子集内的人都具有同样的偏好，而两个子集间的偏好是不相同的，他从中央政府等量分配公共产品出发，认为中央政府忽略了两者的不同偏好，因而达不到帕累托最优；地方政府与中央政府在提供公共产品上的效率差别，使中央政府在配置资源的功能上不如地方政府。由此，奥茨提出了“财政分权定理”：让地方政府将一个帕累托有效的产出量提供给它们各自的选民，总是要比由中央政府向全体选民提供任何特定的并且一致的产出量有效得多。奥茨的分权理论主要是从经济效率的角度，强调公共服务的下放有助于提高公共服务的经济效率。

（四）布坎南的分权“俱乐部”理论

所谓分权“俱乐部”理论，就是把社区比作俱乐部，然后研究在面临外在因素的条件下任何一个俱乐部（为分享某种利益而联合起来的人们的一个自愿协会）如何确定最优成员数的一种理论。理论核心有两个方面：一方面随着俱乐部成员的增加，人均劳务成本会下降，他的假定条件是社区的劳务水平一定；另一方面，新的俱乐部成员的进入，会增加拥挤成本，从而增加外部不经济等。于是，一个俱乐部的最佳规模就在外部不经济所产生的边际成本正好等于由于新成员分担运转成本所带来的边际节约这个点上。

（五）特里希的“偏好误识”理论

特里希从信息不完全和非确定性出发，对中央政府完全了解社会福利函数偏好序列提出疑问，提出了“偏好误识”理论，即中央政府有可能错误地认识社会偏好，从而错误地把自己的偏好强加于全民头上。由此为地方分权提供了理论依据。

（六）蒂布特的“用脚投票”理论

蒂布特在《地方支出的纯粹理论》中，提出六大假设条件：一是消费者是充分流动的，能够在不同辖区间自由迁徙；二是消费者掌握不同辖区间在税收与公共服务组合上的差异；三是有许多社区可供消费者选择；四是不会因就业机会而造成对消费者自由流动的限制；五是在各辖区间不存在效益或税收的外溢性；六是每个社区都希望吸收更多的人口，以达到规模经济。在上述假设条件下蒂布特构建了一个地方政府模型，他认为人们通过在社区间的充分流动，选择公共产品与税收的组合使自己效用最大化的社区政府，社区必须有效率地提供人们需要的公共产品，否则，人们会迁移到能更好地满足他们偏好的社区。这样，社区间的竞争将使资源能够有效配置，实现帕累托最优，从而达到社会福利的最大化。这就是所谓的“用脚投票”理论。实践中也存在家庭和居民因为地方公共产品提供的差异而进行迁移的现象，蒂布特的理论贡献在于提出了通过居民的充分流动，对公共产品具有相同偏好的人会聚集到一个社区，各社区间的偏好是不同的，为奥茨的理论提供了支持。从财政的角度看，“用脚投票”同时也引出了地方税设置的一系列问题，如税率和主体税种的设计等都应考虑居民的流动性等问题，也为地方税收竞争理论打下了理论基础。

三、财政分权的优势

（一）满足不同的公共需求偏好

在一个人口众多和民族多样化的国家里，不同群体有着不同的消费偏好，对公共商品有不同的需求选择。在这种情况下，如果公共商品由中央政府统一供给，将无法兼顾不同群体的特定需求，从而产生效率损失。而由地方政府进行分权管理，由不同的地方政府根据当地居民的具体需求决定地方性的公共商品供给规模和结构，能较大程度地缓解因需求偏好差异带来的矛盾，使不同社会成员的公共需要得到较充分的满足。在现实生活中，实行地方自治和民族自治就是一种较为典型的做法。

（二）发挥地方政府的信息优势

地方政府在了解和掌握当地居民的公共需求偏好及其动态上具有信息优势，能够及时对地方公共需求的变化作出反应，因此地方分权管理有利于缩短信息传送链条，降低决策成本，提高决策效率。而在中央集权管理的情况下，对地方的公共需求，中央要么难以及时掌握有关的信息，要么会出现信息缺失或信息失真，这均会造成社会福利损失。

（三）促进对公共事务的民主管理

由于地方政府直接面对当地居民，其供给活动与当地居民的切身利益密切相关，而居民的税收负担与地方公共商品供给具有直接的对应性，他们会有更大的热情和主动性参与地方的公共决策，并对地方政府的各种行为进行有效的监督。因此，实行地方分权管理，有利于提高社会成员对公共事务的参与度，从而使地方决策充分体现民意。

（四）推动地方政府间的竞争

在地方分权制度下，为了吸引更多的经济资源，增强本地区经济实力，地方政府间会形成一定的竞争，包括税源竞争、公共服务质量和投资环境竞争等，这种竞争有利于控制地方政府的规模，抑制官僚主义行为，降低公共商品供给成本，提高供给质量和效益，促进经济增长。各国的实践证明，适度的分权能使各地方政府更有活力与效率。

（五）创新公共管理制度

科学、合理的制度创新有利于节约交易费用，优化资源配置。公共管理制度是整个社会经济管理制度的重要组成部分，合理公共管理制度安排，能使众多的社会成员受益。在中央集权管理体制下，各地方政府依附、听从于中央，缺乏自主空间和创新动力，而中央政府对制度变革的安排又受信息、各地情况的差异等因素的制约，因而集权管理易导致制度的僵化。而实行地方分权管理，各地方政府就有机会和动力根据当地的情况进行制度创新和政策试验，这不仅有利于不断改进当地的公共管理和资源配置，而且在各地区相互竞争的局面下，有效的制度会迅速传播、扩散，使整个社会受益。中国改革开放后的许多制度变革，通常是一些地方首创，取得经验和成效后，再在全国推广。

四、财政分权的局限性

（一）难以解决因地方公共商品收益的区域外溢产生的问题

分权体制具有效率性的前提之一是所提供公共商品的成本和收益可以在辖区范围内完全内部化，这样，地方当局和居民才有可能对有关公共商品供给的边际成本和边际收益进行准确的估量，作出正确决策。但实际上这很难完全实现。因为不同的公共商品有不同的受益范围，而政府层级和地方行政区划范围总是有限的，因而总会有部分地方公共商品的收益存在区域外溢，对这部分公共商品而言，完全由地方决定其供给水平会对资源配置产生扭曲。

（二）难以实现公共商品供给的规模效应

公共商品供给的规模效应是这样一种情形：一方面，总存在一定的区间，随着供给规模的扩大，平均供给成本会下降；另一方面，一旦特定的公共商品提供出来，只要增加消费者带来的平均分摊成本的下降大于拥挤成本的上升，消费者越多，收益越大。因此，对于规模效应较大的公共产品而言，由较低层级的地方政府分散供给是不利的。

（三）难以满足税收的效率要求

税收的效率包括经济效率和行政效率，如果完全由地方政府根据各自的需要自主课税，一方面，由于地方市场的开放性，要素和产品可在地区间自由流动，难免产生地区间为争夺经济资源而展开的恶性税收竞争，以及通过对销往外地商品的课税将税收负担转嫁给其他辖区居民的现象；另一方面，由各地分别课征各自的税收，不能利用税收征集中的规模经济优势，将提高税收的征集成本。上述情况均违背了税收的效率原则。

五、影响分权的因素

从制度背景看，一国财政集权与分权的状况受许多因素的制约。

（一）受国家政治体制的制约

在联邦制政体下，中央政府的权力受到较多的限制，而地方政府拥有较大的自主权力，联邦与各州的关系纯粹是法律关系，各自的权力机构和政府机构相对独立运行，相应地其财政分权程度会较高；在单一制政体下，国家是由中央政权统一控制的整体，只有一部宪法和一个最高权力机构，地方政权受中央政权的领导、委托与管理，中央政权是国家主权的代表，因此，其财政分权程度会较低。

（二）受经济运行模式的制约

在计划经济模式下，政府在资源配置和收入分配上拥有绝对的控制权，市场机制的调节作用十分有限，而为保证国家计划的贯彻实施，财政管理和资金分配权又主要集中于中央，地方的权力受很大限制，对中央的依附性较强，此时财政具有明显的集权管理特征；在市场经济模式下，市场机制在资源配置和收入分配上发挥决定性作用，政府主要起弥补市场失灵的作用，相应地其财政活动具有明显的“公共性”，在集权与分权关系的处理上，通常遵循公共资金公平分配和有效配置的原则，合理划分中央与地方的收支范围和管理责权，体现出较强的分权管理特征。

（三）受历史传统、宗教、文化等因素的制约

在一定的政治体制和经济运行模式的框架下，各国财政的集权与分权程度仍然会存在较大的差别，其中体现了历史传统、宗教、文化等因素的差异性。

财政的集权与分权是一对矛盾，在既定的财政职能范围内，集权多了分权就少，反之亦然。但无论如何，只要存在着多级政府体系，就存在一定程度的分权，特别是在现代市场经济国家，财政的分级管理，各级财政相对独立是普遍的现象。

六、财政职能在中央政府与地方政府间的划分

在市场经济条件下，财政具有资源配置、收入分配和经济稳定三大职能，这是把政府财政作为一个整体来认识的。由于政府是分级的，就存在财政职能如何在不同级次政府间划分的问题。实际上，财政职能在不同级次政府间的划分，是处理财政集权与分权关系的具体体现。

（一）稳定职能主要由中央政府履行

要实现经济稳定目标，政府运用财政货币政策，包括内在稳定器和相机抉择政策进行调控是必不可少的。地方政府谋求各自辖区的局部稳定，极易导致其他地区乃至全国的不稳定，如竞争性的税收优惠政策等。因此，正如美国财政学家哈维·罗森所说：“实际上，人们普遍同意旨在影响就业水平和通货膨胀率的收支政策，应由联邦政府进行。没有一个州或地方政府大到可以影响整个经济活动的程度。例如，让每个地方政府各自发行货币和执行独立的货币政策，是没有道理的。”

（二）分配职能主要由中央政府履行

分配职能是财政最基本的职能，包括收入的再分配和地区间资源要素的再分配。收入分配职能是指通过财政分配活动实现收入在全社会范围内的公平分配，将收入差距保持在社会可以接受的范围内。社会公平的基本表现是全国公众享受基本同等的公共产品和公共服务待遇，需要制定完整的税收制度和公共支出方案。这种分配和再分配方案的制定和实施权必须由中央政府来掌握，如果由地方政府行使再分配的权力，则会在全国范围内出现地方间的差别税收、差别转移支付等制度，从而导致人口、资源等要素不合理流动，进而降低经济效率。地区间资源要素的再分配是指通过财政分配活动实现资源在地区间的公平分配，将地区经济发展差距保持在社会可以接受的范围内。中央政府通过转移支付，解决地区间由经济发展水平差距造成的公共服务水平的不公平，使各个地方提供公共服务的能力趋向均等化。

（三）资源配置职能由中央与地方政府共同履行

财政配置资源的内容是多方面的，其中主要包括：提供基础设施，资助基础性科学研究；对过度竞争的行业进行适当的限制或调节；反垄断；制定和实施国家的产业政策，保证社会资源的配置符合国家的发展战略。由于中央政府和地方政府都要在不同的受益范围内提供公共产品，所以资源配置功能一般由中央、地方共同承担。其中，提供地方性公共基础设施和公共服务、城市维护与建设、地方交通运输、就业培训等，是地方政府配置资源职能的主要内容。但是，对位于地方但具有外部效应的项目，则需要中央政府参与成本分摊。

专栏 11－2

如何发挥“两个积极性”？

中国是一个大国，地理辽阔、人口众多、地区差异大，从而使不同层级的政府之间存在严重的信息不对称。因此，中央政府要想实现经济的良性发展和社会的有效治理，就必须激励地方政府参与到国家治理当中。1956 年毛泽东在《论十大关系》中提出：我们的国家这样大，人口这样多，情况这样复杂，有中央和地方两个积极性，比只有一个积极性好得多……处理好中央和地方的关系，这对于我们这样的大国大党是一个十分重要的问题。从此，发挥“两个积极性”成为我国处理中央与地方关系的基调。

如何发挥两个积极性？首先要看积极性的定义是什么。对中央政府而言，其重要职责是促进经济增长、维护市场统一、协调区域发展、公平收入分配、维持社会秩序稳定等；对地方政府而言，其重要职责是发展生产、增加公共产品供给、维护市场秩序、完善社会治理等。可见，政府积极性的发挥方向是多重的，在不同历史阶段，在不同层级政府，其展现形态也不同。不同的行为动机和政策目标，决定了政府积极性的不同发挥方向。因此，中央和地方之间的积极性存在差异。

中央政府的积极性主要包括四个方面，即宏观调控、均衡区域发展、提供大型公共物品以及建立统一市场。中央政府多从全国性角度出发来制定和执行政策，其政策目标具有全局性和战略性，中央政府会根据历史的阶段性变化，对发挥积极性的方向做出调整。

与中央政府相比，地方政府的积极性需要通过制度设计来激发。地方政府多从辖区的局部角度出发制定和执行政策，其政策目标具有一定的局限性，并且可能会产生机会主义行为，从全局性角度或者社会整体性角度出发并不是最合意的。地方政府积极性的发挥有三种方向：发展生产、提供公共服务、公共治理。关键问题是，要激发地方政府什么样的积极性？在不同积极性的激发下，地方政府的行为尤其是干预经济发展的行为会表现出较大差异。例如，当把激励目标定位为发展经济时，地方政府将热衷于吸引外地投资，也有动力保护地方税源大户，弱化市场监管，有可能引发一些扰乱市场秩序的经济行为。

请思考：健全发挥中央和地方“两个积极性”体制机制应坚持什么原则？

第二节 政府间财政收支的划分

一、政府间事权与支出责任划分

（一）政府事权、财政事权与支出责任

1. 相关概念

政府事权是指一级政府在公共事务和服务中应承担的任务和职责。财政事权是指一级政府应承担的运用财政资金提供基本公共服务的任务和职责。支出责任是指政府履行财政事权的支出义务和保障。

2. 政府事权与财政事权的关系

政府事权不仅涉及行政权，还涉及立法、司法等广义公共服务部门的管理职责，是“大事权”的概念，因此，政府事权范围要大于财政事权。

（二）划分原则

政府事权划分是分级预算体制的逻辑起点，依据政府事权划分的支出责任又是合理划分财权的出发点。市场经济国家公共财政的职能主要包括经济稳定、收入分配和资源

配置等，这些职能如何在各级政府间进行合理划分应遵循一定的原则。

1. 中央宏观调控和地方自主相结合的原则

在处理政府间预算收支范围划分时，既要保证中央政府的适度集权与宏观调控能力，又要兼顾地方政府的分权和自主管理能力，实现二者之间的平衡与协调。

2. 外部性原则

在多层级政府条件下，必须合理划分各级政府职能，尽量避免局部利益和整体利益的冲突，既让不同层级的政府各司其职，高效提供相应的公共产品和服务，又有效避免相互之间恶性竞争和扯皮推诿。因此，外部性原则是划分各级政府事权的一项基本原则。

3. 效率性原则

由于信息不对称，再加上地方政府与本地居民更为接近，因而地方政府比中央政府更关心和了解本区域内居民的偏好，在获取和处理信息方面要比中央政府更加有效，因此，地方政府在提供更符合居民偏好的区域性公共产品及服务上就具有比较优势。

4. 激励相容原则

在政府间事权划分上，要设计一种体制，使所有的参与人（中央政府和地方政府）即使按照自己的利益去运作，也能实现整体利益最大化，这种体制设计就是激励相容原则的体现。

（三）政府间支出范围的划分

1. 全国性公共产品应由中央政府提供

全国性公共产品主要包括：国防、外交、全国性的立法和司法、中央银行、中央税的征管等。宏观经济稳定（包括财政、金融政策）是一种特殊的全国性公共产品，其责任也应由中央政府承担。

2. 地方性公共产品应由地方政府来承担

地方性公共产品主要包括：区域内交通、警察、消防、教育、环保、供水、下水道、垃圾处理、公园、对地区经济发展的支持、地方性法律的制定和实施等。

3. 中央政府应参与具有跨地区“外部效应”的公共产品

具有跨地区外部效应的公共产品包括跨地区的公路、铁路、水陆运输、邮电通信等项目。另外，有些项目虽然位于某个地区，但受益者却不仅限于本地居民，如航空港、环保等项目。从理论上讲，这些项目在多大程度上使外地居民受益，应成为中央政府在多大程度上参与及分摊成本的主要依据。

4. 调节收入分配的职责多由中央政府承担

调节收入分配的职责包括：收入分配政策、就业政策、养老保险政策等的制定和实施；中央对地方政府的转移支付；等等。当然，中央政府在这方面承担较大职责并不意味着由它承担全部成本，可能只需提供某种补贴。

二、政府间收入划分

在现代经济社会条件下，政府的财政收入多以税收的形式筹集，同时也包括国有资源收入、国有资本经营收入、规费收入、政府性基金收入以及债务收入等形式和内容。政府间的收入划分与支出划分之间具有内在关联性，政府间财政收入的有效划分，对于合理配置政府财力、满足各级政府履行职责的需要，具有重要的作用。

（一）政府间的税收划分

税收的划分是协调各级政府间财政关系过程中的一项重要内容。在明确哪些税收由哪一级政府课征、归属于哪一级政府时，主要考虑以下几个因素。

第一，所涉税种针对收入再分配或者经济稳定的目标、税基在各地区分配极为不均的税种、税基流动性较大的税种，应该作为中央税。分配给地方政府的税种的税基流动性不应过大，否则纳税人将从高税区迁移到低税区，导致地方政府调整税率的自由度受限。

第二，税基流动性较小、税负不具备转嫁给非当地居民、能够帮助地方政府筹集足够的收入减少纵向财政不平衡的税种，应作为地方税。

第三，中央、地方分税应注意规模经济效应。各地独立征税可能无法利用征税中的规模经济。各地都要为税收征管投入资源，这可能是重复投入。而通过税务机构的联合，就可以节约征税成本。因此，分配给地方政府的税种应便于管理。

第四，基于受益原则的税种和使用费项目可被充分安排给各级政府，尤其适合安排给地方政府。一般认为，最适合作为地方税的是土地税、财产税等；由于税基流动性大，消费税、资本收益税等作为中央税，其他税种，包括个人所得税、企业所得税等一般在中央政府和地方政府之间进行分享。政府间税收划分常伴随着政府间税基分享的问题。“税基分享”是指两个或两个以上级别的政府，在一个共同的税基上征收各自的税收。

需要强调的是，财政收入的划分不仅是要确定哪些税种提供的收入或哪些税收收入归中央政府、哪些税收收入归地方政府的问题，更重要的是在法律层面保证不同级别财政相对独立性的问题。因此，许多国家都赋予地方政府一定的税收立法权，保证地方政府收入的相对弹性。同时，地方政府还要有一定的发行公债权力，当收不抵支时，作为相对独立的财政主体，可以通过发行公债弥补其赤字。当然，这些都需要相关法律作为保证。

（二）国有资本经营收入的划分

国有资本经营收入是指国家依法以所有者身份取得的国有资本投资收益。国有资本经营收入具体包括：（1）应交利润，即国有独资企业按照规定应当上交国家的利润；（2）国有股股利、股息，即国有控股、参股企业国有股权获得的股利、股息收入；（3）国有产权转让收入，即转让国有产权、股权（股份）获得的收入；（4）企业清算收入，即国有独资企业清算收入（扣除清算费用），国有控股、参股企业国有股权（股份）分享的公司清算收入（扣除清算费用）；（5）其他国有资本收益。

由于国有资本经营收入是经营性国有资产带来的收益，因此，按隶属关系级次的不同，可划分为中央国有资本经营收入和地方国有资本经营收入。其中，中央企业国有资本经营收入应当按规定直接上缴中央财政，纳入中央本级国有资本经营预算管理。中央企业国有资本经营收入由财政部负责收取，国资委负责组织所监管企业上缴国有资本收益。中央国有资本经营收入最典型的是目前归属国务院国资委管理的中央企业上缴的国有资本经营收入。地方国有资本经营收入，则应按规定划归地方财政，并相应地纳入地方国有资本经营预算加以管理。

（三）国有资源收入的划分

按照《中华人民共和国宪法》的规定："矿藏、水流、森林、山岭、草原、荒地、滩涂等自然资源，都属于国家所有。"同时，《中华人民共和国矿产资源法》中明确指出："矿产资源属于国家所有，由国务院行使国家对矿产资源的所有权。矿产资源的国有属性与分布地的分散性，决定了国家和地方都可以从国有资源的开采中获得收益。"

与国有资源有关的财政收入，按其归属划分为中央固定收入、地方固定收入和中央与地方共享收入。按照我国现行国有资源财政收入相关制度，中央固定收入有石油特别收益金和归中央所有的行政性收费（基金）；地方固定收入有归地方所有的全国性收费（基金）和地方性收费（基金）；中央与地方共享收入有资源税、矿产资源补偿费、探矿权采矿权使用费、探矿权采矿权价款以及其他根据矿山资源登记管理层级不同确定归属的行政性收费（基金）等。

（四）政府性基金收入的划分

政府性基金是指各级人民政府及其所属部门根据法律、国家行政法规规定并经国务院或财政部批准，为支持某项事业发展，向公民、法人和其他组织征收的具有专项用途的资金，以及参照政府性基金管理或纳入基金预算、具有特定用途的财政资金。政府性基金主要包括各种基金（如国家重大水利工程建设基金收入）、资金（如农业土地开发资金收入）、附加（如可再生能源电价附加收入）和专项收费（如车辆通行费）等。

按照预算级次的不同，政府性基金可划分为中央基金预算收入、地方基金预算收入和中央与地方共享基金收入。政府性基金在中央政府和地方政府之间的归属问题，可以通过基金项目划分和基金收入分成来体现。我国基金收入的归属结构具有两个特点：一是地方政府成为基金收入主体。基金收入归地方政府使用的比重达到90%以上，已成为地方政府的重要收入来源，进一步突出了政府性基金对地方经济发展的重要作用。二是地方政府对基金收入的财政依赖程度高于中央政府。同中央政府相比，地方政府更倾向于选择政府性基金作为主要财政收入手段，以满足本级财政需求。

三、政府间转移支付

（一）政府间转移支付的内涵

政府间转移支付是在各级政府间或同级政府间通过财政资金的无偿拨付调节各预算主体收支水平的方式。在分税制预算管理体制中，收支的划分不可能使各级预算主体的事权和财权完全对应，并且同级预算主体之间在收支的对应程度上也存在差别，从而产生财政收支的纵向不均衡和横向不均衡，需要运用转移支付方式来加以调节。

政府间转移支付的模式有三种：一是纵向转移，即中央政府对地方政府，上级政府对下级政府的转移支付，当然也可以有相反的情况，但在规范的分税制体制下，这种情况并不多见；二是横向转移，即由富裕地区将其部分富余财力直接转移给贫困地区，实行地区间互助，这种转移支付主要是调节财政收支的横向不均衡；三是纵向转移与横向转移相结合。目前世界大多数国家的政府间转移支付制度采取以纵向转移为主的模式，只有少数国家（如德国）注重地区间横向转移。

（二）政府间转移支付的目标

1. 实现公共资金的公平分配

无论财政收支的纵向不均衡还是横向不均衡，都会影响相关政府对公共商品或服务的供给能力，从而造成社会成员之间因居住地不同而在公共商品受益上的差别，这有悖于社会公平的原则，也干扰了居民对居住地的选择。因此，必须通过政府间转移支付来合理分配公共资金，以保证各地财政能力的大体均等。实际上，在分税制预算管理体制下，基于税收的收入功能与调节功能的“分税”是公共资金在政府间的第一次分配，而以财政能力均等化和成本一受益对称性为目标的转移支付则是公共资金在政府间的第二次分配。从各国的实践看，政府间转移支付无不以使一国的社会成员均能享有与国家的经济发展水平相适应的基本福利为主要目标。在中国，各地的自然条件和经济发展水平存在较大的差异，更需要通过政府间转移支付来协调地区间的利益关系，满足各地居民基本的公共需要。

2. 保持中央对地方政府行为的控制力

一般来说，在分税制体制下，为保证国家的集中统一管理，有效实施中央的政策，赋予中央政府的财权通常会大于其事权，因而从整体上看，政府间转移支付首先表现为中央对地方的资金拨付，其次才是地方各级政府间的资金拨付。即使是地方政府间的横向转移支付，也要由中央政府来主持，否则难以达到标准化、制度化和持续性。应当说，政府间转移支付是分级管理的预算体制中中央政府控制和诱导地方政府行为的重要手段，它从利益机制上确定了中央政府的主导地位和权威性。

3. 解决地方公共商品的收益外溢问题

地方公共商品的收益外溢，是因地方政府提供的公共商品所产生的利益不完全局限在其辖区范围内所产生的经济现象。如地方公路交通网络的建设，受益的不仅是当地企业和居民，其他地方也能从该区域较为便捷的交通中获益；再如防洪设施，其受益范围并不局限在设施所在的行政区域，流域内的其他地区也可以从中获得好处。在地方公共商品存在收益外溢而其供给成本完全由所在地居民承担的情况下，这类公共商品的提供会产生一定的扭曲或偏差，因为按效率原则，供给规模应确定在边际收益与边际成本相等这一均衡点上，由于存在收益外溢，地方会低估这类公共商品的边际收益，从而不能实现其最优供给，造成效率损失。在这种情况下，以政府间转移支付方式，对当地政府提供具有收益外溢性的公共商品的行为提供一定的财政补助，可以优化公共资源的配置。

4. 促进落后地区的资源开发和经济发展

对一些大国而言，由于各地地理条件、人口素质、资源状况以及要素禀赋的差异，一定时期内地区间在经济发展水平上存在某种差距是必然的。但这种差距过大或任其发展，会引起资金、人才、劳动力的非正常流动，造成地区间的利益矛盾，严重时甚至导致社会动荡。因此，国家应采取一定政策措施促进落后地区的资源开发和经济发展，逐步缩小地区间的经济差距。运用政府间转移支付手段，可以增加对落后地区的资金投入，加大其资源开发、基础设施和公共项目建设的力度，引导资源向落后地区流动，协调区域经济关系。实际上，各国政府间转移支付的对象，主要是经济相对落后，因而财政能力较为低下的地区，这不仅是实现社会公平的需要，同时也是促进资源在区域间合理配置的要求。

（三）政府间转移支付的类型

政府间转移支付一般可以归结为两类：一般性转移支付和专项转移支付。二者的区别见表 11－1。

表 11－1　一般性转移支付和专项转移支付的区别

目的	一般性转移支付	专项转移支付
体现中央政府的意图	中	强
行政干预程度	弱	中
对地方政府决策的影响	弱	中
地方政府运用资金的自由度	强	弱

1. 一般性转移支付

一般性转移支付又称为无条件转移支付，是指上级政府向下级政府拨发的不附加任何条件，也不指定用途，下级政府可以按照自己的意愿自主决定如何使用的资金。一般性转移支付的目的是均衡地区间财力并推进地区间基本公共服务均等化，应当按照客观、公正的原则，根据客观因素，设计统一公式进行分配。

2. 专项转移支付

专项转移支付又称为有条件转移支付，是指上级政府为了实现特定的经济和社会发展目标而给予下级政府，并由下级政府按照上级政府规定的用途安排使用的预算资金。专项转移支付的资金必须专款专用，有特定的支出目的，因此能够有效地贯彻上级政府的政策意图，但会在一定程度上干预下级政府的自主权。专项转移支付主要是为配合实现上级宏观政策目标而设立的。它具有明确的支出方向和目标，有对应的项目，因此应当分项目、分地区来编制，增强资金分配的规范性与合理性，提高资金配置与使用的效率，实现公开透明。

专栏 11－3

近年来我国转移支付管理制度改革情况

按照党的十八届三中全会关于深化财税体制改革的部署，2014 年，国务院印发《关于改革和完善中央对地方转移支付制度的意见》（国发〔2014〕71 号），对转移支付制度改革作出全面部署。按照文件要求，中央财政增加一般性转移支付规模和比例，清理整合专项转移支付，规范专项转移支付分配和使用，加强转移支付绩效管理，推进转移支付信息公开，努力提高转移支付管理水平，更好服务党和国家发展大局。近年来，对标对表党的十九大及十九届历次全会、二十大精神，按照党中央、国务院决策部署，认真落实预算法规定和全国人大审议意见，纵深推进转移支付制度改革，进一步提升转移支付管理效能。

（一）健全转移支付制度顶层设计。2016 年，国务院印发《关于推进中央与地方财政事权和支出责任划分改革的指导意见》（国发〔2016〕49 号），从顶层设计的角度提出了财政事权和支出责任划分改革的总体原则。按照文件要求，财政部会同有关方面积极推进中央与地方财政事权和支出责任划分改革，出台了基本公共服务、外交、教育、科技等多个领域的改革方案。2019 年，经国务院批准，财政部印发改革方案，根据财政事权和支出责任划分改革要求，理顺转移支付的功能定位、边界分类和管理机制。其中，一般性转移支付主要用于均衡地区间财力配置，保障地方政府日常运转和推动区域协调发展；共同财政事权转移支付主要用于履行中央承担共同财政事权的支出责任，增强地方对基本民生和基本公共服务的保障能力；专项转移支付主要用于办理特定事项，引导地方贯彻落实党中央重大决策部署。

（二）建立财政资金直达机制。2020 年，为应对新冠疫情冲击，按照党中央、国务院决策部署，中央财政创设财政资金直达机制，在保持现行财政体制不变、资金分配权限不变和保障主体责任不变的前提下，建立了“中央切块、省级细化、备案同意、快速直达”的工作流程，推动资金直达市县基层、直接惠企利民。自 2021 年起，常态化实施财政资金直达机制，直达资金范围由增量资金拓展到存量资金，基本实现了民生补助资金的全覆盖。鼓励地方通过自有财力安排的资金同步纳入直达管理，放大直达机制效果。从实施情况看，财政直达资金下达速度更快、资金投向更准、资金保障更足、使用监管更严，是保障基层“三保”和落实惠企利民政策的重要政策工具，有效促进了管理效能和资金效益的“双提升”。

（三）建立定期评估机制。根据预算法规定，每年对共同财政事权转移支付和专项转移支付进行评估，重点评估项目是否符合党中央、国务院决策部署和法律、行政法规规定，是否与财政事权和支出责任划分相衔接，支出政策是否已经到期，政策目标是否已经实现等，根据评估结果调整支出政策和项目安排。对不符合党中央、国务院决策部署和法律、行政法规有关规定，已经到期或已经实现政策目标的，原则上予以取消；对政策目标、资金投向、资金管理方式接近的，予以整合。

（四）完善预算管理。严格落实预算法和全国人大要求，优化转移支付预算编制，逐步提高年初预算落实到地区的比例。严格执行全国人大批准的预算，严控执行中预算调剂，确需追加预算的，按规定履行报批程序。按照一项资金制定一个管理办法的原则，要求每个转移支付项目均制定资金管理办法，明确实施期限、资金用途、分配办法等，并结合形势变化及时修订完善。从严控制新设转移支付项目。严格执行“先定办法，后分资金”的规定，未制定资金管理办法的，原则上不得下达预算，不得突破资金管理办法调整分配资金。加强资金分配测算基础数据管理，统一并规范转移支付测算分配数据来源，增强分配结果的公平性和准确性。

（五）切实强化绩效管理。贯彻落实《中共中央　国务院关于全面实施预算绩效管理的意见》，对共同财政事权转移支付、专项转移支付实施绩效管理。规范转移支付绩效目标管理，将绩效目标与转移支付预算同步下达，作为地方组织预算执行、开展绩效自评的依据。自 2022 年起组织对部分新增或到期延续转移支付项目开展事前绩效评估，提高支出的科学性、精准性。加强转移支付重点绩效评价，聚焦党中央、国务院重大决策部署和民生重点领域，每年选取部分转移支付项目开展财政重点绩效评价。强化转移支付绩效评价结果应用，推动将绩效评价结果应用于预算安排、政策调整和改进管理，切实提高财政资源配置效率和使用效益。

请思考：如何促进我国转移支付政策效能不断提高？

第三节　我国财政体制改革

新中国成立以来，伴随着各个历史阶段政治和经济形势变化，财政经历了计划经济体制下国家财政的建立与探索、改革开放以来公共财政的建设、新时代以来现代财政的建设这一系列深刻的转变。财政体制也经历了多次变革和改进，其总体趋势是由集中逐步走向分散。系统梳理和总结财政体制演进的脉络和经验，对于进一步理顺政府间财政关系，具有重要意义。尤其是1994年分税制改革以来，我国财政体制运行显现出良好的经济与政策效应，不仅建立起财政收入的稳定增长机制，增强了中央政府的宏观调控能力，而且也推动了产业结构的调整和资源配置的优化，增强了地方政府加强收支管理的主动性和自主性。随着我国经济社会形势的变化，既有财政体制也显现出一些有待解决的问题，需要进一步改革与完善。从财政体制改革上讲，需要体现新时代社会主要矛盾的变化，提高广大人民群众对更高品质公共产品和服务的获得感，解决区域财富占有和收入分配差距方面的问题。在公共财政体制的基础上建立现代财政制度，在财政公共化的肩膀上叠加财政现代化，让财政在更高层次上、更广范围内发挥对于国家治理的基础性和支撑性作用，以财政治理体系和治理能力的现代化支持和推动国家治理体系和治理能力的现代化，既是新时代赋予中国财政的主题，也是新时代中国财政理应担负的使命，更是中国特色社会主义制度的具体体现。

一、中国财政体制改革的进程

新中国成立初期，我国经济发展面临着百废待兴、财力薄弱的困境。为了集中一切力量恢复和发展经济，平衡财政收支，稳定市场物价，安定人民生活，我国在1950—1979年实行了以“统收统支、高度集中”为特点的财政预算管理体制。改革开放初期，为调动地方政府积极性，实行“财政包干制”。具体做法是：中央核定收支总额，由地方包干上缴收入规模（或中央给予补贴），地方在划定的收支范围内自行组织收入，自主安排支出，自求收支平衡。1994年1月1日起，在立足国情的基础上，借鉴成熟市场经济国家的经验，相继实施了分税制财政体制改革、所得税收入分享改革和出口退税负担机制改革等措施，符合市场经济一般要求的财政体制框架初步形成。

（一）1994年以来的分税制财政体制改革

我国1994年起实施的分税制财政体制改革，主要围绕收支划分和财政转移支付制度构建等方面展开。

1. 中央与地方的事权和支出划分

分税制改革首先根据中央与地方事权划分情况，对中央与地方的支出责任进行了初步界定。中央财政主要承担国家安全、外交和中央国家机关运转所需经费，调整国民经济结构、协调地区发展、实施宏观调控所必需的支出以及由中央直接管理的事业发展支出；地方财政主要承担本地区政权机关运转所需支出以及本地区经济、事业发展所需支出。我国中央与地方支出责任的具体划分如表 11－2 所示。

表 11－2　　我国 1994 年分税制下中央与地方支出划分

中央财政支出	地方财政支出
1. 国防费	1. 地方行政管理费
2. 武警经费	2. 公检法支出
3. 外交和援外支出	3. 部分武警经费
4. 中央级行政管理费	4. 民兵事业费
5. 中央统管的基本建设投资	5. 地方统筹的基本建设投资
6. 中央直属企业技改和新产品试制费	6. 地方企业技改和新产品试制费
7. 地质勘探费	7. 支农支出
8. 由中央财政安排的支农支出	8. 城市维护建设支出
9. 由中央财政安排的还本付息支出	9. 地方文化支出
10. 中央本级负担的公检法支出	10. 地方教育支出
11. 中央本级负担的文化支出	11. 地方卫生支出
12. 中央本级负担的教育支出	12. 价格补贴支出
13. 中央本级负担的卫生支出	13. 其他支出
14. 中央本级负担的科学支出	

2. 中央与地方的收入划分

1994 年分税制改革时，将维护国家权益、实施宏观调控所必需的税种划分为中央税；将同经济发展直接相关的主要税种划分为中央与地方共享税；将适合地方征管的税种划分为地方税，充实地方税税种，增加地方税收收入。同时，分设中央与地方两套税务机构，中央税务机构征收中央税和中央与地方共享税，地方税务机构征收地方税。此后，中央根据分税制运行状况以及经济形势发展的需要，对中央与地方收入划分进行了一系列的调整与完善。现行的政府间收入划分情况如表 11－3 所示。

表 11－3　　我国中央与地方收入划分

项目	内容
中央固定收入	关税，海关代征的消费税和增值税，消费税，船舶吨位税，车辆购置税，未纳入共享范围的中央企业所得税，证券交易（印花）税，中央企业上缴的利润等
中央与地方共享收入	增值税（中央分享 50%，地方分享 50%）；纳入共享范围的企业所得税和个人所得税（中央分享 60%，地方分享 40%）；资源税按不同的资源品种划分，海洋石油资源税作为中央收入，其他资源税作为地方收入

续表

项目	内容
地方固定收入	城镇土地使用税，城市维护建设税，房产税，车船税，印花税（不含证券交易印花税），耕地占用税，契税，烟叶税，土地增值税，环境保护税，地方企业上缴的利润，国有土地有偿使用收入等

3. 政府间转移支付制度的建立与发展

1994 年分税制改革以后，我国先是建立了以财力性转移支付和专项转移支付为主的转移支付制度。2009 年起，为进一步规范财政转移支付制度，将中央对地方的转移支付划分为一般性转移支付和专项转移支付两类。为与财政事权和支出责任划分改革相衔接，2019 年设立了共同财政事权转移支付。我国现行的政府间转移支付主要由三个部分构成。

（1）一般性转移支付。指中央政府对有财力缺口的地方政府（主要是中西部地区），按照规范的办法给予的补助，主要用于均衡地区间财力配置，保障地方日常运转和加快区域协调发展，包括均衡性转移支付，对革命老区、民族地区、边疆地区、贫困地区的财力补助，其他一般性转移支付等。其中，均衡性转移支付不规定具体用途，由接受补助的省（自治区、直辖市）政府根据本地区实际情况统筹安排。

（2）共同财政事权转移支付。支付主要是为配合财政事权和支出责任划分改革，履行中央承担的共同财政事权的支出责任，保障地方落实相关政策所需财力，提高地方履行共同财政事权的能力而给予的补助，包括城乡义务教育补助经费、学生资助补助经费、就业补助资金、困难群众救助补助资金、基本公共卫生服务补助资金、城镇保障性安居工程资金等。

（3）专项转移支付。主要用于保障中央决策部署的有效落实，引导地方干事创业，包括文化产业发展专项资金、可再生能源发展专项资金、城市管网及污水治理补助资金、农村环境整治资金等。专项转移支付在实现上级政府意图、引导下级政府行为等方面发挥了重要作用，但也要防止设置不规范引起的对地方政府的侵权。考虑到这一点，我国《预算法》对专项转移支付及地方配套资金的设置做出了限制性规定。

4. 省以下财政体制的改革与变化

省以下财政体制是政府间财政关系制度的组成部分，对于建立健全科学的财税体制，优化资源配置、维护市场统一、促进社会公平、实现国家长治久安具有重要作用。根据我国国情的需要，省以下财政体制实行统一领导、分级管理的基本原则，由省级政府在中央指导下，结合本地实际自行确定。

在省以下地方财政体制改革方面，推进了省直管县和乡财县管改革。省直管县改革，按照突出重点、利于发展、管理有效等要求，因地制宜逐步调整优化省直管县财政改革实施范围和方式。对区位优势不明显、经济发展潜力有限、财政较为困难的县，可纳入省直管范围或参照直管方式管理，加强省级对县级的财力支持。有利于发挥省级财政在省辖区域内对财力差异的调控作用，帮助缓解县级财政困难，减少财政管理级次，降低行政成本，推动城乡共同发展。乡财县管改革，将财政收入难以覆盖支出需要、财政管理能力薄弱的乡镇纳入乡财县管范围。加强财力薄弱乡镇支出保障，防范化解乡镇财政运行风险，加大对农村公益性事业发展的支持力度。结合预算管理一体化系统建设和应用，调整优化乡镇财政职能，强化县级财政对乡镇预算编制、预算执行、国有资产管理等监督，提升乡镇财政管理效率和水平。针对部分县乡财政困难的情况，还探索构建县级基本财力保障机制，加强了省市财政向基层进行转移支付的力度对提高基层公共服务能力、保证基层政权运转能力发挥了积极作用。

（二）分税制财政体制改革和发展的主要成效

分税制改革是新中国财政体制变迁的重要分水岭，是一次改革力度大、涉及范围广、影响深远的财政体制创新。它对正确处理中央与地方之间的财政关系，调动两个积极性，合理调节地区之间财力分配以及促进国家财政收入合理增长等方面起到了极其重要的基础性作用，为加强和改善中央的宏观调控和国家治理能力提供了极为重要的物质和财力保障。通过分税制财政体制改革和发展，适应社会主义市场经济发展要求的财政体制框架基本建立，并且在运行过程中显示出良好的政策与经济效应，此后财政体制的持续改革在不断推进财政体制的法治化、规范化、国际化的过程中，也推进了财政治理体系和治理能力现代化。

1. 事权与支出责任相适应的制度基本建立

随着政府间财政关系的逐步规范，财政体制中主要领域的事权与支出责任划分基本明确。

第一，财政事权和支出责任安排逐步明晰。按照党的十八届三中全会确定的改革方向，将义务教育、基本就业服务、基本养老保险等涉及人民群众基本生活和发展需要、需要优先和重点保障的八大类 18 项基本公共服务事项，纳入财政事权和支出责任划分改革范围。同时，根据地区经济社会发展总体格局、各项基本公共服务的不同属性以及财力实际状况：基本公共服务领域中央与地方共同财政事权的支出责任主要实行中央与地方按比例分担，并保持基本稳定。

第二，充分发挥了共同事权的作用和功效，基本公共服务保障标准体系得以初步建立。共同事权划分和支出责任分担机制构建，关系到中央与地方间的利益分配。在推进事权和支出责任划分改革过程中，确立以基本公共服务为主体的中央和地方共同事权框架，合理确定共同事权范围，并以共同财政事权转移支付作为支撑，符合我国实际情况和国家治理需要，对充分发挥中央和地方两个积极性，以及对提高公共服务供给质量，具有重要意义。与此同时，主要基本公共服务项目的支出标准逐步明确，中央与地方的分担办法得以建立，健全了中央与地方共同财政事权清单管理制度，制定了一系列基本公共服务统一的国家基础标准，并且引入了合理增长机制，使共同事权的落实与财政可持续发展相适应。

2. 财政收入稳步增长，国家财政实力显著增强

分税制改革较好地处理了国家与企业、个人的分配关系，规范了中央与地方的分配关系，调动了各级政府促进经济发展、加强税收征管、依法组织收入的积极性，建立起了财政收入稳定增长机制，提升了国家以及中央的财政汲取能力，为有效推进国家发展治理提供了财政基础。

分税制改革后，我国财政收入在相当长的时期里保持了较快增长势头，“两个比重”显著提高，财政实力不断增强。如表 11 - 4 所示，1994—2024 年，全国一般公共预算收入由 5 218 亿元增加到 219 702 亿元；全国一般公共预算收入占 GDP 的比重则由 1994 年的 10.7% 提高到 2015 年的 22.2%，此后由于在供给侧结构性改革的背景下实施减税降费，以及为应对新冠疫情于 2020 年起加大减税降费的力度，该比重有所下降，2024 年为 16.3%。同时，1993—2024 年，中央财政收入占全国财政收入的比重由 22% 提高到 45.7%，这意味着中央政府对地方政府的控制力大大提升，财政资源统筹能力显著增强，充分发挥了我国集中力量办大事的社会主义制度优势。增值税、所得税等主税种由企业所在地政府按比例分享，分税制的税种设计会通过税收激励来调动地方政府发展经济的积极性，提高了地方政府服务企业的积极性，为经济发展注入活力。

表 11 - 4　　全国一般公共预算收入及中央财政收入占比情况（1994—2024 年）

年份	全国一般公共预算收入/亿元	全国一般公共预算收入占 GDP 比重/%	中央财政收入/亿元	中央财政收入占全国财政收入比重/%
1994	5 218.1	10.7	2 906.5	55.7
1995	6 242.2	10.2	3 256.6	52.2
1996	7 408.0	10.3	3 661.1	49.4
1997	8 651.1	10.9	4 226.9	48.9
1998	9 876.0	11.6	4 892.0	49.5
1999	11 444.1	12.6	5 849.2	51.1
2000	13 395.2	13.4	6 989.2	52.2
2001	16 386.0	14.8	8 582.7	52.4
2002	18 903.6	15.5	10 388.6	55.0
2003	21 715.3	15.8	11 865.3	54.6
2004	26 396.5	16.3	14 503.1	54.9
2005	31 649.3	16.9	16 548.5	52.3
2006	38 760.2	17.7	20 456.6	52.8
2007	51 321.8	19.0	27 749.2	54.1
2008	61 330.4	19.2	32 680.6	53.3
2009	68 518.3	19.6	35 915.7	52.4

续表

年份	全国一般公共预算收入/亿元	全国一般公共预算收入占 GDP 比重/%	中央财政收入/亿元	中央财政收入占全国财政收入比重/%
2010	83 101. 5	20. 1	42 488. 5	51. 1
2011	103 874. 4	21. 2	51 327. 3	49. 4
2012	117 253. 5	21. 7	56 175. 2	47. 9
2013	129 209. 6	21. 7	60 198. 5	46. 6
2014	140 370. 0	21. 8	64 493. 5	45. 9
2015	152 269. 2	22. 2	69 267. 2	45. 5
2016	159 605. 0	21. 4	72 365. 6	45. 3
2017	172 592. 8	20. 9	81 123. 4	47. 0
2018	183 359. 8	20. 0	85 456. 5	46. 6
2019	190 390. 1	19. 3	89 309. 5	49. 9
2020	182 913. 9	18. 1	82 770. 7	45. 3
2021	202 554. 6	17. 6	91 470. 4	45. 2
2022	203 649. 3	16. 9	94 887. 1	46. 6
2023	216 784. 4	17. 2	99 565. 8	45. 9
2024	219 702	16. 3	100 436	45. 7

资料来源：《中国统计年鉴》（1994—2024 年）。

3. 转移支付制度逐渐完善

随着财政体制的改革和发展，国家财政收入持续增加，为转移支付规模的扩大和力度的加强提供了必要条件，增强了中央政府的宏观调控能力，有力促进国民经济平稳健康可持续发展。财政实力的增强，为均衡地区间财力差异提供了财力保障，与此同时，转移支付体系和制度也逐步规范。2014 年修改的《预算法》规定，财政转移支付应当规范、公平、公开，以推进地区间基本公共服务均等化为主要目标。落实《预算法》要求，我国转移支付体系随着政策变化不断拓展和调整，逐步构建起“一般性转移支付＋专项转移支付”的框架，其中，一般性转移支付以均衡地区间基本财力为目的，由下级政府统筹安排使用；专项转移支付按照法律、行政法规和国务院的规定设立，用于办理特定事项。2019 年，中央财政整合设立共同财政事权转移支付，主要用于履行教育、医疗、养老、就业等基本民生领域的中央财政支出责任，为与《预算法》规定衔接，编制预算时暂列入一般性转移支付。目前，总体上形成了以财政事权和支出责任划分为依据，以一般性转移支付为主体，共同财政事权转移支付和专项转移支付有效组合、协调配合、结构合理的转移支付体系。

（三）财政体制改革和发展中存在的问题

尽管分税制改革以及其后的财政体制改革为国家发展奠定了坚实的财政基础并发挥

了积极作用，然而，也必须看到现行财政体制存在的诸多问题。随着经济社会发展和国内外形势变化，特别是与新时代发挥财政在国家治理中的基础和重要支柱作用相比，与推进国家治理体系和治理能力现代化的要求相比，现行财政体制中存在一些不合理因素。

第一，现行的中央与地方财政事权和支出责任划分还存在不同程度的不清晰、不合理、不规范等问题。按照现代财政制度的功能定位，作为政府间事权、财权、财力划分的制度规范的财政预算体制以及改革，不仅需要突破传统上宏观经济调控的政策工具价值，而且承担着促进社会公平、保障民生发展、提高公共服务水平等社会功能，尤其要履行优化政府治理结构，为实现国家长治久安奠定制度基础的使命。在中央与地方政府间权责划分方面，国家已出台多项改革举措，涉及指导意见、分领域改革方案等多个方面。但是，部分领域的中央与地方财政事权划分还不够清晰，若干基本公共服务供给的政府间权责安排仍有待进一步完善；中央与地方政府间共同财政事权与支出责任分担机制是权责划分改革任务当中的重点和难点，仍需进一步加以探索和规范。

第二，目前我国地方税体系不够健全，地方政府之间仍然存在着有待规范的非良性税收竞争现象。随着城镇化进程的推进，地方政府需要充足的资金来源用于向当地居民提供教育、医疗、社会保障等基本公共服务。为了缓解财政压力，地方政府不断提升非税收入比重，土地出让收入、债务性收入等非税收入规模的扩张造成了诸如纳税人负担加重、资金管理混乱、资金使用效率降低等不良后果。

第三，转移支付的结构不尽完善，转移支付管理工作仍有待进一步加强。一般性转移支付比重仍需提高，共同事权转移支付改革有待深化，专项转移支付项目繁杂，资金相对分散，不利于充分发挥转移支付资金的规模效应和效益，且有可能在一定程度上增加地方政府负担。一般性转移支付专项化、专项转移支付一般化的问题尚未得到根本解决。

二、中国财政体制改革展望

党的十八大报告强调，“加快改革财税体制，健全中央和地方财力与事权相匹配的体制”。党的十八届三中全会明确提出：“必须完善立法、明确事权、改革税制、稳定税负、透明预算、提高效率，建立现代财政制度，发挥中央和地方两个积极性。”党的十九大报告强调：“加快建立现代财政制度，建立权责清晰、财力协调、区域均衡的中央和地方财政关系。”党的二十大报告强调：“健全现代预算制度，优化税制结构，完善财政转移支付体系。”深化我国财政体制改革的方向得到进一步明确。

因此，围绕保持和加强中央调控能力、发挥好中央与地方两个积极性，聚焦权责清晰、财力协调、区域均衡三方面目标要求，要进一步理顺中央和地方财政关系，加快形成稳定的各级政府事权、支出责任与财力相适应的制度。一是清晰划分中央与地方财政事权和支出责任。适当加强中央事权、提高中央财政支出比例。中央财政事权原则上通过中央本级安排支出，减少委托地方代行的中央财政事权。不得违规要求地方安排配套资金，确需委托地方行使事权的，通过专项转移支付安排资金。二是优化中央和地方收入划分。增加地方自主财力，拓展地方税源，适当扩大地方税收管理权限。结合税制改革优化共享税分享比例。完善产业在国内梯度有序转移的协作机制，推动转出地和承接地利益共享。规范非税收入管理，适当下沉部分非税收入管理权限，由地方结合实际差别化管理。三是完善财政转移支付体系。清理规范专项转移支付，增加一般性转移支付，提升市县财力同事权相匹配程度。建立促进高质量发展转移支付激励约束机制。同时，继续推进省以下财政体制改革，优化省以下财力分配，切实加强基层财力保障。

【课后习题】

一、名词解释

财政分权　政府事权、财政事权、支出责任　分税制　转移支付制度

二、简答题

1. 简述财政分权的优势与弊端。
2. 简述财政转移支付的目标及分类。

三、论述题

1. 如何完善我国分税制财政管理体制？
2. 结合中国预算管理体制演变的历程，分析其演变的原因和产生的经济影响。

第十二章　财政政策

学习目标

1. 掌握财政政策的主要政策工具及作用机制。
2. 掌握财政政策与货币政策相互配合的基本原理。
3. 了解我国财政政策的演进与变化。

案例导入

2024年积极的财政政策适度加力、提质增效

据财政部网站消息，2024年，财政部将坚持稳中求进工作总基调，完整、准确、全面贯彻新发展理念，加快构建新发展格局，着力推动高质量发展，积极的财政政策适度加力、提质增效，巩固和增强经济回升向好态势，持续推动经济实现质的有效提升和量的合理增长。

在“适度加力”方面，加强财政资源统筹，组合使用赤字、专项债、国债、税费优惠、财政补助等多种政策工具，适度扩大财政支出规模，促进经济持续回升向好。继续安排适当规模的地方政府专项债券，支持地方加大重点领域补短板力度。中央对地方转移支付仍然保持一定规模，特别是增加均衡性转移支付，并向困难地区和欠发达地区倾斜，省级财政要优化省以下财力分配。精准高效落实结构性减税降费政策，重点支持科技创新和制造业发展。

在“提质增效”方面，着力推进财政管理法治化、科学化、标准化、规范化，把同样的钱花出更大的成效。落实党政机关要习惯过紧日子的要求，集中财力办大事。优化财政支出结构，用好有限的增量资金，同时下大力气盘活、调整存量。全面实施预算绩效管理，加大财会监督力度，规范财政收支行为，提高财政资源配置效率和资金使用效益。加强财政政策与其他宏观政策协同联动，着力提升促进高质量发展的效果。

（一）支持加快现代化产业体系建设。持续加大科技投入，使用方向进一步向基础研究、应用基础研究、国家战略科技任务聚焦，推动高水平科技自立自强。加大产业科技创新支持力度，加强制造业领域重点研发计划、重大专项等保障，支持企业更多参与国家重大科技项目。落实好研发费用加计扣除、科技成果转化税收减免、

固定资产加速折旧等优惠政策，激励企业加大创新投入。落实专精特新中小企业财政支持政策。深入实施中小企业数字化转型城市试点。

（二）支持扩大国内需求。推进全国统一大市场建设，在财政补助、税费优惠、政府采购等方面对各类经营主体一视同仁、平等对待。加大社会保障、转移支付等调节，增加城乡居民收入。研究鼓励和引导消费的财税政策，推动壮大消费新增长点。深入推进实施县域商业建设行动，支持健全消费相关基础设施。继续用好2023年增发国债资金，严格按照项目实施进度及时拨付资金。政府投资重点支持关键核心技术攻关、新型基础设施、节能减排降碳，培育发展新动能，加强民生等经济社会薄弱环节，加快推进“十四五”规划重大工程项目。

（三）支持保障和改善民生。实施好就业优先政策，统筹运用税费减免、社保补贴、贷款贴息等政策，多渠道支持企业稳岗扩岗、个人创业就业。继续加大教育投入，推动高质量教育体系建设。完善医疗卫生保障制度，支持深化以公益性为导向的公立医院综合改革。健全社会保障体系，深入实施企业职工基本养老保险全国统筹，加强分层分类社会救助保障。严格“三保”支出预算管理，加大财力下沉力度，强化地方财政运行跟踪监测。

（四）支持推进城乡融合、区域协调发展。支持抓好“三农”工作，提高高标准农田建设投入标准，强化农业科技和装备支撑等，提升粮食安全保障能力，切实巩固拓展脱贫攻坚成果。进一步推动转移支付与农业转移人口市民化挂钩，并安排一定规模奖励资金。支持实施城市更新行动，推进保障性住房建设、“平急两用”公共基础设施建设、城中村改造等“三大工程”。进一步完善支持重大区域战略的财税政策，加大对革命老区、民族地区、边疆地区的支持力度。做好财税制度设计，稳妥推进海南自贸港建设。

（五）有效防范化解地方政府债务风险。坚持尽力而为、量力而行，深入开展财政承受能力评估等，增强财政可持续性。强化地方政府债务管理，严格落实一揽子化债方案，加大存量隐性债务化解力度，坚决防止新增隐性债务，健全化债长效机制。严肃财经纪律，严格执行各项财经法规和管理制度，坚决查处各类违法违规行为。

（六）积极稳妥谋划新一轮财税体制改革。紧紧围绕中国式现代化目标任务和高质量发展要求，坚持系统思维、问题导向、先立后破，研究推进财税体制改革，健全现代预算制度，优化税制结构，完善财政转移支付体系。

简要分析：

1. 结合本章学习，为什么我们现阶段实施积极的财政政策？

2. 现阶段的财政政策和货币政策怎样相互配合实现经济提质增效？

第一节　财政政策概述

一、财政政策的概念和分类

（一）财政政策概念

财政政策是指国家在一定时期根据自身的政治、经济、社会发展的任务制定的处理各种财政分配关系的基本准则，是财政关系在国家意志中的客观体现。概括来说，财政政策是指一国政府为实现一定的宏观政策目标而调整财政收支规模和收支平衡的指导原则及其相应的措施。财政政策贯穿于财政工作的全过程，体现在收入、支出、预算平衡和国家债务等各个方面。因此，财政政策是由支出政策、税收政策、预算平衡政策、国债政策等构成的一个完整的政策体系。在市场经济条件下财政功能的正常发挥，主要取决于财政政策的适当运用。财政政策运用得当，就可以保证社会经济的持续、稳定、协调发展，财政政策运用失调，则会引起社会经济的失衡和波动。

财政政策作为一个有机的整体，由政策目标、政策工具、政策传导三方面的内容组成。所谓政策目标，是指通过政策的实施所要达到或实现的目的。它构成政策的核心内容，规定着财政政策的性质和方向。所谓政策工具，是指为了实现既定的政策目标所选择的组织方式和操作方式。政策工具是为政策目标服务的。没有政策工具，政策目标就无从实现；政策工具选择是否恰当，操作力度的大小，工具之间的配合状况，直接决定政策的质量。所谓政策传导，是指政府从操作政策工具到实现政策目标所经由的媒介及其运行过程。

（二）财政政策分类

1. 根据调节国民经济总量的不同功能划分

根据调节国民经济总量的不同功能划分，财政政策可分为扩张性财政政策、紧缩性财政政策和中性财政政策。

（1）扩张性财政政策。扩张性财政政策是指通过财政收支规模的变动来增加和刺激社会的总需求，在总需求不足时，通过扩张性财政政策使总需求与总供给的差额缩小以至平衡。扩张性财政政策的载体主要是增加财政支出和减少税收，两者相比，前者的扩张效应更大一些。财政支出是社会总需求的直接构成因素，财政支出规模的扩大会直接增加总需求，增加支出的乘数效应大于减税的乘数效应。减税政策可以增加民间的可支配收入，在财政支出规模不变的情况下，也可以扩大社会总需求。同时，减税的种类和方式不同，其扩张效应也不同。流转税的减税在增加需求的同时，对供给的刺激作用更大，所以，它的扩张效应主要表现在供给方面。所得税尤其是个人所得税的减税，主要在于增加人们的可支配收入，它的扩张效应体现在需求方面。在增加支出与减税并举的情况下，扩张效应虽然更大，但可能导致财政赤字，从这个意义上说，扩张性财政政策等同于赤字财政政策。

（2）紧缩性财政政策。紧缩性财政政策是指通过财政收支规模的变动来减少和抑制总需求，在国民经济已出现总需求过旺的情况下，通过紧缩性财政政策可以消除通货膨胀，达到供求平衡。实施紧缩性财政政策的手段主要是减少财政支出和增加税收。减少支出可以降低政府的消费需求和投资需求，增加税收可以减少私人部门的可支配收入，进而降低其消费需求和投资需求。所以，无论是减支还是增税，都具有减少和抑制社会总需求的效应。如果在一定经济状态下，增税与减支并举，财政盈余就有可能出现，在一定程度上说，紧缩性财政政策等同于盈余财政政策。

（3）中性财政政策。中性财政政策是指财政收支活动对社会总需求的影响保持中性，既不产生扩张效应，也不产生紧缩效应。在一般情况下，中性财政政策要求财政收支保持平衡。在经济政策理论中，一般把通过增加盈余或减少盈余以及增加赤字或减少赤字的形式表现出来的财政政策，称为非均衡财政政策，而以收支均衡的形式表现出来的财政政策，称为均衡财政政策。均衡财政政策的主要目的在于力求避免预算盈余或预算赤字可能带来的消极后果。但是，预算收支平衡或均衡财政政策，并不等于中性财政政策。因为通过支出结构的调整和税收政策的调整同样可以对经济发挥调节作用，而且平衡预算本身也能带来一倍的乘数效应。

2. 根据调节经济周期的作用划分

根据调节经济周期的作用划分，财政政策可分为自动稳定的财政政策和相机抉择的财政政策。

（1）自动稳定的财政政策。这种政策本身具有内在的调节功能，能够根据经济波动情况，无须借助外力而自动地发挥稳定作用。比如税收体系，特别是企业所得税和累进的个人所得税，对经济活动水平的变化反应相当敏感。如果当初政府预算是平衡的，税率没有变动，而经济活动出现不景气，国民产出就要减少，这时税收收入也会自动下降；如果政府预算支出保持不变，则由税收收入的减少导致预算赤字发生，这种赤字具有一种内在的扩张力量，会“自动”地抑制国民产出的继续下滑。又如，政府为维持居民的最低必要生活水平而提供的失业救济金和最低生活保障金等福利性支出。当国民经济出现衰退时，就会有一大批居民享有失业救济金和低保收入，从而可以使总需求不致猛然下降；而当经济繁荣来临时，失业者可重新获得工作机会，政府就可以停止失业救济和低保支出，从而可以抑制总需求的过旺。

专栏 12－1

我国小微企业税收优惠政策应对经济波动

小微企业在我国经济格局中占据关键地位，是推动经济发展、稳定就业以及促进创新的重要力量。为助力小微企业抵御经济波动冲击，我国政府出台了一系列税收优惠政策，这些政策在稳定经济方面发挥了显著的自动稳定功效。

在增值税方面，依据《财政部　税务总局关于实施小微企业普惠性税收减免政策的通知》，对月销售额10万元以下（含本数）的增值税小规模纳税人，免征增值税。这一政策极大减轻了小规模纳税人的资金压力，特别是在经济下行阶段，当市场需求萎缩、企业经营困难时，免征的增值税资金可直接用于支付房租、员工薪酬及采购原材料，维持企业正常运转。

企业所得税领域，针对小型微利企业实施了分级优惠政策。具体而言，小型微利企业需满足从事国家非限制和禁止行业，且年度应纳税所得额不超过300万元、从业人数不超过300人、资产总额不超过5 000万元等条件。对于年应纳税所得额不超过100万元的部分，减按25%计入应纳税所得额，按20%的税率缴纳企业所得税；对年应纳税所得额超过100万元但不超过300万元的部分，减按50%计入应纳税所得额，同样按20%的税率缴纳企业所得税。这种阶梯式的优惠政策，使得不同盈利水平的小型微利企业均能受益。在经济低迷时期，企业利润下滑，通过享受该优惠政策，可有效降低纳税负担，保留更多资金用于研发投入、设备更新或市场拓展，助力企业渡过难关；在经济繁荣阶段，随着企业规模扩大、盈利增加，当超出小型微利企业标准时，纳税逐渐回归正常水平，避免企业盲目扩张，维持经济平稳发展节奏。

此外，由省、自治区、直辖市人民政府根据本地实际情况与宏观调控需求确定，增值税小规模纳税人可在50%的税额幅度内减征资源税、城市维护建设税、房产税、城镇土地使用税、印花税（不含证券交易印花税）、耕地占用税以及教育费附加、地方教育附加。这一政策赋予地方政府一定灵活性，地方可依据当地小微企业的实际状况进行精准扶持。

请思考：除案例中的税收政策，我国还有哪些财政政策能在经济波动时发挥自动稳定作用？应如何进一步完善这些政策？

（2）相机抉择的财政政策。这种政策是政府利用本身财力有意识地干预经济运行的行为，政府可以根据当时的经济形势，采用不同的财政措施，消除通货膨胀缺口或通货紧缩缺口。比如，在经济繁荣时期，为了减少通货膨胀因素，政府通过增收减支等政策以抑制和减少社会有效需求；而在经济萧条时期，为了减少通货紧缩因素，政府则通过增支减收等政策来增加消费和投资需求，谋求整个社会经济有效需求的增加。

3. 根据政策发挥作用的期限划分

根据政策发挥作用的期限划分，财政政策可以划分为中长期财政政策和短期财政政策。

中长期财政政策是为国民经济发展的战略目标服务的政策。致力于促进经济的长期稳定增长、推动经济结构调整和转型升级、实现社会公平和可持续发展等。如在较长时期内实施的税收制度安排、政府支出重点方向、重大基础设施建设规划、对特定产业的长期扶持或调整等，具有战略性、稳定性和持续性的特征。

短期财政政策属于战术性政策，适用于特定时期和特定范围，侧重于应对经济运行中的短期波动和周期性变化。如在经济衰退时采取扩张性财政政策，增加政府支出、减少税收以刺激经济；在经济过热时采取紧缩性财政政策，减少支出、增加税收来抑制经济过热。更强调时效性和灵活性，以实现短期内经济的平稳运行和宏观经济目标的达成。

4. 根据财政政策作用的不同方面划分

根据财政政策作用的不同方面划分，即将财政政策本身的内容与对经济运行状态的影响结合起来进行分析，可将其分为总量调节政策和结构调节政策。总量调节政策是通过调整财政收支及其总量对比关系实现社会总供求平衡的政策。结构调节政策是通过调整财政收支结构及其他措施影响社会供求结构的政策。

二、财政政策目标

（一）充分就业

充分就业是指有工作能力并且愿意工作的人都能够按照现行工资水平得到工作。充分就业并非失业率为零的就业状态，而是指在允许适度失业率（比如4%—6%）的前提下，所有有就业愿望的劳动年龄人口都能找到维持生存与发展需要的就业岗位的状态。无论对个人还是家庭来说，就业是避免贫困和消除依赖性的最可靠途径，它不仅是人谋生的手段，同时也是人融入社会大家庭的基本方式。从这个意义上讲，就业是人的最基本权利，就业是民生之本。全体人民的“各尽其能、各得其所”是社会主义和谐社会的本质特点。因此，社会主义和谐社会也就是实现了充分就业的社会。

（二）经济增长

经济增长是指一个国家或一个地区在一定期间内（通常为1年）的国民生产总值或国民收入的实际总量增长。为促进经济的适度增长，财政政策必须在经济增长的基础上保持财政收入的适度增长，优化支出结构。当前要加大“三农”的投入，促进城乡协调发展；加大教育、卫生、科技和社会保障等各项社会事业的投入，促进经济与社会协调发展；加大转移支付力度，促进地区的协调发展。

（三）物价稳定

通货膨胀的社会代价和经济代价已经越来越引人关注，因为持续上升的物价水平造成了经济中的不确定性。物价的稳定是世界各国均在追求的重要目标，也是财政政策稳定功能的基本要求。物价相对稳定，并不是冻结物价，而是把物价总水平的波动约束在经济稳定发展可容纳的空间。物价相对稳定，可以具体释义为：避免过度的通货膨胀或通货紧缩。在采取财政措施时必须首先弄清导致通货膨胀或通货紧缩的原因，如果是由于需求过旺或需求不足造成的，则需要调整投资性支出或通过税收控制工资的增长度，如果是由结构性摩擦造成的，则必须从调整经济结构着手。

（四）国际收支平衡

近年来，随着各国经济的发展，国家间实力对比发生变化，贸易逆差问题引起了各个国家的重视。国际收支会影响一国的经济稳定增长，也影响一国的物价水平，还间接影响一国的就业水平。同样，财政政策也会有力地影响一国的国际收支。通过合理的财政政策，可以在一定程度上调节进出口和资本流动，促进国际收支趋向平衡。例如，通过调整税收政策影响进出口商品的成本和价格，进而影响贸易收支；通过财政支出政策引导资源配置和经济结构调整，改善国际收支状况。实现国际收支平衡有助于维护国家经济的外部稳定，保障经济健康持续发展，减少外部经济波动对国内经济的冲击，提高国家在国际经济中的地位和竞争力。

三、财政政策工具

财政政策工具是财政政策主体所选择的用以达到政策目标的各种财政政策手段，主要有税收、一般公共支出、政府公共投资公债等，以及各种手段的相机配合运用。

（一）税收政策

税收是政府组织财政收入的基本形式，也是财政实施宏观调控的重要政策手段。税收对供求总量的调控，是通过调整税负直接影响企业和居民的税后可支配收入来实现的。政府通过增加或减轻税负来减少或增加企业和居民的税后可支配收入，在预算支出规模不变的情况下，一方面可以调节社会总需求，起到限制或刺激需求的作用，另一方面也可以影响企业与居民的储蓄投资能力，从而对社会总供给产生效应，起到刺激增加或限制减少社会总供给的作用。税收政策手段的运用还可对供求结构发挥调控作用。税收对供求结构的调控表现在对地区间经济结构的调控和对产业结构的调控等方面。

税收政策工具的内容主要有：税种的开征与停征，税率的提高与降低，税收征收面的扩大与收缩，税收优惠的增加与减少等。税收政策工具具有乘数效应。税收作为政策工具对社会总需求的调节作用不仅限于增加或减少税负本身，它还会通过税收乘数发挥更大的作用。

（二）公共支出政策

公共支出政策包括购买性支出和转移性支出两大部分。其中，前者是一种政府的直接消费或投资支出，而后者则通过财政补贴等形式将货币收入从一方转移到另一方。财政补贴的运用一方面对实现体制的平稳过渡发挥了重大作用，另一方面则产生了一些诸如延续不合理的比价关系或资源配置格局等消极的影响。因而在应用时必须充分考虑到它的双重作用。

（三）政府投资政策

政府投资政策是指财政用于资本项目的建设支出，它最终将形成各种类型的固定资产。在市场经济条件下，政府投资的项目主要是指那些具有自然垄断特征、外部性大、产业关联度高、具有示范和诱导作用的公共设施、农业等基础性产业以及新兴的高科技主导产业。政府的投资能力与投资方向对经济结构的调整起关键性作用。考虑到国民经济基础设施和基础产业的“瓶颈”制约现状，政府投资所产生的效应，就不局限于自身的投资效应；作为一种诱发性投资，它可将“基础瓶颈”制约所压抑的私人部门的生产潜力释放出来，并使国民收入的创造达到一个较高的水平。这就是政府投资在“基础瓶颈”条件下所产生的“乘数效应”。

（四）国债政策

作为一种财政信用形式，国债最初是用来弥补财政赤字的，随着信用制度的发展，国债已成为调节货币供求、协调财政与金融关系的重要政策手段。在现代信用经济条件下，国债的调节作用主要体现在下述三种效应上：一是“挤出效应”，即由于国债的发行，使私人部门的投资或消费资金减少，从而对民间部门的投资或消费起调节作用；二是“货币流动效应”，即国债发行引起货币供求变动，一方面可能使部分“潜在货币”变为现实流通货币，另一方面则可能把存于民间部门的货币转到政府部门，或由于中央银行购买公债增加货币的投放；三是“管理效应”，政府可以通过调整国债规模、选择购买对象、区分国债偿还期限、制定不同国债利率等来实现财政政策的目标。

第二节　财政政策与货币政策配合

财政政策与货币政策作为宏观经济调控的两大核心手段，在现代市场经济体系中占据着举足轻重的地位。在复杂多变的经济运行环境下，深入剖析财政政策和货币政策的内涵、特点及其配合机制，不仅有助于理论界深化对宏观经济调控理论的理解，更为政策制定者在不同经济形势下精准抉择政策组合、提升调控效能，进而实现经济的平稳健康可持续发展，提供了至关重要的理论支撑与实践指导。

一、货币政策概述

所谓货币政策，是指一国政府为实现一定的宏观经济目标所制定的关于调整货币供应的基本方针及其相应的措施。它由货币政策的目标、货币政策工具和货币政策的传导三个部分组成。

（一）货币政策的目标

同样作为国家宏观经济政策，货币政策的目标与财政政策的目标是相同的，主要有充分就业、物价稳定、经济增长和国际收支平衡。但一般来说，货币政策的目标主要有两个：一是保持货币币值稳定；二是促进经济增长。

中国货币政策的基本目标是稳定货币。稳定货币是指把货币供应量控制在客观需要量的范围内，这就是说，货币供应量不能超过货币的客观需要量，但货币投放量究竟多少为宜，可以在货币需要量所允许的空间内进行选择。稳定货币和发展经济的目标是一致的。货币是发展生产的第一推动力和持续推动力，特别是当潜在的生产要素未被充分利用时，追加货币投放可以使潜在的生产要素变为现实的生产要素，促进经济的发展。稳定货币是发展经济的必要条件，中国经济建设的实践证明，没有一个良好的、稳定的货币金融环境，要保持经济的稳定发展是不可能的；但发展经济又是稳定货币的前提，只有经济持续、稳定和协调发展，才能保持货币的稳定。不过在稳定货币与发展经济二者有时也会存在矛盾。例如，为了刺激经济增长和减少失业，政府通常采取货币扩张政策，但会带来通货膨胀；反之，为了抑制通货膨胀，政府通常采取紧缩银根的政策，其结果往往是以牺牲经济增长为代价。这就使得政府面临两难的选择——刺激经济增长，还是稳定物价和币值。在处理这些矛盾时，经济学家们提出了一些可供选择的办法，具体如下：

一是“相机抉择”。凯恩斯主义认为，经济经常处于波动之中，并且是不可预测的，政府只能根据当前的经济形势进行判断，选择某个目标作为重点，或是以稳定物价为优先目标，或是以促进经济增长、减少失业为优先目标，同时操作政策工具，掌握政策力度，以解决当前国民经济中的主要问题。

二是“单一规则行事”。新货币学派认为，货币需求量是可测的，为了避免上述两种措施的变化可能带来的货币供应不稳定、经济大起大落的现象，他们提出了“单一规则行事”的选择办法，即主张根据一段时期内经济发展的要求，确定某一货币供应增长率，并在上下浮动不大的范围内具体掌握，从而把货币供应增长率控制在一定的范围内，实现经济增长。

上述选择办法各有特点。实行“相机抉择”的最大难题是，由于人们对宏观事物的认识受主客观因素的制约，因此，在经济发展过程中，人们很难确定当前的经济是处于经济周期的何种阶段。作为对过去经验的总结，人们可以判断出过去经济周期的大体概况，但就当前经济周期的状况而言，是难以准确判别的。“单一规则行事”虽然可以避免上述问题，但在一段时期内，以单一既定的货币供应增长率将货币供应量控制在一定范围内的办法，会使经济错过好的发展机会，事实上它是以牺牲经济增长为代价的。

（二）货币政策工具

1. 法定存款准备金率

为保证商业银行资产的流动性，降低银行风险，中央银行规定，商业银行等金融机构必须按照规定的比率，将所吸收的存款的一部分交存中央银行，这种按规定比率缴存中央银行的资金就是法定存款准备金。应缴存的比率称为法定存款准备金率。

中央银行可以通过调高或调低法定存款准备金率，来增加或减少商业银行应缴存到中央银行的存款准备金，从而影响商业银行的贷款能力和派生存款能力，以达到调节货币供应量的目的。如果中央银行调低法定存款准备金率，则商业银行可以减少其上缴存款准备金的数量，增强贷款能力，扩大贷款规模，并通过存款的倍数效应扩大货币供应量；反之亦然。

2. 再贴现率

再贴现率是指商业银行向中央银行办理商业票据再贴现时所使用的利率。中央银行可以通过调高或调低再贴现率的办法来影响商业银行的贷款规模。如果中央银行调低再贴现率，降低商业银行向中央银行借入资金的成本，这样商业银行也可以调低其贷款利率，从而起到刺激企业贷款需求、扩大商业银行贷款规模和扩大货币供应量的作用；反之，如果中央银行调高再贴现率，就会缩减商业银行贷款规模并减少货币供应量。

3. 公开市场业务

公开市场业务是指中央银行在金融市场上买卖有价证券，以此来影响货币供应量和市场利率的行为。当金融市场资金缺乏时，中央银行通过公开市场业务买进有价证券，投放基础货币，引起货币供应量的增加和利率的下降；当金融市场上的投资过多时，中央银行通过公开市场业务卖出有价证券，收回基础货币，引起货币供应量的减少和利率的提高。中央银行以这种业务来扩张或收缩信用，调节货币供应量，它是目前西方发达国家运用得最多的货币政策工具。

（三）货币政策的传导

从货币政策工具的运用到政策最终目标的实现，要经历一个传导过程，这种传导过程一般包括两个层次：第一个层次是中央银行操作各种政策工具，以影响商业银行的行为；商业银行对中央银行的行为做出反应，相应调整其对企业、家庭部门的贷款规模，从而实现中间目标。第二个层次是企业、家庭对商业银行的行为做出反应，相应调整其投资支出和消费支出，最终影响社会总需求，从而实现货币政策的最终目标。

二、财政政策与货币政策配合的必要性

在我国财政与银行信贷是国家从宏观上集中分配资金的两条不同的渠道，二者都能对社会的总需求与总供给发挥调节作用，而且二者的作用是紧密联系的，但二者在消费需求与投资需求形成中的作用又是不同的，是不可相互替代的。财政政策与货币政策配合的必要性主要是由财政政策与货币政策的功能差异所决定的。财政政策与货币政策的功能差异主要表现在以下几个方面：

（一）传导过程差异

中央银行的货币政策措施一般是通过商业银行传导到企业和居民，影响企业和居民的经济行为，进而达到宏观调控的目标。由此可见，货币政策的传导过程具有多层次性的特点。而财政政策措施一般是直接作用于企业和居民，例如，通过调整税率或累进的个人所得税税率的自动稳定功能，以及对个人转移支付，财政政策会直接影响到个人的经济行为；财政政策对企业的作用过程也是直接的，具有直接性的特点。

（二）政策调整时滞差异

由于政策运行本身是在不断变化的，为了实现既定的宏观经济管理目标，政策制定与操纵当局必须适时调整政策。然而，从政策制定与操纵者对经济形势的确认，到政策调整再到调整后的政策作用于市场经济行为主体，进而实现政策目标，需要耗费一定的时间，经济学称这种时间耗费为政策调整时滞。政策调整的时滞性有三种：认识时滞、决策时滞和执行时滞。财政政策的认识时滞短、决策时滞长，而执行时滞较短。这是因为财政政策中存在的问题通常能够被人们尽快地把握，但决策却需要花费相当长的时间，如税率的调整、公共支出的增减等问题，需要经过立法机构的审批或经过预算程序，还要考虑选民的意愿等，但财政政策一旦被确定下来，通常付诸执行的时间就比较快，自上而下，传导过程较短，漏损也较小。货币政策与财政政策正好相反，其认识时滞长、决策时滞短，而执行时滞较长。因为货币现象的透明度较差，令人难以准确把握，而一旦把握住实质，中央银行制定相应对策的时间较短，但是政策付诸行动后，传导过程较长，漏损也较大，可能会出现偏离目标的现象，执行所需要的时间较长。

（三）政策调节的侧重点差异

一般地，货币政策侧重于对总量的调节，而财政政策则侧重于对结构的调节各种货

币政策工具的运用，基本上是以对货币量或货币流通的规模调节为中介目标的，诸如利率调节、存款准备金调节乃至计划手段的调节等，最终都将导致货币规模的变动，进而实现对需求的调节。因此，货币政策的侧重点是调节货币供求总量，解决通货膨胀问题；财政政策的侧重点则是解决通货紧缩和结构性平衡问题。

除以上内容以外，在财政政策和货币政策之间还存在着其他一些差异，如货币政策的透明度较差，而财政政策的透明度较高等。财政政策和货币政策之间的差异表明，两种政策的作用是不可相互替代的，只有相互配合、相互协调，才能有效地达到对国民经济进行宏观调控的目的。

三、财政政策与货币政策配合的方式

财政政策与货币政策是政府实施宏观调控的两项主要政策，两者的协调配合问题是政府宏观调控目标能否实现的关键。财政政策和货币政策如果都按“松”“中”“紧”三种类型划分的话，它们的组合方式就有九种。

（一）在经济形势特别严峻的情况下，一般采取“双松”或“双紧”的政策组合

在经济形势特别严峻的情况下，财政政策和货币政策必须同时向一个方向用力，这样政策效果才能显示出来，才能走出经济危机。

在通货紧缩严峻的情况下，国家一般采取“双松”的政策组合。在这种政策组合方式下，在运用财政政策扩大总需求的同时，中央银行增加货币供给量，阻止利率上升，抵消或减少财政政策的挤出效应，因此会使总需求在短时间内迅速扩大，对经济具有很强的刺激作用。这种政策组合适于在总需求严重不足、生产资源大量闲置、解决失业和刺激经济增长成为宏观调控的首要目标时使用，否则可能导致严重的通货膨胀。

在通货膨胀严峻的情况下，国家一般采取“双紧”的政策组合。在这种政策组合方式下，政府通过增加税收、削减政府支出规模等限制消费和投资，抑制总需求；中央银行紧缩银根，减少货币的供给，刺激利率上升，导致私人投资减少，总需求下降。这种双管齐下的措施使总需求迅速收缩，能够有效遏制恶性通货膨胀，但会导致经济增长缓慢，甚至陷于衰退的境地。这种政策组合主要在总需求极度膨胀、总供给严重不足、物价大幅攀升、抑制通货膨胀成为首要目标时采用。

（二）在经济问题比较严重的情况下，一般采取“一中一松”或“一中一紧”的政策组合

在经济问题比较严重的情况下，国家应通过一个“中”的政策来稳定国民经济大局，通过另一个“松”或“紧”的政策来对国民经济施加影响。例如，我国 2011 年的宏观经济政策采用的是“一中一松”的政策组合。通过一个“松”的政策即积极的财

政政策，继续推动经济的增长，防止经济第二次探底；通过一个“中”的政策即稳健的货币政策，不断稳定物价，防止物价过快上涨。

（三）在经济问题较轻的情况下，一般采取“一紧一松”的政策组合

在经济问题较轻的情况下，国家如果单一采取某种政策很容易导致政策力度过头，产生政策负效应的现象；如果采取“一紧一松”的政策组合，就可以使一部分政策力度相互抵消，使另一部分政策力度发挥作用，从而实现对国民经济的微调。

扩张性的财政政策和紧缩性的货币政策的组合，即“一松一紧”的政策组合。在这种政策组合方式下，政府适当扩大财政支出和减税；同时，中央银行严格控制货币供应量，促使利率上升，产生“挤出效应”，从而使总需求不会大幅度上升。这种政策组合主要在经济比较繁荣但公共投资不足时采用。

紧缩性的财政政策和扩张性的货币政策的组合，即“一紧一松”的政策组合。在这种政策组合方式下，政府对财政支出严加控制，采用增税措施，抑制总需求；同时，中央银行根据实际情况，采取适当放松银根的货币政策，促使利率下降，以刺激私人投资。这种政策组合适合在财政赤字较大但经济处于轻度衰退时采用。

（四）在经济形势较好的情况下，一般采取“双中”的政策组合

在经济形势较好的情况下，国民经济处于均衡状态，高增长、低通胀、低失业。为保持国民经济的大好形势，一般采取稳健的财政政策和稳健的货币政策的组合，即“双中”的政策组合。在这种政策组合方式下，政府一般不对国民经济总量施加政策影响力，而是通过财政政策和货币政策的结构性调整来优化国民经济结构。

总之，国家应根据经济运行的实际情况，决定采用哪种政策组合方式。只有财政政策与货币政策配合适当，并在合适的时机切入，才有可能实现最佳的政策效果。这一点已经为许多国家的实践所证实。

第三节　我国财政政策的实践

在不同历史时期，我国经济面临着各异的发展态势与挑战，财政政策作为宏观经济调控的关键手段，始终发挥着举足轻重的作用。财政政策通过对政府收支的精准把控，调节社会总需求与总供给的动态平衡，进而影响经济增长、物价水平、就业状况等核心经济变量。从 1988 年起，我国经济历经多轮起伏，面对各异的经济形势，财政政策不断调适自身取向与工具组合，与货币政策协同发力，在熨平经济波动、推动结构优化、实现经济高质量发展等方面留下了深刻且丰富的实践轨迹，对剖析财政政策理论与指导未来政策制定具有重要意义。

一、第一阶段（1988—1992 年）

改革开放以后，中国国民经济开始进入快速增长期。从 1984 年后期开始，国民经济过热的迹象逐步显现，投资消费高速增长，物价水平大幅攀升。与此同时，财政赤字不断扩大，为弥补赤字，银行超量发行货币，又加剧了通货膨胀。在此背景下，1988 年 9 月，党的十三届三中全会提出“治理经济环境、整顿经济秩序全面深化改革”的方针，开始实行紧缩财政、紧缩信贷的“双紧”政策。紧缩性财政政策的手段主要包括：压缩固定资产投资规模；控制社会消费需求，紧缩中央财政开支；进行税利分流试点和税制改革，开征建筑税和特别消费税。紧缩性货币政策的手段主要包括：实施“控制总量，调整结构”的货币政策，紧缩货币发行，采取信贷规模控制，将贷款控制权集中于中国人民银行总行：建立起全社会信贷监控制度，加强信贷结构调节，提高贷款利率，调高银行准备金率。

“双紧”的财政货币政策实施后，经济过快增长得到了控制，物价迅速回落到正常水平，但同时导致企业流动资金严重短缺，生产难以正常运转，国民经济增长率快速下滑。有鉴于此，货币政策从 1989 年 9 月开始调整，包括扩大基础货币投放量和银行信贷规模；下调利率，对国家重点项目建设实行优惠利率。

二、第二阶段（1993—1997 年）

1992 年邓小平南方视察之后，中国经济开始进入活跃期，到 1993 年上半年经济运行的各项指标不断攀升，投资增长过猛，金融业陷入无序状态，银行信贷规模一再突破计划，物价水平迅速上升，经济形势再度严峻。在此背景下，中央从 1993 年下半年开始实施适度从紧的财政政策和适度从紧的货币政策。

适度从紧财政政策的主要手段：进行大规模的税制改革，建立以增值税为主体的新流转税制度，扩大消费税的征收范围，调整营业税税目，改革企业所得税和个人所得税制度，理顺政府、企业和个人之间的分配关系，增加财政收入；实行分税制改革，调整中央与地方的财政分配关系，增加中央财政收入；实行财政支出总量从紧，严格控制投资规模。适度从紧货币政策的主要手段：严格控制货币供应增长速度；实行贷款规模限制；停止发放政府赤字融资信贷；提高银行存贷款利率；实行保值储蓄；从 1996 年开始，正式将货币供应量确定为货币政策中介目标，中央银行加大控制基础货币的投放量，间接控制狭义和广义货币数量，运用本外币进行对冲操作，减少行政干预方式。

在适度从紧的财政与货币政策下，国民经济逐渐回落到适度增长的区间，通货膨胀得到有效抑制，国民经济基本实现了“软着陆”。但是，从 1996 年开始，经济增长出现了下滑的趋势。

三、第三阶段（1998—2003 年）

1997 年 7 月，亚洲金融危机爆发，并迅速席卷东南亚诸国，中国的对外贸易受到严重冲击。与此同时，国内经济在“双紧”政策的作用下，出现国内需求不足的情况。在国内外经济形势的共同作用下，国民经济形成通货紧缩的局面。为了有效扩大内需，促进经济增长，从 1998 年 7 月开始，中央实施了积极财政政策，配合以稳健（偏松）的货币政策。

积极财政政策的主要内容：增发国债，加强基础设施投资，1998—2003 年共发行长期建设国债 8 000 亿元；增加社会保障、科教等重点领域的支出；调整税收政策，支持出口、吸引外资和减轻企业负担。稳健（偏松）货币政策的主要内容：以稳定币值为目标，保持广义货币供应量稳定增长；取消信贷规模限额控制；为了刺激投资需求，从 1998 年 3 月至 2002 年 2 月连续 5 次降低利率，1998 年 3 月和 1999 年 11 月两次调低银行准备金率。

积极财政政策和稳健（偏松）货币政策在扩大投资、鼓励出口、拉动经济增长等方面取得了显著的成效，成功地抵御了亚洲金融危机的冲击和影响，宏观经济运行状况有了根本改善，通货紧缩的趋势得到了有效遏制，社会总需求全面回升。但是，从 2003 年开始，经济过热的趋势开始出现。

四、第四阶段（2003—2008 年）

在一系列扩大内需的政策作用下，经济运行再次出现过热，投资需求膨胀，贷款规模偏大，电力、煤炭和运输紧张状况加剧，通货膨胀压力加大，国民经济结构问题严重。在此背景下，货币政策于 2003 年开始从稳健（偏松）转向了稳健（偏紧），同时积极财政政策逐渐淡出，从 2005 年开始正式提出了稳健的财政政策。稳健财政政策的主要内容：增收节支，控制赤字，减少国债发行规模；有保有控，在总量控制下进行结构性调整，调整国债投资和财政支出结构，向农村、西部、东北、生态环保等方面倾斜；推进税制改革，调整税收结构，创造更加公平的投资环境。

稳健（偏紧）货币政策的主要内容：控制货币供应量增长，提高银行存款准备金率，从 2003 年 9 月至 2007 年 12 月共调高银行准备金率 15 次；提高存、贷款利率，从 2004 年 10 月至 2007 年 12 月共调高银行存、贷款利率 11 次。由于财政政策的紧缩力度不大，国民经济没有立即出现回落迹象，反而于 2007 年出现了严重的通货膨胀现象。有鉴于此，中国人民银行加大了货币政策的紧缩力度，一方面不断提高银行利率和准备金率，另一方面又一次实施了严厉的信贷规模控制，并于 2007 年年底正式提出了实施“从紧”的货币政策，2008 年 1 月至 6 月，中国人民银行又连续六次提高存款准备金率。

五、第五阶段（2008 年 11 月—2012 年）

2008 年，由美国次贷危机引发的金融危机波及全球，中国也难以幸免，外贸出口受到严重冲击；与此同时，在从紧货币政策的作用下，国内企业面临着严峻的资金压力，投资需求受到抑制。在国内外双重压力下，中国传统的靠“投资—出口”拉动的增长模式失灵，国民经济增速出现明显下滑。在此背景下，中央果断做出决策，决定从 2008 年 11 月起实施积极财政政策和适度宽松的货币政策，一方面应对金融危机的冲击，另一方面致力于调整经济结构，加快经济增长方式转型。宏观经济政策在保经济增长方面起到了积极作用，但也出现了流动性过剩和居民消费价格指数上升等问题。从 2010 年起，货币政策就开始逐步转向稳健了。中央出台的积极财政政策包括：增加财政支出，出台“四万亿”投资计划（中央 1.18 万亿元），主要投向包括基础设施、农村、文教卫生、医改、自主创新、生态环保、廉租房等领域；增发国债（包括允许地方政府发行债务，由财政部代理）；取消 100 项行政事业收费，结构性减税，包括增值税转型，提高出口退税率，免征利息税等。从 2010 年起，中央维持了较大的财政赤字规模，基建投资也一直得到鼓励。同时，税收政策则保持了有增有减的局面，但总体而言宏观税负有所提高。这一阶段的货币政策包括：2008—2009 年增加货币供应量，降低银行准备金率，降低银行存、贷款利率，取消信贷规模限制。2010—2011 年，存款准备金率连续 10 次上调；与此同时，银行存、贷款利率连续 5 次上调。之后，存款准备金率又 5 次下调，而银行存、贷款利率也下调了 3 次。

六、第六阶段（2013 年至今）

2013 年，中国从全面反危机的政策轨道逐步退出，但由于结构性失衡等原因，经济增长动力明显不足，经济增长率由 2010 年的 10.6% 下滑至 7.8%。2014 年 5 月，中央作出经济发展进入新常态的判断，强调宏观经济政策要适应和引领新常态，加快结构调整和动力转换。在此背景下，中央坚持稳中求进工作总基调，实行积极的财政政策和稳健的货币政策，提升财政政策的力度和有效性，货币政策保持适度中性，推进供给侧结构性改革，促进经济持续健康发展。

在积极财政政策方面，中央进一步调整和优化财政支出结构，提高资金使用效率，确保对重点领域和项目的支持力度，保障民生兜底的需要；地方政府举借债务合法化，积极防范和化解地方政府性债务风险；着力推进减税降费，包括全面推行营改增改革，完善科技创新企业的税收优惠和税收抵免政策等。

在货币政策方面，为结构性改革营造适宜的货币金融环境，降低融资成本，保持流动性合理充裕和社会融资总量适度增长，扩大直接融资比重，优化信贷结构，完善汇率形成机制，增强金融运行效率和服务实体经济的能力。

第四节 财政政策绩效与评价

财政政策作为政府干预经济、推动社会发展的核心手段，其实施成效关乎经济稳定增长、社会公平正义以及资源优化配置等多重目标的实现。财政政策是国家宏观调控的重要工具之一，实施的精准度和有效性，直接关系到财政的支持、引领、提升与保障作用的发挥，加强和完善财政政策绩效评价，检验财政政策的效果、效率、效益，在此基础上进行财政政策调整、提出财政政策建议，有利于提高财政决策的科学化、民主化水平以及财政政策的有效性。对财政政策绩效展开深入探究与科学评价，在理论层面有助于深化对财政政策作用机制的理解，丰富宏观经济调控理论体系；在实践层面则能为政策制定者提供精准反馈，助力其依据绩效评价结果及时调整、优化财政政策，从而提升财政政策的科学性、有效性与针对性，使其更好地服务于经济社会发展大局。

一、财政政策绩效与评价的内涵及分类

财政政策绩效是指政府运用财政政策工具，在促进经济增长、稳定物价、实现充分就业和国际收支平衡等宏观经济目标方面所取得的成效，以及在推动社会公平、提升公共服务水平等社会目标达成上的成果。它不仅体现了财政资金的使用效率，更反映了政策对整个社会经济系统的综合影响。

财政政策绩效评价是围绕财政政策目标、绩效，以产出为导向，以结果为核心，综合运用科学的方法和规范的流程对财政政策实施过程中所产生的成效进行评价。其关注重点是财政政策制定和开展的合规性、合理性及政策最终产生的效果。其目的在于通过评价推动公共资源配置规范化，促进政府职能转变。财政政策绩效评价是政府预算绩效管理的重要内容之一，其服务于财政管理，通过评价财政政策制定的必要性、决策的公正性、政策执行的有效性，检验政策资金使用的经济性、效率性、有效性和公平性，为了给政府部门提供重要决策参考依据，还需对政策的修订完善、清理整合、组织实施、经费的拨付使用等进行优化。

根据财政政策绩效评价对象，可以划分为政策内容绩效评价和政策执行绩效评价。政策内容绩效评价着眼于对政策本身进行评价，而政策执行绩效评价则是指对政策执行过程及政策效果和产出的评价。不同层级政府在政策制定和实施中所关注的重点有较大差异。这是因为中央层面更多进行政策的顶层设计，体现制度和规划的指引；省、市层面兼有决策和执行的多重角色；基层更侧重于政策执行。因此，中央层面的政策绩效评价更多基于政策内容本身，评价的重点是政策制定是否科学合理、是否符合各地区各部

门的实际情况以及实施的可行性；省、市层面承上启下从政策内容和政策执行两个维度实施绩效评价；基层政府政策绩效评价的重心在于政策执行。

根据财政政策绩效评价的环节，可划分为政策制定、政策执行和政策效果三种。对政策制定环节进行评价主要针对政策目标展开，重点评价政策目标的合理性、可行性以及政策制定的法定性。政策执行阶段重点对政策的实施进行跟踪监控，主要评价预期阶段目标的实现情况，在政策实施过程中是否出现偏离。政策效果主要从政策的效率、有效性、公平性以及回应性等方面开展绩效评价。

二、财政政策绩效与评价的特点

财政政策绩效与评价的特点主要体现在以下三个方面。

一是政策目标复杂。财政政策目标是财政政策的核心，从宏观上看，随着经济活动和各种矛盾的复杂性，财政政策目标经历了一个由单一内容到多元内容的变化过程，财政政策兼具经济目标和社会目标。经济目标体现在促进经济增长、实现充分就业、物价稳定等功能方面，社会目标作为财政政策的最终目标在于提高社会公众的生活质量，实现社会福利的最大化。具体到某一项财政政策，其政策目标也具有多重性，甚至部分目标之间还可能存在矛盾和冲突。受外部环境的影响，在政策执行过程中政策目标还有可能进行调整。

二是评价周期长短不一。总体上来看，财政政策的绩效评价应该着眼于整个政策生命周期，绩效评价周期应和政策效应周期保持基本同步。有些财政政策时效长，涉及预算金额高，从政策制定到政策执行效果体现乃至政策退出，政策周期有数年乃至数十年，比如投资、教育、科技等方面的政策。有些财政政策产生效果所需的时间较短，例如政府采购类政策和补贴类政策。

三是涉及面广。公共财政的职能是弥补市场失灵，体现为普惠性、福利性和保障性。财政政策是调节社会分配关系，促进公平公正的物质基础和重要政策工具，普惠性的财政政策是财政政策的主体，以所有人的福利有所增进为目标，引发的社会关注度更高。政府整体、部门和项目都有财政政策涉及，财政政策绩效评价主体多元，比如基本公共卫生服务支出政策涉及的部门有财政部门、卫生健康行政部门、专业公共卫生服务机构、基层医疗卫生机构等。财政部门作为牵头部门，负责财政政策绩效评价的统筹、组织、沟通和指导。一些重大的财政政策往往还要进行任务分解，形成若干类多个项目，财政政策还存在和其他政策的协同与配合等。

三、财政政策绩效与评价的重要地位

首先，在全面实施预算绩效管理的背景下，财政政策绩效评价是体现全面实施预算绩效管理的抓手。全面体现为“全方位、全过程、全覆盖”，包含了多个矩阵式的结构维度。政府的公共管理行为依靠公共政策的形式体现出来，公共政策也成为政府公共管理的最基本手段。财政是国家治理的基础和重要支柱，政府的公共政策和行为大都通过财政收支活动进行，财政政策是公共政策运行及保障公共产品和服务供给的核心，财政资金构成政府各项活动的基础。财政政策绩效评价以财政资金为轴线、以政策实施为载体、以绩效为理念、以评价为手段，成为一条贯穿“全面”实施预算绩效管理的主线和具有辐射功能及可操作性的行动突破口。同时，财政政策绩效评价连同政府整体、部门、项目绩效评价共同构成全面实施预算绩效管理的题中之义，开展财政政策绩效评价有利于解决我国现行预算绩效管理中重“财”轻“政”的不足，弥补全面实施预算绩效管理的短板。

其次，财政政策绩效评价是降低政策风险、实现科学和民主决策的保障。随着政府职能的不断扩大和社会结构的日益分化，公共产品服务的种类不断增加，财政政策数量不断增大，财政内容也在细化，政策制定和执行面临更为复杂的环境。同时，政策风险持续增加，构建财政政策绩效评价系统以降低政策风险成为必需。绩效评价的最终目的和落脚点在于其如何运用结果，并以此为重要依据改进未来绩效、对财政资金配置进行优化、及时纠偏和调整财政政策。通过财政政策绩效评价的落实，不仅能够诊断和引导制定合理的财政政策，而且能进一步检测和反馈财政政策执行的结果，使绩效评价结果成为财政政策的制定、调整或者终止的有效依据，及时纠正政策失误和总结经验教训，将可能存在的问题消除在萌芽状态，促使财政政策持续得到优化和改善，最大限度地预防和纠正财政政策制定和执行偏差，降低财政政策风险度，保障财政政策的科学决策和有效落实。

再次，财政政策绩效评价有利于提升政府公信力。财政政策调节社会利益关系，实现经济和社会目标，也就是说，提高政策的执行力是绩效评价的首要目的。但财政政策执行的效果需要依靠社会公众的广泛认同，政府行为的实际效果会严重影响社会公众对财政政策的主观感知，因此终端目的在于提高政策公信力，即价值目标。作为财政政策绩效评价的出发点和落脚点，它要对财政资金让渡者的社会公众的利益诉求展开判断，判断财政渠道是否被合理使用，社会公众的意愿是否能够得到充分表达，并得到有效回应，这需要在具有执行力的实施过程中得到满足和实现。政府可以及时准确地通过财政政策绩效评价了解社会公众的需求，以需要为依据，制定出一套行之有效、合乎情理的政策，并将政策信息传达给人民，以此树立一个积极的政府形象，改善公共服务的提供，打好基础，赢得人民的支持。相对于项目绩效评价和部门整体绩效评价，财政政策对不同主体利益的影响更为明显，因此财政政策绩效评价更加追求政策的公信力。

四、财政政策绩效评价的影响因素

财政政策绩效评价是对财政政策在实现预定目标方面所取得效果的综合评估，其结果受到多种因素的复杂影响。

（一）政策目标的明确性与合理性

政策目标的明确性是指财政政策的目标应当清晰、具体，具有可衡量性和可操作性。如果目标模糊不清，政策实施过程中就容易出现偏差，导致政策效果难以评估。同时，政策目标的合理性也至关重要。目标应与经济社会发展的实际需求相适应，既不能过于保守，无法充分发挥财政政策的调控作用；也不能过于激进，超出经济和社会的承受能力。

例如，在经济衰退时期，如果将财政政策的目标仅仅设定为“刺激经济增长”，而没有具体的增长幅度和时间期限，就难以制定有效的政策措施和评估政策效果。相反，如果将目标设定为“在两年内实现 GDP 增长 5% 以上”，则具有明确的可衡量性和时间约束，有助于制定精准的政策并进行有效的绩效评估。

（二）政策工具的选择与运用

财政政策工具包括税收、政府支出、国债等。不同的政策工具具有不同的作用机制和效果，其选择和运用应根据经济形势和政策目标来确定。税收政策通过调整税率、税种和税收优惠等方式影响企业和个人的经济行为。在经济衰退时，降低税率可以减轻企业和个人的负担，刺激投资和消费；在经济过热时，提高税率可以抑制需求，防止通货膨胀。政府支出包括购买性支出和转移性支出。购买性支出直接影响社会总需求，如政府投资于基础设施建设可以带动相关产业发展；转移性支出则通过影响居民可支配收入来调节需求，如发放社会救助金可以提高低收入群体的消费能力。国债的发行可以筹集资金，用于弥补财政赤字或支持重点项目建设，但过多发行国债可能增加财政负担和债务风险。例如，在应对新冠疫情对经济的冲击时，各国政府综合运用了减税降费、增加政府投资和发放补贴等政策工具，以迅速稳定经济和保障民生。

（三）政策执行的力度与效率

政策执行的力度和效率直接影响财政政策的绩效。政策执行力度不足，可能导致政策无法达到预期效果；执行效率低下，则会延误政策时机，甚至使政策效果大打折扣。

政策执行需要各级政府部门的密切配合和有效协作。在执行过程中，可能会遇到各种阻力和问题，如地方政府的财政困难、部门之间的利益冲突、政策宣传和解读不到位等。因此，建立健全的政策执行机制，加强监督和考核，提高执行人员的素质和能力，对于确保政策的有效实施至关重要。例如，某些地区在落实扶贫财政政策时，由于执行力度不够，资金使用不规范，导致扶贫效果不佳；而在一些重大基础设施项目建设中，由于执行效率低下，项目进度拖延，不仅增加了建设成本，也影响了政策对经济的拉动作用。

（四）宏观经济环境

宏观经济环境是财政政策实施的外部条件，对政策绩效产生重要影响。经济周期的不同阶段、通货膨胀水平、国际经济形势等因素都会改变财政政策的作用效果。在经济衰退期，扩张性财政政策的效果可能较为显著，能够较快地刺激经济复苏；而在经济繁荣期，扩张性财政政策可能导致通货膨胀加剧。通货膨胀水平的高低也会影响财政政策的选择。高通胀时，应采取紧缩性财政政策；低通胀时，则可以适当采取扩张性政策。国际经济形势的变化，如国际贸易摩擦、国际金融市场波动等，会通过进出口、资本流动等渠道影响国内经济，从而对财政政策的效果产生间接影响。

例如，在全球经济衰退和贸易保护主义盛行的背景下，一个国家的出口受到严重冲击，此时单纯依靠国内的财政政策刺激经济增长可能效果有限，需要综合运用多种政策手段，包括货币政策、贸易政策等，来应对复杂的经济形势。

（五）政策调整时滞

政策调整时滞是指从政策制定到政策产生实际效果之间存在的时间间隔。政策调整的时滞性有三种：认识时滞、决策时滞和执行时滞。认识时滞是指从经济形势发生变化到政府认识到需要采取政策措施之间的时间间隔。决策时滞是从政府认识到问题到制定出具体政策方案所需要的时间。执行时滞是政策方案从出台到实施所需要的时间。财政政策的认识时滞短、决策时滞长，而执行时滞较短。由于政策调整时滞的存在，财政政策可能在经济形势已经发生变化后才开始发挥作用，从而导致政策效果与预期不符，甚至产生反作用。例如，在经济已经开始复苏时，扩张性财政政策才开始实施，可能会导致经济过热和通货膨胀。

综上所述，财政政策绩效评价是一个复杂的过程，受到众多因素的综合影响。在进行评价时，需要全面、系统地考虑这些因素，以得出客观、准确的评价结论，为政策的调整和完善提供有力依据。

五、财政政策绩效评价的衡量指标

（一）财政政策绩效评价指标体系构建的基本原则

1. 公共性与开放性相结合原则

财政政策绩效评价以财政资金流为主线，财政资金是纳税人通过让渡其财产份额形成的公共资金，在指标设计上，应首先体现公共性原则，将其充分融入财政政策的需求表达、政策供给、政策执行和政策产出与效果等各层面，确保财政政策体现纳税人的普遍诉求，实现公共产品和服务的有效供给。同时，在指标设计上，应注重对纳税人参与、程序正当、信息公开等政策开放性指标的择取，与公共性指标形成呼应。

2. 价值理性与工具理性相结合原则

财政政策绩效评价以公信力为基点，兼顾执行力评价。公信力评价是“规则间选择”评价，属于价值理性范畴，评估者需基于整体性、系统性与结构性思维，立足理论与实践，对财政政策的“好”“次好”“坏”等做出价值判断，在指标设计上，应重点突出政策需求表达与回应、政策供给等宏观绩效指标，具体应设计政策公共性、普遍性、公平性、合理性、负外部性等指标。执行力评价属于“规则内选择”评价，在指标设计上，应重点突出中观和微观绩效指标，如政策实施计划的遵从性、实施方案的合理性、过程控制的严谨性、预算执行率以及政策产出效果与绩效目标的契合度等，其更多属于工具理性范畴。

3. 结果导向与过程控制相结合原则

结果导向是财政政策绩效评价的落脚点，在宏观绩效指标设计上，应重点突出对政策合理性和公平性的评价，尤其是对政策目标的科学性、政策实施路径的合理性、财政可承受性、资金使用方式的合理性等进行综合评价，评估政策运行的逻辑起点是否存在偏差。同时，应基于过程控制原则，设计政策需求表达与回应程序规范度、政策过程管理严谨度等过程指标，财政政策供给的最终目标是为纳税人提供公共产品和服务，评估的终端标准是纳税人满意度，因此纳税人满意度指标是财政政策绩效评价的基础指标。

4. 定量指标与定性分析相结合原则

项目绩效评价通常采用指标赋分的评价规则，由于其属于“规则内选择”的执行力评价，可在既定政策框架和规范标准下形成环环相扣的闭合区间，具有采用赋分规则的适用条件。政策绩效评价是“规则间选择”的公信力兼执行力评价，涉及层面广、牵涉环节多、影响因素复杂，政策间存在着竞合及优化选择的弹性空间，规范标准也不及项目评价明确，完全适用计分规则的基础不实。同时，财政政策具有长周期性，政策效果具有滞后性和难量化性，一律采用指标和赋分评价难以击中政策内核，且在指标不适格的条件下，更易诱致评价谬误。应树立“指标有限”理念，力求为政策优化调整提供有价值的改进建议。

（二）财政政策绩效评价指标体系构建

财政政策绩效评价是对财政政策全过程的评价，根据财政政策绩效评价的环节及上述财政政策绩效评价指标体系构建的基本原则，从政策制定、政策执行、政策产出与效果三个维度设计了 3 个一级指标，在各类一级指标下，又分设 10 个二级指标和 29 个三级指标，具体指标体系设计如表 12 - 1 所示。政策的制定要以是否合规合法、是否公开公平公正以及是否合理为出发点，基于此，设置三级指标对上述情况进行定性和定量的测度。针对政策执行，设置执行计划合理度、计划执行率、资金保障度和法规、制度执行度等三级指标来测量政策的执行是否合理、效率高低、保障是否充分和过程是否严谨。在政策产出与效果方面，主要采用定性和定量相结合的三级指标对政策效果进行评价。

表 12-1 财政政策绩效评价指标体系框架

一级指标	二级指标	三级指标
政策制定	政策合规度	适法度
		职责符合度
		政策交叉度
	政策公共度	需求满意度
		信息公开度
		纳税人参与度
	政策公平度	区域公平度
		行业公平度
		纳税人公平度
	政策合理度	目标合理度
		路径合理度
		主体得利度
		预算投入合理度
政策执行	计划方案合理度	执行计划合理度
		执行方案翔实度
		标准和技术统一规范度
	计划预算执行率	计划执行率
		预算执行率
	保障充分度	资金保障度（包含社会资本参与率）
		人力资源、技术等保障度
	过程管理严谨度	管理制度完备度
		法规、制度执行度（包括工作协调度）
		政策动态调整度
政策产出与效果	政策产出	数量达标度
		质量达标度
	政策效果	客观效益
		纳税人满意度
		其他效益（环保效益率）
		效果可持续性

六、财政政策绩效评价的优化方向

完善财政支出政策全生命周期预算绩效管理机制，要从以下五方面着手。

（一）提高对财政政策绩效评价重要性的认识

离开政策评价，政策制定的质量和执行效果便无法保证。当前社会问题日益复杂，政府公共政策的数量相应增加，政策实施的各种风险逐步加大，社会公众对公共政策的期望和要求也不断提高，需要把政策绩效评价和政策监督职能作为最重要的机制和功能贯穿于财政政策的全过程。在此背景下，应充分提高对财政政策绩效评价重要性的认识。一是进一步加大宣传力度。充分利用新闻媒体、政府网络平台，编制宣传册子切实加强舆论引导，广泛宣传财政政策绩效评价理念，积极树立财政政策绩效评价意识，使对财政政策绩效评价重要性的认识深入人心，有效引导社会各界主动了解财政政策绩效评价、参与绩效评价，为有效实施财政政策绩效评价共同营造良好的社会环境。二是财政部门要和学界加强合作，深化财政政策绩效评价的理论研究，定期通过专题报告、专业论坛、岗位培训等多种形式对预算部门和相关业务人员进行培训，进一步加深对构建财政政策绩效评价体系在预算绩效管理及国家治理体系中重要地位和作用的认识，逐步实现由财政认同到全社会认同的转变，推动财政政策绩效评价的落实。

（二）完善财政政策绩效评价组织体系

财政政策绩效评价的组织体系是财政政策绩效评价活动开展的组织载体，该体系的建设水平很大程度上影响着财政政策绩效评价功能的实现与发挥。借鉴发达国家的做法，组建专门的政策绩效评价主管机构统领绩效评价全局，明确各部门的工作职责，凝聚工作合力，避免政策绩效评价成为政府部门阶段式或短期化的活动，确保政策绩效评价工作的延续性，并使评价的权威性得到有效保障。多元化的评价主体势必存在多元化的价值观和评判方式，这既是保证政策绩效评价结果客观公正的关键，同时又能够为评价需求的满足提供更多的实现路径。财政政策绩效评价主体可以分为内部评价者（即政策主体）和外部评价者。从机构上看，内部评价者主要有政策决策部门、政策执行部门、政策监督部门等，外部评价者主要是专业评价组织（包括高等院校和研究机构）、社会公众，尤其是“直接受到影响的相关利益群体代表”。世界各国的实践证明，外部评价者参与财政政策绩效评价过程，因其中立性与专业性是确保政策科学性与民主性的重要手段。财政政策绩效评价应逐渐实现从单一主体评价到多元主体评价的转变，做到内外部评价相结合。对于一般性财政政策的评价，可以由财政部门或主管部门作为评价主体，专业评价组织负责实施，社会公众参与评价；对于事关国计民生、具有广泛影响的财政政策，可以实行由人大作为评价主体、专业评价组织实施的评价模式。

（三）拓宽财政政策绩效评价范围

财政收入是政府从事一切活动的物质前提，财政收入的状况如何直接影响到财政职能的发挥和财政政策目标的实现。收入政策也是财政政策的重要组成部分，收入政策绩效评价是财政政策绩效评价的题中应有之义。收入政策绩效评价对于规范政府收入管理、科学编制收入预算具有重要引导和规范作用。开展财政收入政策绩效评价，需要重点关注收入结构、征收效率和优惠政策的实施效果。收入政策绩效评价评价对象上应涵盖全口径财政收入，具体实施上可优先选择社会影响面较大的政府税收、收费政策、政府性基金收入政策（包括土地收入政策）、社会保险基金收入政策等开展绩效评价，评价内容上围绕收入预期目标设定、收入征收管理、税费优惠政策实施效果、社会公众满意度等方面开展，并设置相应的指标体系进行明确。

（四）完善政策绩效评价法律法规

财政政策绩效评价影响多方利益，法制先行及保障是绩效评价的内在要求。西方发达国家的实践证明，要确保财政政策绩效评价的权威性、合法性和规范性，必须建立完善的政策绩效评价法律法规体系作为支撑，否则政策绩效评价制度的确立很难得到保障。通过构建法律体系，明确政策绩效评价主体在政策绩效评价中的地位、责任和义务，确定政策绩效评价的原则、程序、对象、指标、标准以及绩效信息使用等，从而将我国财政政策绩效评价纳入法制化建设轨道。结合我国的实际情况，建议立足于预算绩效管理的整个框架，首先应创造条件制定颁布预算绩效管理法律和对应的实施条例，列专项条款对财政政策绩效评价的关键问题进行规范，由财政部明确操作实施细则，保障财政政策绩效评价顺利开展。

（五）明确财政政策绩效评价标准

没有标准就没有所谓的绩效评价，标准是对绩效评价实施情况进行测量、评判的参照物，要进行财政政策绩效评价，就必须首先确立标准（如表 12 - 2 所示）。建立绩效评价标准是财政政策绩效评价的核心内容之一，也是判断政策合理性及是否实现政策目标的重要基础，其实质就是对财政政策进行绩效评价的价值准则。

表 12 - 2　　财政政策绩效评价标准框架

政策过程	评估标准	标准解释
政策制定	合理性	政策制定的合理性
	法定性	政策程序的法定性
政策执行	执行力	政策执行情况
政策效果	有效性	政策方案是否实现预期目标
	效率性	政策实施收益与成本的比率
	公平性	政策的成本和效益在不同集团和阶层中分配的公平程度
	充分性	特定效益水平满足政策目标的程度
	回应性	政策满足特定群体的需要、偏好或价值的程度
	适当性	政策的实施是否合乎社会主流价值与利益标准
	可持续性	政策的延续发展程度

财政政策绩效评价不仅是技术性问题，还涉及公共财政、公共管理价值目标等问题，因此在绩效评价标准的选择上需要实现绩效评价标准的多元复合，既要重视经济、技术标准在政策绩效评价中的应用，同时也要重视政治和价值标准在政策全过程的应用。在政策制定、政策执行和政策效果整个政策过程中，每个阶段有不同的评估标准，例如在政策制定过程中既要考虑政策制定合理性，又要考虑政策制定程序的法定性；在政策效果的评价上既要关注效率标准，也要从公平性、回应性等价值维度进行考量。

【课后习题】

一、名词解释

财政政策　自动稳定的财政政策　相机决策的财政政策　充分就业　货币政策　法定存款准备金率　再贴现率　公开市场业务　财政政策绩效

二、简答题

1. 简述财政政策的目标。
2. 比较扩张性财政政策和紧缩性财政政策的主要措施。
3. 简述自动稳定的财政政策及其作用机制。
4. 财政政策和货币政策如何配合发挥作用？
5. 简述财政政策绩效评价的衡量指标。

三、论述题

1. 请根据经济形势变化阐述未来五年中国的财政政策走向。
2. 请分析2012年以来中国财政政策变化特征及原因。

参考文献

[1] N. 格里高利·曼昆. 经济学原理（第8版）[M]. 梁小民，梁砾译. 北京：北京大学出版社，2020.

[2]《公共财政概论》编写组. 公共财政概论（第2版）[M]. 北京：高等教育出版社，2024.

[3] 陈共. 财政学（第10版）[M]. 北京：中国人民大学出版社，2020.

[4] 马骁，周克清. 财政学（第5版）[M]. 北京：高等教育出版社，2022.

[5] 储敏伟，章辉. 财政学（第4版）[M]. 北京：高等教育出版社，2018.

[6] 邓子基，陈工，林致远. 财政学（第5版）[M]. 北京：高等教育出版社，2020.

[7] 高本权. 经济学方法论与经济研究方法 [M]. 北京：中国财政经济出版社，2013.

[8] 高培勇，崔军. 公共部门经济学（第3版）[M]. 北京：中国人民大学出版社，2011.

[9] 雷良海. 财政学 [M]. 北京：中国财政经济出版社，2018.

[10] 刘邦驰，王国清. 财政与金融（第6版）[M]. 成都：西南财经大学出版社，2016.

[11] 楼继伟. 中国政府间财政关系再思考 [M]. 北京：中国财政经济出版社，2013.

[12] 马国贤. 政府预算 [M]. 上海：上海财经大学出版社，2011.

[13] 宋学红. 财政学 [M]. 北京：中国财政经济出版社，2018.

[14] 王国清，程谦. 财政学 [M]. 成都：西南财经大学出版社，2000.

[15] 唐祥来，黄书猛. 财政学 [M]. 北京：经济科学出版社，2010.

[16] 王佳，闫兴杭. 财政政策绩效评价：理论诠释与框架设计 [J]. 地方财政研究，2024（8）：44－54.

[17] 钟晓敏. 财政学（第3版）[M]. 北京：高等教育出版社，2020.

[18] 文小才，盛锐. 财政学思政案例教程 [M]. 北京：中国财政经济出版社，2023.

[19] 张雪平. 财政理论与实践 [M]. 杭州：浙江大学出版社，2021.

[20] 韩宗保. 财政学 [M]. 上海：上海财经大学出版社，2013.

[21] 马海涛，曹堂哲，王红梅. 预算绩效管理理论与实践 [M]. 北京：中国财政经济出版社，2020.

[22] 王雪云，郭晓萍，付爱英，等．预算绩效管理实务［M］．北京：中国财政经济出版社，2022.

[23] 文小才，刘绍涛．政府预算绩效管理基础［M］．北京：中国财政经济出版社，2024.

[24] 财政部干部教育中心组．政府和社会资本合作（PPP）：理论与实践［M］．北京：中国财政经济出版社，2015.

[25] 贾康．公私合作伙伴关系（PPP）的概念、起源与功能［J］．经济研究参考，2014（13）：6.

[26] 井敏．PPP公私合作供给公共服务机制研究［M］．北京：中国社会科学出版社，2020.

[27] 马海顺，梁舰．政府和社会资本合作（PPP）模式［M］．北京：中国材建工业出版社，2017.

[28] 欧阳帆．政府和社会资本合作：PPP：理论、实务与展望［M］．北京：中国法制出版社，2018.

[29] 王天义，刘世坚，罗桂连，郇彩霞．PPP从理论到实践［M］．北京：中信出版社，2018

[30] 王盈盈，甘甜，王守清．走向协同：中国PPP管理体制改革研究［J］．经济体制改革，2021（3）：18－23.

[31] 周正祥，张秀芳，张平．新常态下PPP模式应用存在的问题及对策［J］．中国软科学，2015（9）：82－95.

[32]《税收学》编写组．税收学［M］．北京：高等教育出版社，2021.

[33] 宋燕，张亮．税收基础（第3版）［M］．大连：东北财经大学出版社，2024.

[34] 马海涛．中国税制（第12版）［M］．北京：中国人民大学出版社，2024.

[35] 黄桦．税收学［M］．北京：中国人民大学出版社，2022.

[36] 俞鹏．从一块饼干看英国增值税［N］．中国税务网络报，2024－10－21（08）.

[37] 李士梅，李安．公债经济学［M］．北京：清华大学出版社，2019.

[38] 张海星．公共债务（第3版）［M］．大连：东北财经大学出版社，2016.

[39] 高培勇，宋永明．公共债务管理［M］．北京：经济科学出版社，2003.

[40] 肖鹏．公债管理［M］．北京：北京大学出版社，2010.

[41] 袁东．公共债务与经济增长［M］．北京：中国发展出版社，2000.

[42] 李燕．政府预算理论与实务（第4版）［M］．北京：中国人民大学出版社，2021.

[43] 王金秀．国家预算管理［M］．北京：高等教育出版社，2020.

[44] 江书军．全面实施预算绩效管理理论与实践［M］．北京：经济科学出版社，2024.

[45] 吕冰洋，台航．从财政包干到分税制：发挥两个积极性［J］．财贸经济，2018，39（10）：17－29.